돈의 정석

돈의 정석

인생의
격을 높이는
최소한의 교양

돈의 정석

—— 찰스 윌런 지음 ｜ 김희정 옮김 ——

부·키

찰스 윌런Charles Wheelan 현재 다트머스대학교 록펠러센터에서 공공정책 교수이자 선임 연구원으로 재직하고 있다. 다트머스대학교를 졸업하고 프린스턴대학교에서 공공업무 석사 학위, 시카고대학교에서 공공정책 박사 학위를 받았다. 1997년부터 2002년까지《이코노미스트》특파원을 지냈으며,《시카고 트리뷴》《뉴욕타임스》《월스트리트저널》〈야후! 파이낸스〉 등에서 칼럼니스트로 활동했다. 2004년부터 2012년까지 시카고대학교 공공정책대학원에서 정책 프로세스에 관한 강의를 맡았으며, 학생들이 뽑은 '교양과목 올해의 교수'에 선정되기도 했다. 2005년에는 시카고대학교 최초로 '국제 정책 실습' 과정을 개설해 학생들과 함께 직접 인도를 방문해 경제학자, 정치가, 교육자, 시민운동가 등 전문가들을 만나고 경제 개혁에 관해 연구했다. 그 후로도 브라질, 요르단, 이스라엘, 터키, 캄보디아, 르완다, 마다가스카르 등 여러 나라를 찾아가 연구했다.

경제 분야를 알기 쉽고 재미나게 설명한 'Naked' 시리즈의 저자로 유명한데, 이 책《돈의 정석Naked Money》을 비롯해 '800-CEO-READ'가 선정한 역대 최고의 경제경영서이자 장기 베스트셀러인《벌거벗은 경제학Naked Economics》과《뉴욕타임스》베스트셀러인《벌거벗은 통계학Naked Statistics》외에《지독하게 리얼하게 10,510 1/2 Things No Commencement Speaker Has Ever Said》등의 저서가 있다.

옮긴이 김희정 서울대 영문학과와 한국외국어대 동시통역대학원을 졸업했다. 가족과 함께 영국에 살면서 전문 번역가로 활동하고 있다. 옮긴 책으로《진화의 배신》《랩 걸》《인간의 품격》《어떻게 죽을 것인가》《장하준의 경제학 강의》《그들이 말하지 않는 23가지》등이 있다.

돈의 정석

2020년 1월 10일 초판 1쇄 발행 | 2022년 11월 1일 초판 6쇄 발행

지은이 찰스 윌런 | 옮긴이 김희정 | 펴낸곳 부키(주) | 펴낸이 박윤우 | 등록일 2012년 9월 27일 | 등록번호 제312-2012-000045호 | 주소 03785 서울 서대문구 신촌로3길 15 산성빌딩 6층 | 전화 02) 325-0846 | 팩스 02) 3141-4066 | 홈페이지 www.bookie.co.kr | 이메일 webmaster@bookie.co.kr | 제작대행 올인피앤비 bobys1@nate.com

ISBN 978-89-6051-769-1 03320

이 도서의 국립중앙도서관 출판예정도서목록(CIP)은 서지정보유통지원시스템 홈페이지(http://seoji.nl.go.kr)와 국가자료공동목록시스템(http://www.nl.go.kr/kolisnet)에서 이용하실 수 있습니다. (CIP제어번호: CIP2019051508)

이 작은 원형 금속과 종이 문서의 본질은 무엇인가?
모두가 그것을 얻기 위해 안달한다.
―카를 멩거

14장 | 중앙은행과 통화 정책의 미래 |

◆

들어가며

돈을 둘러싼 경제 행위의 모든 것

지갑에서 20달러짜리 지폐를 꺼내 자세히 살펴보자. 좋은 종이로 만들어져 있다는 것부터 눈에 띌 것이다. 실수로 옷과 함께 세탁기에 넣어 빨아도 망가지지 않을 만큼 섬유질 함량이 높은 고급 종이 말이다. 그러나 어쨌든 종이일 뿐이다. 종이에 인쇄된 그림이 멋지긴 하지만 명화라고 할 수는 없는 수준이다. 아마 가장 중요한 사실은 그 지폐를 내밀 경우 이에 상응하는 뭔가를 받을 수 있다는 약속이 지폐 어디에도 쓰여 있지 않다는 점일지 모른다. 금이나 은 같은 것들과 교환을 보장한다는 말은 어디에도 없다. 그 자체로는 아무런 가치도 없는 종잇조각인 것이다. 미국 화폐를 발행하는 연방준비제도Federal Reserve System 산하 연방준비은행—돈을 실제로 찍어 내는 것은 재무부다—에 이 종이를 가져가 내밀어도 그곳 직원들은 아무것도 내주지 않을 것이다. 일부 연방준비 은행 건물, 예를 들어 시카고 연방준비은행 같은 곳에서는 멋진 박물관 을 견학할 수 있지만, 은행 로비에서 20달러 지폐를 내밀며—아마 100달 러 지폐도 마찬가지일 것이다—뭔가 다른 것으로 교환해 달라고 주장하면 이상하게 쳐다보며 건물에서 나가 달라는 요청을 받을 게 뻔하다. (미국 의 중앙은행 제도를 '연방준비제도'라고 하며, 여기에는 연방준비제도 이사회, 연방공개 시장위원회, 12개 지역 연방준비은행, 연방준비은행 이사회 등이 포함된다 – 옮긴이)

그렇다면 20달러 지폐의 가치는 무엇일까? 가치가 전혀 없는 것은 아니다. 아마 '20달러 정도의 가치'가 있을 것이다. 바보 같은 말이 아니 다. 적어도 보기보다 바보 같은 말은 아니다. 샌드위치 가게에 가면 20 달러로 두 사람의 배를 든든히 채울 정도의 음식을 살 수 있다. 식료품 점에서는 이 지폐로 닭가슴살 3파운드(약 1.4킬로그램)나 괜찮은 레드와 인 한 병을 살 수 있을 것이다. 미국에 사는 대부분의 사람들, 그리고 전 세계의 많은 사람들이 이 종잇조각의 가치에 대해 상당히 세세한 정 보를 가지고 있다. 만일 이 지폐를 길에 떨어뜨리면 사람들은 기쁜 마 음으로 주울 것이다. 사람들이 길거리에서 이렇듯 기꺼이 주울 종잇조 각이 또 뭐가 있겠는가?

돈은 어떻게 현대 경제의 근간이 되었나

이 책은 돈에 관한 책이다. 우리 주머니 속에 든 이 종잇조각이 어떻 게 지금과 같은 가치를 지니게 되었는지, 그리고 실제 물건을 겉으로 보기에는 종잇조각에 불과한 이것과 맞바꾸는 괴상한 관습이 어떻게 현대 경제의 근간을 이루는 요소가 되었는지를 알아보기 위한 책이다. 또한 이왕 시작한 김에 수표를 끊고, 휴대전화를 가져다 대고, 직사각형의 플라스틱 조각을 건네기만 하면 가구, 사무용품, 심지어 자동차까지도 손쉽게 자기 것으로 만들 수 있는 기묘한 관행에 대해서도 살펴볼 것이다.

사실 이 모든 일을 하는 데 '다른 사람의 돈'을 사용할 수도 있다. 돈은 단순히 자기 지갑에 든 지폐만을 의미하는 것이 아니다. 현대 사회의 금융 시스템은 단순하고도 강력한 개념인 '신용거래credit'를 토대로 만들어졌다. 은행, 그리고 은행과 같은 기능을 하는 많은 기관들은 돈을 빌려주려는 사람과 빌리려는 사람을 이어 주는 중개인 역할을 한다. 물론 이 서비스에 대한 수수료를 받는다. 그리고 이 과정에서 아주 놀라운 일이 일어난다. 금융 기관들이 신용을 창출해서 돈의 공급을 확대시키는 것이다. (신용창출이란 간단히 말해 은행이 대부를 통해 애초 예금액보다 몇 배 많은 예금통화를 창출하는 것을 말한다 - 옮긴이) 다음에 열거한 간단한 예들을 잠시 살펴보자.

1. 나는 1만 달러를 가지고 있고, 당신은 한 푼도 가지고 있지 않다.
2. 나는 1만 달러를 은행에 예치하고, 당신은 은행에서 9000달러를 대출받는다.
3. 은행에 예치된 1만 달러는 여전히 내 소유고(그 돈으로 수표를 끊을 수도 있다), 당신의 손에는 9000달러가 있다.
4. 돈의 공급—지금 당장 재화와 용역의 구입에 사용할 수 있는 돈—이 1만

달러에서 1만 9000달러로 늘어났다.

이것이 바로 신용거래의 위력이다. 이때 당신은 엄밀히 말해 여전히 내 소유인 돈을 사용하고 있다. 따라서 그 돈은 당신에게 경제적인 힘을 가져다주기도 하지만, 동시에 불안정성의 원인이 되기도 한다. 분명 신용거래에는 긍정적인 면이 있다. 그 덕분에 학생들이 대학 등록금을 낼 수 있고, 사람들이 집을 살 수 있고, 기업가들이 새 사업을 시작할 수 있다. 금융 분야 덕분에 우리는 다른 사람의 자본을 생산적으로 쓸 수 있게 된 것이다.

부정적인 면도 있다. 신용거래가 잘못될 경우(2008년의 예처럼), 경제 전체에 재앙을 가져올 수도 있다. 내가 은행에 예치한 돈을 갑자기 찾고 싶어졌는데, 당신은 그 돈을 은행에 갚을 수 없는 상황일 때 문제가 생긴다. 당신이 빌려 간 돈으로 이미 집이나 차, 혹은 식당을 샀기 때문일 수 있다.

'금융의 역사는 금융 위기의 역사'이기도 하다. 돈을 빌려준 사람이 자신의 돈을 되돌려 달라고 요구할 때 빌려 간 사람이 당장 그 돈을 갚지 못하면, 그 거래를 중개한 기관이 망할 수도 있다. 금융 기관이 망할 위기에 처하면 돈을 빌려준 사람들은 모두 서둘러 자신의 돈을 찾으려 할 것이고, 그 결과 해당 금융 기관의 파산은 더욱더 피할 수 없는 일이 되고 만다. 2008년 우리는 그럴듯한 이름이 붙은 금융 산업의 여러 부문─환매조건부채권시장, 기업어음CP시장 등─도 투자자들이 불안감에 휩싸여 대규모 인출을 하기 시작하면 안전하지 못하다는 것을 알게 됐다.

대공황Great Depression 때 은행들이 줄줄이 도산했던 것과 다르지 않았다.

시스템이 잘 돌아갈 때는 돈과 신용거래가 윤활유 역할을 하고, 사람들이 독창성을 발휘할 수 있는 힘을 제공해 준다. 하지만 2008년에 그랬던 것처럼 시스템이 고장 날 경우에는 금융 시스템이 붕괴하며 막대한 인적 피해를 초래하게 된다. 이 책은 그런 문제를 다루는 책이기도 하다.

돈은 많을수록 좋은 것인가

미국의 연방준비제도, 영국의 영란은행Bank of England과 같은 중앙은행들은 화폐 가치를 유지하고 금융 시스템을 안정적으로 유지해야 한다(미국 연방준비제도의 경우, 완전고용을 도모하기 위해 노력해야 한다는 의무 조항이 추가되어 있다). 이 기관들은 독점적으로 돈을 찍어 낼 수 있는 권한을 포함해 엄청난 힘을 지니고 있다.

그렇다. 미국 연방준비제도는 원하는 대로 새 돈을 만들어 낼 수 있다. 물론 이는 엄청난 신중함과 분별력이 필요한 권한이다. 2008년 이후 중앙은행의 수장들은 엄청난 중요성을 갖게 됐다. 아마 미국 국민들 중 최근 네 명의 연방준비제도 이사회 의장 이름(옐런, 버냉키, 그린스펀, 볼커)을 아는 사람들이 최근 네 명의 대법원장 이름(로버츠, 렌퀴스트, 버거, 워런)을 아는 사람들보다 더 많을 것이다.

금융 위기가 터진 후, 미국에서는 연방준비제도가 경기 회복을 돕기 위해 너무 많이 개입하는지, 아니면 너무 적게 개입하는지를 두고 계속해서 정치적 논쟁이 벌어지고 있다. 금리가 낮으면 취업률 증가와 임금 상승에 도움이 된다. 반면 저축을 하는 사람들에게는 불리하고, 너무 오랫동안 낮은 금리를 유지하면 인플레이션이 발생할 수도 있다. 2012년 미국 대통령 선거 때 공화당 후보 경선에 나선 릭 페리Rick Perry는 연방준비제도 이사회 의장 벤 버냉키Ben Bernanke가 금융 위기에 공격적으로 대처한 것은 반역죄에 해당한다고 묘사했다. (당시 릭 페리는 버냉키가 양적 완화 정책을 펴며 달러를 푸는 것이 반역 행위라고 주장했다 – 옮긴이) 밝혀 두건대, 이는 말도 안 되는 부적절한 주장이었다. 하지만 정치판에서 어떤 식의 논쟁이 벌어지는지를 짐작하는 데는 도움이 될 것이다.

사실 이런 논쟁은 새로운 것이 아니다. 어쩌면 독자들 중에는 윌리엄 제닝스 브라이언William Jennings Bryan이 1896년 민주당 전당대회에서 한 '황금 십자가Cross of Gold' 연설을 아는 사람이 있을지도 모르겠다. (당시 그는 금본위제가 미국 농민들을 금으로 된 십자가에 매달아 죽이는 정책이라고 주장했다 – 옮긴이) 당시는 아직 연방준비제도가 만들어지기 전이었는데, 브라이언은 높은 금리로 부채를 진 농민들이 고통받고 있으며, 이를 해결하기 위해서는 더 많은 돈이 필요하다고 주장했다. 더 구체적으로 말하자면, 금 외에 농민들이 사용하는 은도 화폐로 인정해 금은복復본위제를 받아들이자는 것이었다.

앞에서 든 두 사례를 연결해 보자. 릭 페리는 새로운 돈을 줄여야 한다고 주장했고, 윌리엄 제닝스 브라이언은 더 많은 돈이 필요하다고 주장했다. 두 사람이 만났다면 서로를 별로 좋아하지 않았을 것 같은 느낌이 든다. 우리는 이 논의를 확장해서, 연방준비제도가 무슨 일을 하고, 어떻게 그 일을 하며, 왜 그 일이 중요한지를 살펴볼 것이다.

통화 정책이 우리 삶에 미치는 영향

이 모든 일들이 미국에서만 벌어지는 것은 아니다. 다른 나라들에서도 무언가를 살 수 있게 해 주는 작은 종잇조각을 사용한다. 또한 다른 나라들에서도 돈 문제로 정치적 싸움이 벌어지는 것은 물론이다. 대서양 건너편에서는 독일과 그리스가 사랑 없는 결혼 생활을 하는 70대 부부인 양 몇 년에 걸쳐 티격태격하고 있다. 이 두 나라와 EU 소속 17개국—그리고 EU 소속이 아닌 몇몇 나라들—은 유로라는 공통 화폐를 채택했다. 단일 통화인 유로는 20년 전 유럽 대륙의 여러 나라들을 정치적·경제적으로 통합할 수 있을 것이라는 높은 기대 속에서 도입되었다. 이 위대한 실험을 둘러싼 광채는 이제 빛이 바랬다. 유로를 도입한 후, 유럽에서 생산성이 가장 낮은 국가들—그리스뿐 아니라 이탈리아, 스페인, 포르투갈 등—이 어려움을 겪었다. 특히 이들은 독일과 같은 경제 대국과 통화를 공유하기보다 자국의 화폐를 보유했을 때 운용할 수 있는 매우 중요한 거시경제적 정책 도구—예를 들어 금리를 결정하고 자국 통화의 가치를 조절하는 수단 등—를 잃고 말았다. 유로의 미래는 여전히 미궁에 빠져 있다. 이 책에서는 이런 문제도 다룰 것이다.

태평양 너머 중국에서는 정부가 경제의 다른 모든 분야를 관리하는 것과 똑같은 방식, 즉 막대한 정부 개입으로 위안을 관리해 왔고, 그 과정에서 많은 실책을 범했다. 10년이 넘는 기간 동안, 미 하원의원들에서부터 IMFInternational Monetary Fund(국제통화기금) 관리들에 이르기까지 수많은 사람들이 중국 정부가 위안의 가치를 고의적으로 낮게 유지하고 있다고 비난해 왔다. 중국 정부가 개입하고 있다고 의심되는 이 무법적 행위는 미국을 비롯한 여러 나라에서 중국 상품을 싸게 팔고, 이를 통해 수출을 활발하게 유지함으로써 노동자들의 일자리를 보장하기 위한 것이다. 2015년, 중국 정부는 자국의 주식 시장이 급락한 것에 대응해 위안의 가치를 2퍼센트 절하했다. 당시 미국 정치인들은 소속 정당을 불문하고 그것이 불공정 무역 관행unfair trading practices이며 '통화 정책에 있어서 중국을 신뢰하지 못할 또 하나의 증거'라고 맹공을 퍼부었다.[1]

여기에는 이상한 점이 두 가지 있다. 첫째, 미 의원들은 중국이 물건을 너무 싸게 판다고 불평한다—자본주의 사회에서 흔히 들을 수 없는 불평이다. 둘째, 어떤 형식을 채택해도 통화는 국가 간 마찰을 일으키고야 마는 난제라는 사실이다. 유로처럼 화폐를 공유해도, 각자 자국의 화폐를 가지고 있어도 통화 관련 마찰은 피할 수 없다는 뜻이다.

이 책에서는 통화, 환율, 그리고 서로 다른 나라들이 서로 다른 종잇조각을 돈으로 사용하면서 생기는 마찰과 여러 나라가 하나의 화폐를 공유하려고 할 때 빚어지는 마찰에 대해서도 살펴볼 것이다.

그런데 더 기묘한 문제가 있다. 일본에서는 아베 신조가 인플레이션을 만들어 내겠다는 약속으로 총리에 선출됐고, 재선까지 됐다. 정말이다. 잘못 읽은 것이 아니다. 20년 이상 가격 하락(디플레이션)과 경제 침체를 경험한 후, 일본 총리는 디플레이션을 막는 것을 경제 회복을 위한 최우선 정책 도구로 삼겠다고 다짐했다. 1970년대 미국의 인플레이션을 경험한 독자, 혹은 당시 상황에 대해 읽어 본 사람이라면 책임감 있는 정부가 인플레이션을 공약으로 내거는 것—그리고 그 공약을 이행하지 못했다고 혹독한 심판을 받는 것—을 보고 아이러니를 느끼지 않을 수 없을 것이다. 이 책에서는 인플레이션, 디플레이션, 그리고 일본에서 지난 20년간 도대체 어떤 일이 벌어졌는지에 대해서도 알아볼 것이다.

돈의 위기, 그리고 새로운 화폐의 시대

다시 미국으로 돌아가 보자. 미 의회는 중국이 물건을 너무 싸게 판다고 비난하는 틈틈이 2008년 금융 위기에 대한 대응으로 은행을 비롯한 여러 금융 기관들에 대한 새로운 규제책을 만들어 왔다. 금융 위기에 대한 거의 유일한 대응책이었던 '구제금융bailouts'에 대한 대중들의 분노는 여전히 가라앉지 않고 있다. 정부는 그 개입의 결과로 이익을 보기도 했지만, 무모하게 돈을 빌려준 사람들과 빌린 사람들의 실수를 무마하는 데 세금을 쏟아부은 것에 화가 난 유권자들의 귀에는 그런 세세한 사실들이 들리지 않는다. 모든 이들의 머릿속을 떠나지 않는 의문은 바로 이것이다. 규제 기관들이 이제 금융 시스템을 더 안전하게 만들었는지, 아니면 또 다른 형태의 금융 패닉을 초래할 길을 닦았는지 하는 것이다. 수많은 전문가들이 후자에 대해 우려하고 있다.

이 책은 금융 위기에 관한 책이기도 하다. 1929년 대공황뿐 아니라 2008년 금융 위기에 대해서도 이야기할 것이다(스포일러 주의: 나는 우리가 또 한 번의 대공황이 초래되지 않도록 많은 일들을 제대로 해냈다고 주장할 것이다).

이 모든 일들이 벌어지는 와중에 인터넷에서는 매우 흥미로운 화폐가 개발되고 있었다. 그것도 의회나 그 어떤 정부 기관의 관여도 받지 않으면서 말이다. 비트코인과 같은 암호화폐cryptocurrency가 바로 그 주인공이다. 종이화폐—정부가 발행한, 그 자체로는 아무런 가치도 없는 종잇조각

—보다 더 이상한 것은 있을 수 없다고 생각하던 순간, '손에 쥘 종이도 없고, 정부가 개입하지도 않은' 화폐가 등장한 것이다. 비트코인은 컴퓨터를 사용해서 복잡한 알고리즘을 풀면 그에 대한 보상으로 '채굴'할 수 있다. 놀랍게도 우리는 비트코인으로 실제 재화와 서비스를 구입할 수 있다. 이보다 더 기묘한 사실은, 비트코인 컴퓨터 프로그램이 수수께끼에 휩싸인 남자—혹은 여자나 익명의 프로그래머 집단일 수도 있다—에 의해 개발됐다는 점이다. 이 책에서는 비트코인에 대해서도 어느 정도까지는 설명하려 할 것이다.

내가 지금까지 기술한 현상들의 공통점은 무엇일까? 바로 돈이다. 더 넓게 말하자면 '돈, 금융, 중앙은행', 즉 현대 경제의 중심을 이루며 서로 연결되어 있는 세 가지 요소들이다. 돈은 거래를 하기 위해 우리가 사용하는 수단이다. 로마 시대에는 소금 주머니가, 미국 교도소에선 고등어 파우치가 거래 수단으로 쓰이기도 했다. 오늘날 인터넷에서 불법 약물이나 무기를 살 때 쓰이는 비트코인도 거래 수단이다. 물론 그 밖의 모든 것들을 사는 데 쓰이는 달러, 유로, 위안 등을 비롯한 각국 정부의 화폐도 거래 수단이다.

'부'와 '돈'은 다르다

한 가지 명확히 해 둘 것이 있는데, 그건 바로 이 책은 엄밀히 말해 '부wealth'가 아닌 '돈money'에 관한 책이라는 점이다. 그 둘은 같은 개념이 아니다. 워런 버핏Warren Buffett은 나보다 훨씬 큰 '부'를 일구었지만, 돈은 나보다 더 많을 수도 있고, 그렇지 않을 수도 있다. 앞으로 논의하겠지만, 돈이란 보통 즉시 구매를 하는 데 사용할 수 있는 자산을 일컫는다. 현금은 돈이다. 거기에는 당좌예금을 비롯해 수표를 발행할 수 있도록 연동된 계좌에 들어 있는 예치금도 포함된다. '지금 당장' 뭔가를 구매하는 데 사용할 수 있기 때문이다. 반면, 고급 차나 대형 주택은 '돈'으로 간주되지 않는다. 둘 다 큰 가치가 있고, 부의 원천이 될 수 있지만, 상거래를 하는 데 자주 쓰이는 자산들은 아니기 때문이다.

당신의 은행 금고에 스페인 금화가 들어 있다 해도 지금은 돈으로 간주되지 않는다. 과거 언젠가 돈으로 통용되는 시대가 있었겠지만 말이다. 주식과 채권도 돈이 아니다. 그것들은 돈과 교환할 수 있는 자산이고, 그렇게 돈으로 교환한 다음에야 무엇을 구매할 수 있다. 따라서 모든 돈은 부지만, 모든 부가 돈은 아니다. 바로 이런 이유 때문에 워런 버핏이 나보다 돈이 더 적을 수도 있다고 주장할 수 있는 것이다. 물론 그는 수십억 달러에 달하는 주식과 채권을 가지고 있고, 거기에 더해 자가용 비행기 하나와 호텔 몇 개도 가지고 있다. 그러나 그가 지갑과 현금 통장에 나보다 더 많은 돈을 가지고 있을까? 그럴 수도 있고, 그렇지 않을 수도 있다.

말이 나온 김에 '통화currency'와 '돈money'의 중요한 차이점도 지적하고 넘어가자. 기술적으로 말하자면, 통화는 유통되는 지폐와 동전으로 이루어진다. 지갑에 든 달러 지폐나 서랍 안에 든 동전 같은 것들 말이다. 돈은 더 넓은 개념으로, 통화를 비롯해 구매를 하는 데 사용할 수 있는 자산이나 신속하게 통화로 전환할 수 있는 자산이 포함된다. 당좌예금 계좌 같은 것이 그 예다. 모든 통화는 돈이지만, 모든 돈이 통화는 아니다.

일본의 엔이나 중국의 위안처럼 한 나라의 통화를 말할 때는 그냥 지폐와 동전을 말하는 것이 아니라 그 나라의 '모든 돈'을 일컫는다. 이와 관련된 표현이 무척 애매하게 느껴질 수 있지만, 보통 문맥을 보면 명확해진다.

마지막으로 '현금cash'은 보통 통화와 동의어로 사용되지만, 그렇지 않을 때도 있다. 마약 거래상들이 현금 거래를 한다고 말할 때는 진짜 지폐 뭉치가 오가는 것을 의미한다. 그러나 투자자들이 주식을 팔아 치우며 현금을 보유하고 있다고 말하는 신문 보도는 그들이 100달러짜리 지폐가 가득 찬 가방을 끌어안고 있다는 걸 의미하는 게 아니다. 이 경우에는 투자자들이 금융 시장 계좌에 돈을 예치하는 식으로 거액의 '유동liquid' 자산을 가지고 있다는 뜻이다. 이 책에서 내내 사용될 '유동성 liquidity'이라는 용어는 어떤 자산이 예측 가능한 가격으로 얼마나 빨리 현금화될 수 있는지를 말하는 개념이다. 미 재무부 발행 채권은 유동성이 굉장히 높다. 반면 빈센트 반 고흐의 그림은 유동성이 높지 않다.

큰 그림을 이해하는 데 전문 용어가 방해가 돼서는 안 된다. 돈과 (넓은 의미의) 금융 활동은 현대 경제를 돌아가게 하는 원동력이다. 이 둘은 우리가 행하는 중요한 거래에 항상 빠지지 않고 등장한다. 한편 중앙은행은 돈을 찍어 냄으로써 금융 활동이 가능하도록 만든다.

이 모든 것들이 제대로 기능할 때는 아무도 주의를 기울이지 않는다. 우리 중 대부분은 지갑에 든 20달러짜리 지폐를 들여다보면서 시간을 보내지 않는다. 20달러 지폐는 앤드루 잭슨Andrew Jackson의 얼굴이 담긴 종잇조각에 불과하지만, 동시에 거의 기적적인 방식으로 현대 경제를 강력하게 만드는 종잇조각이기도 하다. 시스템이 망가지면—'돈'이 나쁜 방식으로 기능하면—그 결과는 재난에 가까워질 수 있다.

분명 우리 대부분은 후자보다 전자를 선호한다. 따라서 우리는 이 책에서 통화 정책을 제대로 수행하는 것이 왜 그토록 어렵고, 또 중요한 일인지를 살펴보게 될 것이다.

1부

돈이 만드는 세상

Naked
Money

1장

Naked
Money

돈의 탄생

이 작은 원형 금속과 종이 문서의 본질은 무엇인가? 그 자체로는 아무런 쓰임새가 없다. 그럼에도 불구하고 그와 비슷하게 생긴 다른 것들과는 전혀 다르게 아주 유용한 상품들과 맞바꿔지곤 하지 않는가. 아니 그런 말로도 부족하다. 모두가 그것을 얻기 위해 자기 물건을 내어 주려고 안달한다.

_ 카를 멩거, 오스트리아 경제학파의 창시자, 1892[1]

북한의 이상한 화폐 개혁

2009년, 북한은 이상한 일을 벌였다. 평범하지 않은 나라라는 것을 감안해도 이상한 일이었다. 모든 지폐에서 0을 두 개 떼어 낸 새로운 화폐를 발행한 것이다. 이에 따라 새로운 화폐 1원은 옛 화폐 100원과 맞먹게 되었다.[2] 이는 딱히 새로운 기법이 아니다. 과거에도 여러 나라가 0의 개수를 줄인 화폐를 발행해서 인플레이션을 잡으려는 시도를 해 왔다. 1994년 브라질은 인플레이션에 멍들 대로 멍든 크루제이루 헤알을 대체할 새로운 화폐로 헤알을 발행했다. 당시 브라질 정부는 반짝거리는 새 돈 1헤알이 2750크루제이루 헤아이스(헤아이스는 헤알의 복수형이다)와 맞먹는다고 발표했다.

구화폐가 신화폐와 자유롭게 교환되기만 한다면, 이런 일이 본질적으로는 소비자들에게 좋을 것도 없고 나쁠 것도 없다. 미국에서 달러 지폐를 전혀 사용하지 않았고, 모든 것의 가격이 페니로 매겨져 있었다고 상상해 보자. 그런데 어느 날 정부가 페니는 더 이상 합법적인 화폐로 통용되지 않을 것이며, 대신 달러라고 부르는 새로운 화폐를 사용하게 될 것이라고 발표했다고 해 보자. 아울러 정부는 100페니가 1달러로 대체되고, 앞으로는 모든 가격이 달러로 매겨질 것이라고 덧붙였다. 이전에는 200페니였던 물건이 이제는 2달러가 될 것이다. 구매력 측면에서는 아무것도 변할 것이 없다. 그때까지 페니를 많이 가지고 있었던 사람들은 이제 달러를 많이 가진 사람이 될 것이다. 은행 계좌를 새 화폐 체제로 전환하기는 더 쉽다. 모든 계좌의 금액에서 그냥 0을 두 개만 지우면 되기 때문이다. 물건 가격은 이전보다 더 싸 보이지만—그래서 인플레이션을 잡기 위한 도구로 사용된다는 것이다—사람들이 가지고 있는 부의 개념에서 보면 부자는 여전히 부유하고 가난한 사람은 여전히 가난할 것이다. 페니가 달러로 바뀐 것 외에는 변하는 것이 없다.

여섯 살만 넘어도 5달러가 500페니와 다르지 않다는 것을 알 것이다—그리고 두 금액이 다른 거라고 여섯 살짜리를 속인다 해도 겨우 몇 번밖에는 속아 넘어가지 않을 것이다. 그저 주머니에 동전을 덜 가지고 다녀도 되게 되었을 뿐이다. 가게에서 더 이상 페니를 받지 않을 것이기 때문이다. 하지만 소파 아래에서 페니 동전이 300개쯤 나온다면 은행에 가서 달러로 바꿀 수 있을 것이다. 브라질 사람들에게는 구화폐인 크루제이루 헤알을 새 헤알로 바꾸는 데 1년 정도의 기간이 주어졌다. 독일과 같은 일부 유럽 국가들은 옛 동전과 지폐(독일의 경우 도이체마르크)를 언제든 유로와 바꿔 주겠다고 약속해 왔다. 유로화로 전환한 지 15년이 넘었는데도 말이다.

그러나 북한은 그런 나라들과 다르다. 북한 정부는 화폐 개혁을 발표하면서 새 화폐로 교환할 수 있는 구화폐의 액수를 제한했다. 정부가 제시한 최대 교환 가능 액수는 690달러 정도에 그쳤던 것이다. 690달러라는 숫자도 그나마 정부 공시 환율을 적용한 것이고 그보다 훨씬 낮은 암시장 환율을 적용하면 35달러 남짓 되는 액수였다. ◆(2009년 북한은 구권 100원을 신권 1원으로 교환하되 세대당 교환 가능 액수를 10만 원으로 제한하는 화폐 개혁을 실시했다 - 옮긴이) 따라서 구화폐를 많이 보유하고 있었던 사람은 재산의 상당 부분이 휴지조각으로 변해 버리는 것을 속수무책으로 지켜봐야만 했다. 바로 그것이 정부가 노린 것이었다. 북한 정부는 배급에 의존하는 북한의 경제 시스템 밖에서 돌아가는 암시장에 대해 점점 더 신경을 곤두세우고 있던 참이었다. 암시장 상인들은 막대한 현금을 보유하고 있었다. 정부는 펜 한 번 놀리는 것으로—혹은 북한의 최고 지도자가 법안을 공표할 때 사용하는 그 필기구를 한 번 놀리는 것으로—그들이 불법적으로 축적한 부를 몰수하는 데 성공했다.

물론 평범한 북한 주민들 대부분도 겨울과 봄에 굶어 죽지 않기 위해 현금을 모아 놓은 상태였다. 화폐 개혁이 발표된 후, 북한에서 흘러나오는 몇 안 되는 뉴스에 따르면 돈을 모아 놓은 사람들이 헌 돈을 새 돈으로 바꾸기 위해 집으로 몰려가는 바람에 "시장과 기차역에서 엄청난 혼란이 빚어졌다"고 한다.[3] 제한된 액수를 새 화폐로 바꾸는 데 주어진 시간은 24시간밖에 되지 않았다. 한 탈북자는 《뉴요커》 기고자 바버라 데믹Barbara Demick에게 이렇게 말했다. "하루아침에 모든 돈을 잃고 말았습니다. 충격을 받은 사람들이 병원에 줄줄이 실려 갔어요."[4]

북한 정부는 가치를 지니고 있던 돈을 한순간에 휴지조각으로 만들어 버렸다. 아주 기이한 정권이 아닐 수 없다.

◆ 공식적인 정부 환율이 화폐의 시장 가치를 항상 반영하는 것은 아니다. 특히 북한과 같은 곳에서는 더욱 그렇다. 북한의 원화는 북한 밖에서는 아무런 가치가 없기 때문에, 다른 나라들에서 이 화폐를 축적하기 위해 애쓰는 사람은 아무도 없다. 그 결과, 북한 원화를 달러나 위안 같은 좀 더 유용한 국제 통화로 바꾸려는 사람들은 정부가 말한 것보다 원화의 가치가 훨씬 떨어진다는 것을 알게 될 것이다. 예를 들어, 2013년 말경 북한에서 공식 환율은 1달러에 96원이었지만, 암시장에서는 1달러에 8000원이었다. _ 제임스 피어슨James Pearson, 〈북한에서는 암시장이 어느 정도 존중받는다Black Market Gets Some Respect in North Korea〉, 《뉴욕타임스》, 2013년 11월 4일자.

있던 돈을 휴지로 만드는 나라,
없던 돈을 만들어 내는 나라

이 사건을 정확히 같은 시기에 미국에서 벌어지고 있던 일과 대비해 보면 더욱 기이하게 여겨질 것이다. 미 연방준비제도는 2008년 금융위기에 대한 대응으로 금융 시스템에 공격적으로 '유동성을 주입하고' 있었다. 나중에 이 유동성 개념에 대해 더 자세히 살펴보겠지만, 일단 지금 알아야 할 기본적인 사실은 연방준비제도가 재량권을 총동원해서 금리를 낮추려고 노력했다는 사실이다. 부동산 거품이 꺼진 후 어려움에 빠진 은행, 기업, 소비자들이 신용대출을 더 쉽게 얻을 수 있도록 하기 위해서였다. 바로 여기서 북한만큼이나 상황이 기묘해진다. 연방준비제도가 이를 위해 새로운 돈을 만들어 낸 것이다. 무에서 유를 창조하듯이 말이다. 뉴욕 연방준비은행에는 창문 없는 방이 있다. 그곳에서 트레이더들은 말 그대로 새로운 전자화폐를 만들어 낸 후, 그것으로 수십억 달러에 달하는 금융 자산을 사들였다. 2008년 1월부터 2014년 1월 사이, 연방준비제도는 거의 3조 달러에 해당하는 새 돈을 미국 경제에 부어 넣었다.[5]

어디에도 없던 돈이 눈 깜짝할 사이에 만들어졌다. 트레이더들은 연방준비제도의 지시에 따라 그 돈으로 각종 민간 금융 기관들의 채권을 매입한 뒤, 대금은 전자적인 방식으로 해당 기관들의 계좌에 이체했다. 새로운 돈이 만들어진 것이다. 몇 초 전만 해도 존재하지 않았던 돈이다. '클릭.' 뉴욕 연방준비은행 사무실에 앉은 사람이 컴퓨터로 수십억 달러를 만들어서 시티은행의 자산을 사들이는 소리다. '클릭, 클릭.' 20억 달러가 더 만들어졌다.

북한의 최고 지도자가 가치를 지니고 있던 돈을 휴지조각으로 만드는 동안, 미국의 연방준비제도는 무에서 돈을 만들어 내는 정반대 활동을 벌이고 있었다. 북한의 원화나 미국의 달러화나 그 자체로는 아무런 가치가 없다. 돈을 가지고 북한이나 미국 정부에 가서 금이나 쌀, 혹은 식용유 등 손에 잡히는 뭔가를 내놓으라고 할 수는 없다—물론 적어도 미국에서는 그런 요구를 한다고 강제 노동 수용소에 보내지지는 않을 것이다. 북한 정부는 돈을 없애 버릴 수 있었고, 미국 정부는 돈을 만들어 낼 수 있었다. 두 나라 모두에서 돈은 그저 종이일 뿐인 데다 이제는 심지어 컴퓨터상의 비트와 바이트로 만들어지는 일이 점점 더 많아지고 있기 때문에 가능한 일이었다.

한쪽에서는 돈을 없애고 다른 한쪽에서는 돈을 만들어 내는 동안, 또 하나의 기묘한 일이 벌어지고 있었다. 미국 교도소에 수감되어 있던 죄수들이 고등어 파우치를 물물 교환 단위로 사용하고 있었던 것이다. 맞다. 그 등 푸른 생선 말이다.

미국 교도소 수감자들에게는 현금을 지니는 것이 허용되지 않는다. 대신, 그들은 구내매점에 계좌를 트고 소소한 물건들을 구매할 수 있다. 그리고 현금이 유통되지 않으니 우표나 에너지 바 등 매점에서 파는 물건들 중 뭐든 화폐 역할을 할 수 있었다. 역사상 늘 그래 왔던 것처럼, 이런 경우 교환 단위를 비공식적으로나마 하나로 통일하면 거래가 훨씬 간편해진다. 2차 대전 때 포로수용소에서 담배가 교환 단위로 통했던 것이 대표적인 예다. 2004년 연방교도소 내 금연령이 내려진 후, 미국 교도소 내에서 거래를 할 때 금본위처럼 통하게 된 것은 바로 고등어 파우치였다(고등어를 깡통이 아니라 비닐 진공 포장 용기인 파우치에 담아 교도소에 들였다. 깡통은 날카롭게 만들어 서로를 공격하는 데 사용할 수 있기 때문이었다).[6] 고등어 파우치는 저장하고 운반하기가 편리하다. 흥미로운 사실은 고등어가 교도소 밖에서는 할인 매장에서조차 그다지 인기가 없는 품목이라는 데 있다. 그러나 교도소 안에서는 고등어가 참치, 게, 닭고기, 굴보다 훨씬 잘 팔린다. 매점에서 고등어 파우치를 1달러 정도에 팔기 때문에 달러를 대체하기 쉽다는 것도 하나의 이유가 된다. 게다가 고등어는 달러화나 원화와 달리 어느 정도 본연의 가치를 지니고 있다. 언제라도 먹을 수 있기 때문이다.

사실, 북한이나 미국 경제가 고등어를 기본으로 운영이 된다면 북한의 최고 지도자도 미국의 연방준비제도도 앞에서 언급한 것과 같은 정책은 취하지 못했을 것이다. 최고 지도자가 텔레비전에 출연해서 오늘부터 고등어는 아무런 가치가 없다고 선언해 봤자 소용이 없을 것이다. 고등어는 여전히 고등어이기 때문이다. 고등어와 겨울 외투를 교환하다가는 체포될 수도 있겠지만, 고등어를 지하실에 저장해 두고 주기적으로 찾아오는 기근 때 꺼내 저녁으로 먹을 수는 있을 것이다. 가치를 지닌 것을 가치 없다고 선언할 수는 없다. 물론 정부가 고등어를 모두 압수하려고 들 수도 있다. 하지만 그것은 더 큰, 또 다른 문제를 일으키게 될 뿐이다.

이와 마찬가지로, 미국 연방준비제도가 이전까지 없었던 고등어 파우치 수백만 개를 순식간에 만들어 낼 수는 없다. 뉴욕 연방준비은행의 창문 없는 방에 앉아 클릭 버튼을 누른다고 해서 시티은행에 바로 고등어 파우치들이 나타나는 것은 아니다. '클릭, 클릭, 클릭.' 고등어를 만들어 내지는 못하는 소리다.

돈은 신뢰를 기초로 해 '만들어진' 것

돈은 어쩌다가 이렇게 기묘한 것이 되었을까? 첫 번째로 깨달아야 할 가장 중요한 통찰은 '돈'과 '부'는 동의어가 아니라는 사실이다. 집은 부다. 자신이 그 집에서 살 수도 있고, 남에게 세를 줄 수도 있다. 쌀 한 자루도 부다. 다른 것과 교환할 수도 있고, 먹을 수도 있고, 심을 수도 있고, 저장해 두었다가 다음에 다른 용도로 쓸 수도 있다. 그러나 쌀 한 자루는 집과 달리 비교적 균일성을 지닌 상품이므로 교환 수단으로 사용될 가능성을 가지고 있다. 개인적으로 쌀을 좋아하지 않는 사람이라 하더라도 누군가에게 쌀 한 자루를 지불 수단으로 받을 수 있다. 등 푸른 생선을 좋아하지 않는 수감자라 하더라도 기꺼이 고등어 파우치로 지불받는 것과 마찬가지다. 왜일까? 자기가 아니더라도 쌀(혹은 고등어)을 좋아하는 사람들이 충분히 많이 있기 때문이다. 쌀이 다른 사람들에게 어느 정도 가치 있기 때문에 내게도 가치가 있는 것이다. 이는 문화에 관계없이 역사적으로 교환 수단이 되었던 것들이 지닌 가장 중요한 특징이다. 소금, 금, 담배, 돌고래 이빨, 조가비 구슬, 동물 가죽 등이 모두 그러했다.

이제 예를 좀 더 확장해서 당신이 지하실에 50파운드(약 22킬로그램) 무게의 쌀자루를 10개 가지고 있다고 가정해 보자. 상거래를 하는 동안에는 그 쌀자루를 지고 다니지 않는 쪽이 더 편할 것이다. 그래서 당신은 멋진 장식을 한 증서를 10장 만들어서 서명을 하고, 그 증서를 가져오는 사람에게 50파운드짜리 쌀자루 한 개를 주겠다고 약속하는 말도 적어 넣는다. 어느 날 당신은 퍼팅 레슨을 해 준 골프 강사에게 증서 하나를 건넨다. 그러고는 그에게 누구든 그 증서를 가지고 오면 지하실에 보관해 둔 쌀을 주겠다고 설명한다. 이로써 당신은 종이돈을 만든 것이다. 비록 실제 상품(쌀자루)을 본위에 둔 돈이긴 하지만 말이다.

골프 강사가 자기 대신 반려견을 데리고 산책을 해 준 여성에게 그 증서를 준다고 가정해 보자. 그러면 이제 당신은 유통되는 종이돈을 만든 셈이 된다. 그 증서를 손에 넣은 사람 중 누군가가 쌀이 필요하다고 여긴다면 당신을 찾아와 쌀 한 자루와 바꾸면 된다. 하지만 그런 경우가 생기지 않는다면, 사람들이 그 증서를 상거래에 사용하는 동안 쌀은 지하실에 계속 보관되어 있을 것이다. 바로 여기에 아이러니가 있다. 쌀 증서를 사용하는 사람들이 언제라도 해당 증서와 쌀을 맞바꿀 수 있다고 확신하는 동안에는 급히 쌀을 요구하러 오지 않을 것이다. 그러나 쌀 증서의 가치에 대한 의심이 조금이라도 들기 시작하면—그 의심에 근거가 있든 없든 상관없이—사람들이 몰려와 문을 두드리고 증서를 흔들어 대며 쌀을 내놓으라고 요구할 것이다. 바로 이것이 상품에 본위를 둔 돈뿐 아니라 더 광범위한 금융 시스템을 잠재적으로 불안정하게 만드는 요소다. 엄청나게 복잡한 금융 시스템도 사람들의 믿음에 따라 그

성패가 결정될 수 있다. 즉, 사람들이 그 체제가 번창할 거라고 믿는지 실패할 거라고 믿는지에 따라 번창하거나 실패할 수 있다는 것이다.

두 번째로 알아야 할 것은, 현대의 화폐가 신뢰를 기초로 해 만들어졌다는 점이다. 인도 루피화를 둘러싸고 벌어진 기묘한 현상을 살펴보자. 인도준비은행Reserve Bank of India은 찢어지거나 해진 루피도 일련번호 두 개만 온전히 보이면 합법적인 통화로 인정한다(미국 화폐에 대한 정책도 마찬가지다). ◆ 인도의 은행에 가서 구겨지고, 찢어지고, 해진 루피를 내밀면 빳빳한 새 돈으로 바꿔 주어야 한다. 그렇게 하도록 법으로 정해져 있다. 하지만 뭄바이 거리에서 찢어지거나 심하게 해진 루피를 내밀면 일련번호가 뚜렷이 보인다 하더라도 받으려 하지 않는다. 가게 주인, 택시 운전사, 가판대 주인 등 그 누구도 찢어지거나 해진 돈을 받으려 하지 않기 때문에 그들과 상거래를 하는 사람들 역시 그 돈을 받지 않는다. 헌 지폐를 교환하기 위해 어쩔 수 없이 은행에 가야 하는 바보 역할을 자신이 하고 싶지는 않은 것이다. 물론 모든 사람들이 헌 지폐를 그냥 받아 주면 아무도 은행에 가서 새 돈으로 바꾸는 귀찮은 일을 할 필요가 없을 것이다. 나는 찢어진 지폐, 구겨진 지폐, 낙서나 전화번호가 쓰인 지폐, 테이프로 붙인 지폐, 심지어 조지 워싱턴의 얼굴이 잘려 나간 1달러 지폐도 받아 본 적이 있다. 나는 스타벅스에서 거스름돈

◆ 정부가 합법적 통화로 인정한 돈의 경우, 해당 나라 내에서는 모든 공적·사적 부채에 대해서 쓰일 수 있다. 당신의 지갑 안에 있는 20달러 지폐가 그 자체로는 아무런 가치가 없을지도 모르지만, 어쨌든 미국 내에서는 합법적인 통화다.

으로 그런 지폐를 준다 해도 일련번호 두 개만 손상되지 않았다면 받을 것이다. 다른 사람들도 대부분 그 돈을 받을 것이다—그래서 나도 그 돈을 받을 수 있는 것이다. 그러나 인도에서는 그렇지 않다. 아무도 찢어진 루피를 받으려 하지 않는다. 다른 모든 사람들이 찢어진 루피를 받으려 하지 않기 때문이다. 물론 나도 인도를 여행하면서 찢어지거나 상태가 좋지 않은 루피는 받지 않았다. 이런 식으로 인도에서 그 모든 현상이 영구화되고 있는 것이다.

사람들의 행동 방식이 돈의 가치를 결정한다

2000년대 초, 소말리아에서는 이상하게도 이와 정반대되는 현상이 벌어지고 있었다. 법적 가치가 전혀 없는 돈이 전성기를 구가하고 있었던 것이다. 소규모 거래에서 가장 선호된 돈은 소말리 실링으로, 법정 화폐가 아니었다—액수가 큰 거래에는 달러가 사용됐다. 오랜 내전 때문에 소말리아 중앙은행은 문을 닫았다. 과도 연방정부가 통화 정책을 책임지도록 되어 있었지만, 이 과도 정부의 영향력은 수도인 모가디슈 밖을 넘어서지 못했다. 당시 법적으로만 보면 소말리 실링은 모노폴리 게임에 쓰는 장난감 돈만큼이나 가치가 없었다. 시장에 유통되고 있던 지폐는 이제 더 이상 존재하지 않는 정부가 20년 전에 발행한 것이었다. 《이코노미스트》지가 말했듯 "종이 지폐를 사용하는 것은 보통 그 지폐를 발행한 정부에 대한 신뢰의 표현으로 받아들여진다."[7] 소말리아의 경우, 그런 정부는 수십 년 동안 존재하지 않았다. ◆ 그러나 그 정부가 발행한—그냥 종잇조각에 불과한—화폐는 이에 굴하지 않고 계속 통용됐다. 왜일까?

가장 간단한 답은 이거다. 사람들이 소말리 실링을 받았기 때문에 소말리 실링이 받아들여졌다는 것이다. 좀 더 자세히 들여다보면 몇 가지 이유를 더 찾을 수 있다. 첫째, 소말리 실링은 소규모 거래의 수단으로 사용하기에 편했다. 미국의 수감자들이 작은 거래에서 물건에 값을 매기고 교환할 때 고등어 파우치를 사용하는 데 익숙해진 것처럼, 소말리아 사람들도 소말리 실링을 가지고 차와 빵을 사는 데 익숙해져 있었다. 예를 들어 모두가 작은 비누 한 장에 몇 실링인지를 잘 알고 있었다. 둘째, 소말리아에는 아주 강한 친족 관계가 존재한다. 정부가 없는 상태에서 이 친족 체제는 소말리 실링에 대한 신뢰를 형성해 주는 사회적 아교 역할을 했다. 이 네트워크에 속한 사람들은 같은 네트워크에 속한 다른 사람들이 소말리 실링을 받아들이리라는 것을 믿었다. 당시 《이코노미스트》는 다음과 같이 설명했다. "종이화폐는 사용자들이 그것과 실제 물건을 교환할 수 있다는 암묵적 동의를 하고 있어야 유통될 수 있다. 소말리아에서는 이 암묵적 동의가 특히 강하게 이루어져 있다. 이 체제를 교란하는 사람은 자신뿐 아니라 친족들 전체의 신뢰를 위험에 빠뜨리게 된다."[8]

끝으로, 소말리아의 경우 제 기능을 하는 정부가 없다는 사실이 지폐의 가치가 유지되는 데 오히려 도움이 됐다. 돈을 더 찍어 낼 정부가

◆　2012년, 과도 정부 체제가 끝났고, 소말리아 중앙은행이 다시 문을 열었다.

없었기 때문에 소말리 실링의 공급은 대체로 고정되어 있었다. 이와 대조적으로, 어중간하게 기능하는 정부는 정권을 유지하기 위해 무모하게 돈을 찍어 낸다. 예를 들어, 1990년대에 도입된 벨라루스 루블은 '토끼'라는 별명을 얻었다. 지폐에 토끼가 새겨져 있었기 때문이기도 하지만, 엄청난 번식력을 자랑했기 때문이기도 했다. 소말리 실링의 경우, 내전 중 이 돈의 공급을 늘릴 수 있는 유일한 방법은 위조지폐를 만드는 것뿐이었고, 양질의 위조지폐는 매우 드물었다. 지폐를 만들 기술과 장비, 재료가 부족했기 때문이다. 이런 이유 때문에 기업들, 심지어 소말리아 은행들조차 양질의 위조지폐를 받아들였다. 당시 한 기사는 이 환각성 논리를 이렇게 설명한다. "애초에 추상적 가치를 지닌 것의 모방품이 가치 있는 것으로 받아들여진다."[9] 은행이 위조한 모노폴리 지폐를 인정한 것이나 다름없었다. 그냥 가짜 돈이 아니라 '가짜' 가짜 돈을 받아들인 것이다.

그러나 이런 상황에서 가짜라는 것이 어떤 의미를 지닐까? 찢어진 인도 루피는 진짜 돈이지만, 그것으로 차 한 잔도 살 수 없다. 소말리 실링은—그리고 위조 소말리 실링도—그것을 법정 화폐라고 선언할 정부가 없기 때문에 진짜 돈이 아니지만, 그것으로 차 한 잔을 사서 마실 수 있다. 이 부분에서 간단한 사실이 심오한 의미를 지니게 된다. 어떤 것으로 쉽게, 그리고 예측 가능하게 재화와 서비스를 구매할 수 있다면 그것은 돈이다. 하지만 그렇게 할 수 없다면 돈이 아니다. 이 두 극단 사이에 중간 상태도 존재한다. 아프리카 전역의 환전소들은 헌 달러보다 새 달러에 더 나은 환율을 적용한다. 현직 미 재무부 장관이 서명한

100달러 지폐는 부시 행정부의 존 스노John Snow나 클린턴 행정부의 로버트 루빈Robert Rubin이 서명한 100달러 지폐보다 더 나은 환율을 적용받는다. 깨끗하고 빳빳한 지폐는 오래되고 더러운 지폐보다 더 나은 환율을 적용받는다. 100달러 지폐 한 장이 20달러 지폐 다섯 장보다 더 가치가 높다.[10]

이런 현상들은 미국에서 달러를 쓰는 사람들에게 아무런 의미가 없다. 그러나 아프리카에서 지폐에 따라 가치에 차등을 두는 데는 논리가 있다. 《월스트리트저널》은 이 현상을 다음과 같이 설명한다. "일부 환전소와 은행에서는 단위가 큰 미국 지폐가 위조일 가능성에 대해 우려한다. 어떤 곳에서는 단위가 작은 지폐를 귀찮아서 취급하지 않는다. 어떤 곳에서는 오래되고 손상된 지폐를 다시 사용하지 못할까 봐 우려한다. 그리고 어떤 사람들은 단순히 오래된 지폐의 외관을 싫어한다."[11] 화폐 문제에 관한 한, 사람들의 행동 방식은 다른 사람들의 행동 방식에 영향을 받는다. 아프리카의 여러 항구에 정박하는 국제 유람선 직원들이 고용주에게 임금에 헌 돈이 너무 많이 섞여 있다고 불평한 일도 있었다. 이 일이 벌어졌을 당시 미 재무부 장관이었던 헨리 폴슨Henry Paulson이 서명한 100달러 지폐는 얼마 없고, 로버트 루빈이 서명한 100달러 지폐가 너무 많다는 것이었다.

계산 단위, 가치 저장, 교환 수단으로서 돈

이제 한 발 뒤로 물러나 보자. 모든 화폐는—달러에서 고등어 파우치에 이르기까지—세 가지 목적을 수행해야 한다. 첫째, 화폐는 '계산 단위'로서 역할을 할 수 있어야 한다. 사람들은 무언가의 가치를 생각할 때 특정 화폐 단위로 생각한다. 신입사원 면접에서 기업 측이 초봉은 한 달에 소 여섯 마리, 오렌지 열한 상자라고 했다고 하자. 괜찮은 수준의 초봉인가? 그 말을 들은 순간에는 전혀 짐작을 할 수 없을 것이다. 소와 오렌지를 달러로 환산해 보고 나서야 월급 수준이 어느 정도인지 짐작할 수 있을 것이다. 계산 단위로서 화폐는—그것이 달러화든 엔화든 돌고래 이빨이든 간에—어떤 언어든 통역이 가능한 만국어 통역기 역할을 한다. 우리는 양털 스웨터가 당근 몇 개의 가치를 지니는지, 표시 가격이 평면 TV 27대 값인 토요타 코롤라가 경제학 입문서 3000권 값인 혼다 시빅보다 더 가치 있는 것인지 머리를 쓰지 않아도 된다. 모든 것을 달러로 전환해서 비교하면 되기 때문이다. 물리적 화폐가 사라진다 해도, 우리는 항상 거래 가격을 결정하는 계산 단위로서 화폐를 필요로 한다. 스타벅스에서 커피를 사고 현금을 내는 대신 카드를 긁을 수 있지만, 우리는 여전히 커피 한 잔의 가격을 달러와 센트 단위로 생각한다.

둘째, 화폐는 '가치 저장' 수단이 될 수 있어야 한다. 지금 판매 대금으로 받은 돈은 후에 무언가를 살 수 있는 구매력을 지닌다. 교도소 안에서 다른 수감자의 머리를 깎아 준 사람은 그 대가로 받은 고등어 파우치를 자기 감방 안에 쌓아 둘 수 있다. 당장은 필요한 것이 없다고 하더라도 말이다. 무언가에 대한 대가로 달러를 받는 사람은 적어도 당분간은 그 화폐가 가치를 유지할 것이라는 확신을 가지고 있다. 쌀자루나 미국의 포에버 우표Forever stamps(미국 우체국이 존재하는 한 규격 봉투 크기의 우편을 미국 어느 곳에나 보내는 데 사용할 수 있는 우표)도 마찬가지다. 역사가 시작된 이래 화폐로 사용된 물건들은 사과, 꽃, 생선 같은 것들보다는 썩거나 시들지 않는 소금, 담배, 동물 가죽 같은 것들이었다. 만약 누군가가 교도소에서 다른 수감자들의 머리를 깎아 주고 싱싱한 고등어를 대가로 받는다면 금방 자신의 재산 대부분을 잃게 될 것이다─아마 고등어가 상하는 속도만큼 고객 수도 빨리 줄어들 것이다.

북한이 통화 정책에서 취한 교묘한 책략이 사악하게 느껴지는 것도 바로 이런 점 때문이다. 북한 정부는 옛 화폐를 새 화폐로 바꿀 수 있는 양을 제한함으로써 국민들이 미래에 사용할 수 있으리라고 추측하며 저장했던 부를 완전히 없애 버렸다. 옷장 깊숙이 보관해 둔 원화 더미는 장래에 음식, 옷, 전자 제품 등을 비롯한 가치 있는 것들을 손에 넣을 수 있다는 약속이었다. 북한의 최고 지도자가 화폐 개혁을 발표하고 나자 그 원화 다발들은 종잇조각으로 전락해서 불쏘시개나 옥외 화장실 휴지로 쓰이게 됐다.◆ 이와 비슷한 일이 2004년 미국의 교도소들에서도 일어났다. 그때까지만 해도 교도소 내 화폐로 가장 선호됐던 물건은 고등어가 아니라 담배였다. 그러나 교도소 내 금연 정책이 실시된 이후로 자기 감방에 담배를 대량으로 쌓아 두고 있던 수감자들은 북한의 암시장 상인 같은 느낌이 들었을 것이다. 운이 다했다는 느낌 말이다.

◆ 옥외 화장실 휴지 이야기는 그냥 농담 삼아 한 말이 아니다. 1990년대에 하이퍼인플레이션을 겪은 짐바브웨에서는 1000짐바브웨 달러 지폐가 휴지 한 장 가치만도 못했다. 당시 가까운 남아프리카공화국의 기업들은 고객들에게 짐바브웨 달러를 화장실 변기에 버리지 말라는 경고문을 붙이기도 했다.

TOILET PAPER O N L Y
TO BE USED IN THIS TOILET
NO CARDBOARD
NO CLOTH
NO ZIM DOLLARS
NO NEWSPAPER

남아프리카공화국의 한 화장실에 붙어 있는 경고문.
변기에는 화장지만 버리라고 쓰여 있고, 그 아래로 마분지, 헝겊, 짐바브웨 달러ZIM DOLLARS, 신문지 금지라는 문구가 쓰여 있다.

 마지막으로, 화폐는 '교환 수단'으로 사용될 수 있어야 한다. 비교적 쉽게 거래 수단으로 쓰일 수 있어야 한다는 뜻이다. 종이화폐는 그런 의미에서 아주 편리하다. 100달러 지폐 뭉치는 지갑에 쏙 들어가는 데다 미국은 물론이고 미국 밖에서도 합법적으로든 불법적으로든 원하는 거의 모든 것과 교환할 수 있다. 금과 은을 비롯한 귀금속은 다양한 문화에서 교환 수단으로 사용됐다. 아프리카 전역에서는 선불로 구입한 휴대전화의 통화 시간이 화폐로 사용되기도 한다. 휴대전화 통화 시간은 다른 전화로 이전할 수도, 현금으로 바꿀 수도, 가게에서 지불 수단으로 사용될 수도 있다.[12] 휴대전화 통화 시간은 그 자체로 고유의 가치를 지니고 있지만, 지갑에 든 100달러짜리 지폐는 그렇지 않다. 그러나 화폐라는 것이 꼭 그 자체로 고유의 가치를 지니고 있어야 가치 있어지는 것은 아니라는 점이 중요하다. 화폐란 그저 교환을 용이하게 해 줄 수만 있으면 가치가 있기 때문이다.

현대 경제가 번성할 수 있었던 것은 각자 특정 상품과 서비스를 전문적으로 생산해 내서 다른 사람들이 전문적으로 생산해 낸 상품이나 서비스와 교환할 수 있었기 때문이다. 이때 화폐—어떤 형태를 띠든 상관없이—는 교환을 더 쉽게 만든다. 《이코노미스트》는 이 기본적인 원칙을 다음과 같이 요약했다. "외계인에게 금괴가 한가득 차 있는 방, 20달러짜리 지폐 한 무더기, 혹은 컴퓨터 스크린에 떠 있는 0이 많이 붙은 숫자를 보여 주면, 그는 그 모든 것이 무슨 기능을 하는지 몰라 의아해할지도 모른다. 이러한 대상들을 숭배하는 우리의 행동은 외계인에게 (짝을 유혹하기 위해 반짝이는 물건으로 둥지를 장식하는) 수컷 바우어새의 행동만큼이나 특이하게 보일 수도 있다."[13] 분명한 것은 화폐란 목적을 달성하기 위한 수단이라는 점이다. 화폐는 전문화와 교환을 용이하게 함으로써 우리 모두가 더 생산적으로 활동하게 하고, 그 결과 더 부유해지게끔 만들어 준다.

본질적인 가치가 전혀 없는 종이돈의 탄생

일단 화폐의 기본적인 기능을 이해하고 나면, 진화 과정을 거친 다양한 화폐들을 이해하는 것은 어려운 일이 아니다. 화폐는 휴대하기 용이한 경향이 있다. 상거래를 할 때 몸에 지니고 다닐 수 있다는 뜻이다. 휴대와 이동성이라는 측면에서 쌀자루는 불리하다. 20달러어치 쌀이면 5킬로그램 가까이 될 것이기 때문이다. 사실 앞에서 예로 들었던 지하실에 보관한 쌀자루 이야기는 그다지 황당한 사례가 아니다. 상품을 본위로 해서 종이로 된 증서를 발행하면 이동성 문제를 해결할 수 있기 때문이다. 2010년, 아이티가 끔찍한 지진 피해에서 회복하는 동안 UN은 굶주린 주민들에게 구호 식량을 조달하기 위한 작업을 벌이고 있었다. 이 조달 작업은 위험하고 혼란스러웠다. 부분적으로는 인부들이 트럭 짐칸에서 음식 자루를 밖으로 던지면 그것을 잡기 위해 큰 소동이 벌어졌기 때문이었다. 그래서 UN은 쿠폰을 발행하는 시스템을 만들었다. 지하실 쌀자루에 대한 증서와 다르지 않았다. 각 쿠폰은 55파운드(약 25킬로그램) 무게의 쌀자루와 바꿀 수 있었다. 소비자들로서는 쌀보다 이 쿠폰을 더 안전하게 보관할 수 있었다. 구호 기관들은 쿠폰을 더 광범위한 지역에 배급할 수 있게 되었고, 쌀 자체는 관리가 잘되는 몇몇 장소에 보관할 수 있었다. 쌀 쿠폰은 다른 희소 물자들과 교환할 수 있는 화폐 역할도 했다.[14]

화폐는 내구성이 있어야 한다. 은퇴 자금이 죽거나, 녹거나, 썩거나, 녹슬거나, 쥐가 먹어 버려서 사라지는 걸 바라는 사람은 아무도 없을 것이다. 화폐는 또 더 작은 단위로 나눌 수 있을 때 가장 효과적으로 역할을 수행할 수 있다. 다양한 규모의 거래를 쉽게 할 수 있기 때문이다. 100달러짜리는 상거래를 하기에 적합한 지폐지만, 때로는 1달러짜리가 유용할 때도 있다. 금의 경우, 대다수 소규모 거래를 수행하기에는 너무 가치가 크다. 껌 한 통은 금 20분의 1그램 정도, 그러니까 모래 한 알보다 더 작은 크기의 금을 주고 사야 한다. 인간 사회에서는 적당한 거스름돈 단위가 없을 때 아주 기발한 대체물을 만들어 내곤 했다. 짐바브웨는 결국 자국 화폐를 포기하고 미국 달러를 선택했는데, 달러 지폐는 유통이 됐지만 동전은 구하기 힘들었다. 그래서 짐바브웨의 상인들은 달러를 받은 다음 거스름돈으로 사탕, 성냥, 심지어 콘돔을 주기도 한다.[15]

가장 중요한 것은, 화폐가 예상 가능한 방식으로 희소성을 지녀야 한다는 사실이다. 귀금속은 수천 년에 걸쳐 화폐로 각광받았다. 보기에 아름다울 뿐 아니라 제한된 양만 존재하기 때문이기도 하다. 금과 은의 공급은 그것들이 발견되고 채굴되는 속도에 달려 있다. 이런 귀금속을 추가로 쉽게 공급하기는 어렵고, 적어도 값싸게 공급하는 건 불가능하다. 쌀이나 담배와 같은 상품은 기를 수 있지만 시간과 자원이 들어간다. 짐바브웨의 로버트 무가베Robert Mugabe 같은 독재자라 할지라도 바로 쌀 100조 톤을 만들어 내라고 명령할 수는 없다. 그는 수조에 달하는 새 짐바브웨 달러를 찍어서 유통시킬 수 있었다. 바로 그 때문에 돈으로 쓰기보다 화장실 휴지로 쓰는 편이 더 유용한 지경이 된 것이다. 2008년 11월, 절정에 달한 짐바브웨의 인플레이션율은 800억 퍼센트에 이른 것으로 알려져 있다.[16]

우리는 이 지점에서 패러독스에 봉착한다. 미국, 캐나다, 유럽, 일본, 중국, 그리고 모든 선진국 혹은 선진 경제 지역에서 사용되는 화폐는 무한대로 발행될 수 있다. '명목화폐fiat currency'라 불리는 이 화폐들이 가치를 지니는 까닭은 그 나라 정부가 법정 화폐라고 선언을 했기 때문이다. 1세기 전까지만 해도 이 나라들에서는 실물화폐, 즉 금과 은 혹은 그 두 개의 조합을 화폐로 사용했다. 세상에서 가장 활발한 경제 활동을 하는 나라들이 어떻게 진보의 이름을 걸고 이런 변화를 이끌어 낸 것일까? 다시 말해, 그 자체로 고유의 가치를 지니고 있으며 공급이 제한된 화폐에서 본질적으로는 전혀 가치가 없는 데다 무제한으로 찍어 낼 수 있는 화폐로 이동해 간 까닭은 무엇일까? 게다가 이제는 질 좋은 종이와 특별한 잉크를 쓸 필요도 없이 컴퓨터 자판만 몇 번 치면 새 화폐가 만들어질 수도 있다. 동물 가죽과 담배를 매개로 상거래를 했던 시대에서 우리는 진보를 한 것인가, 후퇴를 한 것인가?

번영과 안정의 기회를 가져다준 명목화폐

나는 이 책에서 명목화폐를 쓴 것이 번영과 안정에 도움이 됐다고 주장할 것이다. 현재의 시스템이 금과 은 혹은 다른 상품을 본위로 해서 발행되는 화폐를 사용하는 시스템보다 경제에 도움이 된다. 대부분의 경제학자들도 거기에 동의한다. 시카고대학의 부스 비즈니스 스쿨에서는 당대 정책 이슈들에 대해 유명 경제학자들을 상대로 정기적인 여론 조사를 벌인다. 2012년, 부스 스쿨은 약 40명의 경제학자들에게 미국이 현재의 명목화폐를 포기하고—화폐의 가치가 고정된 금의 양에 따라 좌우되는—금본위제로 돌아가면 물가안정과 고용을 척도로 했을 때 미국 시민의 삶이 더 나아질 거라고 생각하는지 물었다. 이 질문을 듣고 금본위제로 돌아가는 것이 미국 경제에 도움이 되는 발상이라고 생각한 경제학자는 얼마나 될까? 아무도 없었다.[17] 참고로 내가 시카고대학 부스 비즈니스 스쿨의 경제 여론 조사(IGM 포럼이라고 부른다)를 지켜본 이래 이렇게 만장일치의 결과가 나온 질문은 처음이었다.

요약하자면, 경제학자들은—엄청난 양의 증거를 기반으로—현대 경제에서는 본질적인 가치가 없는 화폐가 고정된 양의 특정 실물에 본위를 두고 발행되는 화폐보다 더 바람직하다고 믿는다. 돈의 중요한 요소 중 하나가 희소가치라는 점을 생각하면 매우 반직관적인 개념이다. 명목 화폐는 재앙에 가까운 하이퍼인플레이션으로 이어지기도 했다. 우리는 모두 독일인들이 바이마르 공화국 시절에 일용품을 사기 위해 손수레에 돈을 가득 싣고 다니는 사진을 보지 않았는가? 그에 비해 실물에 본위를 둔 화폐는 하이퍼인플레이션으로 이어졌다고 알려진 경우가 없다. 이유는 명백하다. 그 누구도—심지어 로버트 무가베마저도—쌀이나 석유나 금의 공급을 몇 개월 사이에 100만 퍼센트 늘릴 수는 없기 때문이다.

외견상 지적 모순처럼 보이는 이 개념을 이해하기 위해, 잠시 이론적인 우회를 해 보도록 하자. 완벽한 화폐를 새로 만들어 낸다면 어떤 모습으로 만드는 것이 좋을까? 물론 앞에서 언급한 세 가지 기능, 즉 '계산 단위' '가치 저장 수단' '교환 수단' 기능을 갖춰야 한다. 이를 만족시키려면 휴대하기 쉽고, 내구성이 있으며, 쉽게 작은 단위로 나눌 수 있고, 예측 가능한 희소성을 가진 물건을 찾아야 할 것이다. 금은 이 모든 기준에 아주 잘 부합한다(거스름돈 문제는 일단 차치하자). 그러나 금을 사용하는 데는 단점도 있다. 금은 멋진 장신구를 만들 수 있다는 것 말고는 다른 용도로 쓰이기 어렵다. 소행성이 지구와 충돌한 후 지하실에 갇혀 살게 된다면 평생 모아 놓은 금더미에 앉아 있어도 별로 부자라는 느낌이 들지 않을 것이다. 오히려 생수와 통조림을 많이 가진 사람이 빌 게이츠처럼 보일 게 분명하다.

소행성 문제가 아니더라도, 금의 공급은 전체적인 경제의 성장과 같은 비율로 증가하지 않을 가능성이 크다. 북극의 빙하가 녹은 자리에서 새로운 금맥이 발견되기라도 한다면, 다른 재화에 비해 금의 공급이 급증해서 인플레이션을 일으킬 것이다. 반면 새로 파내는 금의 양이 경제 성장률에 미치지 못한다면 디플레이션이 생길 것이다. 금의 공급이 딱 적당한 비율로 증가한다 하더라도—경제성장률과 같은 비율로 증가해서 별일이 없는 한 안정된 가격을 유지하는 상황—현재까지 알려진 금맥 중 상당수가 중국과 러시아에 위치해 있다는 점이 문제가 될 수 있다. 만약 우리가 이상적인 화폐를 고안해 내려고 하는 거라면, 군이 우리의 이익과 배치될 수도 있는 외국 정부에 화폐 공급을 조절할 권리를 넘길 필요는 없다. 따라서 금을 화폐로 사용하는 데는 많은 문제가 있다.

그렇다면 쌀이나 밀과 같은 다른 실물을 사용하는 것은 어떨까? 작은 단위로 쉽게 나눌 수 있고, 러시아나 중국만 생산할 수 있는 물건도 아니다. 휴대성 문제도 해결이 가능하다. 실물 은행에 쌀이나 밀을 보관해 두고, 그 자산에 대해 종이화폐를 발행할 수도 있다. 모두가 편리한 종이화폐나 전자화폐를 사용해 상거래를 할 수 있다. 현재 사용하고 있는 달러와 다른 점은 각 지폐나 증서를 실물 은행에 가져가면 고유의 가치가 있는 물건과 교환할 수 있다는 점이다. 그렇게 하면 쉽게 가지고 다닐 수 있고, 계산이 쉬우며, 저장 가치도 괜찮고(쥐가 쌀을 먹는 걸 은행에서 방지할 수 있다는 전제하에), 하이퍼인플레이션의 위험도 없다.

그러나 모든 재산을 쌀이나 밀에 묶어 두는 것이 바람직할까? 이 작물들은 우리가 생각하는 것만큼 안정적으로 예측 가능한 가치 저장 수단이 아닐 수도 있다. 어떤 농부가 작황을 서너 배 늘릴 수 있는 새로운 기술을 발명했다고 가정해 보자—우리 역사에서 비교적 근래에 실제로 이런 일이 일어나기도 했다. 쌀의 공급이 극적으로 늘어났다는 사실 때문에 평생 모아 둔 재산의 가치가 떨어진다. 이와 반대로, 어떤 재난이 밀어닥치는 바람에 그동안 저장해 둔 쌀이 모두 못 쓰게 되어 버릴 수도 있다. 심지어 모든 게 평상시처럼 돌아가는 상황이라 할지라도, 화폐로 선택한 재화의 공급이 경제성장률과 같은 비율로 늘어나리라는 보장은 없다. 다시 말해, 화폐로 사용되는 재화의 양이 다른 재화의 양보다 상대적으로 많은가 적은가에 따라 가격의 등락이 있을 것이라는 의미다. 10년, 20년, 혹은 30년 후 쌀이 다른 재화에 비해 얼마나 가치가 있을지 확실치 않다면, 당신은 쌀로 액수를 매긴 장기 계약을 하고 싶겠는가?

실질적이고 구체적인 구매력을 지닌 통화

다행히 단일 재화의 공급을 둘러싼 불확실성을 쉽게 개선할 수 있는 방법이 있긴 하다. 몇 가지 재화로 이루어진 바스켓에 기초한 화폐를 만드는 것이다. '상품 달러commodity dollar' 1달러를 쌀 1킬로그램, 휘발유

1갤런, 우유 1리터, 아이튠즈 음원 6개 등으로 교환할 수 있다고 가정해 보자. 계산은 좀 더 어려워지겠지만, 통화 가치가 안정적으로 유지되는 한 소비자들은 이 시스템에 익숙해질 것이다. '상품 달러'를 가진 사람들은 상품 한 종류의 갑작스러운 공급 변화로부터 보호를 받을 수 있다. 이 화폐는 실질적이고 구체적인 구매력을 지니게 된다. 통화를 뒷받침하는 재화의 바스켓 범위가 넓을수록 통화 가치는 더 안정적으로 유지될 뿐 아니라 전반적인 경제 성장과도 더 긴밀히 연계될 것이다.

이건 이론적인 실험이니까 상상의 나래를 좀 더 펼쳐 봐도 좋을 것 같다. 비밀스러운 뒷거래 장소로 가져가면 예측 가능한 양의 음식, 에너지, 전자 제품, 차, 자전거 등으로 바꿀 수 있는 화폐가 있다고 상상해 보자. 이 화폐는 금이나 쌀로만 보장되는 것이 아니라 우리가 늘 소비하는 모든 재화와 서비스에 의해 보장된다. 심지어 다양한 상품 바스켓에 의해 보장되는 이 훌륭한 화폐의 구매력은 1년에 몇 퍼센트밖에 오르내리지 않는다고 해 보자. 그러면 당신이 가지고 있는 돈으로 오늘 구매할 수 있는 재화와 서비스의 양뿐 아니라 미래에 구매할 수 있는 양까지도 상당히 정확히 짐작할 수 있을 것이다. 상상 속의 이 멋진 화폐는 단일한 실물에 본위를 둔 화폐의 모든 장점을 가지고 있지만 단점은 전혀 없다. 이 화폐는 장기간에 걸쳐서 예측 가능한 비율로 광범위한 재화 바스켓에 속한 상품들과 상환이 가능하다.

이제 지금까지 해 온 이론적 실험에서 가장 이해하기 어려운 부분으로 들어갈 차례다. 내가 방금 위에서 묘사한 화폐가 바로 달러, 유로, 엔을 비롯한 수많은 명목화폐들이다. 그렇다. 이 화폐들은 종이(혹은 비트와 바이트)에 불과하지만, 이 화폐를 발행하는 정부들이 임무를 충실히 수행하는 한, 이 종잇조각(혹은 비트와 바이트)들은 아주 먼 미래까지도 광범위한 재화와 서비스로 이루어진 바스켓과 연계돼서 예측 가능한 가치를 유지할 것이다.

바로 여기에 현대 통화 정책의 어려움이 있다. 중앙은행들은 무에서 돈을 창조해 낼 수 있다. 그리고 돈을 없애 버릴 수도 있다. '클릭, 클릭, 클릭.' 중앙은행 관리들이 돈의 공급을 늘리거나 줄이는 소리다. 책임감 있는 중앙은행 관리는 명목화폐의 공급을 조절해서 금융 위기를 막고 안정된 경제 성장을 독려할 수 있다. 무책임한 정책 입안자들은 이 강력한 힘을 이용해 무모하게 돈을 찍어 냄으로써 화장실 휴지보다 가치 없는 지폐를 만들어 내기도 한다.

역사적으로 우리는 양쪽 예를 모두 목격해 왔다.

2장

Naked
Money

인플레이션과 디플레이션

"인플레이션? 디플레이션? 안다면 말해다오. 우리가 짐브바웨가 될지 일본이 될지." [1]

_ 멀 해저드, 자칭 '중앙은행, 모기지담보부증권, 그리고 물리학에 관해 노래한 최초이자 유일한 컨트리 아티스트'

너무 많은 돈도,
너무 적은 돈도 나라를 망하게 한다

2차 대전 중 나치 치하의 독일은 영국 정부를 와해시키기 위한 은밀하고도 사악한 작전을 감행했다. 그 음모에는 로켓이나 총을 비롯한 전형적인 무기가 필요치 않았다. 대신 사용된 무기는 위조지폐였다. 포로들과 수감자들을 동원해서 파운드를—그리고 후에는 달러도— 위조한 것이다.◆ 이 작전의 목표는 위조지폐를 대량으로 투입해서 영국의 파운드와 경제 전반에 대한 신뢰를 추락시키는 것이었다. 결과적으로 몇몇 유대인 숙련공들의 목숨을 부지하게 해 준 이 음모는《크뤼거의 사람들Krueger's Men》이라는 책에 기록되었고, 2007년에는 〈카운터피터Counterfeiters〉로 영화화돼 아카데미상을 수상하기도 했다. 1945년 즈음 유통되고 있던 파운드의 약 12퍼센트(액면가 기준)가 위조지폐였다.

위조지폐 음모는 물론 실효를 거두지 못했다. 하지만 이론적으로는 말이 되는 계획이었다. 약 50년의 세월이 흐른 후 짐바브웨에서 비슷한 계획이 실행됐고 완벽하게 성공했다. 화폐가 온 나라에 넘치도록 유통되는 바람에 가치가 너무 떨어져서, 상인들은 지폐를 세는 대신 무게를 재서 받았다. 2008년 7월 4일, 하이퍼인플레이션이 극에 달했을 때,

---

◆ 최근 기밀 목록에서 풀린 CIA 문건에 따르면, 타이타닉호를 찾아낸 기술을 동원해 2000년에 진행된 수중 구조 작업을 통해 영국 파운드와 미국 달러로 가득 찬 나무 상자들이 오스트리아 서쪽 알프스 지역에 있는 토플리츠 호수 바닥에서 발견됐다. 차갑고 산소가 없는 물속 깊은 곳에서 완벽하게 보존되어 있던 위조지폐들은 1945년 연합군이 진격해 오자 나치가 호수에 버린 것이었다.

수도 하라레의 한 바에서 파는 맥주 한 잔 값이 1000억 짐바브웨 달러였는데, 한 시간 후에는 같은 바에서 파는 같은 맥주가 1500억 짐바브웨 달러가 됐다. 심지어 무분별하게 새 돈을 찍어 내다가 지폐를 만드는 데 필요한 양질의 종이가 부족해서 인쇄를 멈춰야 한 적도 있었다.[2] 짐바브웨의 하이퍼인플레이션은 나라의 경제를 구렁텅이로 몰아넣었고, 나치가 위조지폐로 한 나라의 경제를 망치려 했던 것이 황당한 계획은 아니었다는 것을 증명했다.

그러나 짐바브웨의 파국적인 하이퍼인플레이션에는 흥미로운 구석이 있다. 이 현상이 외부의 적에 의해 자행된 것이 아니라는 점이다. 짐바브웨는 이 무기를 스스로에게 썼다. 2차 대전 사례에 빗대자면 영국 정부가 런던을 스스로 폭격한 것이나 다름없었다. 로버트 무가베의 독재 정부는 새 돈을 너무나 많이 찍어 냈고, 심지어 역사상 액면가가 가장 큰 지폐를 찍어 내는 기록을 세우기도 했다. 바로 100조 짐바브웨 달러다. 내 책상 위에도 이 지폐 하나가 놓여 있다. 이베이에서 미국 돈으로 10달러를 주고 샀는데, 실제 구매력이 있어서라기보다는 신기하다는 측면 때문에 그나마 그 가격이 된 것이다.

세계 각국의 화폐 대부분은 더 이상 어떤 실물에도 연동되어 있지 않다. 짐바브웨는 양질의 종이와 잉크가 떨어질 때까지 엄청난 양의 지폐를 찍어 낼 수 있었다. 그런 다음에도 정부는 각 지폐에 0을 더 붙였다. 더 선진화된 경제 체제에서는 화폐가 점점 더 전산화되고 있다. 지갑에는 지폐가 몇 장 없을지 모르지만, 현금 계좌에는 수만 달러를 가지고 있을 수 있다. 은행에 맡겨 둔 그 돈은 전자 기록으로만 나타나지만 100달러짜리 한 무더기와 다름없는 구매력을 지닌다. 노트북 컴퓨터를 가지고 있는 중앙은행 관리에게 인터넷 접속을 할 수 있게 해 주고 진한 커피 한 주전자만 주면, 로버트 무가베의 과열된 지폐 인쇄기보다 훨씬 더 많은 새 돈을 만들어 낼 수 있다. 이것은 재난에 맞먹는 인플레이션으로 이어질 수도 있고, 아주 중요한 정책 도구가 될 수도 있다. 실물화폐와 달리 명목화폐는 융통성 있는 정책을 펼칠 여지가 많다. 2008년 금융 위기에 대처하기 위해 연방준비은행이 만들어 낸 3조 달러를 기억하자.

따라서 목표는 화폐를 '올바로' 운용하는 것이다. 1장에서 살펴봤듯이 돈이 제 기능—계산 단위, 가치 저장 수단, 교환 수단—을 가장 잘 발휘할 때는 광범위한 재화와 서비스에 대해 상당한 미래까지 예측 가능한 가치를 지닐 때다. 그렇다면 어떻게 이 목적을 성취할 수 있을까? 통화를 올바로 운용하는 데는 예상치 못한 도전들이 따른다. 그렇다. 인플레이션은 나쁘다. 가격이 꾸준히 오르기 때문에, 경제학자들의 표현을 빌리자면 돈의 가치가 떨어진다. 맥주를 한 잔 마신 뒤 두 번째 잔을 마시려고 하는데 그사이 맥주 값이 500억 달러 올라 버리면 화나지 않을 사람이 어디 있겠는가?

그러나 디플레이션은 그보다 더 나쁠 수 있다. 약간의 디플레이션마저도 부정적인 경제 반응을 연쇄적으로 일으킬 수 있다. 맥주 첫 잔을 마시고 두 번째 잔을 시키는 사이에 맥주 값이 떨어지면 좋을 수도 있다. 그러나 그런 상황이라면 당신의 수입도 떨어지고 있을 확률이 높다. 여기까지는 비극이라고 할 정도는 아니다. 수입이 감소한다 하더라도 당신이 일상적으로 구매하는 상품의 가격 역시 떨어지고 있을 테니까 말이다. 그러나 빚은 줄어들지 않고 있다고 상상해 보라. 월급이 꾸준히 줄어드는데도 은행에서는 매달 똑같은 액수의 대출금 상환을 하라고 고집한다면 어떨까? 이것이 바로 대공황 때의 상황이었다.

결국 중요한 문제는 돈의 가치가 어느 정도냐는 것

인플레이션과 디플레이션 문제는 통화 정책을 세울 때 부딪히는 근본적인 이율배반을 잘 보여 준다. 실물화폐는 하이퍼인플레이션 문제를 해결해 준다. 어떤 정부도 막대한 양의 금이나 은이나 고등어를 새로 만들어 낼 수는 없다—나중에 설명하겠지만 실물화폐도 명목화폐보다 덜하긴 하지만 어느 정도의 인플레이션을 야기하는 경향이 있다. 그러나 공급에 유연성이 없고 제어가 불가능한 실물화폐는 그 나름의 문제가 있다. 특히 경기가 침체될 때 정부가 경제적으로 유리하게 통화 공급을 조절하는 것을 불가능하게 만든다. 2008년 금융 위기가 한창일 때, 당시 연방준비제도 이사회 의장 벤 버냉키가 위기에 빠진 경제를 회생시키기 위해 미국을 새로운 고등어 파우치로 뒤덮을 수는 없었다. 하지만 그는 분명 새로운 달러를 만들어 낼 수는 있었다. 간단히 말하자면, 벤 버냉키가 '대침체Great Recession'에 대처할 수 있게 해 준 통화의 유연성은 로버트 무가베가 짐바브웨에서 100조 달러짜리 지폐를 만들어 낼 수 있게 해 준 유연성과 동일한 것이었다.

인생의 많은 일들에서와 마찬가지로, '골디락스'는 효과적인 통화 정책이 무엇인지에 대한 통찰을 제공해 준다. ('골디락스'는 〈골디락스와 세 마리의 곰Goldilocks and the Three Bears〉이라는 영국 전래동화에서 비롯된 용어다. 숲속에서 낯선 오두막에 들어간 골디락스가 그곳에 있는 수프 세 그릇 중 너무 차갑지도 뜨겁지도 않은 적당한 수프를 먹은 뒤, 너무 딱딱하지도 부드럽지도 않은 적당한 침대에서 잠들었다고 한다. 그때 집 주인인 곰 가족 세 마리가 들어와 가장 좋은 음식을 먹어 치운 채 가장 좋은 침대에서 자고 있는 골디락스에게 버럭 화를 냈다는 이야기다 – 옮긴이) 바로 너무 뜨겁지도(인플레이션) 너무 차갑지도(디플레이션) 않아야 한다는 것이다. 실물화폐를 포함한 모든 화폐의 가치는 다른 재화의 공급과 비례한 화폐의 공급량에 따라 결정된다. 친구들과 포커 게임을 하는 자리에 초대됐다고 상상해 보자. 초대한 집주인이 옷장 구석에 처박혀 있던 플라스틱 칩들을 찾아낸다. 그 칩들은 본질적으로 가치가 없다. 플라스틱을 재활용한다고 해도 겨우 몇 센트 정도만 얻을 수 있을 뿐이다. 그러나 게임에 참여한 사람들은 포커 게임을 시작할 때 각각 100달러씩을 내고 칩을 받은 다음 그것들을 테이블 위에 올려놓는다. 현금은 아무도 사지 않은 나머지 칩들(여전히 재활용 플라스틱 이상의 가치를 지니지 않은 칩들)과 함께 상자에 넣어서 한쪽에 보관될 것이다. 그러나 테이블 위에 놓인 칩들은 가치가 있다. 게임이 끝난 후 상자에 든 현금과 교환할 수 있기 때문이다.

자, 세 가지 시나리오를 생각해 보자. 첫 번째 시나리오에서는 밤새 게임을 한 결과 몇 사람은 돈을 크게 땄고, 몇 사람은 모든 걸 잃었다. 그러나 칩들은 계속 테이블 위에 머물러 있었고, 새로운 칩이 보태지지도 않았다. 칩들은 밤새 이 사람 손에서 저 사람 손으로 옮겨 다니기만 했다. 게임이 모두 끝난 뒤 칩을 현금과 바꿀 때, 칩 하나와 교환되는 현금 액수는 처음과 같을 것이다. 모든 칩이 하나에 1달러였다면, 칩을 342개 가진 사람은 342달러를 받을 것이다. 멤버 중에 기분이 좋지 않은 사람도 있을 것이다. 그러나 그것은 포커를 하면서 돈을 잃었기 때문이지 생각보다 칩의 가치가 떨어져서는 아닐 것이다. 칩은 본질적인 가치를 지니지 않은 물건이지만, 해야 할 기능을 다하는 데는 아무런 문제가 없다. 바로 포커 게임이 잘 돌아가도록 하는 것이 칩의 기능이기 때문이다.

이제 두 번째 시나리오를 상상해 보자. 집주인은 생각보다 정직하지 않았다. 밤새 계속 지기만 하자, 그는 아무도 모르게 칩을 보관한 상자에 손을 댔다. 새로 현금을 넣지는 않고, 칩 몇 개를 슬쩍 집어서 자기 칩에 보탠 것이다. 게임이 모두 끝난 후 게임을 한 사람들은 어리둥절해졌다. 상자에 보관했던 현금을 테이블 위에 있는 칩의 개수대로 나눠 보니 게임을 시작했을 때보다 칩의 가치가 떨어졌기 때문이다. 집주인이 칩을 250개 훔쳤다고 가정해 보자. 칩과 현금을 바꿀 때, 테이블 위의 칩은 1250개인데 현금은 1000달러밖에 없다. 누가 범인인지 밝혀내지 못하면, 1000달러를 1250으로 나눠서 칩 하나에 80센트를 지급해야 할 것이다. 분명한 것은, 사용하는 칩을 더 보탰다고 해서 게임을 하는 사람들의 돈이 늘어난 것은 아니라는 점이다(칩을 보탠 집주인에게는 유리한 일이었지만, 이 문제는 다음 장에서 더 자세히 살펴보자). 진짜로 가치 있는 것의 양을 늘리지 않고는 집단의 부를 늘릴 수 없다. 이 경우에 그것은 상자에 넣어 놓은 현금이다. 더 보탠 칩들은 이미 테이블 위에 나와 있는 칩들의 구매력을 낮추기만 하는 플라스틱에 불과하다.

마지막 시나리오로 넘어가자. 게임을 하다가 잠시 쉬는데, 집주인의 개가 테이블로 다가와서 가지런히 쌓아 둔 칩을 몇 개 먹어 버렸다고 가정해 보자. 어쩌면 칩에서 피자와 프레첼 냄새가 났는지도 모른다. 게임이 끝날 때까지 아무도 칩 일부가 사라진 줄 몰랐다가 돈과 칩을 교환할 때가 돼서야 처음에 사들였던 칩보다 개수가 줄어든 것을 알았다. 이제 남아 있는 칩 하나당 처음보다 더 많은 현금과 교환할 수 있게 되었다. 개가 칩 200개를 먹었다면(내 래브라도 리트리버의 식성을 생각해 보면 불가능한 일이 아니다), 칩은 800개인데 상자 안에는 1000달러가 들어 있을 것이다. 이 돈을 모든 칩에 균등하게 분배하면 칩 하나당 1.25달러가 된다.

이 시나리오를 보면, 테이블 위에 나와 있는 칩의 개수를 바꾼다고 해서 상자 안에 들어 있는 것의 가치가 변하지는 않는다. 사실 게임이 끝난 후 모든 사람에게 상관있는 것은 상자 안에 들어 있는 돈의 액수다. 이 포커 게임의 비유를 실생활에 적용해 보면, 칩은 명목화폐고 상자에 든 돈은 경제 시스템 안에서 유통되는 재화와 서비스다. 사람들에게 상관있는 것은 자동차, 음식, 세탁기, 대학 강의 등 진짜 가치가 있는 재화와 서비스다. 돈은 그런 것들을 얻기 위해 교환하는 수단이다. 재화와 서비스에 비해 돈의 양이 많아지면—나치가 위조지폐를 유통시킨다든지, 독재자가 100조 달러짜리 지폐를 찍어 낸다든지 하는 식으로—같은 양의 물건이나 서비스를 얻기 위해 더 많은 돈을 지불해야 한다.

돈이 많아져도 가격이 올라가면 무용지물

인플레이션은 가격이 오르는 현상이라기보다(비록 그렇게 되고 있긴 하지만) 돈의 구매력이 떨어지는 것이라고 생각하는 편이 더 직관적이다. 다양한 재화와 서비스를 지난해보다 두 배 비용을 지불해야 얻을 수 있다면, 이는 1달러로 살 수 있는 상품이 작년의 절반이 되었다는 이야기이기도 하다. 사실 인플레이션은 돈에만 국한된 것이 아니다. 예를 들어, 항공사들에서 제공하는 마일리지 보너스 시스템도 현재 인플레이션을 겪고 있다. 1990년대부터 미국의 항공사들은 여러 가지 활동에 대해 마일리지 보너스 포인트를 주는 관행을 시작했고, 이 마케팅 방식은 지금까지도 계속되고 있다. 비행기를 타도 마일리지 포인트를 받지만, 자동차 렌트, 호텔 숙박, 신용카드 신청과 사용 등 다른 많은 곳에서 포인트를 챙길 수 있다. 짐바브웨에서 돈을 마구 찍어 낸 것처럼, 항공사들은 마일리지 보너스 포인트를 남발한 것이다. 2001년에 접어들 즈음 고객들의 마일리지 포인트 축적 속도는 사용 속도의 네 배로 집계되었다.[3] 그리고 소정의 시간만 비행을 하면 대부분의 마일리지 포인트가 소멸되지 않는다. 2002년 《이코노미스트》는 고객들이 사용하지 않고 누적시키는 마일리지가 1년에 20퍼센트나 증가하는 현상에 대해 다음과 같이 경고했다.

"통화량이 이런 식으로 증가했다면 중앙은행 관리들은 잠을 이루지 못할 것이다. 그들이 이런 상황에서 잠을 잘 수 있다면 오직 1등석에 편히 누워 마일리지를 두세 배나 후하게 받는 때뿐일 것이다. 아무도 부인할 수 없는 사실은 항공사들이 마일리지 보너스를 너무 남발했다는 점이다. 공짜표로는 절대 해결할 수 없는 양의 포인트가 발행된 것이다. (…) 경제학에 막 입문한 대학 초년생이라면 다 알 수 있듯이, 과도한 통화량 증가는 하이퍼인플레이션이나 평가절하로 이어질 수밖에 없다."[4]

항공사 마일리지 보너스는 그 자체로는 아무런 가치가 없다(얼마나 먼 곳까지 비행한 경험이 있는지 떠벌리고 싶은 사람에게는 의미가 있을지도 모르겠다). 대신 보너스 포인트를 가치가 있는 것—무료 좌석, 혹은 무릎이 앞좌석에 닿지 않고 승무원들이 미소를 더 많이 보여 주는 좌석으로 승급—과 교환할 수는 있다. 사람들이 보유한 마일리지 포인트가 꾸준히 증가하는 상황을 해결할 수 있는 방법은 세 가지다. 첫째, 항공사들이 제공하는 무료 좌석 숫자를 늘린다(이 말을 하면서 큰 소리로 웃음을 터뜨리지 않으려고 노력 중이다). 무료 좌석이 마일리지 포인트 증가와 같은 비율로 늘어나면 '가격'과 무료 좌석 이용 가능성에 변화가 없을 것이다. 비행기를 타는 사람들은 2015년에도 1990년과 비슷하게 마일리지 포인트를 공짜표로 전환할 수 있다. 즉, 2015년에도 1990년과 같은 마일리지 포인트를 지급받고 그때처럼 쉽게 무료 좌석을 얻을 수 있을 것이다. 이 개념을 더 광범위한 경제 체제로 확장해 보면 한 나라의 통화 공급이 그 나라의 재화와 서비스 생산이 늘어나는 속도와 같은 비율로 증가한다는 뜻이다. 재화와 서비스는 GDP, 즉 국내총생산으로 측정된다. 어느 나라의 GDP가 연간 3퍼센트 증가하고 통화 공급량 또한 3퍼센트 증가하면, 재화와 서비스에 대한 돈의 양은 그대로다. 보통의 경우, 이런 상황에서는 안정된 가격이 유지된다. 인플레이션도, 디플레이션도 일어나지 않는 것이다.

그러나 현실에서는 항공사들이 이윤을 줄여 가면서 무료 좌석을 늘리지 않을 것이다. 따라서 두 가지 가능성이 남는다. 한 가지는 항공사들이 공짜표를 얻는 데 필요한 마일리지 보너스 포인트를 높이는 방법이다. 고전적인 의미의 인플레이션이다. 포인트로 살 수 있는 표의 가격이 올라가므로, 포인트 1점의 가치는 떨어지는 것이다. 또 다른 가능성은 항공사들이 공짜표에 필요한 포인트는 그대로 둔 채, 이용 가능한 무료 좌석을 제한하는 방식이다. 하와이까지 가는 공짜표를 얻는 데 1만 5000마일이 필요하고, 보통의 가입자들이 보유한 마일리지 포인트가 평균 5700만 점이라면, 수많은 사람들이 하와이까지 가는 무료 좌석을 예약하려 할 것이다. 하지만 항공사가 한 달에 무료 좌석을 여섯 자리만 배정한다면, 무료 좌석에 필요한 포인트 가격은 여전히 싸지만 그 좌석을 예약할 수 있는 사람은 극소수에 불과하다.

이것도 통화 정책에 관한 현실을 보여 주는 모델이 될 수 있다. 화폐를 무분별하게 찍어 내면 가격이 올라간다—화폐를 많이 찍어 낸 무책임한 정부가 법률로 가격 인상을 금지하기 전에는 말이다. 2012년, 베네수엘라는 연간 거의 30퍼센트나 되는 세계 최고의 물가상승률을 기록하고 있었다. 이유는 뻔했다. 포퓰리스트 지도자 우고 차베스Hugo Chavez 대통령은 무책임한 통화 정책에 더해 물가 통제라는 어리석은 정책을 실행함으로써 이 문제를 해결하려 했다. 차베스 정부는 여러 가지 물품, 특히 가난한 사람들의 생필품 가격에 상한 가격을 설정했다. 수요가 공급을 초과하면 보통 가격이 오르기 마련이지만, 사람들이 많이 사는 물품들에 대한 가격이 어느 수준 이상 오르지 못하도록 규제했다는 얘기다. 그 물건들은 가격이 오르지 않는 대신 품절되었다. 정부가 정한 상한 가격이 생산 가격보다 낮아서 많은 기업들이 생산을 줄였기 때문이다. 《뉴욕타임스》에 따르면, 우유·고기·화장지 같은 생필품을 구하기가 너무 힘들어지자 "식료품 쇼핑이란 거의 운에 좌우되는 복불복 같은 일이 되어 버렸다."[5] 차베스는 분유를 미국 항공사의 무료 좌석 같은 것으로 만들어 버렸다. 인위적으로 낮은 가격이 유지되기 때문에 우연히 손에 넣게 되면 엄청난 횡재였다.

인플레이션은 언제 어디서나 통화의 문제다

이 모든 현상은 밀턴 프리드먼Milton Friedman의 통화 정책에 관한 유명한 경구를 이해하는 데 도움이 된다. "인플레이션은 언제 어디서나 통화의 문제다."[6] 1976년 노벨 경제학상을 수상한 그는 통화 공급과 가격의 상관관계를 이해하는 데 평생을 바쳤다. 프리드먼은 《화폐 경제학Money Mischief》에서 현대 여러 나라들의 경제사 연구를 통해 얻은 결과를 이렇게 요약한다. "인플레이션은 생산량보다 통화량이 눈에 띄게 빨리 증가할 때 생긴다. 생산 단위당 통화량 증가율이 높을수록 인플레이션율도 더 커진다. 경제학에서 이보다 더 잘 확립된 명제는 없을 것이다."[7]

이 현상은 종이화폐뿐 아니라 모든 형태의 화폐에 해당된다. 실물화폐도 기본적으로 이와 동일한 이유로 인해 인플레이션이나 디플레이션을 거친다. 화폐의 기초로 정해진 특정 상품(실물)의 공급이 다른 재화와 서비스의 생산량에 딱 맞춰서 증가하거나 감소하라는 법이 없기 때문이다. 고등어의 예를 다시 들어 보자. 어느 교도소에 특별 구호 물품이 조달돼서 모든 죄수가 고등어 파우치를 1인당 50개씩 배급받았다고 해 보자. 이발하는 데 지급하는 고등어 파우치 수가 올라가는 이유를 이해하는 것은 어려운 일이 아니다. 고등어 양은 늘었는데 이발사 수는 동일하기 때문이다. 유럽인들이 신대륙에서 금과 은을 발견했을 때도 똑같은 현상이 벌어졌다. 1500년경부터 스페인과 포르투갈은 아메리카 대륙에서 약 150톤에 달하는 은을 유럽으로 들여왔고, 양적으로 이전과 동일하게 유통되던 유럽의 재화를 구매하는 데 이를 사용했다. 그 결과 다음 1세기 반에 걸쳐 물가가 여섯 배 증가했다.[8]

한 경제 시스템 안에서 생산량이 동일하면 통화 공급, 즉 통화량에 비례해서 가격이 오르내린다. 여기에는 한 가지 중요한 단서가 있다(어떤 문제에든 단서가 달리는 법이다). 통화 공급과 가격 사이의 관계는 그 경제 시스템 안에서 화폐 유통 속도, 즉 돈의 순환이 얼마나 빨리 되는지에 영향을 받는다는 점이다. 현금 유통 속도는 소비자와 기업이 현금―그리고 당좌 계좌처럼 거의 현금에 가까운 자산―을 쥐고 있어야 할 필요나 욕구가 적을 때 높아진다. 즉, 돈이 경제 시스템 안에서 돌아다니는 속도가 높아진다는 뜻이다.

이 현상을 좀 더 직관적으로 이해하기 위해 적십자사에서 죄수 1인당 고등어 파우치 50개씩을 새로 배급한 직후의 교도소로 다시 돌아가 보자. 고등어 파우치가 교환되는 속도가 눈에 띄게 늘어날 것이라고 확신할 수는 없다. 각 죄수가 밤늦게 등 푸른 생선이 갑자기 먹고 싶을 때를 대비해 고등어 파우치 두 개를 자기 매트리스 밑에다 감춰 두고 나머지는 교환에 사용한다고 가정하자. 구호품 조달로 들어온 고등어 파우치 양이 증가한 것과 대충 비슷한 비율로 교도소 내의 물가가 올라갈 것이라고 예측할 수 있다. 그런데 수감자들이 칫솔 자루를 날카롭게 갈아 서로 찔러서 다치는 사건이 몇 번 일어나는 바람에 교도관들이 제재를 가하겠다고 위협하기 시작하면 어떻게 될까? 많은 수감자들이 매점에 갈 기회가 사라질 것에 대비해 매트리스 밑에 고등어 파우치를 더 많이 감춰 두기 시작할지도 모른다. 고등어 파우치들이 매트리스 밑에 쌓여 있는 동안 교환을 통해 고등어가 순환되는 속도는 줄어들 것이다. 교도소 내에 고등어 공급이 두 배로 늘었다고 해서 가격이 두 배로 증가하지도 않게 될 것이다. 새로 들어온 고등어 파우치 중 많은 수가 물건을 사는 데 쓰이지 않으며 순환되지 않고 있기 때문이다.

화폐 유통 속도는 통화 공급과 물가 사이의 중요한 연결 고리다. 개인과 기관이 돈을 쥐고 있으려는 생각을 갖게 만드는 일이라면 무엇이든 화폐 유통 속도를 느려지게 만든다. 예를 들어, 불확실한 경제 전망은 은행, 기업, 소비자로 하여금 현금—그리고 기타 유동자산—을 축적하도록 만든다.◆ 미래에 신용대출을 할 수 있을지에 대해 불안감을 갖게 되기 때문이다. 반면 주택담보대출 등 자산의 현금화를 더 용이하게 만

◆ 유동성은 자산을 얼마나 빨리 예측 가능한 가격으로 현금화할 수 있는지를 말한다. 재무부 채권은 렘브란트 그림보다—그것들 각각의 가치와 상관없이—유동성이 더 높다. 채권은 사겠다는 사람이 생기는 순간 예측 가능한 가격에 기꺼이 팔 수 있기 때문이다. 렘브란트 그림을 적절한 가격에 팔기 위해서는 몇 달, 몇 년이 걸릴 수도 있다. 시장이 작고 전문화되어 있기 때문이다.

드는 금융 혁신은 화폐 유통 속도를 늘린다. 각 가정에서 만일의 경우에 대비해 현금을 쥐고 있어야 할 필요를 덜 느끼게 해 주기 때문이다. 거기까지는 이해하기가 쉽지만, 화폐 유통 속도에 단기적인 변화가 생기는 것은 여전히 우리를 어리둥절하게 만든다. 최근에 나는 저명한 거시경제학자와 나란히 앉아 우리 두 가정의 딸들이 크로스컨트리 경기를 하는 모습을 지켜보며 화폐 유통 속도에 대해 이야기를 나눈 적이 있다. 그때 그는 이렇게 말했다. "맞아요, 화폐 유통 속도에 대해서는 제대로 이해하고 있는 사람이 없어요."◆ 이건 그냥 하는 말이 아니었다. 유통 속도의 변화 때문에 통화 공급을 늘리거나 줄여도 그것이 가격에 어떤 영향을 주게 될지, 적어도 단기적으로 어떤 영향을 주게 될지에 대해서는 정확히 예측하기가 힘들기 때문이다.

할리우드 영화 흥행 성적의 허수

지금까지 이야기한 것만 봐서는 돈이 '실물경제'에 별다른 영향을 끼치지 못하는 듯한 인상을 받았을지 모르겠다. 화폐 유통 속도가 일을 복잡하게 만들긴 하지만 물가는 통화 공급에 따라 대체로 조정이 되고, 사람들도 변화한 물가에 대체로 적응을 한다. 하이퍼인플레이션을 원하는 사람은 아무도 없지만, 가격이 오르내린다 하더라도 대부분의 사람들이 그 가격으로 중요한 것들을 사고파는 데 지장이 없다면 10퍼센

◆ 유감스럽게도 경제학자들은 사교를 위해 모인 자리에서도 이런 문제들을 논하는 경향이 있다.

트 혹은 20퍼센트 정도의 인플레이션(혹은 디플레이션)이 뭐 그리 대수란 말인가? 해를 입은 사람이 없으니 그다지 문제 삼지 않아도 되는 것 아닐까?

어느 정도까지는 그렇다. 물가가 연간 10퍼센트, 심지어 100퍼센트 오르더라도 그 사실을 미리 알고만 있다면 그에 따라 계획을 할 수 있다. 오르는 물가를 상쇄하기 위해 임금이 1년에 10퍼센트 인상되리라는 것도 예상할 것이다. 10퍼센트보다 더 오르는 것은 실적에 따른 보상이므로 그 부분만 실질적인 임금 인상이 된다. 은행에서 돈을 빌렸는데 은행이 빌린 돈에 대한 '대여료rental rate'로 4퍼센트를 원한다면 금리는 14퍼센트가 될 것이다. 4퍼센트가 대출금에 대한 '실제' 이자고, 나머지 10퍼센트는 1년 후면 빌린 돈의 구매력이 10퍼센트 떨어져 있을 것을 감안한 것이다(경제학자들이 '대여료'라는 용어를 쓰는 이유는 금융 회사에서 돈을 빌리는 것이 렌터카 회사에서 차를 빌리거나 DIY 전문점에서 비싼 기계를 빌려 쓰는 것과 같기 때문이다. 나중에 돌려줄지라도 다른 사람에게 속한 것을 빌려 쓰는 대신 대가를 지불한다는 개념이다).

자, 이 시점에서 인플레이션을 고려하지 않은 '명목' 지표와 인플레이션을 고려한 '실질' 지표의 중요한 차이를 다시 확인하고 넘어가자. 위의 예에서 명목금리(은행이 광고하는 금리)는 14퍼센트다. 실질금리(누군가의 자본을 빌려 쓰는 진짜 비용)는 4퍼센트가 될 것이다. 일정 기간에 걸친 가격을 비교할 때는 인플레이션을 고려하지 않으면 안 된다. 할리우드의 영화사들은 가장 기본적인 이 요소를 늘 무시한다. 역사상 가장 돈을 많이 번 영화는 어떤 것일까?[9]

〈스타워즈: 깨어난 포스〉(2015)

〈아바타〉(2009)

〈타이타닉〉(1997)

〈쥬라기 월드〉(2015)

〈어벤져스〉(2012)

이 리스트에 약간 의혹을 품는 독자들이 많을 것이다. 모두 큰 성공을 거둔 영화들이다. 하지만 〈어벤져스〉가 저기 끼어 있다니? 그 영화가 〈바람과 함께 사라지다〉보다 상업적으로 성공을 거두었다고? 〈대부〉보다도? 〈죠스〉보다도? 답은 모두 '노, 노, 노'다! 할리우드의 영화사들은 흥행에 성공한 영화들이 과거의 흥행작들보다 더 크게 성공한 것처럼 보이게 하고 싶어 한다. 그렇게 할 수 있는 방법 중 하나는 흥행 수익을 짐바브웨 달러로 표시해 다음과 같이 신문 헤드라인을 장식하는 것이다. "〈헝거 게임〉, 주말에 5700경 달러 수익을 올려 박스오피스 기록을 갱신하다!" 그러나 아무리 바보 같은 영화 관객이라 할지라도 인용된 숫자가 엄청난 하이퍼인플레이션 통화로 표시된 거라는 생각을 하지 않을 수 없을 것이다. 그래서 할리우드 영화사들은—그리고 이를 기사화하는 기자들은—명목가격을 사용한다. 그렇게 하면 최근에 나온 영화일수록 더 성공적으로 보이기가 쉽다. 대부분 10년, 20년, 혹은 50년 전보다 영화표 값이 비싸기 때문이다(〈바람과 함께 사라지다〉가 개봉된 1939년 당시 영화표는 대략 50센트였다). 진정한 상업적 성공을 가리려면 흥행 수익을 인플레이션에 따라 조정한 후의 숫자를 비교해야 할 것이다.

1939년에 1억 달러를 벌어들인 것은 2015년에 1억 달러를 번 것보다 훨씬 더 큰 의미가 있다. 그렇다면 인플레이션을 감안한 후 미국 영화 역사상 가장 돈을 많이 번 영화는 무엇일까?[10]

〈바람과 함께 사라지다〉(1939)

〈스타워즈〉(1977)

〈사운드 오브 뮤직〉(1965)

〈E. T.〉(1982)

〈타이타닉〉(1997)

실질가격을 따지면 〈아바타〉는 14위, 〈어벤져스〉는 29위로 떨어진다.

시장 경제 정보를 교란시키는 인플레이션

이와 동일한 이유로, 오랜 시간에 걸쳐 돈을 쓰거나 거둬들이는 계획을 세울 때는 인플레이션을 감안해 수치를 조정하거나 '물가지수 연동 방식'을 채택해야 한다. 미 연방정부에서 정한 최저임금은 1938년 이 제도가 처음 도입되었을 때만 해도 25센트였다. 2015년에 시간당 25센트 임금을 받고 살 수 없음은 물론이다. 그러나 최저임금은 자동으로 인플레이션을 반영해서 수정되지 않는다. 대신 의회가 법을 바꿔서 물가 상승을 반영해야 한다. 그 결과, 물가는 오르는데 최저임금은 오래도록 제자리걸음을 한 기간이 여러 차례 있었다(최저임금이 실질적으

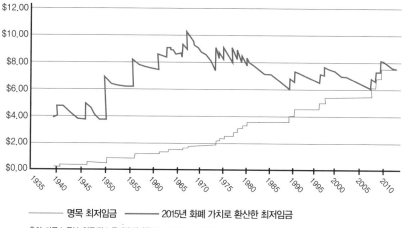

$12.00

$10.00

$8.00

$6.00

$4.00

$2.00

$0.00

1935 1940 1945 1950 1955 1960 1965 1970 1975 1980 1985 1990 1995 2000 2005 2010

───── 명목 최저임금   ───── 2015년 화폐 가치로 환산한 최저임금

출처: 미국 노동부, 임금 및 노동시간 관리국 Wage & Hour Division

로 떨어지고 있었다는 뜻이다). 위 그래프는 미 노동부 자료로, 표시한 기간 동안 명목 최저임금과 그 임금의 실질 구매력 변화를 보여 준다(2015년 화폐 가치 기준).[11] 최저임금의 실질 가치는 1968년(2015년 화폐 가치로 10.97달러)에 현재(7.25달러)보다 더 높았다.

그럼에도 불구하고, 오르내리는 물가가 엄청난 재난을 몰고 오는 것처럼 보이지는 않는다. 큰일이 나지 않도록 다른 수치를 조정하면 되기 때문이다. 물가가 다섯 배 오르면 명목임금을 다섯 배 올리면 된다. 5달러짜리 지폐를 1달러짜리 다섯 장하고 바꾸는 것만큼이나 경제에 영향을 끼치지 않게 할 수 있다. 물가가 떨어질 때는 정반대로 하면 된다. 임금을 반으로 깎아야 한다면? 전혀 문제될 건 없다. 물가가 절반으로 떨어져 주기만 한다면 말이다. 월급에 0이 몇 개 붙든 무슨 상관인가? 이 책도 앞으로 12장이나 더 써야 필요가 있을까?

하지만 이 논리에는 중대한 세 가지 문제가 내재돼 있다. 첫째, 인플레이션은 완벽한 예측이 불가능하다. 물가 상승은 그것과 관련된 모든 일을 복잡하고 혼란스럽게 만들어 버릴 가능성이 있다(이는 돈이 해야 할 일과 정반대되는 현상이다). 둘째, 디플레이션은 인플레이션이 야기하는 모든 문제를 일으키고, 거기에 추가로 다른 문제까지 초래한다. 물가가 떨어지면 개인과 기업이 경제에 좋지 않은 행동을 하기 시작하고, 그로 인해 물가가 더 떨어지고, 그러면 개인과 기업이 경제적으로 파괴적인 행동을 더 하게 되는 악순환이 시작된다. 경제학자들이 공포 영화를 만든다면, 하이퍼인플레이션과 디플레이션은 각각 주요한 하위 장르를 이룰 것이다. 마지막으로, 통화 공급을 조작하면—사람들에게 더 많은 종잇조각을 주거나 빌려주면—실물경제에 커다란 영향을 끼칠 수 있다. 포커 게임에서 상자에 현금을 더 집어넣지 않을 때조차도 칩을 더 나눠 주면, 게임을 하는 사람들의 베팅 패턴에 변화를 줄 수 있고, 이로 인해 게임의 결과가 바뀔 수도 있다.

위에서 열거한 부작용에 대해 차분히 살펴보자. 인플레이션은 다른 건 차치하고도 일단 기업과 소비자에게 불편함을 준다. 변화하는 물가에 적응해야 하기 때문이다. 물가가 빨리 오를수록 불편함의 정도가 커진다. 예를 들어, '버트의 빅 비프'라는 곳에서 파는 샌드위치가 전보다 더 빨리 팔려 나간다고 해 보자. 어쩌면 거기서 사용하는 특별한 소스와 빵을 소비자들이 좋아하게 돼서일 가능성도 있다. 경제학적 논리에 맞는 대응은 샌드위치 생산을 늘리고 가격도 올려서 이윤을 더 많이 남기는 것이다. '버트의 빅 비프'는 드라이브 스루 창구를 하나 더 만드는 공사를 시작하고, 갈빗살을 듬뿍 넣고 베이컨까지 곁들인 새 샌드위치를 출시한다.

그러나 여기서 잠깐 생각해 보자. 소비자들이 이탈리아식 소고기 샌드위치를 더 많이 사는 이유가 무능한 정부에서 1조 달러짜리 지폐를 무분별하게 찍어 내기 때문이라면 어떻게 될까? 소비자들은 손수레에 새 돈을 담아 밀고 다니면서 부자가 된 느낌을 (잠시나마) 즐기고 있다. 모든 곳에 돈을 더 쓰고 있을 뿐이지 '버트의 빅 비프'에서 만드는 특별한 소스나 빵과는 상관이 없다. 경제 시스템 전체에 걸쳐 물가가 오르기 시작한다. 샌드위치 가게 직원들은 임금을 올려 달라고 요구하고, 재료 공급처에서도 베이컨, 빵, 소고기 가격을 올린다. 들어가는 비용이 오르다 보니, 새로 연 드라이브 스루 창구나 새로운 갈빗살 샌드위치를 통해 이윤을 더 창출하기가 어려워진다. '버트의 빅 비프'는 통화 공급이 늘어나면서 생긴 새로운 지출을 자사 샌드위치에 대한 수요가 늘어난 것으로 착각한 것이다. 이것이 바로 중요한 요점이다. 시장 경제에서 물가는 정보를 전달하는 역할을 한다. 그런데 인플레이션은 그 메커니즘을 교란시킨다.

인플레이션에 감염된 모든 분야는
가치가 떨어진다

이와 간접적으로 관련이 있는 '팬플레이션panflation' 문제를 살펴보자. ('범汎'을 의미하는 'pan'과 'inflation'이 합쳐진 말로, 사회 전반에 걸쳐 '인플레이션', 즉

'부풀리기'가 만연하는 현상을 가리킨다 - 옮긴이) 이것은 영국 주간지《이코노미스트》가 처음으로 사용한 용어다. 1970년대 이후 가치가 떨어진 것은 미국 달러만이 아니다.《이코노미스트》는 우리 모두가 '사이즈 인플레이션size inflation'을 겪고 있다고 지적한다. 같은 사이즈 라벨이 붙은 옷의 크기가 세월이 흐르면서 점점 더 커져 왔다. 사이즈 14짜리 여성 바지는 평균적으로 1970년대보다 4인치(약 10센티미터) 더 커졌다. 현재의 사이즈 14는 옛날 사이즈 18 크기고, 10은 14 크기다. ◆ 말하자면 현재 성인이 고등학교 때와 같은 사이즈 옷을 입고 있다고 해서 신체 사이즈를 똑같이 유지하고 있는 게 아니다. 옷 사이즈 숫자는 같지만 옷의 실제 크기는 더 커지고 있기 때문이다. 그런데 왜 이렇게 된 걸까?《이코노미스트》의 조사팀에 따르면 "의류 업체들은 여성들이 더 작은 사이즈에 자기 몸을 끼워 넣을 수 있다고 여길 때 지갑을 열 확률이 더 높아진다고 생각하는 듯하다."[12]

'성적 인플레이션'도 같은 문제가 달리 표현된 것일 뿐이다. 30년 전이었다면 C학점을 땄을 답안지가 이제는 B+나 그 이상의 점수를 받는다.《하버드 크림슨Harvard Crimson》에 따르면 하버드의 평균 학점은 A-이며, 학생들이 가장 흔히 받는 학점은 A다.[13] 한 연구 결과에 따르면, 미국 대학 전체에 걸쳐 학생들의 45퍼센트가 최고 학점을 받는 것으로 나타났다. 1960년대에는 이 숫자가 15퍼센트에 불과했다. 평균 정도의 학생들이 최고 학점을 받는 경우가 점점 늘어난다면, 고용주들과 대학

◆ 이 숫자들은 영국 사이즈다. 그러나 미국 옷들의 사이즈도 비슷한 현상을 보인다.

원들은 어떻게 진정으로 뛰어난 학생들을 걸러 낼 수 있을까? 여기서 다시 한 번 우리는 정보를 전달하기 위한 메커니즘이 둔화되었다는 것을 알게 된다. 《이코노미스트》가 지적했듯이 "인플레이션에 감염된 모든 분야는 가치가 떨어지고 만다. 정보가 불투명해지고, 행동 방식을 왜곡시킨다."[14]

인플레이션은 혼란의 씨앗을 뿌릴 뿐 아니라 그로 인해 득을 보는 사람과 해를 입는 사람을 만들어 낸다. 성적 인플레이션의 경우, 하버드의 1등 졸업생도 A학점을 받고, 1960년대라면 C학점을 받을 학생도 A학점을 받는다. 진정으로 뛰어난 학생에게 불공평한 현실이다. 화폐 인플레이션의 해악은 이보다 더 심해서 현금을 가진 사람의 구매력을 '훔쳐 가는데', 특히 부자보다 저소득 계층에게 더 큰 피해를 입힌다. 가난한 사람들은 인플레이션과 함께 가치가 상승하는 자산(보석이나 부동산)에 재산을 투자할 수 있는 기회가 부자들보다 상대적으로 더 적기 때문이다. 연간 인플레이션이 10퍼센트면, 1000달러를 가진 사람의 구매력은 그해 말에 900달러가 된다. 매트리스 밑에 숨겨 둔 100달러 지폐는 여전히 10장이지만, 정부가 그중 한 장을 훔쳐 간 것이나 다름없는 효과가 생긴다.

한편, 예상치 못한 인플레이션은 대출을 받는 쪽에는 유리하지만, 대출을 해 주는 쪽에는 불리하다. 장차 인플레이션이 발생할 거라는 전망이 없을 때 은행에서 10만 달러를 대출받았다고 해 보자. 자본금에 대한 실제 이율, 즉 진짜 '대여료'는 4퍼센트다. 그러나 대출 기간 동안 갑자기 10퍼센트의 인플레이션이 생긴다면 어떻게 될까? 계약에 따라

1년 후 은행에 10만 4000달러를 갚으면 되지만, 돈의 가치는 10퍼센트 떨어졌다. 따라서 실제 구매력 가치로 따져 보면, 은행 입장에서는 10만 달러를 빌려주고 1년 후에 9만 3600달러를 돌려받은 것에 불과하다. 오랫동안 중남미 전역에서는 계속되는 인플레이션과 하이퍼인플레이션 때문에 고정금리 주택담보대출은 물론 신용카드를 발급받는 것도 거의 불가능했다. 제정신을 가진 금융 기관이라면 돈을 되돌려 받을 때의 구매력이 불확실한 상황에서 30년 상환 대출을—혹은 심지어 1개월짜리 신용카드 대출마저도—해 줄 리가 만무했다.

인플레이션이 일단 시작되면, 사람들은 물가가 계속 오를 거라는 예상을 하고, 그에 따라 물가를 계속 올릴 행동을 하기 때문에 잠재우기가 힘들어진다. 내년에 물가가 10퍼센트 올라갈 것으로 예상되면, 나는 고용주에게 임금을 10퍼센트 인상해 달라고 요구할 것이다. 고용주는 그렇게 해 준 다음 가격을 10퍼센트 올린다. 이 연쇄 반응은 계속된다. 인플레이션에 대한 예측은 깨기 힘든 사이클을 만들어 낸다. 중국의 원자바오溫家寶 전 총리는 인플레이션을 호랑이에 비유했다. 일단 풀려나면 다시 우리에 집어넣기 힘들다는 것이다. 독일의 중앙은행인 독일연방은행Deutsche Bundesbank의 전 총재 카를 오토필Karl Otto Pöhl은 인플레이션과 싸우는 일을 한번 짜 놓은 치약을 다시 튜브 안으로 집어넣으려는 것과 같다고 묘사했다.[15] 어떤 은유를 택하든—호랑이든 치약이든—상관없지만, 분명한 건 인플레이션이 인생에서 마주치는 여러 문제들과 비슷하다는 점이다. 애초에 피할 수 있으면 피하는 것이 좋다.

싸면 좋다고? 가격이 떨어지는 게 더 문제

다시 한 번 확실히 짚고 넘어가자. 소규모 인플레이션은 불편함에 그치지만, 규모가 큰 인플레이션은 경제를 엄청나게 왜곡시킨다. 그러니 자동차 범퍼에 붙이는 스티커 식으로 표현하자면 이렇다. MEAN PEOPLE SUCK. SO DOES INFLATION(못된 사람들 싫어. 인플레이션도 싫어). (몰상식한 운전자를 겨냥해 'MEAN PEOPLE SUCK'이라는 스티커를 붙인다 - 옮긴이) 그러나 바로 이 부분에서 통화 정책은 정상적인 세상의 논리를 거스르면서, 우리를 그다음 문제로 안내한다. 인플레이션이 나쁠지는 모르지만, 디플레이션은 그보다 더 나쁘다는 것이다. 첫 잔 마시고 두 번째 잔을 주문하는 사이에 맥주 값이 500억 달러 인상되면 짜증 난다는 사실은 누구나 이해할 수 있다. 그러나 맥주 값이 꾸준히 떨어지고 있다면 어떨까? 좋은 뉴스 아닌가? 꼭 그렇지만은 않다. 맥주 가격이 전체적인 물가 인하와 발맞춰 떨어지고 있다면 임금도 떨어지고 있을 것이다. 수입과 물가가 같이 떨어지는 것은 그 둘이 같이 오르는 것과 마찬가지로 괜찮을 수 있다. 한 가지 중요한 문제를 빼면 말이다. 바로 채무 문제다. 보통 대출 상환금은 고정되어 있다. 예를 들어, 매달 주택담보대출 상환금이 2153달러 21센트로 정해져 있는 식으로 말이다. 따라서 떨어지는 맥주 값을 상상하면서 즐거워하는 독자의 백일몽을 잠시 깨워 좀더 유쾌하지 못한 연쇄 반응에 대해 이야기하지 않을 수 없다. 디플레이션이 일어나면 수입이 떨어지고, 집은 물론 기타 자산 가치도 줄어든다. 그러나 은행에는 매달 같은 액수의 돈을 갚아야 한다.

사실상 빚의 실제 가치는 점점 더 올라간다. 처음 빌렸던 돈보다 갚을 돈의 가치가 더 상승하기 때문이다. 이렇게 되면 대형 기차 사고를 방불케 하는 금융 위기가 몰려올 수 있다. 주택 상환금을 갚지 못해 재정난을 겪는 가구가 많아지면 은행들이 어려움을 겪게 되고, 이에 따라 은행이 건전한 기업들에 대출해 줄 능력이 감소하면서 결국 해당 기업들의 건전성도 떨어지게 된다. 지출해야 되는 돈을 마련하기 위해 모두 자산을 팔기 시작하면 해당 자산들의 가격이 떨어지고(2008년 금융 위기 때 주택 가격이 그랬던 것처럼), 이 경제적 산불은 다른 가정, 기업, 금융 회사로 옮겨 붙는다. 이쯤 되면 맥주 값이 떨어지는 것은 작은 위안에 지나지 않을 것이다. 사실 맥주 값이 떨어지는 것 자체가 문제를 더 악화시키는 요인이기도 하다. 맥주 값이 떨어지고 있다면 술 약속을 오늘 밤이 아니라 다음 주로 미루고 싶어질 것이기 때문이다. 바 주인은 장사가 잘 안 되니 맥주 값을 더 많이 내림으로써 전체적인 디플레이션에 일조한다. 1989년 초, 일본은 디플레이션으로 촉발된 경기 하강 국면에 들어갔다. 이 침체기는 '잃어버린 10년'으로 알려졌다가 결국 너무 오래 지속돼서 '잃어버린 수십 년'이라는 이름을 얻었다.

경제학자 어빙 피셔Irving Fisher는 1933년에 발표한 유명한 논문에서 대공황을 관찰한 결과를 바탕으로 '부채-디플레이션 소용돌이debt-deflation spiral'라고 이름 붙인 현상에 대해 기술했다(1930년에서 1932년 사이에 미국의 물가는 30퍼센트 하락했다).[16] 피셔는 재정 궁핍이 또 다른 재정 궁핍을 낳는 악순환 때문에 소규모 경기침체가 패닉으로 확대될 수 있다고 경고했다. 그는 "경제라는 배는 기울면 기울수록 더 기우는 경향이 있다"고 말했다. 피셔의 '부채-디플레이션 소용돌이' 이론을 요약한 것을 읽다 보면, 스티븐 킹이 경제학을 소재로 소설을 쓴 느낌이 든다. "자산을 출혈 투매하고, 가격이 떨어지고, 실질금리가 오르고, 더 많은 자산을 출혈 투매하고, 화폐 유통 속도가 떨어지고, 순자산이 줄어들고, 파산이 증가하고, 대규모 예금 인출 사태bank run가 벌어지고, 신용대출이 축소되고, 은행들이 자산을 헐값에 처분하고, 불신과 사재기가 기승을 부린다."[17] 전기톱을 든 좀비만 없을 뿐이지, 영락없는 스티븐 킹 공포소설 아닌가.

경제 가속 페달을 무력화시키는 디플레이션

특히 떨어지는 물가는 통상적인 경기침체에 대한 처방을 무력화시킬 수 있다. 경기가 둔화되면 보통 금리가 떨어지는데, 이는 신용대출에 대한 수요가 줄어들기 때문이다―경기가 둔화되면, 어려움을 겪는 기업이나 가계가 사세 확장이나 더 큰 집을 사기 위한 신용대출을 얻으려 하지 않는다. 그럼에도 금리를 낮추는 것은 소규모 경기침체에 대한 자연스러운 해독제 역할을 한다. 신용대출 비용이 낮아지면 소비자들은 자동차, 세탁기에서부터 심지어 새 집에 이르기까지 큰 물건에 대한 구매 욕구가 생긴다. 그리고 기업들은 사세 확장과 투자를 위한 비용이 적게 드는 장점을 이용할 수 있다. 이런 식의 새로운 투자와 구매 행위는 경제의 건강을 회복하는 데 도움이 된다.

하지만 디플레이션은 신용대출의 실질 비용을 높임으로써 이렇듯 자연스러운 해독제 효과를 무력화시켜 버린다. 물가가 1년에 5퍼센트씩 떨어지는데 은행의 신용대출 금리가 1퍼센트라면, 실질금리는 6퍼센트가 된다. 은행은 1년 동안 자본을 빌려주는 데 1퍼센트의 비용만 물리는 것이지만, 빌린 돈에 비해 갚을 돈의 구매력은 5퍼센트 높아지게 된다. 따라서 실질적으로는 아주 비싼 대출 비용을 부담하게 되는 셈이다. 특히 전반적인 경제가 어려움에 빠진 상황에서는 더욱 부담스러운 비용이다.

그렇다면 은행들은 왜 인플레이션이 생길 때와 마찬가지로 물가를 감안해 명목금리를 조정하지 못하는 것일까? 마이너스 4퍼센트 금리를 적용하면 안 될까? 디플레이션으로 인해, 1년 후 상환되는 돈은 마이너스 4퍼센트 금리를 적용해도 빌려줄 때보다 구매력이 높아져 있을 것이다. 따라서 실질적으로는 이윤을 남길 수 있다. 게다가 우리는 지금까지 실질적인 수치가 얼마나 중요한지를 두고 고통스러울 만큼 기나긴 이야기를 한 상태다. 그러니 은행 창구에 이런 광고가 붙은 것을 상상할 수도 있지 않겠는가. '마이너스 금리! 문의 바람!'

하지만 문제가 하나 있다. 명목금리는 마이너스가 되는 경우가 거의 없다. 이 현상을 설명하기 위해 독자가 열성적인 젊은 은행원이라고 상상해 보자. 당신은 JP모건 신용대출 파트의 간부인 상사에게 외견상 아주 기발한 아이디어인 마이너스 금리를 제안하려고 한다. ◆

독자: 물가가 1년에 5퍼센트씩 떨어지고 있는 게 사실입니다. 하지만 명목금리를 마이너스 4퍼센트로 하면 실질금리가 1퍼센트에 불과하

니 대출을 받으려는 고객들이 생길 겁니다.

상사: 당신 누구요?

독자: 부장님 사무실 바로 밖에 있는 책상에서 일하는 직원입니다.

상사: 고객에게 마이너스 4퍼센트 금리로 100만 달러를 대출해 주자는 건 가요? 우리가 빌려준 돈보다 더 적은 액수를 갚으라고 말하면서?

독자: 그렇습니다! 하지만 디플레이션 때문에 상환되는 돈의 구매력은 5퍼센트 높아져 있을 거예요. 실제 가치로는 이익인 거죠.

상사: 그러니까 고객에게 100만 달러를 빌려주고, 1년 후에 96만 달러를 갚으라고 하자는 게 맞나요?

독자: 네! 실제로는 그렇게 해도 우리에게 이익이니까요.

상사: 알았소, 천재 양반. 하지만 그냥 은행 금고에다 100만 달러를 보관해 놓는 게 낫지 않을까요? 그러면 1년 후에 96만 달러가 아니라 100만 달러가 우리 손에 있을 텐데.

독자: 그렇긴 하지요.

상사: 100만 달러가 96만 달러보다 더 큰 액수 맞죠?

독자: 네, 맞습니다.

상사: 그런데 어떤 바보가 사람들에게 돈을 빌려주고 나중에 더 적은 액

◆ 2008년 금융 위기 이후 명목금리가 마이너스를 기록한 예가 더러 있었다. 특히 일부 은행에서는 거액의 예금에 대해 소정의 수수료를 물리기 시작했다. 이에 따라 예금주들은 맡긴 돈보다 더 적은 액수를 돌려받았기 때문에 명목금리가 마이너스가 된 것이다. 실제 상황에서 이는 보관료에 가까웠다. 거액을 가진 예금주들은 2008년 이후 경제가 불안하고 불확실성이 난무하는 상황에서 안전하게 돈을 맡길 곳이 없었기 때문에 손해를 감수하고서라도 금융 기관을 이용할 수밖에 없었다.

수를 갚으라고 하겠소? 아무것도 하지 않고 있으면 더 이익인데.

그다음에도 대화는 계속 이어질지 모르지만, 아마 쓰던 책상을 치우고 인사과에 가서 퇴직 면담할 준비를 하라는 내용이 될 가능성이 높다.

디플레이션이 실질금리에 끼치는 영향을 보면 통화 정책을 세울 때 생기는 어려움을 짐작할 수 있다. 경제 시스템이 잠재력을 다 발휘하지 못하고 있으면, 미 연방준비제도와 같은 중앙은행이 통화 공급을 조절해서 금리를 낮추는 방식으로 경제의 가속 페달을 밟는다. 그러나 떨어지는 물가에 관해서는 중앙은행도 시중 은행과 똑같은 딜레마를 겪는다. 명목금리를 마이너스로 설정할 수는 없기 때문이다. 중앙은행들이 사용하는 용어를 빌리자면, 이 현상을 '제로 바운드zero bound'라고 한다. 디플레이션율이 연간 4퍼센트라면, 명목금리가 0퍼센트라 하더라도 실질금리는 4퍼센트가 된다. 경기침체 시에 이 정도 수치면 감당하기 어려운 비용이 될 수 있다. 디플레이션은 중앙은행이 가속 페달을 밟는 정도를 제한하는 요인으로 작용한다. 디플레이션이 일어날 때야말로 경제를 가속시키는 일이 가장 절실한데도 말이다.

너무 뜨겁지도, 너무 차갑지도 않아야 할 돈의 생태계

그럼 이제 마지막 문제로 넘어가 보자. 본질적인 가치가 전혀 없는 종잇조각을 추가로 발행해 유통시킴으로써 실제 경제 활동을 엄청나게 변화시킬 수 있다. 미국에서 유통되는 화폐에 0 하나를 더 붙이면 모든 사람이 더 부자가 될까? 물론 아니다. 그러나 단기적으로는 재미있는 현상이 벌어진다. 유명한 아이 돌보기 실험이 좋은 예다. 1977년 학술지 《저널 오브 머니, 크레디트 앤드 뱅킹Journal of Money, Credit, and Banking》은 워싱턴 DC에 있는 아이 돌보기 조합의 경험을 담은 논문을 실었다. 이 조합원들은 서로 아이를 맡기고 돌봐 주면서 쿠폰을 발행했다.[18] 쿠폰 한 장은 아이를 돌보는 시간 30분에 해당했고, 다른 가치는 전혀 없었다(그냥 장식이 조금 되어 있는 종잇조각에 불과했다). 논문에서는 몇몇 기술적인 이유로 인해 이 쿠폰의 숫자가 줄어들기 시작했다고 설명했다(화폐 공급이 줄어든 것이다). 무엇보다 중요한 원인은 조합원들이 쿠폰을 아껴 쓰기 시작했다는 점이었다. 장차 아이를 맡겨야 할 중요한 순간에 사용할 쿠폰이 모자랄까 봐 걱정해서였다(화폐 유통 속도도 떨어진 것이다). 이로 인해 문제가 악화되었다.

후에 경제학자 폴 크루그먼Paul Krugman이 《슬레이트Slate》에 기고한 논문에서 설명한 대로, 조합원들은 미래의 필요를 위해 쿠폰을 사재기하고 있었다.[19] 그러나 모든 사람이 동시에 사재기를 할 수는 없는 노릇이다. 모두가 쿠폰을 쌓아 두기만 하고 사용하지 않는다면, 그들이 누구의 아이를 돌봐 줄 수 있겠는가? 크루그먼은 이렇게 설명한다. "그 결과, 대부분의 부모들은 아이 돌보기로 받는 쿠폰을 더 모아 두고 싶어 했고, 이로 인해 쿠폰을 사용해야 하는 외출을 꺼리게 됐다. 한 부모의 외출은 다른 부모가 아이를 돌볼 기회가 된다. 따라서 모두가 외출을 자제하면 쿠폰을 얻기가 더 어려워진다. 이 사실을 잘 아는 부모들은 특별한 경우가 아니면 외출을 자제해서 쿠폰을 아꼈고, 이에 따라 다른 집 아이를 돌볼 기회가 더욱 줄어들었다." 경제 용어로 말하자면, 아이 돌보기 조합은 불황을 겪고 있었던 것이다. 경제 시스템 전체에서 볼 때, 경기침체 시 어떤 가족이 외식을 줄이고 새 차를 사지 않겠다는 이성적인 결정을 내리면 이는 경제를 더 악화시킬 뿐이다. 식당 주인과 자동차 대리점이 직원들을 해고하게 되고, 일자리를 잃은 사람들은 지출을 줄이게 되기 때문에 경기 둔화가 더 확산될 것이다. 아이 돌보기 조합과 마찬가지로, 한 사람의 절약은 다른 사람의 수입을 낮춘다. 이는 바로 20세기 경제학자 존 메이너드 케인스John Maynard Keynes가 말한 '절약의 역설paradox of thrift' 현상이다.

워싱턴 DC의 아이 돌보기 조합은 너무나 단순한 해결책으로 이목을 끌었다. 바로 더 많은 쿠폰을 발행한 것이다. 크루그먼에 따르면 "쿠폰이 더 발행되자 부모들은 외출을 더 쉽게 하기 시작했고, 다른 집 아이를 돌볼 기회도 급증했다. 모든 사람들이 만족한 결과였다." 뉴욕 연방준비은행에서 키보드를 클릭해 이전까지 존재하지 않았던 돈을 만들어 낸 일화를 떠올려 보자. 이는 연방준비은행이 아이 돌보기 조합과 유사한 방식으로 경제 문제를 해결하는 데 전력을 다한 모습이었다. 미국의 중앙은행 제도인 연방준비제도는 돈을 그냥 뿌리는 것이 아니라 통화 정책을 통해 금리를 낮추고 경제 시스템에 유동성을 주입하는 방식을 사용한다(이에 대해서는 5장에서 더 자세히 설명할 것이다). 하지만 아이 돌보기 쿠폰이 됐든 세계 최대 경제 대국의 달러가 됐든 본질적으로는 아무 가치도 없는 종잇조각이다. 그런데 이 종이를 만들어 내 유통시킴으로써 사람들의 행동을 변화시킨다는 사실 자체가 괴상하게 들릴지도 모르겠다.

이 장을 마무리하기 전에 현대 경제의 성격을 가장 잘 표현하는 묘하고도 흥미로운 모순에 대해 생각해 보자. 미국 달러는 인간이 생각해 낼 수 있는 최악의 화폐라고도 할 수 있다. 본질적인 가치도, 고유의 희소성도 없다. 달러의 가치가 하락하는 속도나 정도를 제한할 물리적인 장치는 전혀 없다. 역사를 살펴보면, 종이화폐를 발행할 권한을 손에 쥔 정부가 그 직권을 남용한 사례는 넘쳐난다. 조지 워싱턴과 대륙 회의Continental Congress(미국 독립전쟁 당시 13개 식민지 대표자 회의 – 옮긴이)가 범한 실책은 그 대표적인 예다. 당시 독립전쟁을 벌이던 식민지 주들은 콘티넨털continental이라는 지폐를 자체적으로 찍어 냈다. 이 화폐의 가치가 너무 떨어진 나머지 'not worth a continental(한 푼 값어치도 없는)'이라는 표현이 생기기까지 했다. 사실 워싱턴 DC의 아이 돌보기 조합도 인플레이션의 부작용을 겪어야 했다. 쿠폰이 과다하게 유통되자, 아이를 맡기고 외출하고 싶은 사람에 비해 아이를 돌보겠다는 사람이 너무 적어지는 상황이 벌어진 것이다.[20]

그러나 미국 달러는 인간이 생각해 낼 수 있는 최선의 화폐라고도 할 수 있다. 널리 받아들여지고 있을 뿐 아니라 광범위한 재화 바스켓에 대해 예측 가능한 구매력을 가지고 있기 때문이다. 이런 면에서 달러는 금이나 은(혹은 고등어)보다 더 낫다. 가치의 변동, 특히 디플레이션을 겪을 위험이 적기 때문이다. 책임감 있는 중앙은행이라면 가격을 안정적으로 유지할 수 있는 한도 내에서 화폐 공급을 증가시킬 수 있다.

경기가 둔화되면 적절한 시기에 적절한 횟수로 마우스를 클릭해서 일자리를 보존하고 수입을 증가시킬 수도 있다.

물론 적절한 횟수의 마우스 클릭을 어느 시점에 하는 것이 적절한지를 결정하는 데는 엄청나게 복잡한 이론과 고려가 들어가야 한다. 명목화폐는 실물화폐보다 훨씬 더 나은 통화가 될 잠재력을 지니고 있지만, 정반대가 될 잠재력 또한 지니고 있다. 〈골디락스와 세 중앙은행가〉라는(《골디락스와 세 마리 곰》에 빗댄 것이다 - 옮긴이) 경제학 고전이 됨직한 이야기에서 짐바브웨 정부는 화폐를 무책임하게 발행해 엄청난 인플레이션을 야기함으로써 경제를 망쳤다. 일본은 20년 동안 물가가 계속해서 떨어지는 것을 방치했다가 경제난을 겪고 있다. 골디락스는 딱 적당한 물가를 유지할 줄 아는 중앙은행가를 찾아 헤맨다.

물가를 적당히 유지하는 것과 관련된 모든 일은 알면 알수록 보기보다 어려운 듯하다.

3장

**Naked
Money**

물가의 과학, 정치학 그리고 심리학

5센트짜리 동전은 이제 한 푼의 값어치도 없다.

_ 요기 베라

가격을 쫓아다니는 사람들

댄 두건Dan Dugan은 정부 요원이다. 그는 우리가 뽑은 민주 정부가 더 잘 돌아가도록 하기 위해 막후에서 힘든 일을 한다. 그가 하는 일이 존재한다는 것 자체를 아는 미국인은 몇 되지 않는다. 그가 모으는 정보는 비밀에 부쳐지고, 그의 정보원들은 모두 익명이 보장된다. 《보스턴글로브》는 실체가 드러나지 않은 댄 두건의 네트워크에 관한 추적 보도를 하면서 그를 이렇게 묘사했다. "두터운 검은색 컴퓨터를 팔에 끼고, 베일에 둘러싸인 비밀스러운 일을 하는 정부 요원."[1] 그럼에도 불구하고 그가 하는 일—그리고 수백 명에 이르는 그의 익명의 동료들이 하는 일—은 시장 경제 속에서 우리가 당연히 받아들이는 일상생활이 문제없이 돌아가도록 만들어 준다. 2012년에는 그의 정체가 탄로 날 뻔하기도 했다. 자세한 것은 아직도 잘 알려지지 않았지만, 《보스턴글로브》에 따르면 '정확히 밝힐 수 없는' 보스턴의 한 상점에서 일하는 보안 요원이 여성용 속옷을 들여다보고 있던 그를 적발했다고 한다. 여성용 속옷을 조사하는 것은 그가 하는 중요한 일들 중 하나다. 보안 요원은 그가 '야한 여성용 속옷을 너무 오래 만지작거리고 있는 것'을 보고 의심이 들었다고 전했다. 잠깐. 무엇을 하고 있었다고?

댄 두건은 미국 노동통계국Bureau of Labor Statistics, BLS의 경제 분과에서 일하고 있다. 노동통계국은 미국에서 가장 잘 알려진 인플레이션 지표인 소비자물가지수Consumer Price Index, CPI 정보를 모아 발표하는 정부 기관이다.[2] 노동통계국은 인플레이션을 측정하기 위해 물가가 어떻게 변화하는지를 알아야 한다. 그런데 반려동물을 위한 응급 의료비에서부터 필스너 맥주에 이르기까지 모든 재화와 서비스의 가격 변화를 추적하기 위해서는 댄 두건과 같은 직원 수백 명이 모아들이는 정보가 필요하다. 그리고 댄 두건이 여성용 속옷을 매우 주의 깊게 들여다봐야 한다는 것도 맞는 말이다. 또 다른 경제 분과 직원은 이렇게 설명한다. "옷을 안팎으로 자세히 살펴야 해요. 옷감이 직물인지 편물인지도 알아야 하고, 지난주에 면 20퍼센트 혼방이었던 것이 이번 주에 면 30퍼센트 혼방이라면, 이런 정보도 알아야 하죠." 그들은 이전 방문에서 정확히 정의한 약 8만 종의 재화와 서비스에 대한 가격 정보를 매달 기록한다.[3] 설탕 역시 마찬가지다. "유기농 백설탕, 유기농 과립당, 파우더 설탕, 제과·제빵용 설탕, 정제당, 굵은 설탕, 액상당, 유기농 액상당 등 수많은 종류가 있습니다." 따라서 재화의 가격을 일정 기간에 걸쳐 비교하기 위해서는 그냥 사과 가격이라고만 하는 걸로는 충분하지가 않다. 예를 들어 유기농 부사라면 정확히 유기농 부사와 비교해야만 한다.[4] 겉으로는 단순해 보이는 '가격'이라는 개념도 복잡해질 수 있다. 갑자기 '수요일 한정 할인 특가'가 붙으면 어떻게 해야 할까? 혹은 회원 카드를 가진 사람들에게는 항상 가격 할인을 해 주는 혜택이 있다면? 노동통계국의 한 가격 확인 요원은 푸드 트럭을 쫓느라 워싱턴 DC의 거리를 돌아다녀야 했던 경험을 이야기했다. 그 트럭에서 팔던 6달러짜리 샌드위치에 채소가 들어 있는지 아닌지 확인하기 위해서였다.[5]

소비자물가지수의 과학

인플레이션(혹은 디플레이션)을 수량화하는 가장 좋은 방법은 생활과 밀접한 관련이 있는 재화 바스켓을 대상으로 일정 기간 가격 변화를 측정하는 것이다. PNC은행의 크리스마스 물가지수는 크리스마스 캐럴 송인 〈12일간의 크리스마스The Twelve Days of Christmas〉에 선물로 등장하는 물건들의 가격을 매년 조사해서 만들어진다(배나무에 앉은 자고새 한 마리, 멧비둘기 두 마리, 프랑스 암탉 세 마리 등).[6] 2014년 12월에 조사된 364개 선물 전체의 총액(각 품목을 노래에 나온 숫자만큼 모두 곱하면 364개가 된다)은 2013년에 비해 1퍼센트밖에 오르지 않았다. 크리스마스 물가지수에 포함된 모든 재화와 서비스의 값이 1퍼센트 오른 것은 아니다. '거위 여섯 마리'의 값은 무려 71퍼센트나 올랐다. 멧비둘기와 금반지의 가격은 그대로였고, 다른 서비스 가격(젖 짜는 아가씨, 팔짝 뛰는 귀족 등)도 변함이 없었다. 중요한 사실은 진정으로 사랑하는 사람에게 이 모든 선물을 사 주는 데 드는 비용이 바로 전해에 비해 1퍼센트 더 들 뿐이라는 점이었다. 인플레이션이 그다지 심하지 않았다는 뜻이다.

우리 대부분은 물에서 헤엄치는 백조나 팔짝 뛰는 귀족을 사지 않는다. 사실 PNC 물가지수는 미국 가정에서 일상적으로 구매하는 재화와 서비스를 대상으로 하는 소비자물가지수에 대비시킨 농담으로 만들어질 뿐이다. 매달 미국 노동통계국에서는 8만 가지에 달하는 재화와 서비스의 가격을 측정한다. 내가 알기로는 팔짝 뛰는 귀족은 거기에 속해 있지 않다. 그러나 바로 여기서 또 다른 의문이 생긴다. 소비자물가지수를 통해 물가가 전형적인 미국 가정에 끼치는 영향을 측정하려고 한다면, 어떤 재화와 서비스의 가격이 중요할까? 모든 가격이 다 중요하다고 말하고 싶은 유혹이 크긴 하지만, 이는 왜곡의 여지를 남길 가능성이 크다. 우유 가격이 오르는 것은 캐비아나 컬링 게임에 쓰이는 돌의 가격이 오르는 것보다 평균적인 미국 가정의 살림에 더 큰 영향을 줄 것이다. 나는 담배와 고양이 사료와 볼링공을 사지 않지만, 골프공은 다른 사람들보다 많이 사는 편이다. 특히 공을 잘 못 치는 시기에는 더욱 그렇다. 그러니 어찌해야 할까?

소비자물가지수를 우리의 실생활과 밀접하고 정확한 지표로 만드는 데 가장 중요한 것은 대부분의 미국 가정에서 가장 많이 사용하는 상품들을 식별해 내는 일이다.[7] 이런 면에서 노동통계국은 CIA와 비슷하다. 현장 요원들이 가공되지 않은 데이터를 보내면 본부에서는 그것을 분석해 의미 있는 패턴을 찾아낸다. 더 정확히 말하자면, 노동통계국의 통계 전문가들은 표본으로 고른 가정들의 지출 데이터를 이용해서 전형적인 미국 가정의 소비 패턴을 가장 정확히 대변할 상품들을 선택한다. 현재 이 바스켓에는 200종이 넘는 재화와 서비스가 포함되어 있고, 이것들은 식음료, 주거, 의류, 여가 등 여덟 분야로 분류되어 있다.

소비자물가지수를 계산할 때 각 품목에는 바스켓 내에서 그것이 차지하는 비중에 비례한 가중치를 적용한다. 보통 가정에서 파르메산 치즈를 사는 것보다 닭고기를 사는 데 세 배 더 많은 돈을 쓴다면, 파르메산 치즈 가격보다 닭고기 가격 변화가 소비자물가지수에 세 배 더 큰 영향을 줄 것이다(크리스마스 물가지수에서는 배나무에 앉은 자고새의 가격에 비해 팔짝 뛰는 귀족의 가격에 10배의 가중치가 주어진다. 〈12일간의 크리스마스〉에서 선물을 보내 준 사람이 팔짝 뛰는 귀족은 열 명을 보내지만, 배나무에 앉은 자고새는 한 마리만 보내기 때문이다). 그렇게 얻은 결과가 미국에서 가장 흔히 인용되는 인플레이션 수치인 '도시소비자물가지수Consumer Price Index for All Urban Consumers, CPI-U'다. 이 지수는 미국 인구의 88퍼센트에 달하는 사람들의 소비 성향을 반영해서 집계된다.[8] 이와 관련된 지수로 인구의 32퍼센트를 차지하는 도시 임금노동자 및 사무직 종사자의 소비 성향을 반영한 '노동자소비자물가지수CPI-W'도 있다. 두 지수의 이름에서 알 수 있듯, 여기에 시골 지역 소비자들은 포함되어 있지 않다. 시골에 사는 인구의 쇼핑 패턴은 도시 지역 인구가 구입하는 재화 바스켓과 현저하게 다르다. 여기에 더해 지역에 따른 소비 형태와 가격도 반영되어 있지 않다. 노동통계국은 이렇게 경고한다. "소비자물가지수를 생계비지수cost-of-living index로 부르는 경우가 많다. 그러나 이 지수는 제대로 작성된 생계비지수와 핵심적인 부분에서 많은 차이가 있다."

이것은 그냥 넘길 문제가 아니다. 인플레이션을 가능한 한 정확히 측정하는 이유 중 하나는 계약을 비롯한 여러 프로그램들을 갱신할 때 물가의 변화를 반영하기 위함이다. 예를 들어, 사회 복지 프로그램을 통해서 은퇴자들에게 일정 기간 동안 동일한 구매력을 보장해 주는 것이 목표라면, 동네 마트의 가격이 오르내리는 것에 따라 연금 지출 내역도 조정되어야 할 것이다. 동네 마트를 들먹인 것은 의미 없이 해 본 소리가 아니다. 실생활을 반영하는 재화 바스켓을 사용해서 물가의 변화를 측정하고자 한다면, 다른 종류의 소비자들은 다른 종류의 재화를 소비한다는 사실을 인정해야 한다. 미국 정부는 'Older Americans Act of 1987'(정말 이런 이름을 붙였다)을 제정해 노동통계국으로 하여금 62세 이상 소비자의 소비 성향을 반영하는 '노인소비자물가지수CPI-E'를 실험적으로 측정하게끔 했다. [9] 노인들은 영화 관람 티켓에서 비행기 탑승권까지 다양한 재화와 서비스를 구입할 때 할인을 받는다. 반면 그들은 젊은이들보다 의료비 지출이 높다. 노동통계국에서 일하는 경제학자에게 물었지만, 노인들이 많이 하는 셔플보드 게임 장비가 소비자물가지수나 노인소비자물가지수에 포함되어 있는지는 확인할 수 없었다. [10] 1982년에서 2011년 사이 노인소비자물가지수는 연평균 3.1퍼센트 올라, 2.9퍼센트 오른 도시소비자물가지수를 상회했다. 그 기간 동안 건강 및 의료 관련 가격이 다른 재화와 서비스 가격에 비해 거의 두 배로 올랐기 때문이다. [11]

가격 변화에 영향을 주는 수많은 요소들

완벽하지는 않아도, 도시소비자물가지수(이하 소비자물가지수)는 우리가 주로 사는 재화와 서비스의 가격 변화를 가장 잘 반영하는 수치라고 할 수 있다. 우리의 소비 형태가 변화하면 소비자물가지수를 계산하는 데 포함되는 재화와 서비스 바스켓의 내용물도 같이 변화한다. 시대에 뒤떨어지는 것들은 빠지고 새로운 것들이 추가된다. 자동차는 1935년에, 에어컨은 1964년에, 휴대전화는 1998년에 추가됐다. [12] 그런가 하면 타자기를 사는 일반 소비자의 숫자가 줄어들다가 결국 완전히 없어짐에 따라, 이 물건에 대한 가중치가 점점 줄다가 종국에는 완전히 바스켓에서 빠졌다. 그러나 휴대전화(혹은 텔레비전, 컴퓨터, 자동차) 같은 것은 재화 바스켓에 포함시키기로 결정하는 데서 끝나지 않고 또 다른 방법론적 난제를 해결해야 한다. 가격만 변화하는 게 아니라 제품 자체가 점점 좋아지고, 빨라지고, 작아지고, 안전해지기 때문이다. 나는 아이폰으로 와이파이를 이용해 넷플릭스의 영화를 보곤 한다. 10년 전만해도 전화기 크기는 다섯 배였지만 전화를 걸고 받는 것(그것도 접속이 안좋은 상태로) 외에는 아무것도 하지 못했다. 반면 내가 어릴 적에 사용했던 전화기는 거의 완벽에 가까운 음질을 자랑했다. 25세가 될 때까지도 "이제 잘 들려요?"라는 말을 전화로 해 본 적이 없었다. 하지만 그 전화기는 벽에 전선으로 연결되어 있었다. 같은 맥락에서 《이코노미스트》는 이렇게 지적한다. "다림질을 하지 않아도 입을 수 있는 면 셔츠가 생겼고, 양말이 다 마르면 자동으로 꺼지는 영리한 건조기가 나왔고, 동시에 두 채널을 볼 수 있는 텔레비전도 생겼다. 이 모든 혁신은 분명 우리 삶의 질을 높인다. 그러나 정말 얼마나 높이는 것일까?"[13]

바로 이 부분에서 우리는 가격의 변화를 측정하는 것이 과학일 뿐아니라 예술이기도 하다는 것을 깨닫게 된다. 우리는 2015년형 텔레비전이 2005년형 텔레비전과 같은 물건이 아니라는 것을 안다. 토요타캠리도 마찬가지다. 물가지수를 측정할 때 꼭 해야 할 질문은 "가격 인상분 중 어느 정도를 품질 향상분으로 상쇄해야 하는가"일 것이다. 이론적으로, 자동차 가격이 7퍼센트 상승하고 자동차 질이 7퍼센트 '더좋아졌다면'(더 안전하거나, 더 믿을 수 있거나, 더 안락해졌다면) 자동차는 더 비싸진 것이 아니다. 그런데 ABS가 장착되고, 운전대에 오디오 스위치가 달려 있는 자동차는 그렇지 않은 차에 비해 얼마나 더 좋아졌는지를 어떻게 숫자로 정확히 측정할 수 있을까?《월스트리트저널》의 묘사를 빌리자면, '노동통계국에 있는 베이지색 벽으로 둘러싸인 비둘기 집처럼 좁은 칸막이 사무실' 안에서 일하는 40명의 전문가들이 이런 결정을 내린다.

이 분석가들은 '헤도닉스hedonics'라고 불리는 프로세스를 통해 한 상품의 가격을 여러 요인들로 세분한다. 이때 메모리, 속도, 기능, 내구성을 비롯한 다양한 측면들이 고려된다.[14] 신제품 토스터가 이 과정을 거쳐 20퍼센트 더 나은 제품이라는 판정을 받는다면, 구형에 비해 가격이 20퍼센트 더 높다고 해도 인플레이션 측정 모델에는 가격이 오르지 않은 것으로 기록된다. 향상된 토스터는 근본적으로 가격이 오른 구형 토스터가 아니라 새 가격을 붙인 새 제품으로 취급된다. 예를 들어, 노동통계국의 분석 요원들은 미국 내에서 생산된 2015년 신형 자동차 표본들의 품질 향상분이 45.78달러라고 결론 내렸다―43달러도, 51달러도 아닌 45.78달러. 2015년 모델 자동차들은 2014년에 나온 비슷한 모델에 비해 45.78달러만큼 더 나은 품질을 가지고 있다. 자동차 딜러들은 이 품질 향상분에 소액의 추가 비용을 할증해서 가격을 설정할 수 있다. 따라서 인플레이션을 계산할 때는 가격 인상분에서 48.39달러를 빼야 한다.[15]

헤도닉스는 여느 통계 집계 과정과 마찬가지로 정확성과 정밀성을 혼동하는 실수를 범할 위험을 내포하고 있다. 통계학자들은 가격을 측정할 때 질의 변화를 고려하기 위해 최선을 다하고 있지만, 결국 수학적 계산만큼 중요한 것은 현명한 판단이다. 이 관료들은 팔짝 뛰는 귀족이 작년보다 비싸졌는지도 측정해야 하지만, 춤을 더 잘 추게 됐는지도 판단해야 하는 것이다. 그래도 이 정도면 인플레이션을 측정하는 데 사용되는 기본적인 방법은 이해가 되었을 것이라 짐작한다. 현대 경제는 통화의 건전성에 많은 부분을 의지하고 있고, 통화가 건전하기 위해서는 물가 변화를 가능한 한 정확히 측정하는 것이 중요하다.

소비자물가지수 vs
소비자성향연계물가지수

쉬운 일처럼 들리는가? 이번에는 다소 별나게 보일지 모르지만, 실은 엄청난 정치적·재정적 의미를 지닌 질문에 대해 생각해 보자. 소비자들은 물가의 변화에 따라 구매하는 재화와 서비스의 종류, 즉 구매 상품 바스켓을 어떻게 바꿀까? 다음 예를 살펴보면 이해하기가 더 쉬울 것이다. 플로리다 남부에 서리가 내려 감귤류 가격이 급격히 올랐다고 해 보자. 오렌지 주스 및 그와 관련된 상품들의 가격이 오를 것이라고 예상할 수 있다. 그러나 그것만큼이나 의미 있는 다른 현상도 함께 일어난다. 가격이 오르면 우리 대부분이 오렌지 주스—그리고 감귤류와 관련된 다른 상품들—의 소비량을 줄인다는 사실이다. 인플레이션을 측정하는 데 있어서 이 행동을 반영해야 할까?

우리의 목표가 생계비를 계산하는 것이라면 분명 가격의 변화를 측정해야 한다. 하지만 이와 함께 가격이 오르내림에 따라 소비 패턴이 바뀌는 것도 고려해야 할 것이다. 내가 늘 사는 물건들이 더 비싸진다면, 사회보장연금도 더 많아져야 할 것이다. 그러나 가격이 오른 물건을 덜 소비하는 행동—이를테면 오렌지는 덜 사고 바나나를 더 사는 행동—도 연금 인상 정도에 반영해야 할 것이다. 이 행동 패턴의 변화를 반영하지 못하면 생계비 증가를 과장하게 된다. 디너파티나 스포츠 행사에서 사람들이 이 골치 아픈 '소비 대체 성향consumer substitution bias'에 대해 불평하는 것을 들은 기억이 있을 것이다. 물론 못 들어 봤을 수도 있다—만약 그렇다면, 좀 새로운 사람들을 만날 생각을 해 보는 것도 좋은 일일 것 같다.

노동통계국의 통계학 괴짜들geeks◆도 소비 대체 성향에 대한 해결책을 가지고 있기는 하다. 2002년, 노동통계국은 '전체도시소비자성향연계물가지수Chained CPI for All Urban Consumers, C-CPI-U'를 도입하고 '기존 인플레이션 측정법을 보완할 새로운 방법'이라고 호언장담했다. 소비자들의 행동을 표본으로 해서 적절한 재화 및 서비스 바스켓을 만들 수 있듯, 가격이 변하면 소비자들이 다양한 재화 및 서비스를 어떤 식으로 대체하는지도 알아볼 수 있다는 논리다. 소비자들이 가격이 오른 품목을 적게 구매하면, 바스켓 안에서 그 품목의 비중은 그에 맞춰 줄어든다—그리고 그것을 대체하는 품목의 비중이 올라간다. 자세한 내용은 엄청나게 어려운 정밀과학을 방불케 하지만, 직관적으로는 간단히 이해가 된다. 사과 가격이 오르면 사람들은 사과를 덜 사고, 이에 따라 더 비싸진 사과 가격

◆ 통계의 위력과 중요성을 다룬 《벌거벗은 통계학Naked Statistics》을 집필한 필자 입장에서는 아주 좋은 의미로 이 표현을 썼다.

으로 인해 인플레이션이 생길 압력이 어느 정도 줄어든다. 독자들도 짐작했겠지만, 전체도시소비자성향연계물가지수(이하 소비자성향연계물가지수)는 전통적인 방법으로 산출한 소비자물가지수보다 인플레이션 수치가 낮다. 1999년부터 2014년까지 기간 동안 연간 평균 물가상승률은 전통적인 소비자물가지수로 2.33퍼센트였지만, 소비자성향연계물가지수로는 2.08퍼센트였다.[16] 이보다 더 중요한 사실은 소비자성향연계물가지수가 전통적인 소비자물가지수보다 생계비 변화를 더 잘 추적할 수 있다는 점이다.[17]

어쩐지 노동부 건물에 있는 창문도 없는 사무실에서 정책 전문가들끼리 토론해야 맞을 것 같은 주제들이다. 사실 맞는 말이다. 그러나 듣기만 해도 학구적으로 들리는 이 방법론적인 문제는 의회에서도 독설로 얼룩진 열띤 논쟁을 불러일으키곤 한다. 왜냐고? 수조 달러가 걸려 있는 문제이기 때문이다. 미국 연방 예산에서 가장 큰 비중을 차지하는 분야 중 하나가 생계비 증가가 자동적으로 반영되는 사회복지비다. 정부가 사회복지 수혜자들이나 참전 용사들에게 한 달에 1750달러를 지급하겠다고 약속하면, 거기에는 시간이 흘러도 그 정도의 구매력을 유지시켜 주겠다는 의도가 들어 있다. 실질 물가상승률을 낮게 평가하면 정부의 복지 혜택에 의존해서 사는 사람들은 손해를 본다. 반면 높게 평가하면 오르는 물가를 상쇄하고도 남는, 실질적으로 후한 연금을 받게 되고, 거기에 들어가는 돈은 납세자들이 감당해야 한다.

세금 문제에서도 이와 비슷한 현상이 일어난다. 미국은 누진소득세 제도를 가지고 있다. 소득이 높은 사람들은 낮은 사람들보다 더 높은 세율(예를 들어 28퍼센트가 아니라 33퍼센트)을 적용받는다는 뜻이다. 이 제도의 장단점에 대한 토론은 다음 기회로 미루기로 하자. 가계 소득이 10만 달러에서 11만 달러로 증가한 것이 인플레이션 때문이라면, 그 증가분에 대해 더 높은 세율을 적용하지 말아야 한다는 것에는 모두가 동의할 것이다. 구매력으로 따지면 이전보다 더 부자가 된 것이 아니기 때문에 세금을 부과하는 데도 그것을 반영해야 한다. 따라서 소득세 과세 등급은 인플레이션을 반영해서, 월급 명세서의 숫자는 커졌지만 실제 월급의 가치는 오르지 않았는데도 높은 세율을 적용받는 '세율 등급의 점진적 상승'이 일어나지 않도록 되어 있다. 해마다 이 세율 등급을 조정해서 부자들의 돈은 우려내되, 물가 변화 때문에 부자도 아닌데 부자처럼 보이는 사람들의 돈까지 우려내지는 않도록 조심한다. 2013년, 40만 달러 이상의 수입에 대한 개인 소득세는 39.6퍼센트였다. 2014년에는 인플레이션을 감안해서, 같은 세율이 개인 수입 40만 6750달러 이상에 적용됐다.[18]

하지만 알게 뭐냐고? 그러니까 그게, 인플레이션을 과장되게 해석해서 세율 등급을 정하게 되면, 킴 카다시안Kim Kardashian 같은 사람이 법으로 정해진 것보다 소득세를 덜 내게 된다(노동통계국 이야기로 하품이 날 정도로 독자들을 지루하게 한 다음 국세청 이야기까지 넘어갔으니, 킴 카다시안이라도 들먹여야만 할 것 같았다). 정부가 세율 등급을 조정하고 물가상승률을 확인하는 것은 모두 바람직한 일이지만, 그 일을 잘못하게 되면 아무 소용이 없다. 자칫하면 정부가 엄청난 액수의 손해를 볼 수 있기 때문이다.

실질 생계비 변화를
정확하게 반영하는 것이 핵심

저스틴 비버Justin Bieber가 태어난 지 1년 후인 1995년, 미 상원은 저명한 경제학자들에게 노동통계국이 인플레이션을 측정하는 방법의 정확도를 평가하게끔 했다. 보스킨 위원회Boskin Commission◆라고 불린 이 위원회는 소비자물가지수가 생계비 변화를 매년 1.1퍼센트씩 과대평가했다고 결론지었다. 얼마 되지 않는 숫자처럼 여겨질지 모르겠지만 실제로는 그렇지 않다. 위원회는 이렇게 상향 설정된 지수 때문에 추가로 지급된 액수는 복지, 의료, 방위 프로그램을 제외한 다른 어떤 프로그램에 대한 정부 지출보다 많았다고 지적했다. 또한 별것 아닌 것처럼 보이는 이 문제를 수정하지 않으면, 연방정부가 1996년에서 2008년 사이에 1조 달러의 빚을 추가로 지게 될 것이라고 덧붙였다.

보스킨 위원회는 고정 관념으로 인해 소비자들이 어디서 어떻게 구매를 하는지에 관해 상당한 오판을 했다고 평가하고 그 사례들을 구체적으로 지적했다. 위원회 보고서에는 이렇게 적혀 있었다. "소비자물가지수의 강점은 그 개념의 기초가 무척 단순하다는 데서 나온다. 일정 기간 동안 정해진(그러나 실생활을 잘 반영하는) 재화와 서비스 바스켓의 가

◆ 공식 명칭은 '미국 소비자물가지수 연구를 위한 고문 위원회U.S. Advisory Committee to Study the Consumer Price Index'였다. '보스킨 위원회'는 스탠퍼드대학 경제학자 마이클 보스킨Michael Boskin의 이름을 딴 것이다.

격을 추적하는 개념 말이다. 그러나 소비자물가지수가 가진 약점 역시 같은 개념에서 나온다. '정해진 재화와 서비스 바스켓'은 시간이 흐름에 따라 소비자들이 가격 변화와 새로운 선택지들에 반응하면서 점점 실생활을 반영하는 정도가 떨어지기 때문이다."[19] 소비자들은 가격이 오르면 보통 세 가지 형태로 반응하는데, 소비자물가지수에는 그 세 패턴이 완전히 반영되지 못한다. 첫째, 소비자들은 같은 제품을 더 싸게 살 수 있는 곳을 찾는다(이 부분이 특히 눈에 띄는 것은 보스킨 위원회 보고서가 아웃렛과 대형 마트가 확산되던 때와 비슷한 시기에 나왔기 때문이다). 둘째, 소비자들은 값이 오른 상품을 대체할 다른 상품을 찾는다(사과를 바나나로 대체). 셋째, 소비자들은 값이 오른 상품과 같은 범주 안에 있는 다른 상품을 찾는다(부사 사과를 홍옥 사과로 대체). 이와 더불어 소비자물가지수는 품질 향상을 과소평가하고(특히 내구성과 신뢰도가 향상된 가전제품의 경우), 새로운 제품을 포함시키는 데 너무 느리다는 지적을 받았다. 앞에서 휴대전화가 1998년에 포함됐다는 이야기는 했지만, 그때는 이미 휴대전화 가입자가 5500만 명이나 됐고, 이전 10년 사이에 휴대전화 이용 요금이 51퍼센트나 떨어졌다는 사실은 언급하지 않았다.[20] 새로운 제품이 통계에 사용되는 바스켓에 포함되기까지 시간이 길면 길수록 가격 인하 반영 정도가 낮아진다.

그 후 노동통계국은 보스킨 위원회가 지적한 문제들을 해결하기 위해 상당수의 방법론적 변화를 꾀했다(품질 변화를 측정하기 위해 헤도닉스를 더 광범하게 적용한 것도 그중 하나였다). 또 노동통계국은 앞서 살펴봤듯이 소비 대체 성향을 더 잘 반영하는 '소비자성향연계물가지수'를 발표하기 시작했다. 그러나 이 지수는 연방 세금과 복지 혜택을 책정하는 데한 번도 사용되지 않았고, 이 문제는 최근 예산 협상 과정에서 제기되기도 했다. 2010년 심슨-볼스 적자 감축 위원회Simpson-Bowles deficit reduction commission에서는 연방정부가 소비자성향연계물가지수를 사용하기 시작할 것을 추천했다. 피트 도메니치Pete Domenici 전 상원의원이 주재한 적자 감축 전담반과 예산 전문가 앨리스 리블린Alice Rivlin도 같은 제안을 했다. 소비자성향연계물가지수는 처음 측정되기 시작했을 때부터 전통적인 소비자물가지수보다 연평균 0.3퍼센트 낮은 증가율을 보여 왔다. 에버렛 더크슨Everett Dirksen의 말을 흉내 내 보자면, '여기서 0.3퍼센트, 저기서 0.3퍼센트' 하다 보면 조만간 상당한 액수가 된다.♦ 약 2200억 달러 정도 말이다. 이 액수는 생계비 증가를 측정할 때 소비자성향연계물가지수를 사용하면 절약할 수 있는 돈이라고 미 의회 예산국에서 계산한 것이다.[21]

물론 그 2200억 달러는 사람들이 받지 못할 혜택이므로, 이것이 실제로 복지 혜택을 줄이는 것인지 아닌지에 대한 논쟁도 불러일으켰다. 양측이 모두 나름의 논리를 가지고 있다. 소비자성향연계물가지수에 연동을 하면 사회보장연금 인상률은 당연히 낮아질 것이다. 혜택이 줄어드는 것이 맞다. 그러나 그것은 애초에 복지 프로그램을 입안할 때 생계비의 실제 증가율을 감안해서 지급하겠다고 정했던 본래 의도에

♦ 에버렛 더크슨이 "여기서 10억 달러, 저기서 10억 달러 하다 보면 조만간 상당한 액수가 된다"는 말을 했다고 전해진다. 하지만 그가 실제로 그런 말을 했다는 기록은 어디에도 없다.

어긋나지 않는다. 재정적 강경론자들은 이 문제가 수십 년 전에 쓴 복지 혜택 공식에 난 오탈자와 같은 것이어서, 그동안 내내 모든 사람이 원래 받아야 할 액수보다 더 많이 받아 왔을 뿐이라고 주장한다. 새로운 방법으로 생계비를 계산하는 것은 복지 혜택 삭감이 아니라 수정이라는 것이다. 이로 인해 받는 액수가 충분치 않다면 프로그램 자체를 직접 고치는 것이 옳지, 부정확한 생계비 연동으로 복지 지급액을 부풀리는 것은 해결책이 아니라는 것이 그들의 주장이다. 소비자성향연계 물가지수를 채택하는 것을 지지하는 단체들 중 많은 수가 그런 주장을 함과 동시에 부당하게 생길 수 있는 고통을 상쇄하기 위해 연방정부의 복지 프로그램을 개정할 것을 요구한다.

미국 은퇴자들 사이에서는 이 생계비 논쟁에 얽힌 여러 가지 뉘앙스가 무시되곤 한다. 지급되는 돈이 줄어들면 줄어드는 것이지 다른 의미는 없다는 것이다. 보스킨 위원회의 위원이었던 경제학자 로버트 고든 Robert Gordon은 이렇게 보고한다. "이 착오로 인해 사회보장연금을 비롯한 여러 혜택에 투입되는 액수가 과하게 증가했다는 이야기가 나오자마자 정치권에서는 날카로운 비판이 쏟아졌다. 미국은퇴자협회American Association of Retired Persons, AARP에서 의회로 로비스트들을 보내, 물가상승에 생계비를 연동하는 공식을 수정해 위원회가 지적한 차이의 일부만이라도 조정함으로써 예산 적자를 줄이자는 데 찬성하려던 상하원 의원들의 의견에 찬물을 끼얹었기 때문이다."[22]

물가 변화를 완벽하게 측정하는 단일한 공식은 없다

나는 지금까지 소비자물가지수를 달러의 구매력을 측정하는 속도계 같은 것으로 묘사했다. 이제 우리는 물가의 변화를 완벽하게 측정할 수 있는 단일한 공식은 존재하지 않는다는 것을 알게 됐고, 인플레이션이나 디플레이션을 측정하는 데는 여러 종류의 측정 도구가 갖춰진 일종의 계기판을 이용하는 편이 더 정확하다는 것도 깨달았다. 계기판 위의 지수들은 서로 깊은 연관성을 지니고 있다. PNC의 장난스러운 크리스마스 물가지수마저도 수십 년에 걸쳐 소비자물가지수를 추적하는 데 상당한 정확성을 보였다. PNC의 경제학자들이 1984년에 이 기발한 마케팅 아이디어를 낸 이후, 크리스마스 물가지수는 118퍼센트 증가했다. 그리고 같은 기간 동안 소비자물가지수는 127퍼센트 상승했다. 두 지수 모두 연평균 물가상승률은 2.8퍼센트였다. 그러나 0.1퍼센트 차이도 오랜 기간 반복되면 큰 차이를 내기 때문에, 아마 크리스마스 물가지수에 참전 용사들의 연금을 연동하는 것은 좋은 아이디어가 아닐 듯하다.

어느 인플레이션 측정법이 가장 좋을까? 답은 누가 묻는지, 왜 묻는지에 따라 달라진다. 예를 들어, 연방준비제도는 '근원 인플레이션 underlying inflation'(이전에는 코어 인플레이션core inflation이라 불렸다)에 주의를 기울인다. 식품과 에너지처럼 가격 변동이 심한 분야를 제외한 재화와 서비스의 가격 변동을 추적한 측정치를 말한다. 하지만 휘발유나 음식을 필요로 하는 건 결국 누구란 말인가?—《뉴욕타임스》는 〈차를 몰지 않거나 먹지 않으면 인플레이션은 아무 문제도 아니다〉라는 짜증 섞인 비난조의 기사를 실은 적이 있다. 그럼에도 연방준비제도의 임무가 가격 안정성을 유지하는 것이라는 점을 고려하면, 근원 인플레이션은 계기판에서 핵심적인 지표가될 수 있다. 식품과 에너지 부문은 중부 지방의 흉작이나 러시아 대통령 블라디미르 푸틴이 유럽으로 가는 천연가스 파이프를 봉쇄해 버리는 결정을 하는 것과 같은 외부 충격, 즉 더 광범위한 경제 상태를 반영하지 않는 외부 조건에 민감하게 반응한다. 경제 전반에 걸친 물가의체계적인 변화를 이해하는 것, 특히 금리와 물가 사이의 관계를 이해하는 것이 목적이라면, 푸틴의 행동으로 인한 석유 가격 급등은 전체 그림을 선명하게 하기보다는 더 흐리게 만들 수 있다. 샌프란시스코 연방준비은행의 관리들은 다음과 같이 설명한다. "[식품과 에너지] 가격이 자주 급격하게 오르내리기는 하지만, 그런 변동은 경제 시스템 전반에 걸친 물가 변화 패턴과 관계없을 가능성이 크다. 오히려 식량과 에너지 가격은 시간이 지나면 다시 제자리로 돌아오기도 하는 일시적인 요인에 영향을 받는 경우가 더 많다."[23] 고속도로를 달리다가 경찰차를 보면 브레이크를 밟게 되는 것을 연상하면 된다. 그 순간에는 천천히 가지만, 그 속도가 평상시 우리가 차를 모는 속도를 정확히 반영한다고 볼수는 없지 않은가. ◆

《이코노미스트》는 광범위한 물가 수준의 변화를 포착하는 간단한

◆ PNC은행도 백조 가격을 제외한 '코어 크리스마스 물가지수'를 발표한다. 백조는 '12일간의 크리스마스' 기간에 가격 변동이 가장 심한 선물이기 때문이다.

방법으로 세계 각국에서 팔리는 '빅맥'의 가격 변화를 추적한 '맥플레이션McFlation' 지수를 만들었다. 빅맥은 세계 어디에서나 팔고 있기 때문에 그 자체가 재화와 서비스—소고기(인도 제외), 밀, 피클, 전용 소스, 임대료, 임금 등—의 바스켓이라고 할 수 있다. 빅맥 가격 변동은 공식적인 인플레이션 통계와 어떤 관계일까? '공식적인 인플레이션 통계와의 관계'라는 부분 때문에 맥플레이션은 그저 웃자고 하는 이야기 이상의 의미를 지니게 된다. 미국 정부가 빅맥 가격을 사회보장연금 지표로 삼지는 않겠지만, 이 단순한 도구는 다른 나라들이 인플레이션 수치를 조작하는지 여부를 판단하는 데 좋은 기준이 된다. 가령 2000년부터 2010년 사이에 아르헨티나의 버거 가격은 19퍼센트 상승했지만, 공식적인 물가상승률은 10퍼센트에 그쳤다.[24] 공식적인 통계 숫자를 조작하는 이유는 무엇일까? 각국 정부들은 물가상승률과 연동해 다양한 생계비 조정을 약속한다. 혹은 아르헨티나의 경우처럼, 정부 부채에 대한 금리에 물가상승률을 반영하겠다고(투자자들에게 일정 수익을 보장하기 위해) 약속하는 경우도 있다. 이로 인해 발생하는 비용을 절감하는 방법 중 하나가 공식적인 물가상승률을 조작하는 것이다. 그러나 바로 맥플레이션 지수 때문에 아르헨티나의 속임수가 드러나고 말았다. 2013년, IMF는 고의로 부정확한 인플레이션 통계를 보고한 아르헨티나 정부를 공식적으로 비난했다.[25]

가격 변화를 알려 주는 계기판에서 또 하나의 유용한 지표는 미래 인플레이션future inflation 지수다. 투자자, 기업, 노동조합 등이 관심을 가지고 있는 것은 결국 작년에 벌어진 변화라기보다 내년에 생길 변화다.

미래의 물가 변동을 측정하기가 어려운 까닭은 다름이 아니라 그 일이 아직 일어나지 않았다는 데 있다. 노동통계국이 요원들을 미래로 보내서 여성용 속옷을 직접 조사할 수 있는 게 아닌 한, 2020년에 물가가 어떻게 될지 알려면 이를 점쳐 볼 수 있는 기술이 필요하다.

향후 물가에 대한 사람들의 예상도 중요한 역할을 한다

어떤 의미에서 우리에게는 미래의 물가를 점치는 방법이 있기는 하다. 내년 물가를 예측하는 가장 좋은 척도는 바로 내년 물가에 대한 사람들의 생각이다. 이를 소위 '기대 인플레이션expected inflation'이라고 한다.◆ 일정 기간에 걸쳐 돈을 지급하는 계약을 맺는 사람은 누구나 미래의 인플레이션에 대한 기대치를 감안하기 마련이다. 가령 미국 재무부가 연이율 3.2퍼센트의 채권을 판다면, 그 이율은 두 부분으로 이루어져 있다. 실질금리(미국 정부에 돈을 빌려준 데 대한 수익)와 채권 상환 시점까지 오른 물가를 보상해 주는 추가 부분(인플레이션 프리미엄inflation premium)이 그것이다. 그러나 10년 만기 미 재무부 채권의 명목금리에서 그 두 부분을 분리해 낼 수 있는 사람은 없다. 3.2퍼센트 중 어디까지가 실질금리이고 어디부터가 인플레이션 프리미엄인가? 어쩌면 실질금리가 3.2퍼센트고, 투자자들은 물가가 전혀 오르지 않은 채 안정적일 거라고

◆ '인플레이션 기대inflationary expectations'라고도 한다.

예상하는지도 모른다. 아니면 실질금리는 2퍼센트고, 투자자들이 향후 10년 동안 매년 물가가 1.2퍼센트 오를 거라고 예상하는 것일까? 누가 알겠는가?

그런데 이것을 아는 방법이 있다. 1996년, 미국 정부가 도입한 안정성이 뛰어난 금융 상품 덕분이다. 미 재무부가 발행한 '물가연동채권 Treasury Inflation-Protected Securities, TIPS'이 바로 그것이다. 물가연동채권은 매 6개월마다 고정금리에 따라 이자를 지급하고 거기에 추가적으로 도시소비자물가지수를 기준으로 한 인플레이션 고려분이 지급된다. 이 장을 집필하고 있는 지금 이 순간, 인플레이션 고려분을 포함하지 않은 재무부 물가연동채권의 연간 수익률은 0.34퍼센트다. 바로 여기가 재미있는 부분이다. 재무부 물가연동채권의 수익률과 물가가 연동되지 않은 보통 채권의 수익률을 비교하면 시장이 평가하는 미래 인플레이션을 추측할 수 있다. 재무부의 10년 만기 보통 채권 수익률은 이 장을 쓰고 있는 현재 1.93퍼센트다.[26] 이를 통해 우리는 시장이 앞으로 10년간 연간 인플레이션을 1.59퍼센트(1.93-0.34)로 예측한다는 것을 알 수 있다. 사실 투자자들은 실질금리 0.34퍼센트에 도시소비자물가지수에 따른 물가상승분을 더해서 이자를 받든, 명목금리 1.93퍼센트에 따라 이자를 받든 별로 상관하지 않는다. 물론 두 채권이 동일하려면 앞으로 연간 도시소비자물가지수 인상률이 1.59퍼센트라는 우리의 추측이 맞아야 한다. 테일러 스위프트 같은 사람의 자산 관리자도 그녀에게 같은 설명을 할 것이다. 향후 10년 사이의 인플레이션이나 디플레이션은 지금 시장에서 나오는 추측과 다를 게 거의 분명하다. 그러나 재무부가 발행하는 보통 채권과 물가연동채권의 이율 차이는 현재 어떤 추측이 나오고 있는지를 알아보는 데 가장 좋은 수치다.

계기판에는 물가지수를 알려 주는 지표들이 더 많이 있지만 더 이상의 설명은 하지 않겠다. 물가 변화를 측정하는 데 내재된 방법론적 과제—적절한 재화에 대한 정확한 가격 정보를 수집하고, 품질과 소비자 행동을 적절히 감안하는 것—를 알고 있으면, 각 지표들의 장단점을 알 수 있을 것이다. 여기서는 일단 물가 변화를 측정하는 것이 보기보다 훨씬 힘들다는 데만 의견을 같이하고 넘어가자. 따라서 만일 가격이 완전히 안정된다면, 즉 가격이 오르지도 내리지도 않고 그대로 있다면, 모든 사람에게 좋을 것이라는 데도 동의할 수 있을지 모르겠다.

과연 그런가?

디플레이션을 선호하는 사람, 인플레이션을 선호하는 사람

그렇지 않다, 순진한 독자들이여. 절대로 그렇지 않다. 결핵이 만연하면 항생제를 파는 사람들에게 유리해지듯, 어떤 사람에게는 인플레이션이, 어떤 사람에게는 디플레이션이 유리하다. 가격 변동 중에서도 더 악명 높은 디플레이션 이야기부터 살펴보자. 지난 장에서 가격 하락으로 인해 벌어지는 스티븐 킹 유형의 경제 공포물을 접한 사람이라면 그 누구도 디플레이션을 좋은 것으로 여기지 않을 것이다. 하지만 아니다. 고정된 명목소득으로 사는 (일본의 연금 생활자 같은) 사람이라면, 물가가 하락할 경우 가지고 있는 돈으로 더 많은 것을 살 수 있다. 1년에 물가가 10퍼센트씩 떨어진다면, 그가 받는 연금의 가치는 1년에 10퍼센트씩 상승하는 것이다. 예기치 못한 디플레이션이 발생했고, 대출받은 사람이 계속 돈을 갚을 수 있다고 가정하면, 돈을 대출해 준 쪽에게도 이익이다. 대출받은 사람이 갚는 돈은 처음에 빌려 간 돈보다 가치가 높아질 것이기 때문이다.

물론 경제학자들은 가격 하락이 경제 전반에 안 좋은 영향을 끼친다는 데 일반적으로 동의한다. 그리고 모든 현대 경제 시스템에서는 필요에 따라 발행할 수 있는 명목화폐를 사용하기 때문에 디플레이션이 일어나지 않도록 할 수 있다는 데도 대부분의 경제학자가 동의한다. 일본의 물가 하락은 헬리콥터에서 돈을 뿌리는 것으로 쉽게 해결할 수 있다고 한 버냉키의 말은 지금도 유명하다(문자 그대로 그렇게 하라는 정책 제안이 아니라 은유적인 표현이었다). 사람들은 디플레이션이 소파에 앉아 텔레비전을 보며 피자와 아이스크림을 먹으면 고쳐지는 병과 같은 것이어서, 일본 경제를 오래 괴롭힐 거라고 예상하지 않았다. 그럼에도 불구하고 이 책에서는 한 장 전체를 할애해 일본이 20년에 걸쳐 디플레이션과 싸운 이야기를 다루려고 한다. 겉보기에 모순 같아 보이는 이 문제는 경제학뿐 아니라 정치학적인 관점을 동원해야 이해할 수 있다. 가격이 떨어지는 것을 개의치 않는, 영향력 있는 단체들이 많기 때문이다.

그런가 하면 인플레이션을 상당히 선호하는 사람들도 있다. 돈을 빌린 사람들에게는 물가가 올라서 자기가 빌린 돈의 실제 가치가 잠식되는 것이 유리하다—이 경우에도 인플레이션이 예기치 못한 현상이어야만 한다. 미리 예측된 물가 상승은 대출금의 명목금리에 이미 포함되어 있을 것이기 때문이다. 8장에서도 살펴볼 예정이지만, 미국 역사상 가장 치열했던 전쟁은 물가의 상승이나 하락을 두고 벌어진 싸움들이었다. 미국 고등학교에서 역사 교육을 받은 사람이라면 포퓰리스트 대통령 후보 윌리엄 제닝스 브라이언을 기억하고 있을지도 모르겠다. 1896년, 그는 시카고에서 열린 민주당 전당대회에서 미국의 부유층에게 이렇게 선언한 것으로 역사에 길이 남았다. "인류를 황금 십자가에 못 박아서는 안 됩니다."[27] 브라이언은 미국의 금본위제를 보완하기 위해 은본위 화폐도 허용해야 한다고 주장하고 있었다. 이때 그는 어느 금속에 화폐 가치를 연동할 것인가 하는 문제만을 제기한 것이 아니라 인플레이션을 촉발하기 위해 화폐 공급을 늘려야 한다고 촉구한 것이었다. 이를 원한 건 누구였을까? 빚더미에서 허우적거리던 미국 서부의 농민들이었다. 반면 이를 끔찍하게 싫어한 건 누구였을까? 애초에 금으로 보장받는 달러를—평가절하된 은본위 화폐가 아니라—빌려준 동부의 은행가들이었다. 채무자와 채권자가 존재해 온 때부터—그러니까 아주 오랜 옛날부터—채권자들은 화폐 가치를 보존하려고 했고, 채무자들은 그 가치가 떨어지기를 바랐다.

인플레이션은 언제 어디서나 정치적인 현상이다?

각국 정부들은 보통 엄청난 빚을 지고 있다. 그들은 그들의 부채가 물가와 연동되어 있지만 않다면 인플레이션이 일어날 때 혜택을 누린다. 미국 정부는 전 세계 각국에서 수천억 달러를 빌려 쓰고 있다. 미국의 가장 큰 채권국인 중국에는 1조 달러의 빚을—수십 억 달러 정도는 주거니 받거니 하면서—지고 있다. 따지고 보면, 연방준비은행에서 마우스 몇 번만 클릭해도 만들어 낼 수 있는 돈이다. 12장에서 살펴보겠지만, 채권자인 중국이 당면한 위험은 미국이 돈을 갚지 못하는 상황이 아니다. 미국은 절대 그런 상황까지 가지 않아도 된다. 의회가 연방준비은행에 달러를 더 찍어서 빚을 갚자고 주문만 하면 된다. 하지만 그렇게 되면 모든 달러의 가치가 떨어지고, 상당한 인플레이션이 생길 것이다. 중국에 갚아야 하는 채무를 이행하면서도 실제로는 우리가 원래 빌렸던 돈보다 훨씬 적은 돈을 갚게 되는 셈이다. 이름만 빼고 모든 면에서 채무 불이행이라고 할 수 있다.

극도로 낮은 명목금리를 내건 미국 정부 발행 채권을 국제 채권자들이 적극적으로 사들이는 것을 보면, 미국에 대한 국제 사회의 평판이 좋은 것이 틀림없다. 이는 미국이 인플레이션을 통해 채무 부담을 줄일 가능성은 거의 없다는 믿음을 내포하는 행동이기 때문이다. 아르헨티나 같은 나라들은 그런 사치를 누릴 수가 없다. 아르헨티나의 채권이 물가와 연동돼 있는 이유 중 하나는 그 나라 정부가 하이퍼인플레이션을 비롯해 무책임한 재정 정책을 운용한 전력이 있기 때문이다(앞에서 언급한 바 있는 아르헨티나의 공식 통계 조작을 상기해 보라). 이쯤 되면 독자들이 이 책의 1장이나 2장에서 가졌을 법한 의문에 대한 답이 나온다. 짐바브웨는—그리고 독일의 바이마르 공화국, 브라질, 아르헨티나를 비롯한 많은 나라들이—왜 하이퍼인플레이션을 자초했을까 하는 의문 말이다.

그에 대한 대답은, 화폐를 찍어 내 사용함으로써 적어도 단기적으로는 정부가 얻는 것이 많기 때문이라는 것이다. 특히 다른 수입이 거의 없거나 제한적일 때는 더욱 그렇다. 새 화폐를 찍어 내는 것은 국민들 몰래 은근슬쩍 세금을 부과하는 것과 다름없다. 그래서 이를 '인플레이션 세금inflation tax'이라고도 부른다.◆ 돈을 더 찍어 내면 이미 유통되고 있는 돈의 가치가 떨어지므로, 실질적으로 그 돈에 세금을 매기는 것이나 다름없는 것이다. 경제학자들이 '시뇨리지seignorage'라고 부르는 이 현상은 돈을 만드는 데 드는 비용(현대 사회에서는 0에 가깝다)과 새 돈이 지니는 가치의 차이를 반영한다. ('시뇨리지'는 중앙은행이 화폐를 발행함으로써 얻는 이익을 뜻하는 말로, '시뇨르seigneur', 즉 봉건 군주가 화폐 주조를 통해 이익을 챙긴 데서 비롯된 말이다. '화폐 주조세' '주조 이익' '조폐 이익' 등으로 번역된다 – 옮긴이) 시뇨리지는 포커 게임을 주최한 집주인이 보관함에 돈을 추가로 넣지 않은 채 칩을 더 꺼내 가지는 것과 같은 일이다. 칩을 가지고 있는 모든 사람들이 손해를 보는 대신 집주인은 부자가 된다.

전쟁 중이거나 정부가 제대로 기능을 하지 않는 나라에서 심각한 인플레이션이 벌어지는 것은 우연이 아니다. 군인들이 월급을 달라고 요구할 때 새로 돈을 찍어 내면, 세금을 거둬들일 제대로 된 시스템을 갖추거나 외국 차관의 힘을 빌리지 않고도 쉽게 일을 해결할 수 있다. 종

◆ 정부는 금화나 은화 같은 실물에 기초한 화폐의 가치도 떨어뜨릴 수 있다. 동전에 든 금이나 은의 함유량을 줄이기만 하면 된다. 병사들에게 금으로 된 프랑화로 임금을 지불하기로 약속한 왕은 동전 하나하나에 금을 조금씩 덜 넣는 방법으로 더 많은 금화를 만들어 낼 수 있다. 하지만 설사 그렇다 하더라도 실물화폐의 가치를 떨어뜨리는 데는 한계가 있다. 하이퍼인플레이션은 종이돈을 발행하는 경제 시스템에서만 볼 수 있는 독특한 현상이다.

이와 잉크, 그리고 말 잘 듣는 조폐국 관료만 있으면 된다. 1990년대 짐바브웨, 1980년대 아르헨티나, 미국 독립전쟁 자금 마련을 위해 콘티넨털화를 찍어 냈던 1770년대 조지 워싱턴과 그의 혁명군 동지들도 모두 이런 방법을 썼다. 미국 독립전쟁 당시 의회였던 대륙 회의는 그 종이돈 덕분에 이렇다 할 금 보유고나 세금 체계 없이도 전쟁 초기를 잘 버텨 냈다. 그러나 그에 따른 심각한 인플레이션은 피할 수 없는 결과였다. 이런 역사적 예들은, 밀턴 프리드먼의 표현을 살짝 바꿔서 쓰자면 '인플레이션은 언제 어디서나 정치적인 현상'이라는 사실을 증명하고 있다.

화폐 착각에 휘둘리는 돈의 심리학

여기서 하나 더 짚고 넘어가야 할 점이 있다. 돈은 심리적인 요소도 가지고 있다는 것이다. 그냥 우리 모두가 돈을 많이 가지기를 원한다는 의미에서만은 아니다. 돈의 실제 가치 변화와 인플레이션을 구분하는 데 있어서 많은 사람들이 어린아이처럼 굴곤 한다. 세 살 난 어린아이가 5달러 지폐 한 장보다 1달러 지폐 다섯 장을 더 좋아하듯, 다 자란 성인들도 화폐의 진짜 가치보다 거기 쓰인 숫자에 더 집착하는 경향을 보이는 듯하다. 간단한 문제 하나만 풀어 보자. 물가 변동이 전혀 없는 상태로 연봉 인상도 없는 것과 물가가 연간 5퍼센트 상승하면서 연봉이 5퍼센트 오르는 것 중에서 어느 쪽을 선택하겠는가? 수학적인 함정이 있는 문제가 아니다. 정답은 두 가지 시나리오 중 어느 쪽이 일어나도 상관이 없다는 것이다. 적어도 경제학자들의 생각은 그렇다. 첫 번째 시나리오에서는 모든 숫자가 매년 동일하게 유지된다. 두 번째 시나리오에서는 월급봉투가 두둑해지긴 하지만, 우리가 일상적으로 구입하는 모든 물건도 그만큼 비싸진다.

인플레이션이 급여 인상분을 잠식해 버린다 하더라도 연봉이 오르는 걸 선호하는 것이 사람들의 성향이다. 그리고 우리는 설령 물가가 떨어져서 급여 하락분이 모두 상쇄된다 할지라도 연봉이 깎이는 건 극도로 싫어한다. 경제학자들은 이렇게 (인플레이션을 감안한) 실질가치보다 명목가치에 따라 사고하는 경향을 '화폐 착각money illusion'이라 부른다.

경제학자들과 행동심리학자들로 이루어진 연구팀이 이 현상에 대한 실험을 했다. 그들은 뉴어크 국제공항과 미국 뉴저지 쇼핑몰에서 무작위로 선택한 사람들, 그리고 프린스턴대학 학부생들로 이루어진 다수의 사람들에게 가상 상황에 대한 일련의 질문들을 던졌다(각 그룹에서 나온 답들은 눈에 띌 정도로 다르지 않았다). 예를 들어, 응답자들은 다음 두 시나리오를 비교해 달라는 요청을 받았다. 한 사람은 인플레이션이 전혀 없는 상태에서 월급이 2퍼센트 인상됐고, 또 다른 사람은 인플레이션이 4퍼센트인 상황에서 월급이 5퍼센트 인상됐다. 대부분의 사람들은 첫 번째 경우가 재정적으로 더 이익이라는 올바른 답을 했다. 하지만 동시에 대다수가 두 번째 사람이 더 행복할 거라고 반응했다.

이와 비슷한 맥락에서 또 다른 시나리오를 응답자들에게 제시했다. 상상의 인물 칼은 20만 달러에 집을 샀다가 물가가 25퍼센트 상승한 1년 후 24만 6000달러에 되팔았다. 애덤은 20만 달러에 집을 샀다가 물가가 25퍼센트 하락한 1년 후 15만 4000달러에 되팔았다. 숫자가 너무 많으니 요약을 해 보자.

칼은 서류상으로 23퍼센트 이익을 봤지만, 물가가 25퍼센트 올랐기 때문에 실질적으로는 2퍼센트 손해를 봤다.

애덤은 서류상으로 23퍼센트 손해를 봤지만, 물가가 25퍼센트 떨어졌기 때문에 실질적으로는 2퍼센트 이익을 봤다.

그러나 응답자들의 생각은 달랐다. 칼이 더 나은 거래를 했다고 답한 사람들이 많았다. 우리 뇌와 지갑이 항상 조화를 이루는 것은 아닌 듯하다.

이 조사를 실행한 연구팀은 이렇게 결론지었다. "화폐 착각은 현재 미국 사회에 널리 퍼진 현상이다."[28] 또한 연구팀은 몇 가지 사회 현상을 예로 들면서 우리 모두가 실질가치보다 명목가치 위주로 생각하는 경향이 있다고 설명했다. 첫 번째 현상은 '비탄력적 가격sticky price'으로, 경제 상황에 비해 명목가격의 변화가 유동적이지 않은 것을 말한다. 예를 들어, 노동자들은 고용 시장이 약화된 상황에서도 명목임금의 삭감을 꺼린다. 기업이 어려움을 겪을 때 일시적으로나마 임금을 깎으면 직원을 해고하지 않아도 되는데, 이 방법은 놀라울 정도로 드물게 사용될 뿐이다.

두 번째는 기업들이 물가와 연동된 계약을 맺는 일이 드물다는 것이다. 통례적으로 계약이 끝날 때까지 달러나 유로의 가치가 상당히 큰 변화를 겪게 되리라는 것을 알면서도 말이다. 통화안정협회Stable Money Association 회원이었던 한 교수는 거의 100년 전에 이렇게 말했다. "우리

는 가장 중요하고 보편적인 단위인 구매력 단위를 제외한 다른 모든 상
거래 단위를 표준화했다. 마 단위로 옷감을, 톤 단위로 석탄을 사고팔
기로 계약하면서, 마나 톤의 크기가 얼마인지는 우연에 맡기는 데 잠시
라도 동의하는 사업가나 진배없다.”[29]

　세 번째, 사람들 사이에서 흔히 오르내리는 이야기들, 특히 뉴스 기
사에서 명목가치와 실질가치를 혼동하는 경우가 많다. 나는 지난 장에
서 할리우드의 박스오피스 수익을 예로 들었는데, 사실 우리는 기업 회
장들의 연봉, 자선단체에 하는 기부, 정부 지출, 운동선수들의 연봉 등
을 이야기할 때에도 똑같은 실수를 범하곤 한다. 메이저리그의 어떤 유
격수가 역대 최고 연봉을 받았다고 보도된다 하더라도, 인플레이션을
감안해 계산하고 나면 역대 15위에 그칠 수도 있다.

　인간 심리는 복잡하다. 사람들이 물가가 변한다는 것을 모르는 것이
아니다. 그저 모른 척하는 것이 더 쉽다고 생각하는 것뿐이다. 이런 모
순적인 행동이 끼치는 영향은 실로 지대하다. 예를 들어, 앞에서 언급
한 것처럼 노동자들은 물가가 변하지 않는 상황에서 3퍼센트 임금 삭
감을 하자고 하면 받아들이지 않다가도, 인플레이션이 4퍼센트일 때
임금 인상을 1퍼센트만 하자고 하는 것은 받아들일 수 있다(양쪽 다 실질
적으로는 3퍼센트 임금 삭감이다). 이러한 현상은 그냥 신기한 심리적 착각
이상의 의미를 지닌다. 노동 시장은 물가가 안정적이거나 떨어질 때보
다 약간의 인플레이션이 있을 때 더 융통성이 생긴다는 뜻이 된다. 이
와 비슷한 맥락에서 소비자들은 큰 결정을 내릴 때도 명목가격에 영향
을 더 많이 받는다. 집을 가진 사람은 거래에서 발생하는 실제 손익과

무관하게, 자신이 애초에 지불했던 금액보다 더 낮은 가격으로 집을 팔고 싶어 하지 않을 수 있다. 반면 인플레이션을 감안하면 오히려 손해를 보는 것임에도 불구하고, 집을 살 때 지불했던 것보다 '돈을 남기고' 파는 거래는 더 쉽게 결정하는 경향을 보이기도 한다. 뉴저지 쇼핑몰에서 진행된 여론 조사 자료를 바탕으로 이 묘한 인간 심리를 추적한 엘다 샤퍼Eldar Shafir, 피터 다이아몬드Peter Diamond, 에이머스 트버스키Amos Tversky는 논문에서 이렇게 주장한다. "화폐 착각은 제로 인플레이션일 때와 그 밖에 낮은 인플레이션일 때의 차이를 비교할 때 고려해야 할 가장 중요한 요인일 수 있다."[30]

약간의 인플레이션은
인플레이션이 전혀 없는 것보다 낫다

여기까지 살펴보고 나니 이제 묘한 상황에 직면하게 된다. 약간의 인플레이션은 인플레이션이 전혀 없는 상황보다 더 낫다는 주장이 세 가지나 나와 있다. 첫째, 앞에서 기술했듯 약간의 인플레이션은 경제적 윤활유 역할을 한다는 주장이다. 화폐 착각 현상 때문에 노동자와 소비자가 실질적으로는 손해를 보는 것임에도 불구하고 명목상으로는 이익을 보는 것으로 포장되어 있을 때 시장이 더 잘 돌아간다(인플레이션이 3퍼센트일 때 임금이 1퍼센트 오른 사람은 어쨌든 술자리에서 친구들에게 임금이 올랐다고 자랑할 수 있다). 둘째, 낮지만 긍정적인 수준의 인플레이션은 경제가 디플레이션으로 빠져들 위험을 방지한다. 특히 경제가 취약할 때는 이 방어책이 효과가 있다. 셋째, 약간의 인플레이션이 있는 상황은 중앙은행이 '제로 바운드'라는 벽에 부딪히기 전에 실질금리를 낮출 여유를 준다(앞에서도 언급했듯이 명목금리는 엄청나게 특별한 경우를 제외하고는 마이너스로 내려갈 수 없다). 2013년, 미국이 대침체에서 아직 완전히 회복하지 못하고 있던 당시 《뉴욕타임스》는 이렇게 보도했다. "인플레이션은 현대인이 지고 가야 할 일종의 세금인 양 혐오의 대상이 되고 있다. 하지만 연방준비제도의 정책 입안자들이 회동을 계획하고 있는 이 시점에 연준 안팎에서는 물가가 충분히 빨리 오르지 않고 있다는 우려가 점점 확산되고 있다."[31]

말 그대로다. 인플레이션이 충분히 일어나지 않고 있다고 우려를 표한 것이다. 여기서 1장부터 3장까지 살펴본 내용을 다시 한 번 정리해 보자. 인플레이션은 나쁘다. 디플레이션은 더 나쁘다. 하이퍼인플레이션은 최악이다. 그럼에도 불구하고 각각의 상황에서 이익을 보는 집단들이 있다. 한편, 화폐의 존재 이유는 상거래를 가능하게 하기 위한 것이며, 물가가 전혀 변하지 않을 때 그 기능을 가장 잘 수행할 수 있을 것 같다. 그러나 실제로는 시간이 흐르면서 물가가 약간씩 상승해야 상거래가 더 잘 돌아간다. 어처구니없는 일이지만 말이다. 따라서 물가를 이상적으로 유지하는 것은 큰 어려움이 따르는 일이다.

게다가 아직 은행가들에 대한 이야기는 하지도 않았다. 2008년 금융위기를 불러일으킨 바로 그 은행가들—그리고 그들이 그렇게 하는 데 큰 힘을 보탠 그들의 친구들—말이다. 돈을 가지고 할 수 있는 가장 중요한 일 중 하나가 그것을 다른 사람에게 빌려주는 일이다. 신용대출은 현대 경제의 지지대와 같다. 대학 등록금을 내고, 차를 사고, 창업을 하고, 라스베이거스 부동산에 투기를 하기 위해 돈을 빌리는 과정에서 우리의 삶은 꾸준히 개선된다.

그 돈을 갚을 수만 있다면 말이다. 라스베이거스 부동산에—그것도 남의 돈으로—투기를 하다가 큰 손해를 볼 수도 있다. 2008년에 목격했지 않은가. 빌려주거나 빌리지 않는다 해도, 돈은 아주 오묘한 물건이다. 그러나 일단 은행—그리고 은행처럼 행동하는 다른 기관들—이 개입하기시작하면 일은 정말로 복잡해지고 만다.

4장

**Naked
Money**

신용대출과 금융 위기

네, 맞습니다. 이런 일은 전에도 경험한 적이 있지요. 비극적일 정도로 많이.
_ 예일대학 경제학자 게리 고턴이 미국 금융위기조사위원회에서 한 증언[1]

향후 5년 안에 킨들버거의 《광기, 패닉, 붕괴: 금융 위기의 역사》를 몇 번이고 되풀이해
읽지 않은 걸 땅을 치며 후회하게 될지도 모른다.
_ 2008년 세계 금융 위기가 터지기 3년 전, 노벨상 수상자 폴 새뮤얼슨이 위 책의 표지에 쓴 추천사

금융 위기를 이해하기 위한 노력

2008년 금융 위기를 다룬 좋은 책들은 무척 많다. 벤 버냉키의 대공황에 관한 논문들이나 새로 나온 그의 회고록을 읽는 걸로 시작해도 좋다.(버냉키의 대공황에 관한 논문들은 《대공황 연구Essays on the Great Depression》라는 책으로 출간되었다. 그의 회고록은 《행동하는 용기The Courage to Act》를 말한다. 후자는 한국에도 번역 출간되어 있다 - 옮긴이) 벤 버냉키는 대공황을 학문적으로 연구한 사람이다. 자신이 연방준비제도 이사회 의장으로 있던 2008년 금융 위기가 벌어졌을 때 버냉키가 취한 대응책에는 대공황에 대한 그의 견해가 반영되어 있다. 헨리 폴슨이나 티머시 가이트너Timothy Geithner처럼 현장에서 같이 일한 사람들의 회고록도 도움이 될 것이다(두 사람은 각각 부시 행정부와 오바마 행정부에서 재무부 장관을 역임했다). 혹은 어빙 피셔의 《호황과 불황Booms and Depressions》 같은 고전을 볼 수도 있다. 1932년에 초판이 발행되었지만, 금융 위기의 원인과 영향에 대한 저자의 통찰력은 시간을 초월하는 힘이 있다.[2] 서로 다른 견해들을 요약해서 보고 싶으면 《저널 오브 이코노믹 리터러처Journal of Economic Literature》에 실린 앤드루 로Andrew Lo의 글 〈금융 위기에 관한 책읽기: 21권의 책 리뷰 Reading about the Financial Crisis: A Twenty-One-Book Review〉를 읽으면 된다.[3] 우리가 그 많은 책을 다 읽지 않아도 되도록 그가 대신 모두 읽어 주었다.

물론 2009년 미 의회가 임명한, 10명으로 구성된 금융위기조사위원회Financial Crisis Inquiry Commission의 최종 보고서는 꼭 읽어야 한다. 이 위원회는 금융 위기가 계속되던 와중에 소집돼 "현재 미국에서 벌어지고 있는 금융 및 경제 위기의 국내외적 원인을 조사하라"는 주문을 받았다.[4] 나쁜 소식은 여러 상반된 견해들과 주석까지 포함된 보고서의 분량이 632쪽에 달한다는 점이고, 좋은 소식은 온라인 무료 열람이 가능하다는 점이다. 《스쾀호 보고서: 금융 시스템의 개선The Squam Lake Report: Fixing the Financial System》을 읽어 볼 수도 있다. 이 보고서는 2008년 가을, 세계에서 가장 유명한 경제학자 15인이 뉴햄프셔 스쾀호에 모여서 금융 시스템의 장기 안정성을 향상하는 데 필요한 조언을 담아 펴낸 것이다.[5]

그도 아니면 그냥 영화 〈멋진 인생It's a Wonderful Life〉을 볼 수도 있다. 제임스 스튜어트와 도나 리드가 나온 그 영화 말이다. 〈멋진 인생〉은 휴가 때 마음 편히 즐길 수 있는 고전 영화일 뿐 아니라 현대 금융 시스템에 내재한 취약성을 가장 쉽게 이해할 수 있는 영화다. 영화에는 '베일리 브라더스 빌딩 앤드 론' 회사 건물 앞에서 맡겨 둔 돈을 돌려 달라고 요구하며 초조한 표정으로 길게 늘어서 있는 예금주들에게 조지 베일리가 자신의 신혼여행 자금으로 모아 놓았던 돈을 내주는 장면이 나온다. 이 예금 인출 사태 장면을 이해하면 2008년 금융 위기, 대공황, 그리고 19세기와 20세기에 주기적으로 미국을 휩쓸던 금융 위기는 물론이고 앞으로 일어날 가능성이 높은 미래의 금융 위기까지 모두 이해할 수 있다. 그 외의 것들은 그저 그와 관련된 세부 사항일 뿐이다.

은행들—그리고 간판에 뭐라고 쓰여 있던 상관없이 은행과 같은 업무를 수행하는 기관들—은 금융 시스템의 심장과 같다. 은행들—그리고 유사 기관들—은 돈을 예금하는 사람들과 그 돈을 대출해 가는 사람들 사이의 중개인 역할을 함으로써 기업을 경영하고자 하는 이들과 집을 사고자 하는 이들을 비롯해 타인의 돈으로 뭔가 생산적인 일을 하고자 하는 사람들에게 자본을 조달한다. 자녀들의 엄청난 학자금 마련을 위해 미리 저축을 하는 나 같은 사람들은 그 돈에 대한 수익을 얻는다. 내가 가르쳤던 학생들처럼 대학원에 진학하거나 사업을 시작하기 위해 돈이 필요한 사람들은 나 같은 사람들의 저축을 '대여해서' 그 원금과 이자를 갚고도 남을 일을 할 것이다(경제학 등식에서 '금리interest rate'를 상징하는 문자는 interest의 i가 아니라 rental의 r이다. 자본에 대한 '대여료rental rate'이기 때문이다). 물론 나는 그 학생들에게 직접 돈을 빌려주지 않는다. 대신 은행이 중개인으로 나서서 저축한 돈에 대한 이자를 내게 지불하고, 그 돈을 빌릴 사람에게는 그보다 조금 더 높은 금리를 적용해서 이익을 남긴다. 이 모든 것이 잘 돌아가면 사회 전체가 혜택을 보고, 은행가들은 그 과정에서 상당한 이익을 챙길 수 있다. 현대 경제는 활기차고 수익성 있는 금융 산업 없이는 제대로 기능할 수가 없다.

언제든 일어날 수 있는 패닉 사태

그러나 이런 것들이 잘 돌아가지 않기 시작하면 어떻게 될까? 〈멋진 인생〉의 주인공 조지 베일리를 떠올려 보자. 〈멋진 인생〉을 아직 보지 못한 독자들, 혹은 금융 패닉에 관한 역사상 가장 훌륭한 교재로 이 영화를 생각해 보지 않은 독자들을 위해 설명을 좀 해야겠다. 매력적인 배우 제임스 스튜어트가 분한 조지 베일리는 베드퍼드 폴스라는 도시에서 '베일리 브라더스 빌딩 앤드 론'이라는 작은 '은행'(이 용어를 엄청 느순하게 적용한 것이다)을 운영하며 주택 자금 융자를 한다.◆ 영화에서는 일련의 사건들이 벌어지면서 그의 작은 은행에 예금 인출 사태를 불러 일으킨다. 은행의 지불 능력에 의심을 품은 고객들이 문 앞에 길게 늘어서서 더 늦기 전에 자기 돈을 찾으려 하는 것이다. 영화 대본에서는 이 장면을 다음과 같이 묘사한다.

> 철제 창살문이 거리에서 빌딩 앤드 론으로 들어가는 입구를 막고 있다. 문은 잠겨 있다. 문 주변에 군중이 모여 웅성거린다. 모두 검소한 옷차림을 한, 예금에 생사가 걸린 사람들이다.[6]

이 검소한 옷차림의 사람들이 자기 예금을 찾겠다고 하는 것은 부당한 요구가 아니다. 빌딩 앤드 론의 재정 상태는 자산이 부채보다 많기 때문에 표면상으로는 아무 문제가 없다. 그러나 자기 돈을 지금 당장 찾아야겠다는 예금주들의 요청을 모두 들어줄 수 있을 만큼 금고에 현금을 보유하고 있다는 의미는 아니다. 이 순간 조지 베일리가 직면한 상황은 세월이 흘러도 변함이 없는 문제로, 거기서 우리는 많은 것을 배울 수 있다. 금융 기관들은 '단기간 빌리고, 장기간 빌려주는' 식으로 작동할 때가 많다. 자금이 대출금과 다른 투자에 묶여 있어서, 예금주

◆ 엄밀히 말해 베일리 브라더스 빌딩 앤드 론은 은행이 아니다. 만일 은행이라면 연방예금보험공사 Federal Deposit Insurance Corporation, FDIC로부터 계좌에 대한 보험 서비스를 제공받았을 것이다. 연방예금보험공사는 영화에서 나오는 것과 같은 예금 인출 사태를 방지하기 위해 1933년 창설됐다. 〈멋진 인생〉은 1946년에 개봉되었다. 처음에는 관람률이 실망스러운 수준이었다.

들—혹은 기타 투자자들—가운데 대다수가 갑자기 돈을 찾아가겠다고 나서면 신속하게 현금을 마련하기 어려울 수 있다는 뜻이다. 은행이 돌려받지 못할 대출을 해 주지 않았다는 의미에서 자금은 안전하다고 볼 수도 있다. 하지만 금고에 현금이 없고, 빨리 자금을 회수하지 못하는 상황에는 변함이 없다. 이보다 더 두려운 것은 해당 은행이 돈을 내주지 못하고 있다는 소문이 퍼지기 시작하면, 다른 예금주들이나 투자자들도 더 늦기 전에 자기 돈을 찾으려고 서둘기 때문에 상황이 더 악화된다는 점이다. 이것이 고전적인 의미의 대규모 예금 인출 사태다. 모두가 한꺼번에 출구로 몰려가면 여러 면에서 건전한 금융 기관도 무너질 수 있다.

조지 베일리는 출납 창구를 둘러싼 사람들에게 이런 상황을 이해해 달라고 애원한다. 줄 맨 앞에 선 예금주가 자신의 계좌에 있는 돈을 모두 찾겠다고 하자, 조지는 이렇게 설명한다. "지금 은행에 대해 완전히 오해를 하고 계신 겁니다. 제가 그 돈을 모두 금고에 넣어 둔 줄 아세요? 돈은 여기에 없어요. 조 씨네 집에 가 있지요. 바로 이웃이시죠? 그리고 케네디 씨와 매클린 부인을 비롯한 수백 명의 집에 가 있단 말입니다. 여러분이 돈을 빌려줘서 집을 짓게 해 줬으니 그분들도 최선을 다해 그 돈을 갚겠지요. 이제 어쩌라는 건가요? 그 집들을 압류라도 하라는 건가요?"[7]

하지만 이 연설마저 패닉에 빠진 군중을 달래는 데는 역부족이다. 결국 조지 베일리는 이제 막 시작된 예금 인출 사태를 자기 돈으로 해결하기로 결심하고 돈을 찾겠다는 사람들에게 현금을 내준다. 물론 이때 대규모 예금 인출 심리가 정반대로 작용할 수도 있다. 돈을 돌려받을 수 있다는 확신이 들면, 오히려 돈을 지불하라는 요구가 줄어들 수 있는 것이다. 금융계 전문 용어를 빌리자면, 조지 베일리의 신혼여행 자금은 일종의 '최종 대출자lender of last resort' 기능을 한 셈이다. 이 비상 자금은 빌딩 앤드 론을 망할 위기에서 구해 낸다. 그와 더불어 다른 기업들까지 한꺼번에 나락으로 떨어뜨릴 위기를 모면하게 해 준다. 이 부분 또한 금융 기관들의 특징 중 하나다. 절대 혼자 조용히 망하는 일은 없다. 각 금융 기관은 동료들과 로프로 서로 연결된 채 산을 오르는 산악인과 같다. 하나가 미끄러지면 다수가 함께 넘어진다.

사실 〈멋진 인생〉에서는 빌딩 앤드 론이 망할 경우 어떤 일이 벌어질지를 보여 준다. 사회학자들이 말하는 '조건법적counterfactual' 추론을 통해서 말이다. 영화에서는 천사가 조지 베일리가 태어나지 않았더라면(그래서 빌딩 앤드 론을 구하지 않는다면) 세상이 어떻게 될지를 보여 준다. 시나리오에 따르면 베드퍼드 폴스 시는 자포자기한 사람들과 지저분한 사업들, 그리고 경제적 곤경이 일반화된 모습으로 변모해 있다. 이를 영화 대본에서는 이렇게 묘사한다.

그곳의 성격은 완전히 달라져 있다. 이전에는 조용하고 질서 잡힌 소도시였다면, 이제는 마치 서부 개척 시대의 마을처럼 느껴진다. 나이트클럽, 카페, 바, 주류 판매점, 내기 당구장 등이 여러 컷으로 등장하며, 그곳들 대부분에서 요란한 재즈 음악이 흘러나온다. 영화관이었던 곳은 외설적인 싸구려 통속극을 하는 극장으로 변해 있고, 약국은 전당포로 변해 있다.

여기서 꼭 천사를 믿지 않아도 중요한 교훈을 얻는 데는 지장이 없다. 한 은행이 망함으로써 베드퍼드 폴스 전체가 망가질 거라는 데 동의할 필요도 없고, 전당포나 주류 판매점이나 내기 당구장 등이 본질적으로 나쁜 곳이라는 데 동의할 필요도 없다. 우리가 여기서 얻어야 할 중요한 교훈은 단순하고도 논쟁의 여지가 없는 것이기 때문이다. 그것은 바로 금융 패닉은 언제든 일어날 수 있고, 그런 일이 일어나면 그 피해가 당사자들에게만 그치지 않는다는 점이다. 2008년을 생각해 보자. 거품이 낀 주택 시장과 아무 상관없는 사람이라 하더라도 금융의 몰락이 가져다준 여파에서 자유롭지 못했다. 상황이 나빠지면 우리 모두 전당포와 내기 당구장을 기웃거리는 신세가 되고, 정부는 소위 '잔해를 청소하는 일'에 나서야 한다. 《이코노미스트》에서 말했듯 "은행가들은 이윤을 주머니에 넣을 때는 자본주의를 믿고, 손해를 막아야 할 때는 사회주의를 믿는다는 옛말이 있다. 웃고 넘겨 버리기에는 너무나 진실에 가까운 말이다."[8] 이와 관련한 정책 목표는 금융 위기가 벌어질 확률을 낮추고, 그런 일이 일어났을 때 피해를 줄이기 위해 정부가 개입을 해야 하는지, 한다면 어떻게 해야 하는지에 대한 것이다. 이런 논의는 늘 있어 왔고, 앞으로도 계속될 것이다.

금융계의 다이너마이트, 신용대출

다음 장에서는 중앙은행(미국의 연방준비제도와 같은)의 역할을 살펴볼 것이다. 중앙은행은 정부와 금융 부문이 만나는 교차로에서 중요한 기능을 하는 기관이기 때문이다. 그러나 거기까지 가기 전에 먼저 금융계의 다이너마이트라고 할 수 있는 신용대출의 엄청난 위력에 대해 알아보자. 신용대출을 다이너마이트에 비유한 것은 보기보다 더 깊은 의미가 있다. 은행들이 다른 사람 소유의 자금으로 돈을 버는 개념인 '부분지급준비금제도fractional reserve banking system'는 다이너마이트와 마찬가지로 대단한 일을 해낼 수도 있지만, 잘못하면 돈을 빌린 사람과 빌려준 사람뿐 아니라 다른 많은 무고한 사람들에게까지 피해를 주는 금융 패닉을 일으킬 수 있다. 신용대출이 갖는 독특한 장점과 위험을 이해하기 위해 베드퍼드 폴스의 금융가를 떠나서 그보다 더 현실과 먼 곳을 방문해 보자. 주로 벼농사로 먹고사는 시골 마을을 머릿속에 상상해 보자. 그곳은 음흉한 서브프라임 모기지 브로커도, 사악한 투자 은행가도 없는 단순하고 행복한 곳이다. 신용부도스와프credit default swap, CDS 같은 말은 들어 본 적도 없고, 중앙은행과 명목화폐도 존재하지 않는다. 모든 것이 쌀을 중심으로 돌아간다. 〈멋진 인생〉의 대본을 쓰고 감독을 한 프랭크 카프라Frank Capra가 목가적인 농촌 마을을 그리는 영화를 만들었다면 바로 이 마을처럼 묘사했을 것이다. 그러나 이 공동체도 2008년 미국 사회가 겪었던 금융 경기의 급격한 등락과 같은 현상을 겪을 위험에 노출되어 있다. 어쩌면 그 위험이 더한지도 모르겠다.

쌀 이야기에서부터 출발해 보자. 쌀은 내구성과 희소성이 있고 계량과 소분이 용이해서 통화 수단으로 사용하기 아주 좋은 상품이다. 그러나 완벽하지는 않다. 쌀을 자루에 담아 들고 다니는 것은 등골이 휘는 일이다. 글자 그대로 말이다. 그런 이유에서 책임감 있는 몇몇 사람들이 이 논리적으로 자명한 사업 기회를 이용해 쌀 보관소를 만들 가능성이 높다. 쌀 보관소 주인은 거기에 쌀을 보관하는 사람들에게 영수증을 발행한다. 이 영수증은 일상적으로 벌어지는 거래에서 쌀을 대체하는 가치를 지닌다. 어떤가. 실물을 기초로 한 종이화폐가 등장한 셈이다. 쌀 보관소의 개수에 따라 여러 가지 화폐가 통용될 수도 있다.

이런 화폐의 신용도는 영수증을 발행한 쌀 보관소의 신용도에 따라 결정된다. 그 증서를 가지고 가면 액면가대로 쌀을 내준다는 것을 믿을 수 있는 한, 사람들은 그 종잇조각을 지불 수단으로 주고받을 것이다. 실제로—먹거나 심기 위해—쌀을 필요로 하는 사람들을 제외하고 대부분의 마을 주민들은 50킬로그램짜리 쌀자루보다 그 증서를 가지고 있는 쪽을 선호할 것이다. 쌀 보관소 주인은 대체로 소수의 사람들이 예측 가능한 수준에서—예를 들어 파종기나 결혼 시즌에—증서를 가지고 와 쌀을 찾아갈 것이라고 예상할 수 있다.

이 지역의 '통화 공급'은 맡겨진 쌀의 양과 함수관계에 있다. 쌀의 양이 곧 유통되는 쌀 보관 영수증의 숫자를 결정하기 때문이다. 통화 공급량은 당연히 오르락내리락 할 것이다. 풍년이 들면 쌀을 맡겨 놓는 계좌가 늘 것이고, 흉년이 들면 쌀 예치량이 줄어들 것이다. 변동 폭은 상당히 클 가능성이 높다. 작황이 좋은 해에는 누구나 쌀을 많이 거둬들일 것이고, 반대로 작황이 나쁜 해에는 누구나 수확량이 줄어들 것이기 때문이다. 바로 여기서 우리는 이 상상 속의 마을에서 첫 번째 깨달음을 얻는다. 실물에 근거한 화폐를 쓴다 해도 통화 공급이 큰 폭으로 오르락내리락 할 것이고, 따라서 물가 변동도 심할 것이라는 사실이다

(2장에서 이야기했던 바와 같이 신대륙에서 금과 은이 발견되면서 물가가 큰 등락을 보였던 것과 비슷한 현상이다). 쌀이 풍부해지면 쌀 보관증도 흔해진다. 사람들이 원하는 다른 상품들(술, 가구, 장작 등)의 양이 변하지 않는다면 쌀을 척도로 한 그것들의 가격은 오를 것이다. 이는 기본적인 수요와 공급의 문제다. 모든 사람이 쌀을 많이 가지고 있으면 다른 상품과 바꾸고자 하는 쌀의 양도 많아질 수밖에 없다. 이는 기본적인 통화 공급과 물가 사이의 문제다. 그 화폐가 금이든, 종이로 된 달러화든, 쌀 보관증이든 마찬가지다.

한편, 정부나 중앙은행이 없이도 쌀 보관소는 당좌예금 계좌 내지 그와 비슷한 기능을 해낼 수 있다. 상대방이 보관소에 쌀을 맡긴 계좌가 있고, 나 역시 같은 곳에 계좌가 있다면 쌀 보관증을 교환하지 않아도 상거래가 가능하다. 내가 상대방에게서 곡주 한 상자를 산다면(이 마을에도 오락거리는 필요하다), 이때 나는 쌀 보관소 주인에게 쪽지를 써서 내 계좌의 쌀을 상대 계좌로 옮겨 달라고 요청하기만 하면 된다. 이로써 우리 상상의 마을에는 아직 전기도 수도도 안 들어왔지만 당좌예금 계좌가 탄생했다—보통 금융가에서는 요구불예금demand deposit이라고 부른다. 쌀 보관소 주인은 내 계좌에서 쌀 일곱 자루를 빼내 상대방의 계좌로 옮겨 줄 것이다.

만일 두 사람의 쌀을 보관하는 곳이 다르다 해도 내 쌀 '당좌수표'는 같은 방식으로 사용할 수 있다. 다른 마을 사람들도 '당좌수표'를 쓸 확률이 높다. 그중 일부 수표는 상대가 쌀을 맡겨 둔 보관소에서 내 계좌가 있는 보관소로 쌀을 옮겨 달라는 요청을 담고 있을 수 있다. 쌀 보관소의 주인들은 이런 요청을 받을 때마다 쌀자루를 이리저리 옮길 필요가 없다. 장부에 이런 요청들을 모두 적어 뒀다가 하루 영업을 마칠 때, 혹은 일주일 영업을 마칠 때 정산하면 된다. 현대 금융 시스템에서 수표와 전산 거래는 모두 이런 식으로 처리된다. 연방준비은행이 하는 일들 중 그다지 멋지지는 않지만 중요한 역할 하나는 금융 시스템의 '배관'이 되어 주는 일이다. 회원 은행들로부터 지급준비금을 받아 보관하면서 어음 교환소 역할을 해 주는 것이다. 선진 경제 체제에서 당좌예금(요구불예금) 계좌에 예치된 돈은 유통되는 통화, 즉 현금과 똑같이 취급된다. 거기 있는 돈은 거래를 할 때 지갑에 있는 현금과 마찬가지로 사용할 수 있기 때문이다.

은행은 신용을 창출하고, 신용은 새로운 돈이다

여기까지는 좋다. 우리가 상상해 낸 목가적인 마을은 쌀을 기본으로 한 은행 시스템 위에서 잘 돌아가고 있다. 그런데 이곳도 내기 당구장과 전당포가 들어선 마을로 귀결될 수 있다는 건 무슨 말일까? 쌀 은행 시스템의 요소들 중 잘못하면 황량한 거리를 휩쓰는 폭동 사태로 이어질 확률이 높은 것들, 혹은 적어도 사람들이 곡주를 훨씬 더 많이 마시게 될 상황으로 이어질 확률이 높은 것들을 살펴보자. 쌀 보관소 주인들은 시간이 흐르면서 그곳에 계좌를 갖고 있는 사람들 대부분이 맡겨 둔 쌀을 찾으러 오지 않는다는 것을 깨닫는다. 그 대신 쌀 예치량과 인출량이 예측 가능한 패턴을 그리면서 오르락내리락한다. 이 얼마나 낭비인가! 막대한 잠재적 생산성을 지닌 쌀이 그냥 창고에 보관된 채 쥐들이나 들끓게 만들고 있으니 말이다. 그래서 그중 진취적인 쌀 보관소 주인 하나가 쌀을 그냥 놀리느니 이를 필요로 하는 사람들에게 빌려줘서 이익을 남길 수 있지 않을까 하는 생각을 하기에 이른다.

이때 쌀을 빌려주는 사업을 시작한 사람은 엄밀히 말해 자기 것이 아닌 것을 빌려주고 이득을 보는 셈이다. 하지만 그러지 말라는 법이 있을까? 그게 바로 〈멋진 인생〉의 조지 베일리 같은 사람이 하는 일이고, 우리는 모두 그를 좋아한다. 특히 휴가철에는 말이다. 결국 그런 대출은 모든 사람들에게 득이 될 잠재력을 지니고 있다. 새로 농사일을 시작하는 농부들은 쌀을 빌려다 심고 수확을 한 다음 이자와 함께 되갚을 수 있다. 쌀을 빌려 가는 사람은 자신의 땅을 담보로 제공할 수 있다. 그러면 그가 혹시 쌀을 못 갚는다 하더라도 보관소 주인이 보상을 받을 수 있다. 한편 남아도는 쌀을 보관소에 맡기는 사람들은 이전까지 보관료를 내야 했지만 이제는 약간의 이자를 받을 수 있게 된다. 쌀 은행가는 쌀을 빌려주는 사람들과 빌려 가는 사람들 사이의 중개인 역할을 함으로써 이익을 거둔다. 은행업은 역사를 관통하며 세상 모든 곳에서 그랬던 것처럼 노먼 록웰Norman Rockwell의 작품을 연상시키는 상상 속의 작은 마을에 진정한 번영을 가져왔다. (노먼 록웰은 20세기 미국 화가이자 삽화가이며, 전형적인 미국 사회와 문화를 묘사한 것으로 유명하다 - 옮긴이) 《이코노미스트》도 "은행업의 부상은 종종 문명의 번성과 때를 같이하는 경우가 많다"고 쓰고 있다.[9]

바로 이것이 우리가 은행가들을 사랑하는 이유다. 곡괭이로 찍어 죽이고 싶은 심정이 들기 전까지는 말이다. 우리가 쌀 본위 경제 체제를 지닌 목가적인 마을을 마지막으로 들여다봤을 때, 쌀 보관소 주인들은 창고에 쌓여 있는 쌀자루를 별 걱정 없이 빌려줄 수 있으리라고 생각했다. 그들이 맡은 쌀의 절반은 창고에 그대로 보관하고 나머지 절반은 빌려줘도 안전하다고 계산했다고 치자(굳이 기술적으로 표현을 하자면 지급준비율이 0.5다). 쌀 보관소 주인들이 다른 사람들의 자본을 대출해 주기 시작한 순간에 정말이지 아주 괴상한 일이 일어났다. 돈이 만들어진 것이다. 너무나 간단한 셈을 통해 매우 실감 나게 증명할 수 있다. 마을의 여러 쌀 저장소에 예치된 쌀자루가 모두 1만 자루고, 자루 하나마다 보관증이 한 장씩 발행됐다고 하자. 이제 마을에 유통되는 화폐는 쌀 1만 자루어치다. 쌀 보관소 주인들이 쌀자루 5000개(예치된 쌀자루의 절반)를 대출하기로 결정하면, 화폐 공급량은 1만 5000자루어치가 된다. 이것은 마법이 아니라 부분지급준비금제도가 만들어 내는 모습이다. 적어도 부분지급준비금제도의 가장 단순한 형태라고 할 수 있다.

쌀 보관소에 쌀을 맡긴 사람은 예치량에 따른 증서를 가지고 있고, 그 증서가 상거래에 쓰이면서 유통되고 있다(혹은 예치량에 대한 당좌수표가 발행되고 있다). 은행(쌀 보관소)에서 대출을 해 주면 쌀 5000자루(혹은 그에 대한 증서)가 추가로 유통된다. 이중 계산을 하고 있는 것이다. 그러나 이것이 바로 중요한 부분이다. 내가 은행에 맡긴 돈은 내 돈으로 한 번 계산이 되고, 그 돈이 대출되면 다른 사람의 돈으로 다시 한 번 계산이 되는 것이다. ◆

'은행은 신용을 창출한다. 신용은 새로운 돈이다.' 금본위제에서도 이 사실에는 변함이 없다. 쌀도 마찬가지다.

이런 이유로 은행 시스템은 연방준비제도와 통화 공급 사이에서 중요한 역할을 한다. 이 부분은 다음 장에서 더 자세히 살펴보자. 여담이지만, 신용을 창출할 수 있는 곳이라면 그 어떤 기관이든 이런 식으로 통화 공급을 늘릴 수 있다. 2009년, 캘리포니아 주정부는 채권자들에게 지불할 현금이 부족하자 차용증서IOU를 발행해서 대신 지불했다. 거기에는 세금 환불을 받아야 하는 납세자도 포함되어 있었다. 그 차용증서들은 발행된 후 대략 3개월 후에—만일 주정부가 예산 문제를 그 전에 해결하면 더 빨리—현금화할 수 있었고, 이자를 3.75퍼센트 받을 수 있었다.[10] 이와 똑같은 일이 대공황 때, 특히 지방 은행들이 망하거나 정부에 의해서 강제로 문을 닫게 되었을 때 벌어졌다. 충분한 신뢰를 축적한 기관들이 발행한 차용증서가 약 10억 달러에 달했다. 현금을 대체한 이 증서들은 금속, 가죽, 종이, 생선 껍질, 심지어 오래된 타이어에까지 인

◆ 이 과정은 반복이 된다. 대출을 받은 농부가 빌린 쌀(혹은 그 증서)을 바로 사용하지 않고 은행에 잠깐 맡겨 뒀다고 가정해 보자. 그 예치금의 절반은 또다시 대출될 수 있다(지급준비율이 0.5라고 가정했을 때). 그렇게 되면 삼중 계산을 하는 것이다. 내가 맡긴 쌀의 절반은 누군가에게 대출될 수 있고, 그 순간 예치된 내 쌀자루의 절반에 해당하는 새로운 쌀자루가 만들어진다. 그리고 절반의 쌀자루를 보관소에 예치해서 거기에 대한 대출이 또다시 발생하면 4분의 1자루가 더 생긴다. 짐작했겠지만 이 과정은 쌀을 더 이상 나눠서 대출할 수 없는 단위가 될 때까지 무한대로 반복될 수 있다. 부분지급준비금제도에서 새로운 예치금과 통화승수 m의 관계를 나타내는 공식은 다음과 같다. m=1/지급준비율. 예로 든 것처럼 지급준비율이 0.5라면 예치되는 쌀자루 하나마다 공급되는 통화량에 쌀 두 자루를 보태는 셈이 된다. 지급준비율이 낮을수록 통화 공급량은 더 극적으로 늘어난다. 지급준비율이 0.1이라면 예치된 쌀자루 하나마다(혹은 1달러마다) 통화 공급량은 10배로 늘어난다. 또 이 공식은 반대 방향으로도 작용한다는 사실을 잊지 말아야 한다. 은행들이 대출을 늦추거나 지급준비율을 늘리면 통화 공급은 급속도로 줄어든다.

쇄되어 유통됐다.[11] 차용증서는—증서를 받는 사람이 그것을 주는 사람에게 제공하는—신용대출이라 할 수 있다. 어쨌거나 대출은 신용 확장을 의미하고, 신용 확장은 곧 통화 공급을 확대한다. 찰스 킨들버거Charles Kindleberger가 말했듯이 고정된 통화를 기초로 신용을 확대할 수 있는 방법은 무한히 많다.[12]

음악이 흐르는 한 춤을 춰야 한다고 믿는 그들

우리는 지금 상상 속의 목가적 마을에서 폭동과 소란이 벌어지는 장면으로 서서히 다가가고 있다('이중 계산'이라는 표현을 쓸 때부터 비극적 엔딩의 그림자가 드리워진 것이나 다름없다). 금융 시스템은 주로 신용대출의 '경기순행적procyclical' 성격 때문에 경제의 호황과 침체를 증폭시킨다. 은행들은 상황이 좋을 때는 공격적으로 대출을 해 주고, 상황이 나빠지면 극도로 신중한 태도를 취하는 경향이 있어서, 상황이 좋을 때는 더욱 좋아지고 나쁠 때는 더 나빠지게 만든다. 잔치가 흥겨워지면 신용대출은 음악 볼륨을 높이고 이미 거나하게 취한 손님들에게 술을 더 권하는 역할을 한다. 근거가 있든 없든 간에 무슨 이유로든 잔치의 흥이 꺾이기 시작하면 신용대출을 하기가 힘들어진다. 마시던 술을 쏟아 버리고 불을 환히 밝히면서 흥을 깨는 역할을 하는 것이다. 이는 그냥 무작위로 한 비유가 아니다. 2008년 금융 위기로 치닫기 전까지의 경기호황을 가장 잘 압축한 인용구에서 나온 말이다. 시티그룹 회장 찰스 프린스Charles Prince는 2007년 여름 《파이낸셜타임스》와 가진 인터뷰에서 이렇게 말했다. "음악이 흐르는 한 모두 일어서서 춤을 춰야 합니다. 우리는 아직 춤을 추고 있는 중입니다."[13] 연방준비제도 이사회 부의장이었던 앨런 블라인더Alan Blinder가 금융 위기 이후에 나온 자신의 책 제목을 《음악이 멈춘 후After the Music Stopped》라고 지은 것은 우연이 아니다. 여기서는 그 이후 시티그룹이 춤추는 것을 멈췄고, 시티그룹 주주들은 엄청난 액수의 돈을 잃었으며, 찰스 프린스는 회장직에서 물러났다는 것까지만 이야기하고 넘어가자.

아직까지는 우리의 목가적인 마을도 춤을 추고 있다. 경기가 호황을 누리는 장면을 상상해 보자. 풍년이 들었다. 각 농가마다 쌀이 넘쳐흐른다. 쌀 보관소에 예치되는 쌀의 양이 점점 늘어나고, 이에 따라 대출도 더 늘릴 수 있게 된다. 땅값이 오른다. 대출을 더 쉽게 할 수 있어서이기도 하고, 마을 사람들이 앞으로도 풍작이 들 거라고 믿기 때문이기도 하다. 경기호황 때 나타나는 특징 중 하나는 낙관적 견해가 고조되면서 때로 망상에 가까워지기도 한다는 점이다. 유명한 과학자였지만 부동산 거품이 들었을 때 투기를 했다가 막대한 손해를 보았던 뉴턴은 이렇게 결론 내렸다. "나는 천체의 움직임은 계산해 낼 수 있지만 사람들의 광기는 계산하지 못한다."[14] 일부 명망 있는 경제학자들은 이에 반대 의견을 표명할 것이다. '거품'이나 '광기' 같은 것은 존재하지 않는다고 믿는 소수의 학자들이 있기 때문이다. 세상을 매우 관념적으로 바라보는 그들은 자산 가격이 큰 폭으로 오르내리는 것은 대중의 집단 히스테리 때문이 아니며 논리적으로 설명 가능한 현상이라고 주장한다. 내 생각에 그들은 역사책을 더 읽거나, 야외에서 더 많은 시간을 보내거나, 혹은 둘 다 해야 할 필요가 있는 사람들이다. ◆ 나도 그들이 묘사하는 세상, 모든 인간이 항상 논리적으로 구는 세상에 살고 싶다. 그러나 우리가 사는 세상은 그렇지 않다.

어찌 됐든 경기호황과 공격적인 신용대출은 상호 작용을 하면서 위기로 이어질 수 있다. 다시 정리해 보자. 풍작으로 수확량이 많아지자 통화 공급량이 늘었다. 쌀 보관소들이 공격적으로 대출을 해 주기 시작하면서 통화 공급량이 추가로 늘어났다. 미래 작황에 대한 낙관적 견해가 팽배해지고, 동시에 대출을 받아 땅을 사는 것이 쉬워지면서 땅값이 오른다. 땅값이 오르면 대출이 더 쉬워지는데, 이 과정은 반대 방향으로도 작동한다. 쌀 보관소에서는 창고에 비치된 쌀의 지급준비율을 가령 0.5에서 0.25로 낮출 수 있다. 그러면 대출되는 쌀의 양이 더 늘어난

◆ 내 말이 약간 씁쓸하게 느껴지는가? 부인하지 않겠다. 씁쓸한 느낌이 드는 게 사실이기 때문이다. 대학원 시절, 나는 거시경제학 교수와 의견 차이를 보인 적이 있었다. 세계에서 가장 영향력 있는 금융 전문가 중 하나이며, 현재 세계에서 가장 영향력 있는 대학에서 가르치고 있는 그 교수와 나는 시장에서 심리학적인 부분이 차지하는 역할에 대해 논쟁을 벌였다. 그는 심리학적인 부분은 시장에 영향을 끼치지 않는다고 고집했다. 시장에 영향을 끼치는 것은 경제적 기초 요인들뿐이라는 것이었다. 나는 동의하지 않았다. 환희와 공포를 쉽게 느끼는 인간의 본성을 무시하는 것은 말이 되지 않는다고 생각했기 때문이다. 그리고 시간이 흐르면서 내 주장이 더 설득력을 얻어 가기 시작했다. 2002년 노벨 경제학상은 심리학과 경제학의 교차점에서 이루어진 작업이 매우 중요하다는 걸 반영한 결과였다. 이제 행동경제학이라는 하위 분야가 이 중요한 영역을 탐구하고 있다. 아, 물론 그 강좌에서 내가 B-를 받았다는 것 때문에 뒤끝이 좀 남아 있다는 것도 인정해야겠다. 그러나 내가 더 화나는 건 시선을 더 큰 구도로 옮겼을 때다. 극소수의 예외가 있긴 하지만, 거시경제학자들은 부동산 거품이 꺼지리라는 것도, 그것이 금융계 전반에 얼마나 심각한 영향을 끼칠 것인지도 예상하지 못했다. 정교하지만 부정확한 거시경제 모델들이 부동산 거품이 세계 경제에 끼칠 위험을 과소평가하고 무모한 금융업자들을 잘못 안심시키는 바람에 위기가 더 악화됐다는 것은 아무도 부정하지 못한다. 학자연하는 사람들의 탁월함과 오만함이 그토록 많은 사람들에게 피해를 입히는 방식으로 불균형하게 드러난 일도 참으로 드물 것이다.

다. 이런 모든 결정들이 완전히 비이성적인 것은 아니다. 농부들이 풍년으로 인해 쌀을 많이 보유하고 있어서, 쌀 보관소에 달려와 예치해 놓은 쌀을 찾아가겠다는 사람은 드물 것이기 때문이다. 로버트 솔로Robert Solow는 이렇게 경고했다. "온 세상에 막대한 양의 유동 자본이 철렁거리면, 그걸 담는 그릇에서 흘러넘칠 가능성이 높아질 수밖에 없다."[15] 그렇다. 확실한 복선이다. 영화에서라면 지금쯤 불길한 배경 음악의 첫 한두 음이 멀리서부터 작게나마 울리기 시작했을 것이다.

파티가 끝나고 탐욕이 공포로 변하는 순간

이제부터는 벼를 기르는 데 거의 혹은 전혀 관심 없는 일부 투자자들도 나중에 땅값이 더 오르면 팔기 위해 (대출을 받아서) 땅을 사기 시작한다. 좀 혹독하게 표현하자면, 이 사람들은 '투기꾼'이라 부를 수 있다. 이 마을의 주변부에 있는 데다 이전에는 거의 생산성이 없다고 평가됐던 땅이 이제는 더 가치를 지니게 됐다. 이제부터 우리는 이런 땅을 '서브프라임 랜드'라고 부를 것이다. 한편 마을의 정치 지도자들은 가난한 주민들이 서브프라임 랜드를 살 수 있게 하려면 신용대출을 더 쉽게 얻을 수 있도록 만들어야 한다는 데 모두 뜻을 같이한다. 마을의 '빨간 지역'(미국 공화당의 상징 색이 빨간색이다 – 옮긴이)에 사는 보수적인 벼 농가들은 이것이 '오너십 소사이어티ownership society'라는 자신들의 비전을 이루는 데 중요한 요소라고 받아들인다. 마을의 '파란 지역'(미국 민주당의 상징 색이 파란색이다 – 옮긴이)에 사는 벼 농가들도 가난한 마을의 주민들이 땅을 살 수 있어야 한다고 믿는다. 사회의 보살핌을 충분히 받지 못한 이 사람들을 은행가들은 너무도 오랫동안 외면해 오지 않았는가! 빨간 정치인들과 파란 정치인들은 동성애 농부들의 결혼 허가 여부에 관한 한 의견을 모으지 못할지라도, 저소득층에게—그들도 농사지을 자기 땅을 소유할 수 있도록—더 많은 대출을 하는 것이 좋은 일이라는 믿음 안에서는 굳건히 단결해 있다.

자산 가격이—그리고 빚이—치솟는다. 농부들은 부자가 된 느낌이 든다. 번영이 마을 전체에 스며들어 벼농사와 아무런 상관이 없는 분야에도 좋은 영향을 끼친다. 모든 사람이 춤을 춘다. 왈츠가 아니라 지르박이다. 찰스 킨들버거가 《광기, 패닉, 붕괴: 금융 위기의 역사Manias, Panics, and Crashes: A History of Financial Crisis》에서 말했듯이 "그 광기가 흐르는 동안 부동산이나 주식의 가격 상승, 하나 혹은 다수의 실물 가격 상승은 소비와 투자 지출의 상승으로 이어지고, 그에 따라 경제성장률도 가속화된다."[16] 그렇다. 바로 이것이 2005년 미국 사회가 느꼈던 것이고, 1990년대 초 동아시아, 1980년대 일본, 그리고 '광란의 20년대Roaring Twenties'(말 그대로 '찰스턴'이라는 춤의 광풍이 불기도 했다)라 불리는 1920년대 미국이 느꼈던 것이다. 시스템이 고장 나기 전에는 늘 그런 느낌이 드는 법이다.

바로 이때가 정말 무서운 음악을 시작하도록 신호를 줘야 할 순간이다. 사람들이 춤추기를 멈추고 쌀을 찾기 위해 보관소로 뛰어갈 마음이 들도록 하는 그런 음악 말이다. 방금 묘사했던 모든 것이 이제 거꾸로 일어나기 시작한다. 춤추기를 멈추는 까닭은 흉년이 들어서일 수도 있고, 날씨가 나빠질 거라는 예보 때문일 수도 있고, 심지어 날씨가 나빠질 거라는 예보가 나왔다는 소문 때문일 수도 있다. 뭔가가 농부들과 쌀 보관소 주인들을 걱정시켰던 것이다. 탐욕은 공포로 변하고, 무분별한 행동은 피해망상으로 변한다. 땅의 가치, 특히 변두리에 있는 '서브프라임 랜드'의 가치가 떨어지기 시작한다. 쌀 보관소는 대출을 줄이고, 그로 인해 땅값은 더욱 떨어진다. 일부 농부들은 대출금을 갚지 못한다. 기대만큼 수확이 좋지 않아서일 수도 있고, 땅값이 더 오르면 그 돈으로 빚을 갚겠다고 계획하고 있었기 때문일 수도 있다. 쌀 보관소는 상환되지 않는 대출금으로 인해 문제를 겪고, 그것을 알게 된 마을 사람들은 보관소로 달려가서 회수할 수 있는 자신의 쌀을 찾으려 한다. 그 시점에 호감을 주는 인상의 쌀 보관소 주인이 나서서 예금주들에게 쌀을 동시에 인출해 가지 말아 달라고 호소한다. "지금 쌀 보관소에 대해 완전히 오해를 하고 계신 겁니다. 제가 그 쌀을 모두 금고에 넣어 둔 줄 아세요? 쌀은 여기 없어요. 조 씨네 논에 가 있지요. 바로 이웃이시죠? 그리고 케네디 씨와 매클린 부인을 비롯한 수백 명의 논에 가 있단 말입니다. 여러분이 쌀을 빌려줘서 모내기를 하게 해 줬으니 그분들도 수확을 한 후 최선을 다해 쌀을 갚겠지요. 이제 어쩌라는 건가요? 논을 모두 압류라도 하라는 건가요?"

쌀 보관소가 담보로 잡았던 땅을 압류해 싸게 팔아 치우면서 땅값은 더 떨어진다. 악성 대출이 너무 많은 보관소는 망한다. 재정 상태가 건전한 보관소마저 초조해진 예금주들이 한꺼번에 몰려들어 맡겨 둔 쌀을 찾아가려 하면서 지급불능, 즉 파산에 이르기도 한다. 현명하게도 지금이 땅을 사기에 좋은 시기라는 걸 알아차린 농부들도 있지만, 의심이 많아진 보관소 주인들이 대출을 확 줄이면서 땅을 사는 게 쉽지 않아진다. 나쁜 일이 일어날 때마다 더 많은 나쁜 일이 촉발된다.

킨들버거는 다음과 같이 말했다. "일부 자산 가격이 떨어지기 시작하면 더 떨어질 것이라는 우려가 나오고, 그로 인해 금융 시스템이 '충격'에 빠진다. 모두들 자산 가격이 더 떨어지기 전에 서둘러 팔려고 하면, 그것 자체가 자기충족적 예언이 되고 가격을 급격히 떨어뜨려 패닉을 불러일으킨다. 실물—주택, 빌딩, 땅, 주식, 채권 등—가격이 최고점의 30~40퍼센트 수준까지 떨어진다. 파산하는 곳이 급증하고, 경제 활동이 둔화되며, 실업이 증가한다."[17] 딱 2008년의 상황을 묘사하는 것처럼 들린다. 그러나 킨들버거는 2003년에 세상을 떴다. 사실 그가 묘사한 금융 패닉 사태는 1816년, 1826년, 1837년, 1847년, 1857년, 1866년, 1873년, 1907년, 1921년 그리고 1929년에 미국에서 일어난 상황들이었다. 이는 그냥 운이 나빠서 벌어진 상황이 아니었다. 예일대학 경제학과의 게리 고턴Gary Gorton이 금융위기조사위원회에서 증언했듯이 "금융업은 조심하고 경계하지 않을 경우 그런 위기를 초래할 수밖에 없는 근본적이고 구조적인 특징을 지니고 있다."

유동성과 지급능력, 유동성부족과 지급불능

이쯤에서 '유동성liquidity'과 '지급능력solvency'의 차이를 더 자세히 살펴보는 것이 유용할 것 같다—어쩌면 '유동성부족illiquidity'과 '지급불능insolvency'의 차이에 대해 알아보는 것이 더 중요할 수도 있겠다. 위기 상황에서는 이 두 개념

사이의 차이가 아주 중요해진다. 유동성은 자산을 현금화하는 과정이 얼마나 쉽고 예측 가능한지를 나타내는 개념이다. 현금은 이미 현금이기 때문에 유동성이 가장 높다(이 문장을 몇 번이고 다시 읽다 보면 아주 심오하게 느껴지기 시작한다). 거액을 보관하기에는 실용적이지 않다는 단점을 지닌 현금 다음으로 세상에서 제일 유동성이 높은 자산은 미 재무부 채권이다. 약 5000억 달러 정도의 미 재무부 채권이 '매일' 매매된다.[18] 여러 자산의 유동성은 한쪽 끝에 현금, 다른 한쪽 끝에 예술품과 같은 독특한 자산이 있는 연속선상에 놓여 있다. 렘브란트의 그림은 하나같이 독특하고, 그것을 살 의향과 능력이 있는 구매자의 수가 제한되어 있다. 그런 자산을 파는 데는 시간이 걸리고, 중개비도 높은 경향이 있다. 지금 당장 15분 내에 거액의 현금을 마련하려면 미 재무부 채권을 파는 것이 가장 성공 가능성이 높은 선택지다.◆ 스위스에 있는 스키 별장이나 오래 소장해 온 베이스볼 카드 컬렉션을 파는 것은 그보다 더 어려울 것이다.

반면 지급능력이란 둘로 대비되는 개념이다. 개인이나 기업의 보유 자산이 부채보다 많으면 지급능력이 있는 것이고, 반대로 보유 자산보다 부채가 많으면 지급불능(파산)이 되는 것이다. 자산이 신속하고 쉽게 처분된다 하더라도 손에 넣은 현금으로 모든 부채를 갚지 못할 때 지급

◆ 2008년 금융 위기 당시 전 세계 투자자들이 미 재무부 채권에 몰려드는 바람에 수익률이 잠시 마이너스로 떨어진 적도 있다. 패닉에 빠진 투자자들은 채무불이행 위험이 아주 낮고 극도로 유동적인 이 채권에 자산을 묻기 위해 이자를 받는 대신 오히려 적은 액수의 프리미엄을 지불하기를 마다하지 않았다.

불능이 된다. 그런데 이 부분에서 한 가지 문제가 발생한다. 보통 때는 유동성이 있는 자산도 경제가 위기에 빠지면 유동성이 없어진다. 너무 많은 사람들이 같은 물건을 동시에 팔려고 들기 때문이다. 재무 상태가 건전하더라도, 금융 위기 때 자산을 팔 수 있을 거라고 추정하는 것은 허리케인이 몰아닥칠 때 동네 마트에 가서 물을 살 수 있을 거라고 추정하는 것과 같은 일이다. 모든 사람들이 똑같은 일을 하려고 몰려들 때는 그렇게 하는 게 불가능해진다.

위기 국면에서는 유동성부족이 지급불능으로 이어질 수 있다. 〈멋진 인생〉에서 베일리 브라더스 빌딩 앤드 론이 겪은 문제가 바로 그것이었다. 영화에서는 이 은행이 예금주들의 돈을 장기간에 걸쳐 상환할 충분한 재원을 가지고 있다는 암시를 한다. 그러나 예금주들은 은행 창구에 몰려들어 돈을 지금 당장 내 달라고 요구한다. 최종 대출자—조지 베일리와 그의 신혼여행 자금—는 단기 유동성 문제를 해결해 줌으로써 유동성부족이 지급불능으로 이어지는 것을 방지하기도 하지만, 패닉 사태를 방지하는(혹은 끝내는) 역할을 하기도 한다. 다시 한 번 말하지만, 사람들은 자기 돈을 찾을 수 있다는 것을 알게 되면 당장 그 돈을 내놓으라는 재촉을 덜 하는 경향이 있다. 이것이 바로 월터 배젓Walter Bagehot의 중요한 통찰이었다. 19세기에 《이코노미스트》 편집장을 역임한 그는 1866년 런던 금융 위기 후 금융과 중앙은행의 역할에 대한 영향력 있는 저서 《롬바드 스트리트Lombard Street》를 1873년에 출간했다. 이 책에서 그는 이렇게 일갈했다. "한 나라의 궁극적 은행 보유고는 (그것을 누가 보유하든 상관없이) 누구에게 보여 주기 위해서가 아니라 몇몇 중요한 목적을 위해 존재한다. 그중 하나는 나라 안에서 모종의 충격으로 인해 발생한 현금에 대한 요구를 충족시키는 것이다."[19] 월터 배젓의 충고는 지금까지도 중앙은행 수장들이 금과옥조로 여기고 있다. 징벌적 금리를 적용하되 모든 건전한 담보에 대해서 후하게 대출하라는 것이다. 다시 정리하자면 이렇다.

1. 중앙은행은 지급능력이 있는 기관이 유동성 문제를 해결하는 데 필요로 하는 자금은 모두 대출을 해 준다. 이는 이런 대출을 받을 수 있다는 가능성 자체가 애초에 유동성 문제가 일어날 확률을 낮춰 준다는 인식에 바탕을 두고 있다.
2. 상환을 받지 못하더라도 대출액을 충분히 상쇄할 수 있는 담보를 요구한다. 이때 담보로 제공된 자산이 가치는 있으나 비유동적 자산일 수 있다는 사실을 인식해야 한다(예: 은행 건물 등).
3. 불필요한 대출을 억제할 수 있을 정도로—그리고 이런 문제를 다시는 겪지 않도록 하는 것이 중요하다는 교훈을 대출자에게 줄 수 있을 정도로—높지만, 패닉 사태를 피할 수 있는 용도의 대출을 어렵게 만들 정도는 아닌 수준의 금리를 부과한다.

무고한 희생자는 어떻게 할 것인가

다시 우리 목가적인 마을로 돌아가 보자. 마을 사람들은 쌀 패닉 사태 조사 위원회를 임명했고, 엘리자베스 워런Elizabeth Warren(실제 인물 엘리자베스 워런을 목가적 마을에 등장시켰다. 워런은 금융 위기 이후 금융 기업의 횡포로부터 소비자들을 보호하기 위한 '소비자금융보호국' 창설을 주도했으며, 2013년부터 매사추세츠 주 상원의원을 지내고 있으며 2020년 민주당 대선 후보 경선에 나서 있다 - 옮긴이)이 수석 장로로 선출되기 위해 선거운동을 벌이고 있으며, 화난 농부들이 곡괭이를 든 채 쌀 보관소들을 에워싸고 있다.◆ 여기서 새로운 인물 램이 등장한다. 그는 패닉 사태가 일어나기 전까지 떡을 팔았다. 램은 젊고 매력 있으며 부지런하다. 현명한 램은 경기가 한창 좋을 때도 땅에 투기를 하거나 과도한 빚을 지지 않았다. 그러나 패닉 사태 이후 그의 떡집은 큰 문제에 봉착했다. 떡을 사는 사람들이 급격히 줄었고, 담보를 제공한다고 해도 가게를 유지하는 데 기본적으로 필요한 대출을 받기가 힘들어졌기 때문이다. 램은 완전히 망하기 일보 직전이 됐고, 식구들은 배고프고 절박한 상황이 됐다.

램이 중요한 이유는 그가 무고한 희생자라는 사실 때문이다. 은행가나 투기꾼을 좋아할 사람은 아무도 없다. 대출을 너무 많이 받은 농부들의 경우에는 그들 자신의 탓도 있다. 하지만 램은 그냥 죄 없는 부수적 피해자다. 그러면 램을 어떻게 해야 할까? 어느 금융 시스템에나—복잡한 시스템이든 단순한 시스템이든 간에—그 중심부에 바로 이 문제가 놓여 있다. 금융 위기가 터지면 정부는 그 위기가 자연스러운 과정을 거쳐

◆ 1792년 미국에 처음으로 금융 패닉이 일어났을 때, 화난 투자자들은 그 사태를 몰고 온 투기꾼 중 한 명이 투옥된 뉴욕 교도소를 둘러싸고 돌을 던졌다. _〈현대 금융을 구체화시킨 경기침체〉, 《이코노미스트》 2014년 4월 12일자.

스스로 소진될 때까지 놔둬야 한다는 주장이 경제적으로나 도덕적으로나 큰 공감을 얻고 있다. 수많은 어리석은 자들이 수많은 어리석은 짓을 저질렀으니, 그들 모두 자기 행동에 대해 죗값을 치르도록 함으로써 앞으로는 그런 짓을 덜 하도록 만들어야 한다는 것이다. 대공황이 한창일 때 당시 재무부 장관 앤드루 멜론Andrew Mellon은 허버트 후버 Herbert Hoover 대통령에게 다음과 같이 조언했다고 전해 내려온다. "노동자들을 청산하고, 주식도 청산하고, 농부들도 청산하고, 부동산도 청산하세요. (…) 현 체제의 썩은 부분을 모두 제거하는 겁니다. (…) 가치가 재조정되고, 능력 없는 사람들이 남긴 폐허에서 기업가정신이 있는 사람들이 다시 모든 걸 일으켜 세울 것입니다."[20] 다시 말하자면, 위기에 발이 걸려 넘어진 어리석은 자들을 비롯해 모든 것을 쓸어내 버리고 남은 것에서부터 다시 시작하자는 것이다.

우리는 후버 대통령이 전한 말밖에 듣지 않았고, 녹화 자료 등이 없기 때문에 앤드루 멜론이 실제로 어떻게 말했는지에 관해서는 논쟁의 여지가 있다. 그러나 CNBC 기자 릭 산텔리Rick Santelli가 과도한 빚을 진 미국 주택 보유자들을 돕는 것을 신랄하게 비판하는 유튜브 동영상을 볼 수 있다. 이 동영상은 2009년 시카고 상품 거래소 안에서 찍은 것이다. 그는 자기 주변을 에워싼 거래인들을 향해 몸을 돌리고 소리친다. "여러분 중에서 불필요한 욕실이 한 개 더 있는 집을 산 이웃의 주택 대출을 대신 내 주고 싶어 하는 사람이 몇 명이나 될까요?" 누군가 큰 소리로 대꾸한다. "우리 모두 대출금을 갚지 않는 건 어때요!"[21] 릭 산텔리는 자신이 시카고의 미시간호에서 티파티를 열겠다고 선언한다. 바로 미국의 '티파티Tea Party' 운동이 출범한 순간이다.

릭 산텔리와 그의 지지자들이 내놓은 주장에도 일리는 있다. 침대에서 담배를 피운 남자 때문에 발생한 화재와 싸우는 데 우리의 많은 돈과 시간을 낭비해야 할 이유는 없다. 바로 이 부분에서 램이 등장하면 일이 복잡해진다. 램은 옆집에 난 불이 자기 집까지 옮겨 붙을지도 모르는 이웃이라고 이해하면 되겠다. 사실 2008년의 위기를 불에 비유하자면, 그 불은 인구밀도가 무척 높은 동네에서 일어난 불이었다. 여기서 딜레마가 생긴다. 동네 사람들을 보호하자면 침대에서 무책임하게 담배를 피운 사람의 집을 구하는 데 공공 자원을 들이부어야 하고, 이를 통해 그는 교훈을 얻을 수도 있고 그렇지 않을 수도 있다. 또 다른 방법은 불이 나기 전에 집 소유주들에게 여러 가지 규칙을 부과해서 동네를 보호할 수도 있다(예: 스프링클러와 연기 감지기 설치하기). 위기가 오기 전까지는 그 누구도 이런 규칙을 좋아하지 않고, 모두들 규제는 개인의 권리를 침해하며 비용을 낭비하는 쓸데없는 짓이라고 여긴다. 그리고 위기가 오면, 그 누구도 잘못을 저지른 사람을 구제해 주는 걸 탐탁히 여기지 않는다.

릭 산텔리가 티파티를 출범시킨 시카고는 아이러니하게도 한때 대화재로 완전히 폐허가 됐던 적이 있는 곳이다. 헛간 하나에서 시작된 화재가 지금 가치로 환산하면 40억 달러에 달하는 재산 피해를 내고 10만 명의 집을 앗아 갔다.[22] 규제와 정부의 구제금융에 대해 불평을 터뜨리면서도, 한편으로 우리는 이런 수준의 대화재는 정부가 막아 주기를 기대한다. 금융 산업을 규제해야 한다는—그리고 위기를 잠재우기 위해 정부가 개

150

입해야 한다는—주장은 보통 다음 세 가지로 요약할 수 있다.

1. 은행가들이 아무리 어리석고 무모하다 하더라도, 정부는 금융 화재로 인해 중화상을 입을지 모르는 무고한 사람들을 보호하는 조처를 취해야 한다.

2. 정부가 적절한 개입을 하는 것은, 예를 들어 은행예금보험을 든다거나 최종 대출자 역할을 하는 것은 그 일에 들인 비용보다 훨씬 큰 효과를 거둘 수 있다. 헛간에서 난 불이 퍼질 경우 입을 수 있는 잠재적 손해를 고려하면, 그런 화재를 방지하기 위해 공공 자원을 사용하는 것은 합리적인 결정이다.

3. 위기 상황에서 정부가 뒷짐 진 채 옆에서 구경만 하겠다고 약속할 수는 없다(일이 벌어지기 전에 정치인들이 뭐라고 했건 상관없이). 따라서 일이 벌어지기 전에 예방하는 편이 더 낫다.

지구상에 존재하는 모든 현대적 경제 시스템에서 정부는 은행을 비롯한 금융 기관들을 규제하는 데 능동적인 역할을 하고 있다. 다른 행성에 지능을 가진 생명체가 산다면 거기에도 금융 위기와 규제책들이 존재할 거라고 장담할 수 있다. 외계 생명체에 대해 많은 지식을 갖고 있어서 이런 말을 하는 것이 아니다. 금융이라는 것 자체가 본질적으로 같은 사건들이 반복되는 성질을 가지고 있기 때문이다. 그런 일들은 동서고금을 막론하고 반복되고, 심지어 외계에서도 반복될 것이다.

신용거래와 관련된 몇 가지 핵심 개념들

물론 각 위기는 저마다 독특한 양태를 띠고 있다. 2008년 이후 우리는 모기지담보부증권Mortgage Backed Securities, MBS, 환매시장repo market, 신용부도스와프, 부실자산구제프로그램TARP, 사베인스-옥슬리법Sarbanes-Oxley Act 등의 전문 용어를 비롯해 CDO(부채담보부증권), SIV(투자 은행의 투자 전문 자회사), M&M(그래, 맞다. 이거 초콜릿 이름이다) 등 엄청난 양의 약자를 접하게 됐다. 2008년의 상황을 이해하려면 이런 세세한 사항들이 중요하다. 9장에서 그런 내용을 다룰 예정이고, 이 책을 시작할 때 언급했던 여러 책들을 참조하면 도움이 될 것이다. 그러나 금융 전반에 관해 이해를 하고 싶다면—1792년 위기와 2008년 위기의 공통점을 이해하고 싶다면—더 쉽고 기초적인 지식만으로도 충분하다. 나는 독자들에게 〈멋진 인생〉을 보고 또 보라고 권하고 싶다. 중요한 개념은 모두 그 영화 안에 들어 있다. 거기에 더해 신용거래와 관련된 몇 가지 핵심 개념들이 있는데, 이것들은 18세기에나 현재에나 똑같이—그리고 미래에도—적용되는 원리들이다.

첫 번째로 알아야 할—그리고 가장 중요한—개념은, 은행은 좋은 것이라는 사실이다. 조금 있다가 다시 금융 붕괴와 구제금융에 대해 이야기하겠지만, 그럼에도 돈을 빌려주는 사람과 빌리는 사람을 중개해 주는 데서 오는 경제적 혜택이 얼마나 지대한지를 잊지는 말자. 나는 여기서 '은행'이라는 단어를 가장 광범위한 의미에서 사용하고 있다. 규제를 적용할 때나 법적인 의미에서 말할 때 은행은 저축대부조합savings and loan

과 다르고, 저축대부조합은 헤지펀드나 단기금융시장 혹은 환매조건부채권시장과 다르다. 금융 산업은 꾸준히 진화하고 있다(금융 위기가 있고 나서 부과된 규제에 대한 반응으로 변화를 꾀하는 경우가 많다). 전통적인 은행보다 규제를 덜 받는 '그림자 금융shadow banking' 부문은 소비자 예금을 받지 않고 대출만 주고받는 비예금형 기관들nondepository institutions로, 이미 상당한 규모로 자리 잡고 있는 데다 그 규모가 점점 더 커지고 있다. 이 기관들도 조지 베일리의 빌딩 앤드 론과 같은 장점과 취약성을 가지고 있다. 이 책에서는 논의를 간단히 하기 위해, 은행처럼 돈을 빌리기도 하고 빌려주기도 하면 '은행'이라고 부르도록 하자. ◆《이코노미스트》는 이런 기관들을 모두 합쳐 '예금주들에게는 현재의 잉여 수입을 미래로 옮길 수 있게 해 주고, 대출자들에게는 미래의 수익에 접근할 수 있게끔 해 주는 경제적 타임머신'이라고 불렀다.[23] 그 과정에서 그들은 투자 기회를 찾아 전 세계를 훑고 다니며 가장 생산적으로 쓰일 수 있는 곳으로 자본을 옮긴다. 금융이 우리의 삶을 향상시키는 효과는 가히 전기나 항생제에 맞먹는다. 정말이다.

둘째, 돈을 빌려준 쪽에서 자신들이 원할 때 돈을 돌려받지 못할 수 있다는 우려를 하기 시작하면, 돈을 빌려 간 쪽에서는 유동성 문제를 겪거나 완전한 패닉 상태에 빠지기 쉽다. 미국에서 일반적인 은행 예금은 이제 예금주 1인당 25만 달러까지 보험이 들어 있다. 따라서 신문에서 본인의 당좌예금 계좌가 있는 은행이 지급불능 직전까지 갔다는 기

◆ 엄밀히 말해, 은행은 예금주들로부터 자금을 빌리는 것이다.

사를 본다 해도, 독자들은 아마 호기심에 그 기사를 끝까지 읽긴 하겠지만, 그런 다음 아무 일 없었다는 듯 스포츠 뉴스 지면으로 넘어갈 것이다. 하지만 그림자 금융 부문에는 그런 보호 장치가 없다. 모든 사람이 출구로 몰려가면 좋지 않은 일이 일어난다. 독일어에는 여기 딱 맞는 단어가 있다. Torschlusspanik(토어슐루스파니크). 글자 그대로는 '문이 닫히는 것에 대한 공포'를 의미하는 말로, 해석하자면 마감 시간이 지나 중요한 일을 놓치는 것에 대한 두려움을 표현하는 말이다. 이 책을 읽는 독자라면 2008년의 공포를 기억할 나이 정도는 됐을 것이다(혹은 엄청나게 조숙한 독자든지).

나는 2015년 봄에 벤 버냉키와 함께한 자리에서 금융 위기 당시 연방준비제도 이사회 의장으로서 그가 한 역할에 대한 이야기를 들었다. 그는 2007년 '전형적인 금융 패닉'으로 시작된 일련의 사건들을 회상했다. 그것은 일반적인 예금 인출 사태가 아니었다(예금보험 덕분이었다). 그보다는 보험에 들지 않은 기타 금융 기관들에서 벌어진 '전산 예금 유출 사태'였다. 내가 당시 상황이 얼마나 심각했는지 묻자 과장하는 걸 좋아하지 않는 성격인 버냉키가 이렇게 설명했다. "금융 시스템의 기능이 마비될 심각한 위험에 처해 있었지요. 역사적으로 볼 때나, 리먼 브라더스 파산 이후 우리가 겪은 일들로 볼 때나, 금융 시스템의 기능 마비—대규모 금융 위기—는 경제에 엄청난 영향을 준다는 것을 알 수 있습니다. 2008년, 우리는 어쩌면 미국 역사상 최악의 금융 위기로 발전할 가능성이 있는 사태의 한가운데에 서 있었습니다."◆ 다시 한 번 강조하지만, 버냉키는 대공황을 연구한 경제학자다. 따라서 그가 2008년 상황이 미국 역사상 최악의 금융 위기로 이어질 수 있었다고 말했을 때 1930년대의 대공황을 잊은 것은 아니었을 것이다.

셋째, 우리는 '문이 닫히는 것에 대한 공포'를 방지하는 데 최선을 다한다. 방지에 실패하면 피해를 최소화하는 데 최선을 다한다. 보통 '최종 대출자'는 방지책으로 효과가 크다. 현재 대부분의 나라에서 중앙은행(미국은 연방준비제도)은 이 중대한 역할을 맡고 있다. 과거에는 개인 투자자들이 컨소시엄을 형성해 그 역할을 수행하기도 했다. 1907년 위기 때는 당시 미국 금융계를 지배했던 존 피어폰트 모건John Pierpont Morgan(J. P. 모건)이 자신의 사재를 털어서라도 금융 시스템을 지지하겠다고 선언하면서 다른 은행가들도 그렇게 하지 않을 수 없게 만들었다(연방준비제도가 아직 갖춰지지 않은 때였다). 어떤 때는 나라 전체가 패닉의 영향을 받아서, 투자자들이 아르헨티나에 투자한 자신의 페소화나 터키에 투자한 리라화를 서둘러 빼내기 위해 몰려들기도 한다. 국가 규모의 패닉 사태가 벌어질 때는 IMF가 최종 대출자 역할을 한다.

넷째, 이 모든 상황을 더욱 어렵게 만들기라도 하려는 듯, '문이 닫히는 것에 대한 공포'에 따른 고통을 완충시켜 주는 것들이 오히려 그 모든 사태의 원인이 되었던 무분별한 행동을 부추기는 역할을 한다. '모럴 해저드moral hazard'(도덕적 해이)라고 부르는 개념이다. 납세자들은 벽난

◆ 세계적인 규모로 금융 서비스를 제공하고 있던 투자 은행 리먼브라더스가 2008년 9월 15일에 파산 선언을 하면서 방아쇠가 당겨진 금융 위기는 그 이후 전 세계적으로 확산되면서 점점 심각성이 더해졌다.

로 근처에 기름통을 둔 사람 집에서 난 불을 끄려고 소방차가 서둘러 가야만 하는지에 대해 의문을 제기할 권리가 있다. 이렇게 불을 꺼 주면, 그 얼간이가 벽난로 주변을 정리하는 대신 또다시 텔레비전이나 보고 있을 거라는 주장에도 일리가 있다. 그러나 불을 꺼 주지 않으면 마을 전체가 타 버릴 것이 불 보듯 뻔한 상황이라면, 그저 수수방관하는 것이 쉽지만은 않은 일이다.

은행가들은 아주 어려운 일을 해냈다. 세계의 주요 종교들이 모두 연합해서 그들을 적으로 삼게 만드는 데 성공한 것이다. 예수는 성전에서 환전상들을 내쫓았다. 무함마드는 고리대금업을 금지했다. 유대교 경전 《토라》는 모든 빚을 7년에 한 번씩 탕감해 주라고 명한다. 돈을 빌려주는 일은 어딘지 정의롭지 못하고 비생산적이라는 데 모든 종교가 뜻을 같이한다. 그러나 경제학자들의 생각은 다르다. 대출은 은행업의 순기능 중 하나다. 그냥 놀고 있는 자본을 생산적으로 사용할 수 있는 사람에게 빌려주는 일이 은행업의 주된 부분이다. 그런 거래를 성사시키는 사람은 아주 가치 있는 서비스를 제공하는 것이고, 따라서 응분의 보상을 받아야 한다. 문제는 이 대출 서비스가 잘못될 때 생긴다. 즉, 돈을 맡긴 사람들이 성전으로 몰려갔는데 대출 서비스를 하는 사람들의 손에 돈이 없을 때 문제가 벌어진다. 예수가 중앙은행 수장이었다면 이 일을 해결해야 했을 것이다.

5장

**Naked
Money**

중앙은행의 업무와 역할

생산자와 소비자, 고용주와 고용인이 평균 물가가 미래에도 예상에 부합하는 수준, 가급적이면 지극히 안정적인 수준으로 유지될 것이라는 굳은 확신을 가지고 경제 활동에 참여할 때, 우리의 경제 시스템은 가장 잘 작동할 것이다.

_ 밀턴 프리드먼[1]

중앙은행의 슈퍼히어로, 인플레이션 파이터 맨

물가를 적절하게 유지하는 것은 어려운 일이다. 금융 시스템은 본질적으로 패닉 상태에 빠지기 쉬운 속성을 지니고 있고, 그러한 금융 패닉으로 인해 경제 전체가 궤도를 이탈할 수도 있다. 이 모든 것을 관리할 책임을 지고 있는 사람들은 누굴까? 우리는 그중 하나인 벤 버냉키의 말을 들은 바 있다. 그는 2008년 금융 위기 당시 미국 연방준비제도 이사회 의장이었다. 중앙은행은—그것이 미국 연방준비제도이든, 캐나다은행 Bank of Canada이든, 유럽중앙은행European Central Bank, ECB이든 간에—통화 공급을 조절하고 안정된 금융 시스템을 유지하는 책임을 지고 있다. 미국에서는 의회가 연방준비제도에 통화 정책을 통해 완전고용을 추구할 책임도 부과하고 있다.

각 나라의 중앙은행은 다양한 경로로 진화해 왔다. 예를 들어, 유럽중앙은행은 유로화를 공동으로 쓰는 모든 나라들의 통화 정책을 관리하기 위해 만들어졌다. 중앙은행들은 정부 기관이다. 의회보다는 대법원을 더 닮았지만 말이다. 그것들은 각국 정부에 의해 만들어지고 권한도 정부로부터 부여받는다. 미국에서는 의회가 연방준비제도를 만들었으므로 이론적으로는 해체할 수도 있다. 그러나 중앙은행 직원들은 보통 직접 민주주의의 손길로부터 보호를 받는다. 대법원 판사들처럼 말이다. 연방준비제도 이사회 의장을 포함한 고위직은 대통령이 임명하고 상원에서 승인한다. 그러나 일단 취임하고 나면 정책 관련 결정을 이유로 대통령이나 의회에서 해임하지 못한다.

이 사실이 왜 중요할까? 통화 정책과 관련해 최선의 선택을 하는 것이 늘 인기를 끄는 건 아니기 때문이다. 사실 경제학 책상물림들이 꿈꾸는 중앙은행 슈퍼히어로로는 '인플레이션 파이터 맨'일 것이다. 이 슈퍼히어로가 가진 유일한 슈퍼파워는 금리를 자유롭게 높였다 낮췄다 해서 오르는 물가를 잠재울 수 있는 힘일 것이다. 인플레이션 파이터 맨은 머리가 벗겨지고 있고, 키가 커서 거의 2미터가량 되며, 약간 구부정한 자세에 걸걸한 목소리를 갖고 있고, 싸구려 시가를 좋아할 것이다. 그는 금리를 마음대로 할 수 있는 슈퍼파워를 이용해, 물가 상승을 좌시하지 않겠다는 강력한 메시지를 경제 시스템 전반에 보낼 것이다.

임금 인상을 요구하는 노조? '쾅!' 인플레이션 파이터 맨은 금리를 높여서 경제가 둔화되다 못해 노동자들이 일자리를 잃을까 봐 걱정하는 단계까지 이르게 할 것이다. 이쯤 되면 두 자릿수 임금 인상은 중요하지 않다. 인플레이션 파이터 맨이 통화 정책의 나사를 조이기 시작하면 노동자들은 작년과 똑같은 월급을 받더라도 일할 수 있다는 것만으로 행복해할 것이다. 가격을 올리려는 기업? '쾅!' 인플레이션 파이터 맨은 소비자가 돈을 빌리는 데 드는 비용을 아주 비싸게 만들어서, 주택 건설업체나 자동차 제조업체를 비롯해 소비자 신용대출에 의존하는 기업들이 사업을 유지하기 위해서는 가격을 낮출 수밖에 없도록 만들 것이다. 이 모든 것이 영웅이 할 만한 일처럼 들리는가? 그게 바로 중요한 부분이다. 계속 읽어 나가 보자.

인플레이션 파이터 맨은 두려움과 존경의 대상으로 너무도 확고히 자리 잡아서, 그가 인플레이션을 두 동강 내겠다고 선언하면 사람들은 모두 그가 어떤 대가를 치르더라도 그렇게 할 것이라고 믿는다. 이 굳건한 신뢰는 자기충족적 예언이 된다. 인플레이션 파이터 맨이—주로 싸구려 시가 연기에 휩싸인 채—자신의 의도를 살짝 비치기만 해도 전 세계 시장이 반응한다. '쾅!' 가격과 금리가 즉시 변화한다. 그가 그렇게 할 것이라고 말을 했기 때문이다. 그렇다. 인플레이션 파이터 맨은 금리를 조정하는 슈퍼파워를 가지고 있기도 하지만, 그의 명성 자체가 숨겨진 파워가 되기도 한다.

모든 선한 슈퍼히어로와 마찬가지로, 인플레이션 파이터 맨도 어두운 면을 가지고 있다. 인플레이션과의 싸움은 고통을 가져오기 때문이다. 금리를 높이면 고의적으로 경제에 피해를 주는 격이 된다. 소비자들은 물건을 덜 사고, 자산 가격이 떨어지고, 기업들은 대출을 받아 투자하는 것이 더 버겁게 느껴진다. 이 슈퍼파워—금리를 마음대로 조절할 수 있는 힘—를 쓰면 실제로 피해를 입는 사람들이 나온다. 피해를 본 사람들은 인플레이션 파이터 맨을 비난한다. 분노의 편지를 보낼 수도 있고 (혹은 그보다 더 심한 일을 할 수도 있고), 의회에 구제를 요청하기도 할 것이다. 그러나 인플레이션 파이터 맨은 자신의 목표를 향해 꿋꿋이 나아간다. 그는 안정적인 물가가 장기적으로 볼 때 번영을 극대화하는 길이라는 것을 알고 있다. 인플레이션 파이터 맨은 자신에 대한 개인적인 공격이나 경제적 어려움이 초래한 슬픈 이야기 같은 것에 흔들리지 않는다. 그는 경제 시스템에서 인플레이션—혹은 인플레이션에 대한 기대—을 완벽하게 척결했을 때 더 번영된 사회가 되리라는 것을 알고 있다. 그런 날이 오면 소비자들은 인플레이션으로 인해 저축액의 가치가 하락하는 경험을 더 이상 하지 않아도 되고, 기업들은 앞으로 5년, 10년, 심지어 30년 후의 가격을 알고 계획을 세울 수 있다. 지속적으로 물가가 상승하는 기간에서 벗어나고 나면, 세상 사람들은 모두 "고마워요, 인플레이션 파이터 맨!" 하고 외친다.

세계 수십억 인구의 경제적 운명을 좌우하는 그들

인플레이션 파이터 맨이 키가 크고, 대머리에 구부정한 자세를 하고 있으며, 싸구려 시가를 즐기는 데는 이유가 있다. 그는 역사상 가장 영웅적인 인플레이션 파이터인 폴 볼커Paul Volcker를 모델로 하고 있다. 볼커는 1979년부터 1987년까지 미국 연방준비제도 이사회 의장을 역임한 사람이다. 1980년, 미국의 인플레이션은 14퍼센트에 달했다.[2] 경제도 부진해서, 인플레이션이 성장과 고용에 좋다는 통설에서조차 벗어나 있는 상황이었다. 인플레이션 기대도 팽배했다. 모든 사람들이 가격이 오를 것이라고 기대했고, 그런 이유에서 가격이 올랐으며, 이에 따라 인플레이션 기대가 더욱 강화됐다. 질주하는 인플레이션의 기를 꺾어 줄 무언가가 필요한 상황이었다. 그러기 위해서는 금리를 높이는 과감한 조처뿐 아니라, 연방준비제도가 높은 금리를 일정 기간 유지하는 데 따르는 경제적 고통을 감수할 것이라는 대중의 믿음이 필요했다. 폴 볼커는 이 임무를 수행하는 데 안성맞춤이었다. 세인트루이스 연방준비은행 총재였던 윌리엄 풀William Poole은 이렇게 설명했다. "신용대출이 쉬웠던 시기에서 그에 따른 비용이 매우 비싼 시기로 넘어갔다. 프라임 대출 금리가 21퍼센트를 초과했고, 어느 달에는 실업률이 두 자릿수로 치솟았다. (…) 볼커의 강공책으로 인해 경기침체를 한 번도 아니고 두 번씩이나 겪은 후에야 물가가 마침내 안정됐다."[3] 이 쓰디쓴 약을 삼킨 결과 낮은 인플레이션과 경제적 안정기가 30년간 계속됐고, 사람들은 이 기간을 '대안정기Great Moderation'라고 불렀다.

인플레이션 파이터 맨이 블록버스터 영화로 만들어지면 1970년대와 달리 현재에 맞춰 몇 가지 변화가 가해질 것이다. 먼저, 시가가 사라질 것이다. 연방준비은행 건물들은 이제 금연 구역이다. 또 인플레이션 파이터 맨은 여자일 것이다. 2014년부터 재닛 옐런Janet Yellen이 최초의 여성 의장으로 일하고 있기 때문이다. (재닛 옐런의 임기는 2018년 2월에 만료됐다. 2019년 12월 현재 의장은 제롬 파월Jerome Powell이다 – 옮긴이) 재닛 옐런은 키가 크지도 않고 대머리도 아니다. 그사이 2008년 금융 위기를 벗어난 세계는 1970년대에 부딪혔던 것과 다른 문제에 봉착해 있다. 바로 물가 하락이라는 문제다. 미국, 유럽, 일본 등지에서 통화 정책을 관장하는 관리들은 디플레이션을 막기 위해 무진 애를 쓰고 있다. 각국 정부들이 인플레이션 목표치에 도달하지 못한 채 그보다 낮은 숫자를 기록하는 경우가 종종 생기고 있다. 금융 위기가 시작된 지 8년이나 지난 2015년 초, 《이코노미스트》는 다음과 같이 선언했다. "세계는 디플레이션의 위험을 심각하게 과소평가하고 있다."[4]

따라서 우리가 찍을 블록버스터 영화는 시대의 변화를 반영해 〈디플레이션 파이팅 우먼〉이 될 것이다. 페미니스트들은 주인공을 맡은 안젤리나 졸리가 재닛 옐런과 전혀 닮지 않았다는 사실을 지적할 것이다. 이와 함께 연방준비제도 이사회 의장이 왜 몸에 꼭 맞는 보디 슈트를 입어야 하는지에 대한 논란도 일 것이다. 앨런 그린스펀Alan Greenspan이 몸매를 드러내는 스판덱스 옷을 입은 적이 있는가? 벤 버냉키는? 아니다. 하지만 열렬한 팬들은 오랜 시간 줄을 서서 표를 살 것이다. 왜냐고? 디플레이션 파이팅 우먼(혹은 인플레이션 파이터 맨)은 세상에서 가장 막강한 힘을 가진 비선출직 공무원이기 때문이다. 그녀 혹은 그는 전세계 수십억 인구의 경제적 운명을 좌지우지할 수 있다. 미국에서 금리를 높이거나 낮추는 것은 정말이지 슈퍼파워에 가까운 위력을 지닌다. 그리고 모든 슈퍼파워와 마찬가지로, 그 힘은 좋은 곳에도 나쁜 곳에도 사용될 수 있기 때문에 영화가 한층 더 재미있어진다.

세계에서 가장 중요한 경제 기관

실제로 중앙은행은 세계에서 가장 중요한 경제 기관 중 하나가 되었다. 화폐가 인쇄된 종이 말고는 그 어떤 것에도 본위를 두고 있지 않은 현대 경제 시스템에서, 책임감 있는 중앙은행이야말로 물가가 짐바브웨 같은 하이퍼인플레이션을 겪지 않고 안정되게 유지될 수 있게 해 주는 유일한 보루다(물론 짐바브웨에도 중앙은행이 있었지만 유능하지는 않았다). 민주주의 사회의 기준으로 볼 때, 중앙은행을 이끄는 사람들은 견제받지 않는 엄청난 권력을 손에 쥐고 있다. 벤 버냉키는 대공황 전문 학자로서 경험을 살려 과거에 범했던 통화 정책의 실수를 되풀이하지 않도록 전 세계 경제를 이끌어 금융 위기를 헤쳐 나갔다(9장에서 그가 얼마나 성공을 거두었는지를 살펴볼 것이다). 재닛 옐런은 2008년 위기 직후에 채택됐던 특별 조처들을 서서히 뒤집는 작업과 (몸에 꽉 붙는 스판덱스 슈트나 투시력도 없이) 디플레이션의 망령과 싸우는 일을 담당했다. 유럽에서는 스페인, 포르투갈, 이탈리아, 그리스 등이 초국가적 단일 통화 때문에 짊어져야 하는 부담으로 인해 악전고투하는 과정에서 유럽중앙은행의 마리오 드라기Mario Draghi 총재가 유로의 와해를 방지하는 데 총력을 기울이고 있다(이 이야기는 11장에서 다룰 것이다). 중앙은행들이 얼마나 성공하고 얼마나 실패하는가에 따라 세계 경제의 운명—고용, 파산, 부, 심지어 전쟁과 평화 등—이 달라진다. 1차 대전 후 채택된 전 세계적인 통화 정책은 대공황을 낳았고, 나치가 권력을 쥐는 데 도움을 준 경제적 긴장 상황을 만들어 내는 데도 커다란 영향을 준 바 있다.

한편 온갖 사람들이 온갖 이유(때로는 서로 상충하는 이유)를 대면서 중앙은행에 맹공을 퍼붓곤 한다. 경제 전문가들 사이에는 중앙은행이 무엇을 해야 하는지(물가안정과 꾸준한 경제 성장)에 관한 기본적인 합의가 이루어져 있다. 그러나 그 목표를 어떻게 이룰 것인가에 대해서는 의견이 분분하다. 통화 정책 분야에서 가장 커다란 목소리를 내는 사람이자 자타가 공인하는 보수파인 존 테일러John Taylor는 연방준비제도—그리고 미국 정부—가 2000년대 들어서 한 일은 거의 모두가 잘못되었다고 비난했다. 그가 2009년에 출간한 책의 부제는 '정부의 조처와 개입이 어떻게 금융 위기를 초래하고, 연장하고, 악화시켰는가How Government Actions and Interventions Caused, Prolonged, and Worsened the Financial Crisis'였다. 전반적으로 정치적 우파는 금융 위기에 대한 연방준비제도의 조처가 무분별하며 인플레이션을 초래하는 것들이라고 비판한다. 극단적인 예로, 텍사스 주지사 릭 페리는 2012년 공화당 대통령 후보 경선 중에 연방준비제도 이사회 의장으로서 벤 버냉키가 취한 공격적 조처들은 '거의 반역죄'에 가까웠다고 주장하기도 했다.

정치적으로 정반대쪽에 서 있는 진보파도 비판을 하기는 마찬가지다. 노벨상을 수상한 바 있고 통화 정책에 있어서 둘째가라면 서러워할 진보적 경제학자 폴 크루그먼은 연방준비제도가 금융 위기 이후 금리를 낮추는 데 훨씬 더 공격적으로 나섰어야 했다고—그리고 유럽인들은 그 점에 있어서 여전히 너무 겁을 낸다고—믿는다. 한편 론 폴Ron Paul과 같은 극단적 자유주의자들은 연방준비제도를 아예 없애 버리고 금본위제로 돌아가기를 원한다. 그래서 그의 책 제목은 《연방준비제도를 없애라End the Fed》(한국어판 제목은 〈우리는 왜 매번 경제위기를 겪어야 하는가?: 중앙은행에 대한 불편한 진실〉 – 옮긴이)이다. 좌우 진영에 모두 포진해 있는 음모론자들은 연방준비제도가 전 세계적 검은 음모의 중심에 서 있다고 믿는다. 연방준비제도를 둘러싼 음모론 중 가장 먼저 나온 것 중 하나가 부유한 은행가 J. P. 모건(1907년 금융 패닉을 막기 위해 컨소시엄을 만들어 낸 일화로 이미 소개된 바로 그 사람)이 연방준비제도의 탄생(1913년)을 비판하는 사람들을 제거하기 위해 타이타닉호를 만들어서 침몰시켰다(1912년)는 설이다. ◆ 1989년에 발간된 《크로스파이어Crossfire》라는 책에서는 존 F. 케네디를 연방준비제도 지지 세력들이 암살했다고 주장한다(케네디는 행정명령 11110호를 발효해 그 전까지 전혀 제어되지 않던 연방준비제도에 대한 고삐를 조이기 시작했다. 따라서 그를 저지해야만 했다는 것이다). 현대에 나오는 음모론들은 대부분 자신들의 배를 채우는 데 급급한 나머지 다른 사람들에게 피해를 주는 것은 아랑곳하지 않는 국제 은행가 일당들의 손에 연방준비제도가 놀아난다는 각본에 초점을 맞추고 있다. 이런 시각은 금융 위기 당시 구제금융을 목격하며 더 뚜렷이 부각되었다. 인터넷에 연결할 수 있고 한나절 정도 시간이 있는 독자라면 이와 비슷한 맥락의 허무맹랑한 이야기들을 수없이 읽을 수 있을 것이다. 2010년에 《리서치매거진 Research Magazine》은 연방준비제도와 그 적들을 다룬 기사에서 '근거 없고, 심지어 괴상하기까지 한 믿음'이 수없이 횡행하고 있다고 썼다. 어떤 이야기는 우스꽝스럽고, 어떤 이야기는 무서운데, 하나같이 창의적이라는 것이다. 그러나 그 기사를 쓴 필자는 다음과 같이 적절한 결론을 내리고 있다. "그런 생각들이 말도 안 된다고 해서 중요하지 않다는 의미는 아니다."[5] 오사마 빈 라덴의 숙소에서 발견된 도서들 중에는 《연방준비제도의 비밀Secrets of the Federal Reserve》과 같은 책도 있었다. 홀로코스트를 부정하기도 한 이 책의 저자는 연방준비제도가 자신의 이익만을 추구하는 엘리트 금융가들에 의해 장악된 범죄 조직이라고 주장한다.[6]

◆ 연방준비제도 도입을 지지한 J. P. 모건은 타이타닉호를 건조한 선박회사 화이트 스타 라인White Star Line을 소유한 지주 회사를 창립하고 재원을 마련하는 데 일조했다. 그는 타이타닉호의 첫 운항 때 배를 탈 예정이었지만 마지막 순간에 취소했다. 당시 세계에서 가장 부자였던 존 제이컵 애스터 4세John Jacob Astor IV는 미국에 중앙은행을 세우는 것을 비판했는데, 타이타닉호 침몰 사고로 목숨을 잃었다. 모건이 1898년 소설 《타이탄호의 난파Wreck of the Titan》를 읽고 영감을 얻어 그런 음모를 세웠다는 주장도 있다. 소설에서는 '천하무적'인 배가 너무 빠른 속도로 항해를 하다가 빙산에 부딪혀 침몰하고, 구명정 부족으로 대부분의 승객들이 목숨을 잃는다. http://www.reddit.com/r/conspiracy/comments/1xni4f/did_jp_morgan_build_the_titanic_to_kill_off_the/ 참조.

연방준비제도의 구조

연방준비제도는 투명하지 않으며, 많은 오해를 사고 있는 기관이다. 이 기관은 때로 고의적으로 자신의 활동을 알리지 않아서 이미지 문제를 더 복잡하게 만들기도 한다. 앨런 그린스펀이 연방준비제도 이사회 의장으로 재임할 당시, 그의 말은 너무도 이해하기 어려워서 〈모틀리풀Motley Fool〉이라는 라디오 프로그램에서는 '연준 의장이 뭐라고 말한 거야?'라는 코너를 진행하기도 했다. 그 코너의 진행자는 앨런 그린스펀이 의회에서 한 증언을 녹음한 것을 틀어 준 뒤 청취자와 전화 통화를 하며 그가 하려고 한 말이 무엇인지 요약해서 말해 달라고 요청했다. 당시 나는 그 코너의 심판 역할을 맡았다. 청취자가 그의 발언을 정확히 묘사하면 우리는 모자를 선물로 보내 주곤 했다. 발송한 모자의 숫자는 놀라울 정도로 적었다.

이 책을 쓴 이유 중 하나는 연방준비제도를 비롯한 중앙은행들을 둘러싼 안개와 같은 미스터리를 설명하고자 하는 것이다. 중앙은행의 역할은 보통 세 가지로 나뉜다. 통화 공급을 조절하고, 최종 대출자 역할을 하고, 금융 산업을 규제하는 것이다(규제에 관한 책임은 정부의 다른 부서와 공유하는 경우가 많다). 미국의 중앙은행인 연방준비제도는 이에 더해 통화 정책을 통해 완전고용을 추구하는 임무도 가지고 있다. 산업화된 국가는 모두 연방준비제도와 비슷한 기관을 가지고 있다. 영란은행, 인도준비은행, 유럽중앙은행(유로존 전체를 통괄), 일본은행Bank of Japan 등이 이에 해당한다. 이 기관들이 하는 일들과 임무는 앞선 장들에서 살펴본 현상들로 인해 나온 것이다. 중앙은행은 패닉 사태를 예방하고, 경제적 변동이 순조롭게 진행되도록 만들며, 명목화폐의 가치를 보호한다. 물론 중앙은행도 잘못된 통화 정책으로 오히려 경제를 교란시킬 수 있다. 짐바브웨의 중앙은행은 너무 돈을 많이 찍어 내서 경제를 폐허로 만들었다. 1930년대 미국에서는 설립된 지 얼마 되지 않은 연방준비제도가 통화 공급이 급격히 줄어드는 것을 허용해 일반적인 경기침체를 대공황으로 만들기도 했다. 그렇다. 의사는 암을 고칠 수도 있지만, 오진으로 엉뚱한 팔다리를 절단할 수도 있다. 중앙은행도 마찬가지다.

연방준비제도는 미국의 다른 수많은 제도나 기관과 마찬가지로 중앙 집중과 지방 분권의 기묘한 조합으로 이루어져 있다. 연방준비제도는 전국 12개 지역의 연방준비은행으로 구성돼 있고, 7인의 연방준비제도 이사회가 전체를 감독한다. 이사진은 상원의 승인을 받아 대통령이 임명하며 14년 단임이다. 이사회 의장과 부의장도 대통령이 임명한다. 앞에서 언급했지만 연방준비제도 이사회의 누구도 정책과 관련된 결정이나 행위로 파면될 수 없다. 대법관과 마찬가지로 정치적 과정을 거쳐 임명되지만 일단 임명되고 난 후에는 정치적 영향으로부터 보호를 받는다. 전국에 위치한 12개 연방준비은행들은 일반 대중과 그 지역 회원 은행들을 동시에 돌봐야 하는 준(準)공공 기관이다. 연방정부의 허가를 받은 은행들은 모두 의무적으로 지역 연방준비은행의 회원이 되어야 하며, 이에 따라 연방준비은행의 주식을 보유해야 한다. 주정부 허가를 받은 은행들은 주식을 보유할지 말지 선택할 수 있다. 회원 은행들은 각 지역 연방준비은행의 이사진을 선출할 수 있고, 이사회에서는 지역 연방준비은행 총재를 선택한다.

이 희한한 구조, 특히 지역 연방준비은행들이 서류상으로 미국 민간 은행의 '소유'라고 명시되어 있는 것 때문에 연방준비제도에 관한 음모론이 더 팽배해질 수밖에 없다. 실제로는 워싱턴 연방정부의 관리들이 각 지역 연방준비은행 총재들의 의견을 수렴해서 통화 정책을 수립한다. 연방공개시장위원회Federal Open Market Committee, FOMC는 금리를 높이거나 낮추고, 기타 주요 정책을 정하는 기관이다. 연방공개시장위원회는 7명의 이사진, 뉴욕 연방준비은행 총재, 그리고 다른 지역 연방준비은행 총재들 중 4명이 돌아가며 참여하는 식으로 구성된다(모두 번갈아 가며 한 번씩은 한다). 따라서 이사회 의장은 이 중요한 위원회를 구성하는 일원일 뿐이며, 그 역시 한 표밖에 던질 수 없다. 그러나 실제로는 이사회 의장이 통화 정책 결정에 미치는 영향력이 엄청나게 크다. 최근 수십 년 동안 연방공개시장위원회는 만장일치로 운영됐고, 이사회 의장이 이를 이끌어 내는 일을 책임져 왔다. 이사진들이 가끔 의견을 달리하기도 하지만, 그렇게 반대 의견이 나오는 건 뉴스에 오를 정도로 드문 일이다(만장일치가 드문 대법원과는 대조적이다).

중앙은행의 경제 정책 도구들

중앙은행이 임무를 수행하는 데 사용하는 정책 도구는 4장에서 살펴봤던 내용에서 논리적으로 유추할 수 있다. 첫째, 중앙은행은 지급준비율을 정한다. 이는 예금주들이 상환을 요구할 것에 대비해서 상업 은행이 자기 은행의 금고나 연방준비은행에 보관해야 하는 금액의 비율을 말한다. 가령 지급준비율이 50퍼센트면 은행들은 예금주들이 맡긴 돈의 50퍼센트를 대출해 줄 수 있다. 지급준비율이 10퍼센트면 그보다 훨씬 많은 돈을 대출해 주는 것이 가능해진다. 10달러를 예금으로 받으면 9달러를 빌려줄 수 있는 것이다. 지급준비율이 낮으면 신용대출을 훨씬 더 공격적으로 할 수 있지만, 금융 시스템은 충격에 훨씬 더 취약해진다. 4장에서 살펴봤듯이 부분지급준비금제도는 새로운 돈을 만들어 내는 효과를 낸다. 지급준비율이 50퍼센트면 은행 시스템으로 1달러가 들어올 때마다 통화 공급이 2달러 늘어나지만, 그 비율이 10퍼센트면 1달러마다 10달러의 새로운 통화가 공급될 가능성이 생긴다. ◆ 다른 모든 조건이 같을 경우, 지급준비율을 낮추면 통화 공급이 늘어나고, 높이면 그 반대 현상이 일어난다. 앞에서도 언급했지만 은행들은 막대한 현금을 금고에 보관하는 대신 이를 지급준비금으로 연방준비은행에 예치해 둔다. 중앙은행은 예치된 지급준비금에 대한 이자와 법적 지급준비금 의무 한도를 넘는 예치금(초과 지급준비금)에 대해 이자를 지불할 수 있다. 이 금리—은행이 대출해 주지 않고 연방준비은행에 예치하는 자

◆ 이렇듯 지급준비금의 양과 경제 전반의 통화 공급을 연결시키는 관계를 공식적으로 통화승수라고 부른다. 통화승수=1/지급준비율. 미국의 대규모 상업 은행들은 지급준비율을 10퍼센트(0.1) 유지하도록 되어 있다. 따라서 은행이 가능한 모든 자금을 대출로 내줄 경우 예금으로 들어오는 매 1달러마다 통화 공급은 1/0.1, 즉 10달러가 늘어날 잠재력을 가지고 있다. 물론 그 반대의 경우도 성립한다. 패닉에 직면한 예금주들이 은행보다 자기 집 매트리스 밑에 돈을 보관하는 것을 선호하게 돼서 은행 시스템으로부터 예금이 빠져나가면 통화 공급이 급격히 줄어들 수 있다. 이는 대공황이 더 오래, 그리고 더 심각하게 지속되었던 요인 중 하나로 꼽히고 있다.

금에 대한 금리—는 중앙은행이 회원 은행들의 대출을 장려하거나 억제하는 도구로 사용될 수 있다.

중앙은행은 또 '할인 창구discount window'라는 제도를 통해 직접 시중 은행에 자금을 대출해 줄 수 있다. 연방준비은행은 '최종 대출자'다. 이름에서 알 수 있듯이 시중 은행들은 '최종적으로' 연방준비은행에 찾아가기 전에 다른 곳에서 먼저 자금을 찾아보도록 장려된다. 연방준비은행이 시중 은행에 직접 대출을 해 줄 때의 할인율discount rate은 은행 간 대출 금리보다 약간 더 높게 설정된다.◆ 역사적으로 중앙은행에서 대출을 받는 것은 소정의 벌금을 물어야 할 뿐 아니라 불명예스러운 낙인까지 찍히는 일이었다. 연방준비은행에서 돈을 빌리는 것은 서른 살이 넘어서 부모에게 손을 벌리는 것이나 마찬가지다. 물론 그렇게 할 수는 있지만 모두가 다른 곳에서 돈을 마련하는 것을 선호한다. 연방준비은행의 할인 대출은, 최종 대출자는 필요한 만큼 대출을 해 주되 징벌적 금리를 부과해야 한다는 월터 배젓의 충고를 따르고 있다. 금융 위기가 절정에 달했을 때, 미국의 대표적 투자 은행인 모건스탠리와 골드만삭스는 회사의 법적 성격을 일반 금융지주회사로 전환했다. 연방준비은행의 비상 대출을 받을 자격을 갖추기 위해서였다.[7]

보통 중앙은행은 돈을 물리적으로 새로 인쇄한다기보다 전산상에

◆ '할인율'이라는 용어는 과거에 은행들이 상인들의 대금 청구서를 할인된 금액에 사들여 신용을 확대하던 관행에서 나온 말이다. 누군가 한 달 후에 내게 100달러를 갚아야 한다면 은행은 그 채무를 지금 98달러에 산다. 그럼으로써 나는 1개월짜리 대출금에 2퍼센트 이자를 문 것이 된다.

서 발행하는 것이지만, 그럼에도 새로운 통화를 만들어 낼 법적 독점권을 지니고 있다는 것만은 분명하다. 이 권한은 연방준비제도와 같은 기관이 경제 시스템에 돈을 풀거나 거둬들일 수 있는 힘을 부여함으로써 돈의 '가격'(금리)을 조절할 수 있도록 한다. 새로운 통화를 만들어 낼 수 있는 힘을 가졌다는 것은 무제한적 유동성을 가졌다는 의미도 된다. 유능한 최종 대출자는 막대한 자금력을 갖추고서 이를 통해 패닉 상태에 빠질 필요가 없다는 확신을 금융 시장에 줄 수 있어야 한다(조지 베일리의 신혼여행 자금은 예금주들로 하여금 자신의 돈을 돌려받을 수 있다는 확신을 주기에 충분했고, 그 덕분에 돈을 돌려 달라는 요구를 잠재울 수 있었다). 중앙은행의 자금력은 무한대다. 중앙은행이 침체에 빠진 경제를 해결하기 위해 풀 수 있는 통화의 양에는 이론적으로 한도가 없다. 금융 위기에 대한 대응으로, 연방준비제도는 세계 경제에 4조 달러를 쏟아부었다. 그런 일을 할 능력이 있는데 스판덱스 슈트가 왜 필요하겠는가?

그리고 마지막으로, 중앙은행은 경제 시스템 전반에 걸쳐 단기 금리를 높이거나 낮출 수 있다. 물론 고객이 작은 보트를 사기 위해 시티은행에서 대출한 돈에 대한 금리를 얼마로 할지 정해 줄 권한이 연방준비제도 이사회 의장에게 있는 것은 아니다. 그러나 그(녀)는 간접적인 방식으로 같은 목적을 달성할 수 있다. 전 세계 모든 중앙은행들은 대출 가능한 자금의 공급을 증가시키거나 감소시켜서 국내 금리를 조정할 수 있다. 이 일을 어떻게 하는지에 대해서는 잠시 후에 살펴보도록 하자. 여기서는 일단 금리라는 것이 대출받은 돈의 '가격'이라는 사실만 기억하자. 경제 시스템 내에서 대출 가능한 자금의 공급을 수요보다 늘리면 시장 금리가 낮아진다(대출 가능 자금이 더 많아지면 그것을 빌리는 가격은 더 싸진다). 대출 가능한 자금의 공급을 줄이면 그 반대 현상이 벌어진다.

미국에서 단기 금리의 기준이 되는 것은 연방기금금리federal funds rate 다. 이는 민간 은행들이 하룻밤 사이에 서로 빌려주는 자금에 대한 금리다. 앞에서도 언급했지만 연방준비제도는 한 민간 은행이 다른 민간 은행에 대출해 주는 자금에 대한 금리에 직접적으로 관여할 수 없다. 대신 연방준비제도가 금리를 0.25퍼센트 낮춘다는 말은 이사회의 정책 결정자들이 목표 연방기금금리를 0.25퍼센트 낮추기로 결정했다는 의미가 된다. 이제 연방준비제도는 민간 은행들이 서로에게—평균적으로 0.25퍼센트—더 싸게 돈을 빌려주도록 유도하기 위해 필요한 조처를 취할 것이다. 어떻게 그 일을 해낼까? 은행 시스템 안에 도는 자금의 양을 늘려서 대출 가능한 자금이 늘어나게 만들고, 이로 인해 대출 가격이 더 싸지도록 만드는 것이다. 이렇듯 연방준비제도는 공급되는 통화량을 변화시켜서 신용대출의 가격을 높이거나 낮춘다. '신용대출의 가격'이라는 말은 '금리'라는 단어를 더 직관적으로 이해할 수 있게 표현한 것이다.

연방준비제도는 어떻게 통화 공급량을 조절할까

연방준비제도는 어떻게 통화 공급량을 조절할까? 여러 방법이 있다. 재닛 옐런이 몸에 꼭 맞는 슈트를 입고 방탄 트럭을 탄 채 전국의 은행을 돌면서 새 돈을 나눠 주는 방법을 쓸 수도 있다. 아니면 각 연방준비은행 사무실에서 멋진 컴퓨터를 가지고 무작위로 은행을 선택해 그곳에 예금을 맡긴 행운의 예금주들에게 새 돈을 보낼 수도 있다—통화 정책과 복권이 만나면 이런 각본이 나올 것이다(상상만 해도 재미있는 일이다). 또 헬리콥터에서 돈을 뿌리는 흔한 방법도 있다(그중 상당 액수는 다시 은행에 예치되겠지만). 통화 공급량을 조절하는 데 이런 방법을 쓰면 재미있고 신나겠지만 두 가지 단점이 있다. 첫째, 연방준비제도가 미국 국민의 자산에 무분별하게 관여하게 되는데, 이는 그들의 임무를 너무나 많이 벗어난 것이다. 둘째, 통화 공급량을 늘릴 때 자기 계좌로 무작위 입금이 되는 것을 용인할 미국인들은 많겠지만, 반대로 통화 공급량이 줄어드는 것을 용인할 사람은 그리 많지 않을 것이다. 재닛 옐런이 방탄 트럭을 타고 다니면서 무작위로 돈을 거둬들이는 장면을 상상해 보라(별로 재미있는 시나리오가 아니다).

중앙은행들은 그보다 훨씬 영리한 방법을 사용한다. 미국에서는 연방준비제도가 공개시장조작open market operation이라고 부르는 과정을 통해 은행들을 대상으로 재무부 채권을 사고판다. ◆ 은행들도 개인과 똑같은 이유로 채권을 보유한다. 즉, 다른 데 쓸 필요 없는 자금을 안전하

◆ 쉬운 말로 하면, 채권은 정해진 기간 동안 합의된 금리(고정 혹은 변동)로 한쪽이 다른 쪽에 돈을 빌려주는 모든 공채 증서를 말한다. 미 재무부 채권은 그보다 좀 더 복잡하다. 엄밀하게 구분하자면, '재무부 채권Treasury bond'은 만기가 10년에서 30년이고, '재무부 중기 증권Treasury note'은 만기가 1년에서 10년이며, '재무부 단기 증권Treasury bill'은 만기가 1년 미만이다. 전문 용어로 너무 복잡해지지 않기 위해 이 책에서는 (조금 게을러 보이지만) 이 모든 증권을 통합해서 '채권bond'이라고 부르겠다. 같은 맥락에서 '재무부 증권Treasury securities' 역시 재무부 채권, 재무부 중기 증권, 재무부 단기 증권을 통칭한다.

게 보유할 수 있는 수단이기 때문이다. 더 구체적으로 말하자면, 은행들은 대출로 나가지 않은 예금주들의 자금으로 채권을 산다. 연방준비제도가 통화 공급을 늘리겠다는 결정을 하면, 뉴욕 연방준비은행의 트레이더들이 채권을 팔고 싶어 하는 은행들로부터 정부 채권을 사들인다. 여기서 핵심은 은행들이 대출해 줄 수 없는 정부 채권을 팔아서 대출할 수 있는 자금으로 전환할 수 있게 되었다는 점이다. 시티은행이 채권으로 보유하고 있던 1억 달러를 팔아 1억 달러의 새 자금을 마련하면, 그 돈은 이제 대출할 수 있는 돈이 된다(새로 대출해 줄 수 있는 기회가 많은 은행일수록 연방준비은행에 자신의 보유 채권을 팔 확률이 높다는 것이 이 방법의 또 다른 매력이기도 하다). 앞에서 논의한 이유들로 인해 새로운 자금은 눈덩이 같은 효과를 낸다. 연방준비은행에서 은행 시스템 안으로 1달러를 주입할 때마다 8~9달러 정도의 새로운 대출 자금이 생긴다.

통화 공급을 줄이려 할 때는 연방준비제도가 은행들에 채권을 팔아서 대출 가능 자금을 은행 시스템으로부터 빼낸다. 시티은행이 연방준비제도로부터 1억 달러어치 채권을 사면 그러지 않을 경우 대출해 줄 수 있었던 자금 1억 달러가 거기에 묶이게 된다. 재닛 옐런이 방탄 트럭을 타고 돌아다니며 은행들에서 돈을 거둬들일 필요가 없는 것이다.

연방기금금리는 신용대출 시장의 온도 조절 장치 역할을 한다. 연방공개시장위원회가 온도를 맞춘 다음 목표로 한 금리를 달성할 때까지 공개시장조작 작업을 한다. 우리는 이 과정에서 연방준비제도가 새로운 부를 창출하는 것이 아니라 새 돈을 만들어 내기만 한다는 점을 잊으면 안 된다. 연방준비제도가 시스템 안으로 새 통화를 주입한다 해도 헬리콥터에서 돈을 뿌리거나 은행에 무작위로 새 돈을 적립하는 것과 달리 아무도 더 부자가 되지 않는다(혹은 연방준비제도에서 돈을 빼 간다 해도 아무도 더 가난해지지 않는다). 모든 것은 유동성의 문제일 뿐이다. 연방준비제도는 돈을 동일 가치의 채권으로 교환하기도 하고, 정반대되는 거래를 행하기도 한다. 앞에서 언급했듯 연방준비제도는 대침체에서 벗어나기 위해 4조 달러의 새 통화 혹은 유동 자금을 경제 시스템 안에 풀었다. 그 기간 동안 연방준비제도는 채권을 비롯한 기타 자산 4조 달러어치를 사들였다. 금융 위기로 인해 그들은 평상시에 하지 않던 조처들을 취했고, 이에 관해서는 9장에서 더 자세히 설명하고 분석하겠다. 그러나 그 어떤 비판이나 지지와 상관없이, 그것들은 사실상 기본적으로 동일한 연극의 새로운 변주에 불과했다.

언젠가 경제가 잠재력을 모두 발휘하고 있다는 생각이 들면, 연방준비제도가 방향을 반대로 돌려 금융계에 채권을 팔아 유동 자금을 거둬들이는 것으로 통화 공급을 줄이기 시작할 것이다. 금융 위기가 터진 후 몇 년 동안, 과거와 비교해 금리가 극도로 낮게 유지됐고, 금융계는 연방준비제도가 (금리 인상으로) 언제 신용대출 시장을 조이기 시작할지에 대한 예측으로 늘 시끄러웠다.

중앙은행은 돈의 가격을 변화시킨다. 실제로 존재하며, 수수하기 짝이 없는 우리의 슈퍼히어로로—강력한 위원회의 일원인 이 인물—는 단 하나의 결정으로 신용대출 가격을 변화시키고, 그에 따라 전 세계 소비자와 투자자들의 행동을 변화시킬 수 있다.

이 엄청난 힘을 어떻게 사용해야 할 것인가?

중앙은행의 최우선 목표는 통화 가치 유지

명목화폐는 본질적으로 무제한 공급이 가능하다. 따라서 누군가 책임을 져야 한다. 중앙은행의 최우선 목표는 통화 가치를 유지하는 일이다. 3장에서 설명한 이유들 때문에 대부분의 중앙은행들은 인플레이션 제로를 목표로 하지 않는다. 대신 인플레이션 목표 혹은 목표 범위를 발표한다. 미국 연방준비제도의 목표는 2퍼센트다. 유럽중앙은행은 '2퍼센트 근접하게 밑도는' 수치,[8] 뉴질랜드는 1~3퍼센트 사이가 목표다.[9] 다른 나라들도 비슷하다. 그다음부터는 놀이동산의 카니발 게임 같은 작전이 진행된다. 금리를 낮추거나 높여서 목표치에 근접하게, 혹은 목표 범위에서 벗어나지 않게 한다(금리 인상은 통화 긴축 정책, 금리 인하는 통화 완화 정책으로 흔히 표현한다). 이 과정은 보통 다음과 같이 작동한다.

1. 어느 경제든 단기적인 측면에서 '제한 속도'를 가지고 있다. 즉, 재화와 서비스를 생산하는 능력이 대체로 고정되어 있는 것이다. 단기적으로 볼 때, 경제가 팽창하면서 필요로 하는 재화와 서비스—토지, 노동자, 강철, 요가 강사 등—에 대한 공급량은 제한적이다. 재화와 서비스에 대한 수요가 그것을 생산해 내는 용량을 초과하면 가격이 오를 것이다. 바로 이것이 기업들이 희소성 있는 재화와 서비스를 배급하는 방법이다. 강철이 부족하면 강철 가격이 오른다. 노동자가 부족하면 임금이 오른다(그냥 듣기에는 좋은 상황인 듯하지만, 노동자들이 구매하기를 원하는 대부분의 것들도 가격이 오르기 때문에 인상된 임

금은 모두 가격 상승분에 의해 상쇄되고 만다). 비슷한 예는 무궁무진하다. 이와 반대로 경제가 침체기에 들어가면 가격이 떨어지는 경향이 있다(3장에서 언급한 조건들의 영향을 받는다). 자동차 중개인은 보유하고 있는 차들이 팔리지 않으면 차 가격을 내린다. 만약 비어 있는 아파트가 많아진다면 보통 임대료가 떨어질 것이다.

2. 신용대출의 가격은 재화와 서비스에 대한 수요에 영향을 끼친다. 대출 금리가 5퍼센트일 때보다 2퍼센트일 때 벤츠를 구입할 확률이 높아진다. 집과 세탁기 등 은행에서 자금을 조달해 구입하게 되는 모든 물품에 대해서 이와 비슷한 행동 패턴이 생길 것이다. 기업 입장에서는 다른 모든 조건이 같은데 금리가 떨어지면 사세를 확장하는 데 드는 비용이 더 적게 든다(따라서 수익률이 더 높아진다). 물론 금리가 올라가면 이 모든 과정이 반대로 일어난다. 돈을 빌려서 해야 하는 일은 모두 더 비싸진다.◆

3. 중앙은행들은 자국의 경제가 가능한 한 '제한 속도'에 가깝게 돌아가도록 신용대출의 가격(금리)을 유지한다. 경제가 '과열'되면—생산할 수 있는 양을 수요가 초과한다는 의미—경제 전반에 걸쳐 물가가 오른다. 인플레이션이 발생하는 것이다. 반면 경제가 잠재력보다 더

◆ 금리는 이보다 덜 눈에 띄지만 또 다른 두 경로를 통해 경제에 영향을 끼친다. 첫째, 중앙은행이 금리를 낮추면 통화가 평가절하돼서 수출이 늘어난다(다음 장에서 설명할 예정이다). 둘째, 금리를 낮추면 자산 가격, 특히 주택 가격이 오르고(금리가 낮으면 주택담보대출이 더 쉬워지므로), 주식 가격도 오른다(채권 금리가 낮아지면 주식이 상대적으로 더 매력 있어지므로). 자산 가격이 증가하면 많은 가정이 더 부자가 되고, 그에 따라 소비를 더 하는 성향이 생긴다. 중요한 점은, 다른 조건이 같을 경우에 금리가 낮아지면 경제에 가속이 붙고, 금리가 높아지면 경제가 둔화된다는 사실이다.

천천히 성장한다면 이용되지 않고 노는 자원이 생긴다. 공장들이 문을 닫고, 실업이 발생한다. 이렇게 남아도는 자원으로 인해 가격이 떨어진다. 디플레이션이 발생하는 것이다. 이에 따라 사람들도 상당한 어려움을 경험하게 된다. 이 점은 책의 후반부에서 반복적으로 거론될 것이다. 한 가지 주지할 점은, 충분히 긴 시간 동안 가격이 꾸준히 오르면 소비자와 기업들이 인플레이션을 예상하기 시작해서 자동적으로 가격이 오르는 상황이 발생한다는 사실이다. 소위 '인플레이션 기대' 현상이 일어나는 것이다. 노동자들은 미래에 일어나리라고 기대되는 인플레이션을 보충하기 위해 임금 인상을 요구할 것이다. 기업들은 정기적으로 가격을 인상할 계획을 세운다(부분적으로는 노동자들이 돈을 더 요구하기 때문이다). 인플레이션(혹은 디플레이션) 기대가 닻을 내리고 나면 그 흐름을 바꾸기가 무척 어려워진다. 우리 어머니가 추수감사절에 굴 드레싱을 상에 올리는 것과 똑같은 이유로 가격이 오르거나 내려간다. 작년에도 그랬기 때문에 올해 역시 그러는 것이다. ◆

◆ 아내와 내가 10년 전쯤에 추수감사절 파티를 주관하기 시작하면서부터 우리는 굴 드레싱을 상에 올리는 일을 성공적으로 중단할 수 있었다. 그래서 우리 부부는 스스로를 '추수감사절의 풀 볼커'라고 부른다.

통화 정책과 관련된 일은 대부분 시차를 두고 벌어진다

대부분의 카니발 게임과 마찬가지로, 인플레이션 목표를 달성하는 것은 보기보다 어렵다. 안정된 물가를 유지하려 할 때 맞닥뜨리게 되는 가장 기본적인 문제에서부터 출발해 보자. 바로 어느 물가를 유지해야 하는가 하는 문제다. 3장에서 논의했던 모든 이유로 인해, 인플레이션이나 디플레이션을 측정하는 최적의 방법은 존재하지 않는다. 미국 연방준비제도는 보통 식품과 에너지 가격을 제외한 근원 인플레이션에 초점을 맞춘다. 이와 대조적으로 '헤드라인 인플레이션headline inflation'은 소비자물가지수를 측정하는 데 사용하는 바스켓의 모든 재화와 서비스를 포함시킨다. 근원 인플레이션에 초점을 맞추겠다는 것은 식량과 에너지 가격이 급격한 부침을 보인다는 사실을 고려한 것이다. 식량과 에너지 가격은 베네수엘라의 정치적 긴장 상황이나 아이오와의 흉작 때문에 갑자기 변화할 위험이 크며, 경제 전반에 걸친 근본적인 인플레이션 압력들에 영향받을 확률은 적다. 현재 연방준비제도를 비판하는 사람들은 연준이 말 그대로 잘못된 곳을 보고 있으며, 실제 인플레이션은 보이는 것보다 더 높다고 주장한다. 몇 시에 만날지 약속하려면 우선 시계를 같은 시각으로 맞춰야 하는 법이다.

그러나 실제 문제는 이보다 훨씬 더 어렵다. 중앙은행은 물가가 오르거나 내리기 전에 이를 방지하기 위해 싸워야 한다. 역사상 가장 위대한 아이스하키 선수였던 웨인 그레츠키Wayne Gretzky는 자신의 재능을 이렇게 설명했다. "나는 퍽이 있었던 곳이 아니라 퍽이 있을 곳으로 스케이팅을 한다." 중앙은행도 같은 원리로 작동해야 한다. 연방준비제도는 현재 물가에 반응하는 것이 아니라, 그 물가가 어디로 움직일 것인지 예상해서 이에 따라 반응해야 하는 것이다. 통화 정책과 관련된 일은 대부분 시차를 두고 벌어진다. 원인과 결과 사이에 어느 정도 시간 간격이 있다는 의미다. 올 여름에 미국 중서부 옥수수 작황이 좋지 않으면, 식품 가격은 올 가을이나 내년 혹은 그 두 시기에 걸쳐서 지속적으로 오를 수 있다. 연방준비제도에서는 펀이 어디로 갈 것인지를 알아내기 위한 엄청난 양의 연구가 진행된다. 연방공개시장위원회 회의가 열리기 전마다, 연방준비제도 관리들은《현 경제 및 재정 상황Current Economic and Financial Conditions》이라는 보고서를 준비한다. 이 보고서는 초록색 표지 때문에 '그린북'이라고 불리기도 한다(이 사람들은 아마 일이 너무 많아서 창의성을 발휘할 시간이 없는 듯하다). 목표는 연방준비제도의 정책과 관련이 있는 국내외 경제 동향을 요약하는 것이다. 이 분석은《통화 정책 대안Monetary Policy Alternatives》이라는 보고서를 작성하는 데 사용된다. '블루북'이라고 불리는 이 보고서는 연방공개시장위원회가 다가오는 회의에서 고려할 통화 정책 대안들을 제안한다. [10](보너스 문제: 이 보고서는 왜 블루북이라 부를까?)◆

전 연방준비제도 이사회 의장 윌리엄 마틴William McChesney Martin은 이 기관이 하는 일을 파티 분위기가 막 무르익으려 할 때 펀치 그릇을 치

◆ '블루북'은 연방준비제도 이사회 초대 의장 해리 블루북을 기리기 위해 붙여졌다. 농담이다. 그냥 독자들을 놀리기 위해 한 말이다. 파란색 표지 때문에 붙여진 이름이다.

우는 것에 비유했다. 인플레이션과 싸우는 입장에서는, 사람들이 테이블 위에 올라가 춤을 추기 시작하는 시점이 되면 너무 늦는다는 것이다. 연방준비제도가 설립된 이래 디플레이션이 큰 문제가 된 적은 없지만, 이 비유는 정반대로도 적용이 된다. 밴드가 악기를 싸고 파티의 주역인 멋쟁이들이 떠난 다음에는 펀치 그릇에 알코올을 더 넣는다 해도 이미 늦은 것이다. 두 경우 모두에서 중요한 것은 중앙은행이 금리를 높이거나 낮춘 것이 경제—그리고 궁극적으로 물가—에 영향을 주기까지 시차가 있다는 사실이다. 특히 인플레이션이나 디플레이션에 대한 기대 심리가 뿌리를 내리고 난 후에는 더욱 그렇다. 기업들이 1년에 10퍼센트씩 가격을 인상하는 것에 익숙해져 있다면—혹은 인플레이션을 상쇄하는 생계비 조정 협상으로 인해 자동적으로 임금을 올리도록 되어 있다면—그 패턴을 바꾸는 것은 쉽지 않을 것이다. 폴 볼커는 인플레이션에 대한 전투가 시작된 지 6개월 후에 한 노조 지도자가 자신에게 이렇게 말했다고 전한다. "흠, 모두 흥미 있는 이야기입니다만, 제 느낌을 솔직히 말하자면 이렇습니다. 방금 노조원들을 위해 향후 3년 동안 매년 13퍼센트씩 임금을 인상하기로 한 협상을 끝냈는데 아주 기분이 좋아요."[11]

경제의 제한 속도를 유지한다는 것

금리가 높아지면 결국 경제가 둔화된다. 그러나 연방준비제도가 보낸 메시지가 모든 사람들에게 전달될 때까지는 몇 달이 걸릴지 모르는 일이다. 그 시차가 얼마나 될까? 그때그때 상황에 따라 생기는 온갖 요인에 달려 있다. 이는 가속 페달과 브레이크 페달이 있긴 하지만 그 페달들을 밟은 지 한참 후에야 반응하는 차를 운전하는 것과 비슷하다. 가속 페달을 최대한으로 밟는 순간, 5분 전에 밟은 가속 페달로 인해 주입된 휘발유에 차가 반응하면서 갑자기 제어할 수 없는 속도로 튀어 나갈 수도 있다. 브레이크를 밟으면, 어떤 때는 바로 차가 감속되기도 하고, 어떤 때는 몇 킬로미터를 가다가 속도가 줄기도 한다.

미국 의회 또한 가속 페달과 브레이크 페달을 밟을 때가 있고, 그렇게 할 때 연방준비제도의 목표와 일치하지 않는 경우도 종종 있다. 재정 정책—정부의 세금과 지출—또한 경제를 둔화시키거나 가속시킬 수 있다. 낮은 금리가 더 빠른 성장을 촉진할 수 있듯, 특정 상황에서는 정부 지출을 늘린다든지 세금을 낮춰도 같은 효과를 볼 수 있다(정부 지출을 줄이거나 세금을 높이는 것은 그 반대 효과를 낼 수 있다). 우주의 어느 별엔가는 의회가 재정 정책을 연방준비제도의 목표와 완벽하게 조화를 이루도록 시행하는 나라가 있을지도 모르겠다. 다만 우리가 사는 곳은 그 별이 아니다. 자동차 운전에 대한 비유를 계속해 보자면, 연방준비제도가 운전하는 차의 조수석에 의회와 대통령이 앉아 있고, 운전 연수용 자동차처럼 그들이 앉은 쪽에도 페달이 설치되어 있다고 상상해 볼 수 있다. 이때 그들이 연방준비제도의 운전과 반대되는 패턴으로 브레이크나 가속 페달을 밟는 것이다—혹은 둘 다 동시에 밟는 경우도 많이 있다.

인플레이션 목표를 명중시킬 경우 카니발 게임에서 금붕어를 따듯 뭔가 얻을 수 있다고 믿는다면 아직 상황 파악을 제대로 하지 못한 것이다. 지금까지 나는 몇 차례 경제의 제한 속도를 언급했다. 그것은 어떤 경제 시스템이 인플레이션을 촉발하지 않고 재화와 서비스를 생산해 낼 수 있는 최대 역량을 말한다. 그런데 좀 웃기는 사실은, 우리는 그 제한 속도가 얼마인지를 정확하게 알지 못한다는 점이다. 1990년대에 앨런 그린스펀과 연방준비제도는 인터넷과 정보통신기술이 미국 노동자들의 생산성을 얼마나 향상시켰는지 밝히기 위해 골머리를 앓았다. 컴퓨터와 인터넷을 사용해서 노동자들의 생산성이 상당히 향상됐다면, 경제는―제한 속도가 높아지기 때문에―인플레이션을 촉발하지 않고도 더 빨리 성장할 수 있었다. 그러나 생산성은 실시간으로 측정하기가 힘들다. 노벨 경제학상 수상자 로버트 솔로는 1987년에 다음과 같은 유명한 발언을 했다. "컴퓨터 시대가 왔다는 증거는 온갖 곳에서 목격할 수 있다. 생산성 통계 자료만 뺀다면 말이다."[12] 기술과 생산성 사이의 관계는 제한 속도를 알아내려는 중앙은행가들에게 아주 중요한 변수였다(지금도 중요한 변수다).

금융 위기가 세상을 휩쓸고 지나간 후, 벤 버냉키와 재닛 옐런은 경제 침체기에 노동 시장을 빠져나간 노동자들이 다시 돌아올 확률은 얼마나 되는지를 평가해야만 했다. 그들이 돌아온다면, 실업률 감소가 인플레이션 압력을 야기하기 전에 경제가 성장할 기회가 충분히 있을 것이다. 만일 그렇지 않다면, 즉 대침체기 동안 일을 그만둔 사람들이 일자리를 찾는 것을 멈추고 노동 시장을 완전히 떠나 버린다면, 미국 경제의 제한 속도는 영구적으로 낮은 상태에 머물 것이다.

최종 대출자 역할과 모럴 해저드

모든 경제 체제에서 조지 베일리 같은 사람이 자신의 신혼여행 자금을 포기하고 은행 시스템을 구제할 것이라고 기대할 수는 없다. 지난 장에서 설명했듯 현대 금융 시스템의 특징 중 하나는 위기가 닥쳤을 때 유동자산을 필요로 한다는 것이다. 이 취약성에 대한 방어 기제로 중앙은행만 있는 것이 아니다. 대공황 이후 대규모 예금 인출 사태를 방지하기 위해 연방예금보험이 만들어졌다. 은행이 망할 것 같다는 두려움이 들어도 예금주들은 더 이상 은행으로 뛰어가지 않는다. 돈을 잃을 걱정이 없기 때문이다. 정부가 손해 본 부분을 물어 줄 것이다(물론 이에 따른 또 다른 문제가 발생할 수밖에 없다. 이 부분은 잠시 후에 살펴보자). 2008년 위기에서 극명하게 드러났듯, 보험으로 보호되는 예금을 제외하면 전 세계 금융 시스템은 여전히 현대판 예금 인출 사태에 취약하다. 칼럼니스트이자 경제학자인 타일러 카우언Tyler Cowen은 이를 '섀도 뱅크 런의 시대age of the shadow bank run'라고 묘사했다.

2012년, 카우언은 다음과 같이 썼다. "오늘날 대규모 예금 인출 사태는 MMFMoney Market Fund(단기금융투자신탁)에서 서둘러 돈을 뺀다든지, 은행 간 오버나이트 론overnight loans을 위한 믿을 만한 담보가 사라져 버린다든지, 문제가 있는 금융 기관에서 갑자기 단기 자본을 빼내 가는 것을 의미한다."('오버나이트 론'은 뉴욕 금융 시장에서 증권 딜러가 다른 금융 기관으로부터 자금을 빌리는 최단기 신용 형태를 말한다. 오늘 빌렸다가 다음 영업일에 결제하는 1일 자금이다 - 옮긴이) 상황은 새롭지만 행동은 어디서 많이 본 익숙한 것들이다. 상황이 안 좋아지면 개인 투자자들과 기관들은 자기 돈을 환수하기를 바라고, 그래서 상황이 더 안 좋아진다.[13] 그리고 연방준비제도가 아무리 복잡하게 금융 위기에 대처하는 척해도 결국은 조지 베일리가 빌딩 앤드 론 로비에 서서 고객들에게 현금을 나누어 주는 것과 그다지 달라 보이지 않았다. 미국의 중앙은행은 전 세계 각국의 중앙은행들과 협력하면서 건전한 재정 상태의 기업들이 대출 접근성 문제로 인해 지급불능 사태에 빠지지 않도록 하기 위해 가능한 모든 수단을 동원했다.

금융 패닉 사태가 특히 위험한 까닭은 재정 상태가 건전하지 못한 기업들이 물귀신처럼 나머지 기업들을 함께 끌어내릴 수 있기 때문이다. 2008년 당시 금융 시스템 전체에 불이 나 있었고, 연방준비제도는 고압호스에서 물을 뿌리듯 유동자산을 뿜어냈다. 다음 장에서는 IMF가 호스를 들고 나타나 국가들을 상대로 최종 대출자 역할을 하는 것을 살펴볼 것이다. 멕시코나 터키는 비상 대출이 필요할 때 누구에게 연락을 할까? 바로 IMF다.

이미 추론한 독자들도 있겠지만, 최종 대출자 개념에는 문제가 있다. 우리는 모두 애초에 불이 붙지 않기를 바라는데, 사람들은 소방서가 유능할수록 휘발유를 벽난로 옆에 두고도 별 걱정을 하지 않게 된다는 것이다. 경제학자들이 모럴 해저드라고 부르는 이 문제의 본질을 이해하기 위해 잠깐 옆길로 새서, 나의 매형이 어떻게 CDcertificate of deposit, 즉 양도성예금증서를 사들이곤 했는지를 살펴보자. CD는 당좌예금이나 저축예금처럼 고정 금리를 지급한다. 그러나 자금을 6개월 혹은 1년 등 미리 정한 기간 동안 묶어 둔다는 특징이 있다. 연방정부는 요구불예금과 마찬가지로 CD에 대해서도 25만 달러까지 보장을 해 준다.

내 매형은 미국 전역에서 가장 높은 CD 금리를 제공하는 은행을 찾기 위해 신문을 샅샅이 살피곤 했다. 그러다가 한 번도 들어 보지 못한 은행에서 경쟁사보다 0.25퍼센트나 0.5퍼센트라도 더 지급하는 상품을 찾아내면, 자신의 돈을 그곳으로 보내곤 했다. 신문 기사에 그 은행의 은행장이 마약을 팔다가 체포됐다거나 여섯 개밖에 없는 지점이 모두 '아직 수사 중인' 사고로 인해 불타 버렸다는 이야기가 나와도 매형은 걱정하지 않았다. 일이 최고로 잘 풀려서 은행장이 무죄 선고를 받으면 매형은 계속 높은 이자를 받을 것이고, 일이 최악으로 꼬여서 비유적으로든 글자 그대로든 은행 자체가 장렬히 산화한다 하더라도 매형은 정부로부터 돈을 되돌려 받을 것이다. 다시 말해, 동전의 앞면이 나오면 매형이 이익을 보는 것이고, 뒷면이 나오면 정부가 손해를 보는 것이다.

이것이 금융 시스템을 방어하려는 모든 노력에 내재한 중요한 문제점이다. 사실 우리는 어떤 상황에서든 위험한 행동에 대해 보호를 받으면 받을수록 더 위험하게 행동하는 경향이 있다. 따라서 위기가 불필요하게 확산되는 것을 막기 위해 소방서를 두긴 해야겠지만, 사람들이 부주의하게 침대에서 담배 피우는 것과 같은 행동을 하지 않도록 만들어야 한다는 과제가 생기게 된다.

금융 부문에 대한 규제 책임

정부는 결국 매형이 더 이상 그런 위험한 행동을 하지 못하도록 했다. 분명히 해 둘 것은 매형이 잘못된 일을 한 적은 한 번도 없었다는 사실이다. 그는 정부가 CD에 대해 보험으로 보장해 준 잘못된 인센티브에 합리적으로 반응했을 뿐이다. 나도 조금만 더 부지런했더라면 매형과 똑같은 행동을 했을지도 모른다. 어찌 됐든 정부는 2009년에 인센티브 규칙을 바꿨다. 규제 기관에서는 은행들이 CD에 대해 (전국 평균에 비해) 과도하게 높은 금리를 제공하는 것을 금지했다. 재무 구조가 가장 불건전한 은행들이 가장 매력적인 금리를 제공한다는 (충격적인!) 사실을 발견했기 때문이다.[14]

미국의 금융 부문에 대한 규제 책임은 연방준비제도와 여러 정부 기관들이 나눠 갖는다. 그러나 세계 각국의 약 절반 정도에서는 중앙은행이 유일한 금융 규제 기관으로 활동한다.[15] 최종 대출자가 중요한 규제 기관 역할을 하는 데는 나름의 논리가 있다. 일이 잘못됐을 때 돈주머니를 들고 가야 하는 당사자라면 당연히 일이 잘못될 확률을 최소화하려고 할 것이기 때문이다. 연방준비제도가 규제 부문에서 선도적 역할을 하건 안 하건 상관없이, 금융 규제의 중요한 본질을 이해하기 위해 수천 쪽에 달하는 연방 규제 법규를 읽을 필요는 없다. 다시 한 번 강조하지만, 규제의 본질은 금융 기관들이 문제에 봉착할 경우 그로 인해 발생하는 비용이 금융 시스템 전체에 확산된다는 사실 때문에 규제가 존재한다는 사실이다. 규제에 대한 변론 중 가장 납득이 가는 것은, 규제가 개인이나 기업으로 하여금 잘못된 결정이나 어리석은 행동을 하지 못하도록 보호하기 위해서가 아니라, 그런 잘못된 선택들(혹은 불운)로부터 나머지 사람들을 보호하기 위해서 존재한다는 논리다. 금융 위기 전후에 존재한 수만 장에 이르는 금융 규제 조항을 읽어 보면, 대부분이 다음 중 하나로 분류된다.

문제를 일으킬 확률이 높은 행동을 방지한다—침대에서 담배 피우는 것을 불법으로 만든다.

기업들이 특정 종류의 위험한 활동을 하는 것을 금지하면 위태로울 만큼 나쁜 결과가 나올 확률이 줄어든다. 1929년 주식 시장이 붕괴된 후, 글래스-스티걸 법Glass-Steagall Act이 제정돼서 상업 은행들이 수행할 수 있는 활동의 종류가 제한됐다. 은행들이 주식 시장에서 투기를 한 것이 시장 붕괴와 뒤이은 대공황을 초래했다고 믿었기 때문이었다.[16] 2008년 금융 위기 이후, 도드-프랭크 금융개혁법Dodd-Frank Wall Street Reform and Consumer Protection Act(3000쪽이 넘음)이 통과됐는데, 거기에는 은행들이 자기자본으로 투기성 투자를 하는 것을 금지하는 '볼커 룰Volcker Rule'(전 연방준비제도 이사회 의장 폴 볼커의 권유 사항에 기초)도 포함되어 있다. 기업들이 고객을 위해 위험한 투자를 하면 오직 고객들만 손해를 보게 된다는 사실에 초점을 맞춘 규정이다. 사실상 기업은 대부분의 경우에 고객들이 이익을 보건 손해를 보건 상관없이 수수료를 받는다. 그러나 기업이 자기 자신의 돈을 써서 그런 투자를 하면(예를 들어 골드만삭스가 중국 주식 가격의 미래를 걸고 큰 도박을 한다면) 기업 자체가 손해를 볼 수 있고, 그에 따라 수많은 구조적 문제들이 연쇄적으로 발생할 것이다.

나쁜 일이 실제로 일어났을 때 기관들을 보호할 충격 완화 장치를 제공한다—누군가 침대에서 담배를 피워서 불이 난다 해도 스프링클러가 있으면 불을 끌 수 있다.

수많은 규제 조항에서는—시장이 둔화되거나 금리가 갑자기 변화하는 등—상황이 나빠져도 유동성 위기나 지급불능 사태로 이어지지 않도록 금융 기관 자체가 충분한 자체 방어 능력을 갖추도록 요구한다. 예를 들어, 바젤 협약—바젤 I, 바젤 II, 바젤 III—에서는 악성 대출로부터 스스로를 보호하기 위해 은행들이 보유하고 있어야 하는 자본금의 양과 관련한 자발적 국제 기준이 마련됐다(이 협약에 스위스의 작은 도시 이름이 붙은 이유는 바젤은행감독위원회Basel Committee on Banking Supervision가 이 권고안을 만들기 위해 만나는 도시이기 때문이다). 바젤 III는 국제 금융 시스템 안에서 상당한 역할을 하는 은행들은 보유 자산의 7퍼센트(2010년 기준)에 해당하는 자본금을 보유해야 한다고 명시하고 있다. 이 자본금은 필요한 경우 손해를 벌충하는 데 사용할 수 있는 기업 자체의 돈이다. 바젤 협약의 권고 사항에 법적 효력은 없지만, 각국 정부는 이를 바탕으로 자국의 규제를 만들어 내는 경향이 있다.

금융 위기 이후, 연방준비제도는 미래에 또 닥칠지 모르는 경제적 충격을 미국 내 대규모 은행들이 얼마나 버틸 수 있는지 평가하기 위해 '스트레스 테스트stress test'를 도입했다(은행을 위한 지진 테스트 같은 것이라고 보면 된다). 그리고 처음으로 2015년에 검사를 받은 31개 은행 모두가 가히 대지진이라 할 만한 금융 위기가 와도 붕괴하지 않을 만큼 충분한 완충 자본을 보유하고 있다는 결과가 나왔다. 《월스트리트저널》은 이렇게 보도했다. "연방준비제도가 미국의 31대 은행에 대해 매년 실시하는 스트레스 테스트 결과, 모든 은행의 재정 상태가 건전한 것으로 드러났다. 기업 부채 시장이 악화되고, 실업률이 10퍼센트에 도달하고, 주택 및 주식 가격이 급락하는 가상의 경제적 충격이 닥칠 때 은행들이 대출을 계속 해 줄 수 있는 충분한 자금을 보유하고 있는지를 검토한 결과다. 이 검사는 대규모 은행들이 시장 혼란 상황에서 납세자들의 구제금융 없이도 극심한 손해를 견뎌 낼 수 있는지를 확인하도록 고안되어 있다."[17]

경제 시스템 안의 다른 부분을 보호한다—젠장, 집이 다 타 버릴 것 같지만, 그래도 불이 다른 데로 번지지 않게 해 이웃을 구할 수는 있다.

제안된 개혁안 중 일부는, 병든 기관은 붕괴하도록 내버려 두되 그 여파가 경제 전반을 교란시키지는 않도록 하는 데 초점을 맞추고 있다. 도드-프랭크 개혁안에서는 금융 기관들로 하여금 일종의 '유언장'을 만들게 했다. 어떤 기관이 망하더라도 금융 시스템 전체가 함께 와해되지 않게끔 하는 가상의 파산 계획을 미리 마련해 두도록 한 것이다.

구조적으로 중요한 기관을 지정한다—고층 건물에 불이 나면 도시 전체에 큰 재앙이 될 수 있다. 그러니 그 중요한 건물에 특별히 신경을 쓰자.

이것은 '대마불사'의 문제다. 일부 기관들은 너무 규모가 큰 데다 전체 금융 시스템과 복잡한 상호 관계를 맺고 있어서, 그 기관이 붕괴하거나 극심한 곤란을 겪을 경우 전 세계적으로 미치는 영향이 엄청나게 심각하다. 도드-프랭크 개혁안에 따라 15인으로 이루어진 금융안정감독위원회Financial Stability Oversight Council, FSOC가 결성돼서 '위험 요소들을 식별해 내고 금융 안정성을 위협하는 것들에 대응하는 책임'을 맡고 있다.[18] 연방준비제도 이사회 의장은 15인의 위원들 중 투표권을 가진 10인에 자동적으로 포함된다. 금융안정감독위원회는 특정 금융 기관을 '구조적으로 중요하다'고 지정할 권리를 가지고 있다. 그렇게 지정된 기관들은 연방준비제도의 감독은 물론이고 그 밖에 '강화된 권고 기준'에 따라 규제 감독을 받게 된다. 2014년 당시 이렇게 지정된 기관 리스트에는 우리가 잘 아는 이름들—JP모건체이스, 골드만삭스, 시티그룹—도 있었지만, 중국농업은행Agricultural Bank of China처럼 일반인에게 많이 알려지지 않은 국제적 기업들도 있었다.[19]

어떤 규제가 실제로 의도한 효과를 내는지에 대한 판단은 다른 저자들에게 맡기겠다. 역사적으로는 무모한 행동을 '변화시키는 것'이 무모한 행동을 '변화시키려 애쓰는 것'보다 훨씬 더 어렵다는 것이 증명된 바 있다.

연방준비제도의 이중 책무와 정치적 독립성

연방준비제도는 세계 각국의 다른 중앙은행들과 달리 통화 가치를 유지하는 임무에 더해 완전고용을 유지하는 임무까지 법령에 의해 맡고 있다(다른 대부분의 중앙은행들은 물가안정에 관한 책임만을 진다). 때로는 이 부분을 '이중 책무dual mandate'라고 부르기도 한다.◆ 관리할 일이 여러 개 있을 때보다 하나만 있을 때 목표를 성취하기가 더 쉽다. 장기적으로 볼 때, 물가가 안정적으로 유지되면 꾸준한 성장과 최대 고용으로 이어진다. 단기적으로 보면 일이 좀 더 흥미로워진다. 폴 볼커가 인플레이션과 싸움을 진행하고 있을 때, 그는 고의적으로 경기침체를 꾀해 인플레이션 기대 심리를 완전히 추방해 냈다. 기업들이 망하고, 노동자들이 해고를 당했다. 이 모든 고난의 목표는 기업과 노동자들에게 13퍼센트의 임금 및 가격 인상을 기대하지 않도록 납득시키는 것이었다. 볼커는 이렇게 회고한다. "이중 책무에 대해서는 걱정하지도 않았다. 우리는 말 그대로 인플레이션과의 전투에만 집중했다."[20]

중앙은행은 정치적으로 어려운 결정을 할 필요가 있다. 때로는 고의적으로 경기침체를 유도해야 할 필요도 있다. 바로 폴 볼커가 1970년대 말에 한 것처럼 말이다(대중들은 인플레이션 파이터 맨이 일을 벌이고 있을 때보다 그 임무를 완수한 후에 훨씬 행복해하는 경향이 있다). 어떤 때는 연방준비제도가 (대개 장래의 인플레이션에 대한 우려 때문에) 경제를 촉진하기 위한 조처를 충분히 취하지 않는 것으로 여겨지기도 한다. 파티에서 이제 막 밴드가 신나는 트위스트 음악을 연주하기 시작했는데 펀치 그릇을 치워 버리는 걸 좋아할 사람은 아무도 없다. 경제가 최대 역량에 가깝게 돌아가고 있으면 기업들은 높은 수익을 올리고 임금이 상승한다. 이렇게 상황

◆ 현재의 목표는 1977년 '연방준비제도개혁법Federal Reserve Reform Act'에 의해 확립됐다. 이 법령은 연방준비제도가 '최대 고용, 안정된 물가, 그리고 적정 장기 금리 유지'라는 목표를 효과적으로 추진할 의무를 지닌다고 규정했다. 여기서 세 번째 부분은 보통 중복된 명령으로 여겨져 무시된다. 적정 장기 명목금리는 안정된 물가를 통해서 가장 효과적으로 유지될 수 있기 때문이다.

이 좋은데 노래 한두 곡 더 듣는다고 큰일이 벌어질까? 정치인들은 흥겹게 춤추는 시간이 지난 후 필연적으로 겪게 될 숙취가 밀어닥치기 전, 그 사이의 시간을 활용할 수 있다. 특히 그 둘 사이에 선거가 벌어진다면 말이다. 1970년부터 1978년까지 연방준비제도 이사회 의장을 역임한 아서 번스Arthur Burns는 1974년에 리처드 닉슨Richard Nixon을 재선시키기 위해 펀치에 알코올을 더 넣었다는 비난을 받곤 한다. 번스는 자신의 다이어리에 이렇게 썼다. "내가 통화 정책을 주관하고 있으니 [닉슨의] 연방준비제도가 경제의 숨통을 조일지도 모른다는 걱정을 할 필요가 없다."[21]

나는 번스가 저지른 일이 유죄인지는 정확히 모르겠다. 그러나 이 사례로부터 분명히 알 수 있는 사실은 있다. 중앙은행은 과도한 정치적 개입이 없을 때 가장 효율적이라는 점이다. 국가의 장기적 이익에 해가 될 수도 있는 단기적 압력으로부터 통화 정책 입안자들을 보호해야 할 필요가 있다는 뜻이다. 폴 볼커는 1979년 연방준비제도 이사회 의장으로 임명되기 전 지미 카터Jimmy Carter 대통령을 만났을 당시를 기억한다. "카터 대통령이 만나자며 나를 초대했다. 우리는 아주 짧은 대화를 나눴다. 나는 내가 연방준비제도 이사회 의장이 되면 [재무부 장관 윌리엄] 밀러보다 규제 정책을 더 많이 쓰게 될 것이고, 연방준비제도는 독립된 기관이라고 생각하며, 그 독립성을 무척 중요하게 여긴다고 말했다."[22] 연방준비제도의 독립성을 너무도 중요하게 여긴 볼커는 로널드 레이건Ronald Reagan 대통령이 잠깐 방문할 수도 있다고 했을 때에 그럴 필요 없다고 말하기도 했다. 몇 년이 흐른 후, 볼커가 프린스턴대학에서 강의를 하고 내가 그의 조교로 일하고 있을 때였다. 우리는 빌 클린턴Bill

Clinton 대통령의 연두 교서 직후에 저녁 식사를 함께 하게 됐다. 힐러리 클린턴Hillary Clinton이 당시 연방준비제도 이사회 의장 앨런 그린스펀 옆에 앉아 있었다. 볼커는 대통령의 부인이 이사회 의장 옆자리에 앉는 것은 지극히 부적절한 일이라고 지적했다.

대서양 건너에 있는 유럽중앙은행은 어느 국가의 정치 기구로부터도 완전히 독립적인 지위를 누린다. 유럽중앙은행 관리들이 EU 재무 장관이나 EU 의원들과 만날 수는 있지만, 다른 정치 기구에 지시를 구하거나 받아서는 안 된다는 조항이 유럽중앙은행 조약에 명시되어 있다. 경험적 증거로 볼 때, 동서고금을 막론하고 더 많은 독립을 보장받은 중앙은행일수록 낮은 평균 인플레이션율과 안정적인 물가를 유지하는 데 성공했다. 《이코노미스트》는 이렇게 설명한다. "선거로 선출되지 않은 테크노크라트들에게 통화 정책을 수립할 힘을 주는 이유는 다음 선거를 걱정해야 하는 정치인들보다 그들이 일을 더 잘 해낼 수 있을 것이라 생각하기 때문이다."[23]

◆　◆　◆

나는 이번 장에서 연방준비제도를 비롯한 중앙은행에 결점이 없다는 식으로 이야기하지 않았다. 뒤에 나올 9장에서는 2008년 금융 위기에 대한 연방준비제도의 대응을 검토해 볼 것이고, 14장에서는 중앙은행을 더 효과적으로 운용할 수 있는 방법에 대해서도 살펴볼 것이다. 사실 우리는 중앙은행 없이도 경제 시스템이 제 기능을 하며 돌아갈 수 있다는 것을 알고 있다. 인류 역사상 부지런한 사람들은 늘—소금 자루든 비트코인이든—상거래를 가능하게 하는 화폐 단위만 있으면 교환을 하며 살아왔다. 미국은 1913년에 연방준비제도가 확립되기 전까지 중앙은행을 가지고 있지 않았다. 초창기 중앙은행이라 할 만한 미합중국 제1은행과 제2은행First and Second Banks of the United States은 의회의 허가 갱신 거부로 폐쇄됐다. (현대적인 의미의 중앙은행은 아니지만 최초로 시도된 국가 은행이 바로 제1은행이다. 1791년에 문을 연 제1은행은 의회가 승인 기간 연장에 반대해 1811년에 문을 닫았다. 1817년에 문을 연 제2은행은 1836년 앤드루 잭슨의 재승인 거부에 부딪혀 문을 닫았다 - 옮긴이)

그러나 제 기능을 다하는 중앙은행이 있으면 현대 경제 시스템은 훨씬 부드럽게 돌아간다. 최악의 금융 위기가 지나간 후, 2011년 《이코노미스트》는 다음과 같이 썼다. "중앙은행가들은 세계 경제에서 가장 강력하고 대담한 존재들이 됐다. 금융 부문에 엄청난 양의 유동자산을 제공함으로써, 그들은 2008년에 경제 붕괴의 위기에서 세상을 구했다. 또 중앙은행가들은 그 후에도 막대한 액수의 정부 채권 매입을 비롯한 여러 조치를 통해 경제 회복을 지탱해 왔다. 그들은 세계 금융의 규칙을 새로 썼다. 이 모든 성취로 인해 그들은 록 스타와 같은 지위를 누리게 됐다."[24]

뭐 좋다. 슈퍼히어로로까지는 아닐지 모르지만, 록 스타인 것만으로도 상당한 것 아닌가?

6장

Naked
Money

환율과 세계 금융 시스템

자국 화폐를 평가절하하는 것은 이불 속에서 오줌을 누는 것과 같다. 처음에는 기분이
좋지만 얼마 가지 않아 모든 게 엉망진창이 되고 만다.

_ 익명의 연방준비제도 관리[1]

한 통화를 다른 통화로 왜, 어떻게 바꾸는가

2013년, 이란의 마누체리 광장은 두려움에 휩싸였다. 광장 노점상들의 매상이 눈에 띄게 줄어들었기 때문이다. 경기가 좋을 때 말 그대로 어디를 가나 돈이 쌓여 있던 것과는 완전히 딴판이 된 것이다. 무엇이 잘못되었을까? 무엇 때문에 경기가 이토록 나빠진 것일까? 평화와 번영이 원인이었다. 적어도 평화와 번영이 찾아올 것이라는 위협이 문제였던 것이다.

테헤란의 마누체리 광장은 이란의 불법—그러나 대체로 용인되는—환전상들이 모이는 곳이다. 환전 시장은 이란 화폐인 리알을 싼값에라도 달러로 바꿔야 하지 않을까 하는, 평범한 이란인들의 두려움을 바탕으로 돌아가고 있었다. 정세가 이란 경제와 리알에 불리해질수록 환전상들의 경기는 좋아졌다. 2013년이 저물어 갈 무렵, 미국과의 핵무기 협상 전망이 밝아 보였고, 그에 따라 경제 제재가 완화되고 병든 이란 경제에 활기가 돌아올 것이라는 희망이 생겼다. 당시 《뉴욕타임스》는 이렇게 보도했다. "오랜 고난을 감내해 온 이란 화폐의 운명이 밝아졌다."[2] 이 모든 소식은 이란 화폐의 가치가 오르락내리락하는 것으로 돈을 벌어 온 환전상들의 이윤이 줄어들고 매기도 없어질 것이라는 의미였다. 2005년부터 2013년까지 이란 대통령을 지낸 마흐무드 아흐마디네자드만큼 환전상들의 매상을 올려 준 사람도 없었다. 그의 전투적인 대외 정책과 의문의 여지가 많은 국내 정책들로 인해 이란은 국제적으로 고립됐고, 경제는 추락을 면치 못했기 때문이다. "그때가 정말 좋았죠." 한 환전상이 《타임스》와의 인터뷰에서 그렇게 회상했다. 아흐마디네자드는 나치가 유대인 대학살을 저질렀다는 사실을 부정하고 이스라엘을 완전히 전멸시켜 버리겠다고 장담하면서 핵무기 프로그램을 추진했고, 이로 인해 국제적 경제 제재가 점점 강화되었다. 나쁜 소식이 들리면 경제는 내리막길을 걷기 마련이므로, 이란의 중산층들은 자신의 예금을 보호하기 위해 리알을 서둘러 싼값에 달러로 바꿨다. 2012년에는 일주일 사이에 리알의 가치가 달러 대비 40퍼센트 하락한 적도 있었다.[3]

마누체리 광장의 상황만으로도 우리는 환율에 대해 알아야 할 것을 대부분 알 수가 있다. 나머지는 세부 사항들일 뿐이다—극도로 중요하고, 갈등을 야기하고, 경제적으로 없어서는 안 될 세부 사항들이기는 하지만 말이다. 서로 다른 나라는 서로 다른 화폐를 가지고 있고, 각 화폐는 그것이 주로 통용되는 지역에서 재화나 서비스와 교환할 수 있다. 10달러면 맨해튼에서 택시를 탈 수 있다. 도쿄에서는 택시 기사가 달러를 받지 않을 것이다. 반대로 1000엔이면 도쿄에서 택시를 탈 수 있지만, 뉴욕에서는 택시 기사들에게 경멸과 무시를 당할 수 있다.

한 곳에서는 엄청난 가치를 지닌 종잇조각이 다른 곳에서는 쉽게 사용하기 어려워진다. 나는 1980년대 말 호주의 싸구려 호스텔에 머물면서 이런 경험을 실제로 했다. 함께 여행하던 친구와 내가 방을 비운 사이에 도둑이 들어 짐에 숨겨 두었던 돈을 훔쳐 갔다. 도둑은 호주 달러만 모두 훔쳐 가고 미국 달러는 손대지 않았다. 도대체 어떤 도둑이 미국 달러를 그대로 둔 걸까? 게으른 도둑이 분명했다. 어떤 화폐든 다른 화폐와 교환이 가능하기 때문이다. 대부분의 경우 합법적으로 가능한 일이고, 그렇지 않은 곳에서는 불법적으로라도 교환이 가능하다(심지어 북한에서도 가능하다). 그런데 왜 그리고 어떻게 환전을 하는 것일까? 바로 그 점을 이 장에서 알아볼 것이다. 현대 화폐가 본질적으로 고유의 가치가 없다는 점을 감안할 때, 한 종류의 종잇조각을(전자 원장이라면 한 종류의 바이트를) 다른 종류의 종잇조각으로(혹은 다른 종류의 바이트로) 바꾸는 비율을 어떻게 결정하는 걸까?

가장 기초적인 수준에서라면 이란 환전상들의 예로 간단히 설명할 수 있다. 한 통화를 다른 통화로 교환할 때는 교환 당사자들이 자발적으로 동의한 환율로 거래가 될 것이다. 내 2001년형 볼보는 얼마에 팔 수 있을까? 누군가 지불하겠다고 동의한 가격에 팔릴 것이다. 종이를 비롯한 모든 형태의 화폐도 이와 다르지 않다. 마누체리 광장의 환전상들은 은행이나 환전소와 마찬가지로 그저 중개인에 불과하다. 그들은 자신의 저축이 인플레이션으로 인해 잠식될 것을 우려한 이란의 중산층 시민들에게서 리알을 받고 달러를 판다. 그런 다음 해외에서 달러를 벌어 와 이란 국내에서 쓰기 위해 리알로 바꿀 필요가 있는 정부 관리나 기업에 다시 리알을 판다. 환전상들은 리알과 달러 시장의 흐름이 원활해질 가격을 찾아내는 시장 조성자market maker라고 할 수 있다. 이때 시장의 흐름이 원활해진다는 것은 각 화폐를 사고파는 사람의 숫자가 거의 비슷해진다는 걸 의미하고, 그 과정에서 환전상들은 상당한 수준의 수수료를 챙기게 된다. 여기에 여러 겹의 복잡한 사항들을 보탤 수 있지만, 여기서 가장 중요한 점은 화폐의 교환이 자발적인 거래라는 사실이다. 두 통화 사이의 환율은 이성을 갖춘 사람들이 한 통화를 다른 통화로 바꾸는 것이 유리하다고 생각하는 수준을 반영한다.

환율과 구매력 평가의 상관관계

각국 정부는 항상 이런 거래에 개입을 한다(이란의 환전 가판대는 아무리 단속이 뜸하다지만 엄밀히 말해 불법이다). 정부는 또 특정 통화를 보유하는 것이 더 유리한지 아닌지에 영향을 줄 수도 있다. 아흐마디네자드도 의도치 않게 그런 영향을 주었다. 그의 정책으로 경제가 피폐해지면서 미래를 두려워한 이란인들이 리알을 싼값에 팔아 치우도록 만든 것이다. 중앙은행은 보통 이보다 더 계획적으로 통화 가치에 영향을 준다. (다른 조건들이 동일할 때) 금리를 높이면 다른 곳에서 자본이 몰려든다. 투자자들은 가능한 한 높은 수익을 올리고 싶어 하기 때문이다. 이렇게 새로운 자본이 유입되면 그 나라의 통화가 평가절상된다(예를 들어, 미국의 금리가 높아지면 외국인들이 달러를 사기 위해 몰려들면서 달러 가격이 올라간다). 금리를 낮추면 정반대 효과로 통화가 평가절하된다.

어떤 경우가 됐든, 환율에 대한 이해는 대부분의 화폐 교환이 거래의 일종이라는 것을 인식하고, 모든 거래는—아이들이 점심시간에 친구들과 간식을 교환하는 것에서부터 헤지펀드 매니저들이 햄프턴의 부동산을 사는 것에 이르기까지—거래 당사자들이 해당 거래에서 혜택을 본다고 느껴야 한다는 사실을 아는 데서 출발한다.

대체로 두 통화 사이의 환율—하나의 통화를 다른 통화와 교환할 때 매겨지는 가격—은 수요와 공급을 반영한다. 달러를 보유한 미국인들 중 많은 수가 갑자기 멕시코 페소를 원한다면 달러에 비해 페소의 수요가 더 늘어날 것이고, 이에 따라 달러 대비 페소의 '가격'이 올라갈 것이다. 경제학자는 이를 달러 대비 페소가 평가절상됐다고 말할 테지만, 사실은 밸런타인데이에 장미가 더 비싸지는 것과 똑같은 이유로 페소의 가격이 올라간 것일 뿐이다. 많은 사람들이 장미를 원하는 밸런타인데이에는 사람들이 돈을 더 지불하더라도 장미를 사려고 한다. 좀 유식한 척하고 싶으면 달러 대비 장미가 평가절상됐다고 말할 수도 있다.

다시 뉴욕과 도쿄의 택시 기사 이야기로 돌아가 보자. 환율에 관한 두 번째 핵심 원리는 이것이다. 하나의 통화를 다른 통화와 교환해도, 그 돈으로 비록 다른 나라에서이긴 하지만 거의 비슷한 재화나 서비스를 구매할 수 있어야 한다는 것이다. 뉴욕에서 10달러로 잠깐 택시를 탈 수 있다면, 시장 환율에 따라 10달러를 엔으로 바꿨을 때 도쿄에서도 어림잡아 비슷한 정도로 택시를 탈 수 있는 액수를 얻을 가능성이 있다. 물론 이는 이 장의 나머지 부분에서 논의될 여러 이유들로 인해 아주 정확한 상관관계를 지닌다고 볼 수는 없다. 그러나 분명한 건, 도쿄의 환전소에서 10달러를 내고 받은 엔으로 대형 텔레비전이나 혼다 자동차를 살 수는 없다는 점이다. 왜 그런 일이 일어날 수 없는지를 이해하기 위해, 만약 그럴 수 있다면 어떻게 될지 상상해 보자. 독자가 룸메이트랑 이런 대화를 나누는 장면을 그려 보자.

독자: 이번 주말에 뭐 할 거야?

룸메이트: 아직 정하진 않았어. 근데 나 아까 소파 쿠션 밑에서 10달러 53센트를 찾았어. 그 돈으로 영화나 보면 어떨까 싶어.

독자: 일본에 가는 건 어때? 지금 환율이 최고야. 10달러를 엔으로 바꾸면 대형 텔레비전 두 대 살 돈이 돼. 그걸 가져와서 한 대를 팔면 비행기 값은 뺄 거야.

룸메이트: 정말?

독자: 응. 그런 기회가 지금 전 세계에 널려 있어. 지난주에는 점심 먹을 돈 8달러를 아껴서 캐나다에 스키 콘도를 한 채 샀어.

룸메이트: 와!

이런 식의 얼토당토않은 일이 가능하다면—심지어 이보다 훨씬 덜 극단적인 가격 불균형이 있다 하더라도—미국인들은 모두 서둘러 그 기회를 잡으려고 난리가 날 것이다. 독자의 룸메이트 같은 사람들이—그리고 훨씬 돈이 많은 헤지펀드 매니저들이—공격적으로 달러를 팔고 엔을 사들이면, 엔이 달러 대비 평가절상될 것이다. 한편 텔레비전을 비롯한 기타 재화의 가격이 일본에서는 오를 것이고(미국 소비자들이 마구 사들여서), 미국에서는 떨어질 것이다(기업가정신을 가진 사람들이 일본에서 들여온 제품을 팔기 시작해서). 이런 식으로 환율 변화와 가격 변화가 복합적으로 작용하다 보면, 양쪽 나라에서 더 이상 믿을 수 없는 가격에 거래가 이루어지지 않는 시장으로 옮겨 갈 것이다. 일정 액수의 달러와 이를 환전한 엔으로 살 수 있는 물건이 거의 비슷한 수준으로 될 때까지 말이다.

이 직관적인 개념은 '구매력 평가Purchasing Power Parity, PPP'라고 알려져 있다. 100달러로 미국에서 특정 재화 바스켓을 구매할 수 있다면, 이를 엔·유로·페소 등 어느 화폐로 바꿔도 일본·프랑스·멕시코에서 비슷한 재화 바스켓을 구매할 수 있어야 한다는 개념이다. 물론 바스켓에 포함된 모든 물건이 구매력 평가 이론에 부합하지는 않을 것이다. 해외여행을 해 본 사람이라면 누구나 각 나라마다 물건이나 서비스가 좀 더 싼 경우(인도의 이발 비용)도 있고, 좀 더 비싼 경우(도쿄의 호텔 객실 비용)도 있다는 것을 안다. 그럼에도 이 이론이 말하고자 하는 바는 직관적으로 이해가 될 것이다. 환율이 구매력 평가에서 너무 많이 벗어날 경우, 합리적인 사람들이라면 앞에서 든 우스꽝스러운 예에서처럼 그 차이를 이용하려 할 것이다.

환율과 교역재·비교역재 문제

이미 눈치챈 독자들도 있을지 모르지만, 바로 앞에서 언급한 두 가지 예, 즉 인도의 이발과 도쿄의 호텔 객실은 한 시장에서 구매해 다른 시장에서 되팔 수 없는 것들이다. 경제학 전문 용어를 동원하자면 둘 다 비교역재nontradable goods이다. 이발과 텔레비전의 실질적인 차이를 생각해 보자. 텔레비전은 한 곳에서 생산돼 다른 곳에서 팔린다. 이발은 그렇게 할 수 없다. 텔레비전은 교역이 가능한 상품이다. 자동차, 신발, 휴대전화, 골프공 등도 모두 마찬가지다. 인도와 미국에서 팔리는 텔레비전 가격에 상당한 차이가 있다면 뭄바이에서 루피로 수백, 수천, 심지어 수백만 대의 텔레비전을 사서 미국으로 들여와 달러로 파는 기업가는 쉽게 돈을 벌 수 있을 것이다(물론 실제로는 운송비, 무역 규제 등의 영향을 받는다). 그에 반해 뭄바이에서 값싸게 이용할 수 있는 이발을 사서 마이애미로 가져가 팔 수 있는 방법을 개발한 사람은 아직 아무도 없다. 사실, 이민 제한 때문에 뭄바이에서 노동력이 싼 이발사들을 고용해 마이애미로 이주시킬 수도 없다. 또한 아무리 수완 좋은 기업가도 일리노이 피오리아의 값싼 호텔 객실을 사서 도쿄로 가져가 팔아 이윤을 남길 수는 없다. 도쿄의 호텔 객실이 비싼 이유는 땅이 귀하기 때문이다. 부동산을 필요로 하는 재화와 서비스는 모두 세계의 다른 곳보다 비싸지는 것이다. 이와 관련해 다트머스대학 경제학과의 더그 어윈Doug Irwin 교수는 경험과 상식에 입각한 대략의 규칙을 제시한다. 교역재는 상품이 사람 있는 곳으로 움직이고, 비교역재는 사람이 상품 있는 곳으로 움직인다는 것이다.

공식 환율은 비교역 부문의 중요성을 비롯한 여러 이유로 인해 구매력 평가 기준에서 벗어나는 경우가 많다. 그럼에도 불구하고 구매력 평가는 통화의 상대적 가치를 평가하는 데 굉장히 유용한 기준이 된다. 구매력 평가 기준보다 더 비싸게 팔리는 통화는 보통 과대평가되어 overvalued 있다고 말한다. 커피 한 잔이 취리히에서는 3프랑(스위스 프랑)이고 시카고에서는 3달러라고 가정해 보자. 구매력 평가 기준으로 보면 환율이 대강 1프랑에 1달러가 되어야 한다. 'Purchasing Power Parity'(구매력 평가)에서 '통화 간 동등성'을 의미하는 'Parity'가 여기서 나온 것이다. 그러나 공식 환율로는 1프랑이 2달러에 거래된다면 어떨까? 이는 취리히에서 커피 한 잔을 살 수 있는 스위스 프랑으로 시카고에서 커피 두 잔을 살 수 있다는 의미다. 이때 경제학자들은 달러 대비 스위스 프랑이 과대평가되어 있다고 말할 것이다. 혹은 스위스 프랑 대비 달러가 저평가되어undervalued 있다고 표현할 수도 있다(시카고에서 커피 한 잔을 살 수 있는 달러로 취리히에서는 반 잔밖에 살 수 없기 때문이다). ◆

오래전, 《이코노미스트》는 구매력 평가를 사용해 어느 나라의 통화가 과대평가되거나 저평가됐는지를 쉽게 계산할 수 있는 무척 재치 있는 방법을 고안해 냈다. 바로 빅맥 지수Big Mac Index('버거를 사랑하는 사람들을 위한 통화 가이드')다. 이 편리하고 장난기 넘치는 지표는 세 가지 전제를 기본으로 하고 있다. 첫째, 빅맥은 전 세계적으로 많은 나라에서 팔리고 있다. 둘째, 빅맥에는 교역재와 비교역재가 상품 바스켓에 모두 들어 있다. 빵에 든 밀과 패티에 든 소고기는 교역재이고, 건물 임대료와 매장에서 일하는 직원들의 노동력은 비교역재이다. 셋째, 빅맥은 어디에서 팔리든 동일한 재화와 서비스를 담은 바스켓이므로, 빅맥의 가격은 구매력 평가를 기준으로 한 환율을 알 수 있는 좋은 지표다. ◆ 미

◆ 경제학자들은 금리와 마찬가지로 환율도 명목환율과 실질환율을 구분해서 말한다. 명목환율은 한 통화를 다른 통화로 교환하는 비율(공항 환전소에 게시되어 있는 숫자들)이고, 실질환율은 두 나라에서 변화하는 물가(인플레이션과 디플레이션)까지 감안한 것으로 다른 통화에 대한 특정 통화의 구매력 변화를 더 잘 알 수 있는 기준이다. 예를 들어, 미국의 1달러가 아르헨티나의 10페소로 교환되는데, 미국의 물가는 안정적이고 아르헨티나의 물가는 매년 10퍼센트씩 오른다고 가정해 보자. 1년 후, 환전소에서는 1달러를 11페소로 바꿔 줄 것이다. 아르헨티나 페소 대비 달러가 10퍼센트 평가절상되었지만(1달러마다 페소를 10퍼센트 더 살 수 있다), 1페소로 살 수 있는 아르헨티나의 재화와 서비스는 10퍼센트 줄어들었다. 명목환율(환전소에 게시된 숫자)은 변했지만, 실질환율(한 통화를 다른 통화로 교환한 다음 구매할 수 있는 상품의 양)은 전혀 변하지 않았다. 이 장에서 환율을 이야기할 때는 실질환율을 의미한다.

국에서 팔리는 빅맥은 평균 4.79달러고, 영국에서는 2.50파운드라면, 미국과 영국 화폐 사이의 환율은 대략 4.79달러=2.50파운드, 즉 1달러 =0.52파운드 정도여야 한다. 환율이 여기서 벗어나 있다면, 우리는 어느 나라의 통화가 과대평가 혹은 저평가된 것인지 알 수 있다. 현재 외환 시장에서는 1달러로 0.66파운드를 살 수 있으므로 빅맥 지수가 제시하는 것보다 파운드화를 더 살 수 있다. (저자가 원고를 쓴 2015년 봄 환율을 말한다. 2019년 12월 현재는 1달러에 0.8파운드 정도를 살 수 있다 - 옮긴이) 다시 말해 미국에서 빅맥 하나를 살 수 있는 돈을 파운드로 환전하면, 영국에서 빅맥 하나를 먹고도 돈이 남고, 따라서 미국 달러가 파운드 대비 과대평가되어 있다(혹은 파운드가 달러 대비 저평가되어 있다)는 의미다.

여러 나라의 경제 지표를 비교할 때 달러로 변환해서 비교를 하는 경우가 많은데, 이때 시장 환율보다 구매력 평가 기준으로 계산을 한다. 가령 르완다처럼 상대적으로 가난한 나라의 경제적 복지 수준을 평가하려 한다고 해 보자. 공식 환율로 따지면, 르완다 국민 1인당 연간 소득은 700달러다. 평균적인 르완다인의 연간 수입을 키갈리 공항에서 달러로 환전하면 700달러를 받는다는 이야기다. 그러나 700달러라는 숫자가 르완다 국민의 생활수준을 알려 주는 가장 정확한 척도인 것은 아니다. 가난한 나라에서는 비교역재가 싼 경향이 있고, 특히 임대료와 식료품 가격이 싸다. 공식 환율로 1달러가 746프랑(르완다 프랑)인데, 가난한 르완다인이 자국에서 746프랑으로 살 수 있는 기본 물품은 미국

◆ 인도는 예외다. 인도에서 팔리는 마하라자 맥Maharaja Mac은 닭고기로 만든다.

에서 1달러로 살 수 있는 물품보다 훨씬 많다. 따라서 이를 보완하기 위해―르완다 같은 나라에서 사람들이 실제로 어떻게 사는지를 더 정확히 파악하기 위해―세계은행이나 CIA(국제적 통계 정보의 좋은 정보원이다)는 각국 화폐 단위로 산출된 통계 수치를 구매력 평가에 근거해 달러로 환산한다. 이 계산 방법을 사용하면 르완다의 1인당 수입은 1630달러가 된다. 공식 환율로 계산한 것의 거의 두 배가 되는 셈이다.[4]

통화 가치가 수출과 수입에 미치는 영향

이 장을 이불 속에서 오줌 누는 이야기로 시작한 다음, 아직까지 거기에 상응하는 짜릿한 이야기는 하지 않은 것 같다. 이제 한 나라의 통화가 구매력 평가를 기준으로 다른 나라의 통화와 논리적으로 깊이 연관돼 있다는 점, 하지만 시장 환율은 여러 이유로 인해 거기에서 벗어날 수 있다는 점을 이해했으리라 믿는다. 빅맥으로 끼니를 때우며 세계여행을 하려는 사람이라면 이 사실에 깊은 관심을 가질 것이다. 물론 그럴 계획이 없다면 이런 이야기에 졸음이 올 수 있다. 그럼에도 환율이 경제적·정치적 영역에 미치는 영향이 막대하다는 것만은 분명히 알 필요가 있다. 각국 정부와 중앙은행은 자국 화폐의 환율을 조정할 능력이 있고, 그에 따라 국내외에서 경제적으로 이익을 보거나 손해를 보는 사람들이 생기기 마련이다. 미국과 중국 간 분쟁들 중 매우 중요한 한 가지는 미국 달러와 중국 위안 사이의 환율에 대한 우려다.◆ 동아시아 국가들이 통화 가치를 두고 벌이는 갈등은 남중국해의 섬들을 둘러싼 영토 분쟁만큼이나 치열하다. 2008년 금융 위기가 터진 후, 뉴스 해설자들은 저마다 곧 '통화 전쟁'이 닥칠 수 있다고 경고했다.[5]

아직은 아무도 이불 속에서 오줌을 누지 않았다. 하지만 금방 거기까지 이야기가 갈 테니 조금만 기다려 달라. 통화 가치와 관련된 정치적 갈등은 단 하나의 경제학적 통념에서 비롯된 것이다. 바로 다른 모든 조건이 동일할 경우, 통화가 약세를 보이면 수출에는 좋고 수입에는 나쁘며, 통화가 강세를 보이면 정반대 현상(수출품이 더 비싸지고 수입품이 더 싸진다)이 일어난다는 것이다. 이 개념은 국제 경제의 핵심적인 요소이고, 따라서 국제 정치에도 깊은 영향을 끼친다. 수치를 이용해 단순한 예를 들어 보겠다. 포드 같은 회사가 미국에서 차를 만들어 캐나다로 수출한다고 가정해 보자. 설명을 단순화하기 위해 포드의 주요 투입 요소—노동력과 부품—는 미국 달러로 가격이 매겨지고, 캐나다에서 팔리는 포드의 트럭과 자동차는 캐나다 달러로 가격이 매겨진다고 하자. 이제 캐나다 달러(캐나다 달러의 1달러 동전 뒷면에 있는 아비새의 영어 이름인 loon 때문에 루니loonie라고 부르기도 한다)와 미국 달러 사이의 환율이 1 대 1이라고 가정하자. 즉, 캐나다 달러 1달러를 환전소에 가져가면 미국 달러 1달러로 바꿀 수 있다는 의미다. 포드사가 자동차 한 대를 제작하는데 드는 원가가 1만 8000달러(미국 달러)인데, 캐나다에서 2만 달러(캐나

◆ 중국의 공식 화폐는 인민폐人民幣다. 그리고 인민폐의 기초 단위가 '위안'이다. 그래서 중국 통화를 인민폐라고도 하고, 위안이라고도 한다. 인민폐의 중국 발음은 런민비renminbi이며, 영어에서는 그 약자인 RMB로 중국 통화를 나타내기도 한다.

다 달러)에 판다고 해 보자. 캐나다 달러를 미국 달러로 교환하면 2000달러의 이윤을 남길 수 있다.

이번에는 자동차와 아무 관련 없는 다른 이유로, 미국 달러가 캐나다 달러에 비해 15퍼센트 평가절상됐다고 가정해 보자. 미국 달러 1달러로 캐나다 달러 1.15달러를 살 수 있다. 반대로 캐나다 달러 1달러로 미국 달러 0.87달러를 살 수 있다. 두 가지 사항을 짚고 넘어가자. 첫째, 이런 식의 환율 변동은 늘 있는 일이다. 이 부분을 쓰고 있는 2015년 봄 현재, 지난 1년 사이 미국 달러 대비 캐나다 달러는 약 17퍼센트 평가절하됐다. 둘째, 국내 시장에만 초점을 맞추는 기업들은 환율 같은 것에 전혀 관심을 두지 않는다. 직원과 납품업체에 캐나다 달러로 지불하고 캐나다에서만 샌드위치를 파는 가게 주인이라면 미국 달러 대비 캐나다 달러 환율에 눈곱만큼도 영향받지 않을 것이다.

반면 미시간에 자리 잡은 포드사에서는 이 문제에 관심이 많다. 미국에서 차를 제작하는 데 드는 비용은 변하지 않았다—같은 부품, 같은 노동조합과의 합의 사항, 미국 달러로 명기한 계약서의 숫자 등 모두 그대로다. 포드사가 캐나다에서 자동차를 팔 수 있는 가격도 마찬가지다. 캐나다에서 자동차를 사는 소비자들은 가격을 캐나다 달러인 '루니' 단위로 생각할 것이다. 그들은 루니로 임금을 받고, 상품들을 모두 루니로 사기 때문이다. (가전제품을 사러 가서 달러-엔 환율에 따라 구매할 상품의 가격대를 결정하는 사람이 얼마나 되겠는가?) 캐나다 달러의 가치가 떨어지기 전에 가장 기본 사양의 포드 픽업트럭이 캐나다에서 2만 달러였다면, 캐나다 달러의 가치가 떨어진 후에도 가격은 2만 달러 그대로일 것이다. 사실 미국 트럭과 자동차를 캐나다에서 파는 데 변화한 것은 아무것도 없다. 그러나 이제 앞에서 말한 것처럼 미국 달러가 캐나다 달러 대비 15퍼센트 평가절상됐다면, 캐나다 달러 2만 달러는 미국 달러로 1만 7400달러밖에 되지 않으므로 미국에서 트럭을 생산하는 원가보다 더 낮아진다.

바로 이런 이유 때문에 환율이 국제적 기업들에 중대한 영향을 끼치는 것이다. 포드가 차를 만들거나 파는 것과 관련된 부분들에는 아무런 변화가 없다. 원가나 판매가나 포드 자동차의 상대적 매력 등은 그대로다. 그럼에도 불구하고 포드는 자동차를 팔 때마다 돈을 벌던 상황에서 손해를 보는 상황으로 바뀐다. 환율의 변화 때문이다. 이 예가 모든 상황을 과도하게 단순화한 측면이 있긴 하지만, 어쨌든 이런 상황이 오면 기업 경영진들은 딜레마에 사로잡힌다. 그들은 불리한 환율을 상쇄하기 위해 캐나다 시장에서 자동차 가격을 올리고, 그로 인해 매출이 감소할 위험을 감수할 수도 있다. 아니면 캐나다 자동차 가격을 그대로 둔 채 단기간 손해를 감수하기로 결심하고, 환율이 반대로 움직여 주기를 기대할 수도 있다. 혹은 위 두 가지 전략을 섞어서 사용할 수도 있다. 어떤 선택도 그다지 바람직하지는 않다. 그리고 어떤 선택도 차와 트럭의 품질을 개선하는 것과는 아무런 상관이 없다. ◆

◆ 이런 종류의 환리스크exchange risk에 자주 노출되는 다국적 기업들은 종종 선물시장futures market 같은 금융 수단을 이용해 환율 변동으로 인한 손해를 상쇄한다. 그렇다고 해도, 변동하는 통화 가치가 수출 기업이나 수입 기업에 상당한 영향을 끼친다는 기본적인 사항에는 변함이 없다. 환리스크에 대비한 헤지 비용은 국제적으로 사업을 벌이는 데 드는 추가 비용이 됐다. 환율 변동폭이 클수록 그로부터 기업을 보호하는 비용이 커진다.

강한 통화가 좋은가, 약한 통화가 좋은가

비교를 위해, 혼다가 토론토에 공장을 세워 온전히 캐나다의 자원과 인력만을 투입해 캐나다 시장에서 팔기 위한 자동차를 생산한다고 가정해 보자. 이때 혼다의 생산비나 판매 가격은 미국 달러 대비 환율 변동의 영향을 전혀 받지 않는다. 캐나다 시장에서 혼다는 앞에서 언급한 샌드위치 가게와 전혀 다르지 않다. 환율 변동과 완전히 무관한 것이다 (바로 이것이 혼다가 미국을 비롯해 대형 시장이 존재하는 나라들에 현지 생산 공장을 세운 이유 중 하나다). 혼다가 토론토 공장에서 생산한 자동차를 미국에 수출한다면 상황이 더 유리해진다. 캐나다 달러가 평가절하되기 전에 토론토 공장에서 트럭 한 대를 생산하는 데 1만 8000달러가 들었고, 미국에서 2만 달러에 판매했다고 가정해 보자. 두 통화가 1 대 1로 거래될 때는 2000달러의 수익이 난다. 캐나다 달러가 평가절하된(앞에서 예로 든 15퍼센트를 다시 적용해 보자) 다음에는 수출이 더욱 유리해진다. 캐나다에서 자동차를 생산하는 비용은 변화가 없다. 차 한 대를 생산하는 데 여전히 1만 8000달러가 들어간다. 그러나 미국에서 차를 팔아 버는 2만 달러를 캐나다 돈으로 환전하면 15퍼센트가 더 많은 2만 3000캐나다 달러가 된다. 혼다 경영진은 즐거운 고민을 하게 된다. 가격을 그대로 유지해서 수익을 더 높일 수도 있고, 미국 시장에서 가격을 낮춰 경쟁자들의 시장점유율을 잠식할 수도 있다. 혼다가 미국에서 1만 7500달러까지 가격을 낮춰도 그 돈을 환전하면 2만 125캐나다 달러가 된다. 미국 내 경쟁자들의 시장을 빼앗아 옴과 동시에 자동차 한 대당 이전보다 약간 더 높은 수익을 올리는 것은 물론이고, 환율이 평가절하되기 전보다 소비자들에게 더 나은 가격을 제공할 수 있다.

앞에서 든 예는 모두 가설에 불과하지만, 상황은 가설이 아니다. 2008년 금융 위기 이후, 패닉 상태에 빠진 투자자들이 안전하게 돈을 맡길 수 있는 곳을 찾으면서 일본 엔화는 일종의 도피용 통화가 됐다. 2010년에 접어들면서 엔은 달러 대비 15년 내 최고점을 찍었고, 유로에 대비해서도 비슷한 기록을 세웠다. 당시 일본 내에서 생산하는 자동차의 비율이 높고, 부품 공급 역시 일본 내 납품업체에 의존하는 토요타는 엔화 강세로 인해 큰 타격을 받았다. 반면 세계 다른 지역으로 생산 기지를 옮기는 데 더 공격적 자세를 취해 온 닛산이나 혼다와 같은 다른 업체들은 엔화 강세에서 비교적 더 안전했다. 《뉴욕타임스》는 2010년의 한 기사에서 이런 헤드라인을 달았다. "값싼 엔에 의존해 온 일본, 야단났네." 기사에는 실제로 얼마나 야단났는지에 대한 설명이 이어진다. "토요타 관계자에 따르면, 토요타가 계획을 세울 당시 추정한 엔화 평가절상선—1달러에 90엔—을 넘어선 다음부터 이 기업은 달러 대비 엔의 가치가 1엔 올라갈 때마다 300억 엔(3억 5500만 달러)의 손실을 입는다." 이에 비해, 해외 생산 기지를 많이 둔 닛산은 엔이 달러 대비 평가 절상되어도 그 절반 수준의 손실만 감수하면 됐다.[6]

통화가 강세를 보이면 수출업자들은 어려움을 겪지만 수입업자들은 축제 분위기에 휩싸인다는 사실을 잊지 말자. 스타벅스는 전 세계에서 커피콩을 사들인다. 달러의 가치가 20퍼센트 올라가면, 모든 커피콩이 20퍼센트 싸진다. 우리가 마시는 라테의 값이 더 싸지거나 스타벅스 주주들의 수익이 더 올라갈 것이다. 어느 쪽이 됐든 좋은 일이다. 그러나 많은 기업들이 수출과 수입을 모두 하기 때문에 환율 변동은 두 가지 상반된 효과를 가져다준다. 보잉은 일본, 캐나다, 이탈리아, 프랑스, 스웨덴 등 여러 나라로부터 수입한 부품으로 시애틀에서 보잉 787기를 조립한 후 전 세계로 수출한다.[7] 달러가 약세를 보이면 해외 시장에서 비행기를 팔아 생기는 이윤이 올라가지만, 이와 동시에 수입하는 부품의 가격은 올라간다. 스타벅스 역시 마찬가지다. 커피콩 값이 싸져서 생긴 축제 분위기는 금방 위축될 수도 있다. 해외에서 올린 수익을 미국 달러로 환산하면 그 가치가 떨어지기 때문이다.

그러니 어느 쪽이 좋은 것인가? 강세 혹은 약세? 어느 통화든 구매력 평가 기준과 크게 차이가 나는 수준에서 환율이 유지되면 국민의 일부를 희생시켜서 다른 일부에게 이익을 주는 불공평한 상황이 생긴다. 나는 앞에서 캐나다 샌드위치 가게의 경우 매출과 생산비가 모두 '루니'로 이루어지기 때문에 달러 대비 루니의 환율이 아무런 가치를 지니지 않는다고 호언한 바 있다. 그건 사실이다. 그러나 그 회사의 직원들은 미국에서 수입된 상품들을 살 것이다. 캐나다 통화가 인위적으로 약세로 유지될 경우, 수입된 상품들은 더 비싸지게 된다. 다시 말해, 캐나다의 수출업자들은 전 세계적으로 유리한 고지를 점하게 되지만, 대신 수입된 상품을 사는 소비자들은 희생을 치르게 되는 것이다. 자국 화폐의 가치를 고의적으로 낮게 유지하는 정부는 결국 수입품을 구매하는 소비자들에게 세금을 물려서 수출업자들에게 보조금을 지급하는 것이나 다름없다. 독자라면 자신이 구매하는 모든 수입 상품에 대해 세금을 더 넘으로써 정부가 그 돈을 수출품 생산 기업들에 제공하도록 하는 데 동의하겠는가?

강한 통화가 강한 경제를 의미하는 것은 아니다

물론 우리가 두 나라 사이의 적정 환율이 무엇인지 정확히 알 수 있다면, 그 환율을 목표로 삼을 수 있을 것이다. 불행하게도 우리는 적정 환율을 알지 못한다. 구매력 평가는 대략적이고 장기적인 근사치이며, 환율은 구매력 평가를 통해 예측한 것보다 오랜 기간에 걸쳐 크게 벗어날 때가 많다. 따라서 경제학자들은 구매력 평가를 기준으로 한 것 외에 균형 환율equilibrium exchange rate을 이야기할 때도 있다. 이는 한 경제 시스템이 완전고용과 낮은 인플레이션, 그리고 교역과 자본의 출입이 지속 가능한 상태를 유지할 수 있는 수준의 환율을 말한다. 타당한 방식이긴 하지만, 문제는 우리가 무엇이 지속 가능한 수준인지를 완전히 파악하지 못한다는 데 있다. 예를 들어, 미국이 전 세계 국가들을 상대로 지고 있는—엄청난 액수인 데다 점점 늘어나고 있는—부채는 지속 가능한 수준인가? 보다 실용적인 접근법도 있다. 과거에 환율을 결정했던 요인들을 분석한 다음, 그 요인들을 적용해서 현재 적정 환율이 어느 수준이어야 하는지를 예측하는 것이다. 꽤 좋은 방법이다—과거와 현재가 아주 많이 다르지만 않다면 말이다. 투자 은행 모건스탠리는 잠재적 통화 가치를 측정하는 모델을 적어도 13개 보유하고 있다.[8] 2007년 미 재무부의 국제 사무처에서 나온 보고서는 아마 독자들도 알고 있을 만한 사실을 확인시켜 준다. 바로 환율에 관해서라면 전문가들 역시 어둠 속을 더듬거리는 수준을 벗어나지 못하고 있다는 것이다. 보고서 작성자는 이렇게 쓰고 있다. "한 경제 체제가 사용하는 통화의 적정 가치를 추정하거나, 그 통화가 정확히 얼마나 과대평가 혹은 저평가되었는지 판단하는 '절대적으로 안전한' 방법은 존재하지 않는다."[9]

따라서 돈과 관련된 다른 정책과 마찬가지로, 무엇이 적정 환율인지를 결정하는 데는 경제학만큼이나 정치학이 작용하기 마련이다. 적정 환율에 대한 한 사람의 시각은 그가 어디에 발 딛고 서 있는지에 달려 있다. 유럽에서 미국 자동차를 판매하는 사람인가? 프랑스에서 와인을 수입하는 사람인가? 한 나라 안에서도 서로 다른 입장의 사람들이 통화의 가치를 더 올려야 한다거나 내려야 한다는 상반된 주장을 펼친다. 나라 전체를 따졌을 때 최선은 무엇일까? 전 댈러스 연방준비은행 총재 밥 맥티어Bob McTeer는 이렇게 썼다. "보통은 강한 달러가 우리에게 유리하다. 그러나 가끔, 일시적으로 약한 달러가 훨씬 더 유리할 때도 있다." 달리 말해, 나라 전체를 봤을 때도 때에 따라 다르다는 이야기다.

어느 나라의 통화가 강세를 보인다고 해서 그 나라의 경제가 강하다는 의미는 아니다. 달러는 미국 경기가 왕성하고 전 세계의 자본이 실리콘밸리로 밀려들던 1990년대에 강세를 보였다. 그러나 미국 정부의 적자 문제가 심각해져 전 세계에서 돈을 빌리던 1980년대에도 자본이 미국으로 유입되는 바람에 달러가 강세를 보였다. 미국 대통령 경제자문위원회 위원장을 지낸 크리스티나 로머Christina Romer는 이렇게 설명한다. "하나는 미국의 눈부신 혁신이었고, 또 하나는 미국의 고질적인 예산 적자였지만, 두 현상 모두 달러 강세의 원인이 되었다. 그러나 하나는 미국 경제에 분명 긍정적인 것이었고, 다른 하나는 부정적인 것이었다. 결국 환율 변동이 바람직한 것인지 아닌지는 환율이 움직인 원인이 무엇이냐에 달려 있다는 얘기다."[10]

경제가 완전 가동되고 있을 때—예를 들어 완전고용이 이루어지고 있을 때—강한 달러는 좋은 것이다. 부유해진 미국인들이 전 세계 여러 곳들로부터 물건을 싼값에 살 수 있다. 나는 예전에 한 교수님이 했던 말이 기억난다. 생각해 보면 너무도 자명하지만 우리가 잊고 사는 사실이다. "수출은 우리가 수입하는 것에 대한 대가다." 다른 모든 조건이 동일하다면, 우리는 더 적게 지불하고 더 많이 얻고 싶어 한다. 공장들이 완전 가동되고 있고, 모든 사람들이 좋은 직장을 가지고 있으면, 프랑스 와인이나 일본 자동차의 가격이 떨어지는 걸 싫어할 사람이 있겠는가? 이때 미국인 입장에서 강한 달러란 자기 물건은 제값을 받고 팔면서 전 세계 다른 나라들의 상품에 대해서는 할인 쿠폰을 가지고 있는 것이나 다름없다.

그러나 경제가 취약할 때는 일이 더 복잡해진다. 바로 이때가 말하자면 나라들이 이불 속에서 오줌을 누는 상황이다. 통화가 약세를 보이면 수출이 활발해지고, 수출이 잘되면 일자리가 생긴다. 2010년, 미국 경제가 금융 위기에서 아직 벗어나지 못하고 비틀거리던 당시《뉴욕타임스》는 경제란에 실린 기사를 통해 매혹적인 경제의 마법 지팡이를 제시했다. "정부 부채나 재정 적자를 단 한 푼도 늘리지 않으면서 향후 2년간 미국 내에 50만 개의 일자리를 만들 수 있는 방법이 있다고 하

자. 그리고 동시에 빈사 상태에 빠진 러스트 벨트의 공장들에 다시 활기를 불어넣고, 점점 커지는 미국 무역 적자를 줄이고, 국제 경제 체제를 안정화하는 데 기여할 수 있는 방법이 있다고 가정해 보자." 이 '일자리 창출의 묘약'은 과연 무엇이었을까? 바로 중국 위안에 대해 달러를 평가절하하는 방법이었다.

대부분의 묘약과 마찬가지로 이 약도 아마 과대 포장되었을 것이다. 그러나 기초적인 개념은 여전히 논리에 어긋나지 않는다. 수출은 어려움에 빠진 경제에 도움이 된다. 그리고 통화 약세는 수출에 도움이 된다. 물론 모든 일에 공짜란 없다. 통화가 평가절하된 나라에서는 자신이 생산한 것에 대한 보상으로 살 수 있는 상품의 양이 줄어든다. 미국의 자동차 공장에서 일하는 노동자가 4시간 일해서 번 돈으로 중국에서 제작된 텔레비전을 살 수 있다고 가정해 보자. 위안 대비 달러가 평가절하되면, 같은 텔레비전을 사는 데 필요한 돈을 벌기 위해 5시간을 일해야 할 수도 있다. 이는 사실상 임금 삭감이나 다름없다—이 문제는 11장에서 유로존을 다룰 때 큰 문제로 부상할 것이다. 상황은 경영난에 빠진 백화점과 비슷하다. 모든 것을 제값에 팔 수 있으면 제일 좋지만, 팔리지 않은 재고가 너무 많아질 경우 차선책은 할인 판매를 하는 것이다. 통화를 평가절하하면 나라 전체를 세계 다른 나라에 할인 판매하는 것과 비슷한 상황이 생긴다.

《이코노미스트》는 다음과 같이 썼다. "옛날 옛적, 세계 각국이 자국 통화가 강세를 보인다는 사실에 긍지를 가졌던 시절이 있었다. 그것이 경제적·정치적 힘을 상징한다고 받아들였기 때문이다. 요즘 외환 시장에는 '찰스 아틀라스의 말라빠진 약골들'만 가득 찬 것처럼 보인다. 모두들 누군가 자기 얼굴에 모래라도 걷어차서 뿌리기를 바라는 것처럼 보인다."[11]◆

경쟁적 통화 평가절하의 속내

2008년 이후 몇 년 동안, 세계의 거의 모든 나라에는 팔리지 않은 재고가 가득했다. 각국 중앙은행들은 국내 경제를 촉진하고 통화를 평가절하하기 위해 금리를 낮췄다. 모든 조건이 동일할 경우, 금리가 낮은 나라는 투자 가치가 떨어진다. 투자자들이 더 나은 투자 조건을 찾아 다른 나라로 떠나기 위해 그 나라 통화를 팔려고 나서면 환율이 떨어진다. 2010년은 바로 그런 상황이 벌어지던 때다. 당시 《월스트리트저널》은 이렇게 보도했다. "적어도 5~6개국이 자국 통화 가치를 떨어뜨리기 위해 적극적인 행동을 취하고 있다. 그중 대표적인 나라가 일본이다. 일본 정부는 5월 이후 엔화 가치가 14퍼센트 오른 다음부터 더 이상의 평가절상을 막기 위해 전력을 다하고 있다."[12](앞서 언급한 바 있는 것처럼, 바로 이 엔화 가치 상승으로 인해 토요타가 큰 타격을 입었다.) 통화를 약화시키려는 것은 국제적 경기침체에 대한 논리적 반응이다.

◆ 찰스 아틀라스Charles Atlas는 20세기 초에 특별한 보디빌딩 프로그램을 개발해서 판매했다. 그는 자기 프로그램을 따르면 '45킬로그램짜리 약골'도 근육질의 터프 가이가 될 수 있다고 장담했다. 아틀라스는 어린 시절 자신을 괴롭히던 깡패가 모래를 걷어차서 그의 얼굴에 뿌린 경험에서 영감을 얻어 이 특별한 프로그램을 개발했다고 말했다.

'처음에는 기분이 좋지만 얼마 가지 않아 모든 게 엉망진창이 되고 만다.' 드디어 이 부분까지 왔다. 한 통화의 가치는 상대적이다. 한 나라의 통화가 약해지면 다른 나라의 통화가 그에 비해 강해진다. 당시 IMF 총재는 이렇게 경고했다. "금융 위기를 잠재울 수 있게 해 준 한목소리가 이제 소란스러운 불협화음으로 변하고 있다. 각국이 점점 독자 행동을 취해 가고 있기 때문이다. 이런 상황이 지속될 경우, 모든 나라가 손해를 보게 되리라는 건 자명한 일이다." 모든 통화가 동시에 평가절하되는 것은 수학적으로 불가능하다. 이는 마치 축구장에서 경기를 더 잘 보려고 모든 사람들이 일어나는 것과 같은 일이다. 좋은 아이디어인 것 같지만, 모든 사람들이 똑같이 일어나면 아무 효과가 없다. 《이코노미스트》가 묘사했듯 (통화의 평가절하를 영국 축구 경기에 비유하는 문맥에서) "모두가 더 불편해질 뿐, 누구도 더 잘 볼 수 없게 된다."[13]

환율 조작의 아이러니는 자국의 이익만을 배타적으로 추구하려는 많은 나라들이 결국 차갑게 젖은 이불을 덮는 불편을 겪게 된다는 데 있다. 통화 전쟁은 그 영향을 받은 나라들에서 상대적 환율은 변화하지 않고 인플레이션만 높아지는 사태를 초래할 수도 있다(모두가 통화 공급을 늘리기 때문이다). 그보다 더 심한 경우에는 교역 패턴이 왜곡돼서 상당한 경제적 해를 입을 수도 있다. 현재 상황이 그 정도로 나쁘지는 않을 수도 있다. 교역 측면에서 보면, 영향을 받은 나라들이 모두 동시에 서 있는 것은 사실이다. 아무도 더 나은 시야를 얻지 못하고 있기 때문이다. 그러나 1930년대의 경쟁적 통화 평가절하 현상을 연구한 UC버클리 경제학자 배리 아이켄그린Barry Eichengreen 같은 통화 문제 전문가들은 약세를 보이는 통화에 수반되는 느슨한 통화 정책(낮은 금리)은 세계적 경기 회복에 중요한 해독제라고 주장한다. 특히 인플레이션보다 디플레이션이 더 심각한 위협일 때는 더욱 그렇다는 것이다.

아이켄그린은 대공황에 대해 이렇게 설명한다. "경기침체를 수출로 극복한 나라는 하나도 없다. 추가로 수출되는 상품을 사 줄 나라가 없기 때문이다. 그러나 이는 중요한 것이 아니다. 중요한 문제는, 환율 걱정을 더 이상 하지 않아도 되자 각국이 차례로 느슨한 통화 정책을 채용하기 시작했다는 점이다. 그리고 전 세계적인 규모의 이러한 통화 부양책이야말로 경제 회복을 촉발하고 지속시킨 가장 중요한 요인이었을 것이다."[14] 아이켄그린이 묘사하고 있는 것은 결국 모든 백화점들이 일제히 대규모 할인 행사를 벌이는 상황이다. 모두가 똑같이 할인 행사를 벌이고 있기 때문에 그 어떤 백화점도 경쟁사로부터 고객을 유인해 내지 못한다. '그러나 할인된 가격은 사람들로 하여금 다시 쇼핑을 하게끔 만드는 중요한 동기가 되고, 이는 모든 백화점들에 좋은 일이다.'

아이켄그린의 주장에는 두 가지 중요한 무언의 각주가 붙어 있다. 첫째, 대공황 당시 각국이 채용했던 경쟁적 통화 평가절하는 금본위제가 부과하고 있던 경제적 수갑에서 벗어날 수 있는 방법이었다. 다음 장에서는 통화 정책 수단으로서 금은 그다지 아름답게 반짝이지 않는 물건이라는 점, 그리고 1930년대 정책 입안자들은 금본위제에 너무 집착한 나머지 엄청난 경제적 해악을 끼쳤다는 점을 자세히 다룰 예정이다. 둘째, 2008년 금융 위기 이후의 통화 평가절하로 인해 모든 사람이 차갑게 젖은 이불을 덮게 된 것은 아니지만, 현재의 진행 과정은 서로 조화와 협조를 이루지 못하고 있으며 경제 회복에 방해가 되고 있다는 것이다. 아이켄그린은 이렇게 말한다. "물론 주요 국가들이 통화 정책을 서로 조화롭게 운영하는 것에 합의하면 더 좋을 것이다. 그렇게 되면 환율이 오늘 한쪽으로 크게 움직였다가 내일 반대쪽으로 크게 움직이는 사태는 벌어지지 않을 것이다. 또 국제 교역 체제에도 더 이상의 혼란이 생기지 않을 것이며, 근린 궁핍화 정책beggar-thy-neighbor policy에 따른 국제적 보복도 생기지 않을 것이다."('beggar-thy-neighbor'는 상대방 카드를 전부 빼앗을 때까지 하는 포커 게임에서 유래한 말로, 경제학자 조앤 로빈슨Joan Robinson이 1930년대 대공황을 분석하면서 사용해 유명해진 용어. 보호무역과 환율전쟁 등 다른 나라를 희생시키면서까지 자국의 이익에만 몰두하는 정책 방식을 말한다 – 옮긴이)

이 문제—세계의 주요 경제국들이 환율 정책을 서로 조화시키는 문제—는 책의 후반부에서 더 자세히 다룰 예정이다. 지금은 더 기본적인 의문들을 짚고 넘어가 보자. 다른 통화에 대한 한 나라의 통화 가치를 결정하는 메커니즘은 무엇일까? 이에 대한 답은 '서로 다른 나라들은 서로 다른 환율 결정 체제를 가지고 있다'는 것이다. 환율 결정 체제는 미국(시장에서 결정되도록 둔다)에서부터 중국(시장을 적극적으로 조작한다), 북한(최고 지도자가 정한다)에 이르기까지 그야말로 다양하다. 더 형식을 갖춰서 말하자면, 각국이 다른 나라 통화 대비 자국 통화의 가치를 결정하는 데 사용하는 메커니즘은 아주 다양하다.

변동 환율제의 장점과 단점

대부분의 경제 대국들은 환율이 시장 경제의 다른 모든 것들과 같은 방식으로 결정되게 한다. 바로 수요와 공급에 맡기는 것이다(중국은 대표적인 예외로 한 장 전체를 할애해서 살펴볼 예정이다). 세계 전역의 외환 시장에서는 다양한 통화들이 거래된다. 따라서 환율은 마치 조수에 따라 오르내리는 뗏목처럼 '떠다닌다float'고 표현되곤 한다. ('float'는 '변동 환율'을 뜻하는 용어로 쓰인다. 예를 들어 'clean float'는 '자유 변동 환율제'로, 정부가 개입하지 않고 시장 상황에 따라 자유롭게 환율이 변동되는 체제를 말한다 – 옮긴이) 오늘 아침에 1캐나다 달러로 0.91 미국 달러를 살 수 있었다 해도, 점심이 되면 가격이 약간 달라져 있을 것이다. 외환 시장은 이란의 마누체리 광장과 다름이 없다. 규모가 클 뿐이다. 캐나다 달러를 내고 미국 달러를 사려는 개인·기업·정부가 있고, 미국 달러를 내고 캐나다 달러를 사려는 개인·기업·정부가 있다. 특정 순간의 환율은 두 통화를 교환하는 당사자들이 자발적으로 거래할 의향이 있는 수준에서 결정된다.

장기적으로 보면, 환율은 구매력 평가와 부합하는 방향으로 움직일 것이라고 예상할 수 있다. 특히 비교역재 가격에 거의 차이가 없는 부유한 나라들의 통화들 사이에서는 더욱 그렇다. 단기적으로 각 통화에 대한 수요는 다양한 국제적 상황의 영향을 받는다. 앞에서 살펴본 바와 같이 (다른 조건들이 동일할 경우) 금리가 높은 나라의 통화는 투자자들에게 더 매력이 있다. 정부 채권에 대한 실질수익률이 캐나다에서는 3퍼센트, 미국에서는 3.5퍼센트라면, 캐나다의 투자자들은 미국에 돈을 투자해 더 높은 수익을 거두려 할 것이다. 그러기 위해서는 '루니'를 팔아 미국 달러를 사야 하므로, 캐나다 달러 대비 미국 달러가 평가절상된다. 경제 성장 기회가 높은 나라 역시 국제 자본이 유입되면서 통화가 강세를 보인다(1990년대 미국의 실리콘밸리). 경제가 취약하거나 정치적으로 불안정하면 정반대 현상이 일어난다(아흐마디네자드 시대의 이란).

공포와 패닉은 국제 자본의 흐름에 강력한 영향을 준다. 2001년 9월 11일, 뉴욕 세계무역센터에 첫 번째 비행기가 충돌한 지 3시간 이내에 스위스 프랑은 미국 달러 대비 3퍼센트 평가절상됐다. 그로부터 10년 후, 유로존의 경제 혼란을 두려워한 투자자들이 상대적으로 안정적인 스위스로 몰려들면서 불과 18개월 사이에—2010년 초부터 2011년 8월까지—스위스 프랑의 가치가 유로 대비 43퍼센트 올랐다(빅맥 지수에서 스위스 프랑이 그토록 과대평가된 이유를 부분적으로나마 이해할 수 있을 것이다). 투자자들이 자본을 취리히로 옮긴 것은 시계나 초콜릿을 사기 위해서가 아니었다. 그리스 외채 위기로 촉발된 유로의 몰락 가능성을 피하기 위한 조치였다.

각국 정부와 중앙은행들은 언제나 자국 통화를 사고팔아 직접적으로 수요와 공급에 영향을 끼칠 수 있다. 그러나 외환 시장의 규모가 너무 크기 때문에—매일 수조 달러가 거래된다—대부분의 나라들은 시장에 두드러진 영향을 줄 정도의 자금을 보유하고 있지 않다. 환율에 개입하려는 것은 차가운 물이 가득 찬 욕조에 수저로 뜨거운 물을 떠 넣어서 욕조 물을 따뜻하게 하려는 것과 비슷하다. 특히 시장에 참여하고 있는 다른 사람들이 양동이로 동시에 차가운 물을 부어 넣고 있는 상황이라면 더욱 그렇다.

변동 환율의 가장 큰 이점은 경제 상황에 따라 통화의 가치가 오르내린다는 점이다. 정부는 특정 환율을 유지하기 위한 경제 정책을 펴지 않아도 된다. 대신 정부는 금리를 비롯해 국내 경제에 가장 적합한 정책 도구를 사용하는 데 총력을 기울일 수 있다. 곧 설명할 예정이지만, 금본위제처럼 무엇에 통화를 고정시키는 경제 시스템에서는 정부의 정책 운용 범위가 제한된다.

변동 환율의 단점은 말 그대로 환율이 변한다는 점이다. 더 정확히 말하자면, 환율이 큰 폭으로, 많은 경우 예측하지 못한 방향으로 변한다는 점이다. 호주는 이런 식의 환율 변동이 어떻게 경제를 흔들 수 있는지를 보여 주는 단적인 예다. 2009년 초, 중국이 호주에서 철과 석탄을 비롯한 다양한 천연자원을 사들이면서 호주 달러의 가치가 치솟았다. 2013년 호주의 교역 비중을 감안한—혹은 교역가중치를 적용한trade-weighted—각종 통화 바스켓 대비 호주 달러의 가치는 근 28년 내에서 최고점을 찍었다. ◆ 다른 상품을 수출하는 호주 업체들은 너무 강한 호주 달러로 인해 국제무대에서 경쟁력을 유지하기 힘들었다. 호주 미쓰비시는 공장 문을 닫았고, 다른 자동차 업체들도 노동자들을 해고해야만 했다. 와인 수출도 줄어들었다.[15] 이렇게 천연자원의 수출로 인해 환율

◆ 예를 들어, 만일 미국 교역의 3분의 2가 캐나다와 이루어지고 3분의 1이 중국과 이루어진다면, 교역 비중을 감안한 미국 달러의 가치는 캐나다 달러 대비 환율을 중국 위안 대비 환율에 비해 두 배로 계산해 얻은 값이다.

이 높아져서 제조업 수출의 숨통을 조이는 현상은 '네덜란드 병Dutch disease'으로 익히 알려져 있다. 1970년대에 천연가스를 수출했던 네덜란드가 이 현상을 겪은 것을 필두로 원유 수출국들도 똑같은 경험을 되풀이해 왔다.[16]

금본위제가 문제가 되는 이유

변동 환율 때문에 생기는 예상치 못한 변화를 피하는 방법 중 하나는 두 통화가 교환되는 비율을 고정하는 것이다. 주요 국가들 중 금본위제를 사용하는 곳은 더 이상 없지만, 금본위제는 세계 통화들이 어떻게 상대적으로 고정된 환율로 거래될 수 있는지를 설명하는 데 매우 중요하고 직관적인 예가 된다. 1차 대전 전까지만 해도 세계 주요 교역국들은 자국의 통화를 금에 고정시켰다. 말할 것도 없이, 각국의 통화들이 모두 금에 연계되어 있기 때문에 각 통화들 역시 분명하게 서로 연결되어 있다. 미국에서 금 1온스와 35달러를 교환할 수 있고, 프랑스에서 금 1온스와 350프랑을 교환할 수 있으면, 미국 달러 대 프랑스 프랑은 35 대 350의 환율을 이루게 된다. 1차 대전 이전 시기를 국제주의internationalism 시대로 부른 이유는 부분적으로 금본위제 덕분에 유지됐던 안정적 국제 경제 때문이기도 했다.

금본위제는 무역 불균형 문제를 아주 유연하게 해결하는 메커니즘도 장착하고 있다. 가령 어느 나라가 대규모 무역 적자를 겪기 시작했다고 해 보자. 이 말은 그 나라가 세계 다른 나라에 파는 물건보다 사들이는 물건이 훨씬 더 많다는 의미다. 이야기를 단순화하기 위해, 프랑스가 지금도 프랑을 사용하고 있고, 미국과 프랑스 두 나라 모두 금본위제를 실시하고 있다고 가정한 뒤, 두 나라 사이의 무역 관계만을 생각해 보자. 이제 프랑스가 미국에 대해 무역 흑자를 기록하기 시작했다고 하자(이는 미국이 프랑스에 대해 무역 적자를 기록하고 있다는 뜻이기도 하다). 프랑스 수출업자들은 달러를 축적해서 미국이 보유한 금과 교환해 프랑스로 가지고 들어온다. 미국에서 흘러나온 금이 프랑스로 들어가는 것이다.

미국에서 나와 프랑스로 들어가는 금은 양국 모두의 통화 정책에 영향을 끼칠 것이다. 미국 내에서는 금 공급이 줄어들면서 통화 공급도 줄어든다. 금본위제에서는 모든 통화가 금 보유량으로 뒷받침되어야 하기 때문이다. 반대로 프랑스에서는 통화 공급이 늘어날 것이다(신대륙에서 금과 은이 발견된 직후에 그랬듯이 말이다). 이에 따른 결과는 두 가지 현상으로 나타난다. 첫째, 프랑스의 물가는 오르고, 미국의 물가는 떨어진다. 같은 양의 상품을 두고 이를 구매하고자 하는 돈의 양이 더 많아지면 가격이 오르고(프랑스), 돈의 양이 줄어들면 정반대 현상이 일어나기 때문이다(미국). 이렇게 가격이 변화하면 미국 상품이 상대적으로 더 매력적이게 되고, 그에 따라 무역 적자 현상이 역전되며, 미국에서 금이 빠져나가는 것도 중단된다.

이와 동시에, 바로 앞에서 말한 현상과 관련된 이유로 미국에서는 프랑스에 비해 금리가 오를 것이다. 미국 내의 통화 공급이 줄어들면서 자본의 희소성이 높아지고, 이에 따라 자본을 빌리는 비용이 올라가는 것이다(통화 공급이 늘어나는 프랑스에서는 정반대 현상이 일어난다). 늘 세계를 누비며 최고의 수익을 찾아 헤매는 국제 투자자들은 프랑스에 있는 자신의 자본(금)을 빼내 미국으로 보냄으로써 더 높아진 금리의 혜택을 보려 할 것이다. 여기서 핵심은 금본위제가 국제적 불균형을 자동으로 조절하는 메커니즘을 가지고 있다는 사실이다. 한 나라에 금이 축적되면, 그에 대한 반응으로 불균형을 역전시키는 현상들(물가 상승과 금리 하락)이 자동으로 벌어지기 때문이다. ◆

　금본위제는 훌륭한 제도다—그것이 세계 경제를 파탄에 몰아넣고, 인류의 생존을 위협하기 전까지는 말이다. 금본위제의 제일 큰 단점은 바로 앞 문단에서 언급한 단순한 분석 안에 이미 드러나 있다. 금이 경제 상황에 반응해 세계 각국에서 들고 나기를 거듭한다는 부분 말이다. 도대체 이것이 왜 나쁘다는 걸까? 금본위제는 경기침체를 불황으로 확대시킬 수 있다. 1930년대에도 그랬을 가능성이 크다. (1929년의 미국처럼) 경제가 취약할 때 가장 좋은 정책은 수요를 촉진하기 위해 금리를 낮추는 것이다. 그러나 금리를 낮추면, 외국인들이 수익이 더 나은 다른 나라로 투자처를 옮기기 위해 달러를 금과 바꾸려 할 것이다. 금이 나라 밖으로 유출되는 것이다. 여기서 딜레마가 생긴다. 자국의 금 보유고를 방어하려면, 중앙은행이 금리를 높여야 한다. 취약한 경제 상황을 위해서는

◆ 대공황 직전에 프랑스는—그리고 정도는 덜하지만 미국도—금의 축적량이 늘어나면서 이 자동 상쇄 현상이 일어나는 것을 방지하는 정책을 시행했다. 이와 관련해, 내가 몸담고 있는 다트머스대학의 동료 더그 어윈 교수는 〈프랑스가 대공황을 초래했나?〉라는 흥미로운 논문을 쓰기도 했다. 이 논문의 내용은 다음 장에서 거론하겠다. http://www.nber.org/papers/w16350.

정반대 정책을 펼쳐야 하지만 말이다.

　국제 무역에 관한 연구로 2008년 노벨 경제학상을 수상한 폴 크루그 먼은 '금에 기초한 자국 통화의 가치를 유지하는 것이 너무도 중요한 나머지 신성시하기까지 한 것' 때문에 대공황의 경제적 참상을 더 악화 시킬 수밖에 없었다고 설명한다. 그리고 그는 다음과 같이 말한다. "1930년대 초, 그런 개념에 사로잡혀 있던 각국 정부들은 대규모 실업 사태에도 불구하고 자국의 금 보유고를 방어하기 위해 금리를 높이고 지출을 삭감했다."[17] 금본위제에서건 다른 어떤 형태의 체제에서건 간 에 엄격하게 고정된 환율은 그 환율을 유지하기 위해 국내의 경제적 이 익을 희생하지 않을 수 없게 만든다.

정부가 환율을 방어해야 하는 페그제와 밴드제

　각 국가들은 금에 본위를 두지 않고 서로에게 환율을 고정할 수도 있다. 한 나라가 자국의 화폐를 다른 나라 혹은 여러 나라의 화폐와 연 동해서 환율을 '고정하겠다고peg' 약속할 수 있는 것이다. (특정 국가의 통 화에 연동해 자국 통화의 환율을 고정시키는 제도를 '페그제'라고 한다 – 옮긴이)

　1983년 이래, 홍콩 달러는 미국 달러와 7.8 대 1의 환율로 연동되어 있다. 이 시스템에서 미국 달러는 금과 같은 역할을 한다. 홍콩 정부가 국내에 미치는 경제적 영향과 상관없이 그 환율을 유지하는 데 필요한 모든 조처를 취하겠다고 약속한 것이다. 아르헨티나도 1991년에 이와 비슷한 계획을 시도했다. 아르헨티나 페소를 미국 달러와 고정 환율로 교환할 수 있도록 한 것이다. 금본위제와 다르지 않다(아르헨티나의 모든 통화 정책이 그랬듯이 이 정책도 끝이 좋지 않았다). 한편, 유로를 채택하기 전에 많은 유럽 국가들은 ERMEuropean Exchange Rate Mechanism(유럽환율조정장치) 회원이었다. ERM은 참여국의 통화가 정해진 환율 밴드band 안에서 거래되도록 했다. 예를 들어, 영국 정부는 파운드를 2.95마르크(독일)에 고정하고, 그 상하 6퍼센트 범위에서 거래를 허용했다.

페그제와 밴드제의 가장 큰 문제점은 국내 경제에 악영향을 끼치는 한이 있어도 정부가 해당 환율을 방어해야 한다는 것이다. 국제 투자자들은 정치인들에게 그런 일을 해낼 의지가 부족한 경우가 많다는 것을 알고 있다. 1992년 영국 파운드가 그랬던 것처럼 통화가 약세에 접어들기 시작하면 투기꾼들이 몰려든다. 정부가 페그제를 포기하고 통화가 평가절하되면 큰 이익을 볼 수 있기 때문이다. 물론 투기꾼들이 공격적으로 통화를 팔기 시작하면 평가절하는 더욱더 현실화되고 만다. 바로 이 때문에 조지 소로스George Soros가 우리보다 돈이 훨씬 많은 것이다. 1992년 소로스는 영국 정부가 ERM과 맺은 약속을 유지하지 않을 것이라는 쪽으로 도박을 해서 하루 만에 거의 10억 달러를 벌었다. ERM의 일원이었던 영국 정부는 파운드가 2.778마르크 아래로 떨어지지 않도록 유지하겠다고 약속했다. 당시 영국은 경기침체를 겪고 있었고, 이는 국제 투자자들이 영국에서 돈을 빼 가고 있었던 이유 중 하나였다.

평가절하를 해야 할 압박이 존재함에도 불구하고, 당시 영국 총리

존 메이저John Major는 파운드를 방어하겠다고 약속했다. 이 장 전체에서 살펴본 바와 같이 영란은행은 그 목표를 이루기 위해 두 가지 도구를 사용할 수 있었다. 하나는 외환 시장에 직접 개입해서 파운드를 사들여 자국 통화의 가치를 지탱하는 방법, 다른 하나는 금리를 높여서 자본을 다시 영국으로 끌어들이는 것이었다. 둘 다 그다지 탐탁지 않은 것들이었다. 영란은행이 파운드를 사들일 수 있는 보유 외환에는 한계가 있었고, 이전에 같은 시도를 했을 때에도 효과를 거두지 못한 채 실패로 끝나고 말았다. 개인 투자자들이 파운드를 대량 매도했기 때문이다. 한편 경기가 한창 침체되어 있는 상황에서 금리를 올리면 경제에 더 큰 손상을 입힐 것이다. 따라서 선출직 정치인은 누구도 이런 정책을 취할 수가 없었다. 이런 이유로, 마거릿 대처Margaret Thatcher 정부에서 장관을 지낸 노먼 테빗Norman Tebbit은 ERM을 '영원한 경기침체 메커니즘'이라고 불렀다.[18] 그럼에도 불구하고 메이저는 영국이 ERM에서 탈퇴하지 않을 것이라고 재차 확인했다.

조지 소로스는 정부의 허세에 속지 않으면서 정부가 패를 보이도록 만들었다. 1992년 9월, 소로스는 엄청난 액수의 영국 파운드를 빌려서 즉시 독일 마르크를 비롯한 다른 유럽 국가의 통화로 환전했다(그렇게 해서 파운드의 평가절하 압력을 더욱 부채질했다). 존 메이저 정부는 파운드를 ERM에서 약속한 수준으로 유지할 능력이 없었다. 9월 16일, 영국은 ERM에서 탈퇴해 파운드가 주요 유럽 통화 대비 약 10퍼센트 평가절하되도록 했다. 그러자 소로스는 다른 유럽 국가 통화로 환전했던 돈을 새 환율을 적용해 파운드로 다시 바꿨다. 처음에 빌렸던 돈의 10퍼센트 정도를 더 받은 것은 물론이다. 빌린 돈(이자 포함)을 다 갚고도 남은 돈이 약 10억 달러였다. 하루 일해 번 돈치고 그다지 나쁘지 않았다. 소로스가 돈을 번 이야기보다 더 기억해야 할 점은 고정 환율은 그 환율을 방어하는 정부밖에 믿을 구석이 없다는 사실이다. 정부의 결심에 조금이라도 금이 가면 모든 것이 무너져 버릴 수 있다.

환율에 대처하는 다양한 방법들

달러를 자국 통화로 채택하는 나라

에콰도르의 수도 키토에 도착해서 100달러를 에콰도르 화폐로 환전하면 얼마나 받을 수 있을까? 미안하다. 사실은 함정이 있는 질문이다. 환전할 필요가 없기 때문이다. 에콰도르의 공식 화폐는 미국 달러다. 2000년, 에콰도르는 '달러화dollarization', 즉 달러를 자국 통화로 채택하는 과정을 거쳐, 그때까지 통용되던 자국 통화 수크레를 미국 달러로 대체했다. 심각한 인플레이션과 금융 위기로 인해 수크레에 대한 신뢰가 바닥으로 떨어져 있었기 때문이다. 당시 IMF 고위 관리였고, 연방준비제도 이사회 부의장을 지낸 스탠리 피셔Stanley Fischer는 이렇게 말한다. "달러를 공식 통화로 채택한 결정은 절박한 상황에서 내려진 것이었다."[19]

이와는 다른 이유에서였지만, 2001년에는 엘살바도르가 달러를 자국 통화로 채택했다. 엘살바도르의 경제는 안정적이었다. 그런 결정을 내린 것은 엘살바도르의 경제를 미국 경제와 발맞추도록 하기 위한 전략이었다. 당시 엘살바도르 수출의 3분의 2는 미국으로 향하고 있었고, 미국에서 일하는 엘살바도르 국민의 송금액 20억 달러가 국내로 흘러들어 오고 있었다(GDP의 약 15퍼센트에 달하는 액수였다).[20] 한편 파나마는 오래전인 1904년, 독립과 함께 달러를 공식 통화로 채택했다.

그렇다면 왜 모두가 달러를 공식 화폐로 채택하지 않는 것일까? 그렇게 하면 독립적으로 통화 정책을 실행할 능력을 잃는다는 큰 단점이 있기 때문이다. 엘살바도르의 통화 정책은 미국의 연방준비제도에 의해 결정된다. 아무리 좋게 본다 해도, 연방준비제도는 금리에 대한 결정을 내릴 때 엘살바도르(혹은 에콰도르나 파나마)의 경제 상황을 별로 고려하지 않을 것이다.

통화 연합

고정 환율에 대한 대안으로 몇 개의 나라가 동일한 통화를 공유하는 방법이 있다. 가장 눈에 띄는 예가 바로 유로로 현재 EU 19개국과 EU 회원국이 아닌 7개국의 공식 통화로 통용되고 있는 화폐다(다른 나라들과 지역들에서도 그들의 통화를 유로에 연동해 고정시킨다).[21] 엘살바도르와 달리 유로존 국가들은 중앙은행(유럽중앙은행)이 있어서 회원 국가들의 통화 정책을 관리하는 임무를 수행하고 있다. 유로를 고정 환율이 적용된 궁극적인 형태라 해도 별 무리가 없을 것이다. 회원국들 사이의 환율은 전혀 변동이 없다. '통화가 하나이기 때문이다.' 통화 연합은 고정 환율이 가져다주는 안정감과 예측 가능성을 통해 국경을 넘나드는 교역을 더 쉽게 할 수 있도록 해 준다. 미국의 50개 주들 역시 통화 연합을 맺고 있다고 할 수도 있겠다. 모두 달러를 공유하고, 연방준비제도가 50개

주 전체를 대표해서 통화 정책을 실행하고 있는 셈이다.

통화 연합의 큰 단점은 참여 국가들이 자국만을 위한 통화 정책을 펼칠 수 있는 능력을 포기해야 한다는 것이다. 하버드대학 경제학 교수 그레고리 맨큐Gregory Mankiw는 이렇게 설명한다. "유럽중앙은행은 유럽 전체에 적용되는 금리를 결정한다. 그러나 한 나라—예를 들어 그리스—의 상황이 유럽의 다른 나라들과 다를 때, 그 나라는 자국의 문제를 해결할 수 있는 통화 정책을 실시할 수가 없다."[22] 유로에 대해 더 자세히 알아보게 될 11장에서 이 문제도 다룰 예정이다(여기서는 일단 그리스와 독일이 의견 차이를 보이고 있다고만 해 두자).

독재자 마음대로 정하는 북한

북한 '원'과 미국 '달러'의 공식 환율은 무엇일까? 북한의 독재자 김정은이 정하기 나름이다. 정부가 경제적 현실과 완전히(어떤 경우에는 부분적으로) 동떨어진 수준의 공식 환율을 발표하는 경우는 흔하다. 이런 정부에서는 자국에서 나가거나 들어오는 돈을 공식 환율로 거래해야 한다고 기업들과 개인들에게 요구할 수 있다. 2013년, 전 시카고 불스의 괴짜 스타 데니스 로드맨Dennis Rodman이 북한을 방문해서 김정은을 만났을 때(김정은은 NBA 열성 팬이라고 알려져 있다), 로이터는 중국에서 만들어진 농구공이 북한 공식 환율에 따라 평양의 장난감 가게에서 500달러에 팔리고 있다고 보도했다. 말할 것도 없이, 자신의 1년 수입을 모두 털어 넣어 농구공을 사는 북한 사람은 거의 없었다. '그곳에서 실제로 거래되는 농구공 가격은 500달러가 아니기 때문이다.' 암시장 환율—정신이 나가지 않은 사람들이 자발적으로 원과 달러를 교환하는 환율—로 계산하면 농구공은 6달러가 조금 못 된다.[23]

북한의 다른 많은 현상들과 마찬가지로 이 이야기도 처음에는 그냥 우습기만 하다. 그러나 더 자세히 생각해 보면 거기에는 엄청난 인간적 고통이 수반된다는 사실을 깨닫게 된다. 말도 되지 않을 만큼 과대평가된 환율은 부패한 정부가 국민을 희생시켜 자기 배를 불리는 또 하나의 수단이 될 수 있다. 가령 북한의 한 기업이 뉴욕에서 멋진 옷을 팔아 500달러의 수익을 올렸다고 가정해 보자. 북한 정부는 그 기업으로 하여금 평양에서 싸구려 농구공 하나를 살 액수의 돈으로 환전하도록 압력을 가할 수 있다. '그것이 공식 환율이기 때문이다.' 문제는 그다음부터 일어난다. 정부 관리는 그렇게 갈취한 외환으로 수입 사치품을 마음껏 살 수 있다. 그러나 과대평가된 통화로 인해 수출업자들은 국제 시장에서 경쟁하기가 힘들어진다(북한 기업이 미국으로 농구공을 수출하려면 공식 환율에 따라 공 하나에 500달러씩 받아야 할 것이다). 북한은 좋은 예가 아닐 수도 있다. 고립된 경제 체제를 유지하고 있어서 수출 산업이 거의 부재하기 때문이다. 그러나 역사적으로 수요와 공급에 따른 적정 가격에서 상당히 벗어난 공식 환율을 적용한 예는 수없이 많다. 그런 나라들에서는 예외 없이 구매력 평가에 훨씬 더 가까운 수준으로 외환이 거래되는 암시장이 존재한다(이를테면, 앞서 말한 것처럼 북한에서 농구공을 사는 데는 500달러가 아니라 6달러가 들 것이다).

가장 좋은 환율 체계는 무엇인가

이 모든 논의를 읽다 보면 정책과 관련해 두 가지 근본적인 질문이 생긴다. 각 국가에 가장 좋은 환율 체계는 무엇일까? 그리고 세계 각국의 통화 가치가 어떻게 하면 국제적 안정과 경제적 성공을 가장 잘 증진하는 방식으로 조정될 수 있을까?

쉽지 않은 질문들이다. 그러나 처음 질문부터 생각해 보자. 독자들도 짐작했겠지만, 완벽한 환율 체계는 존재하지 않는다(물론 김정은이 마음대로 정하는 환율은 결코 이상적이지 않다는 결론 정도는 자신 있게 내릴 수 있지만 말이다). 위에서 거론한 방법에는 모두 장단점이 있다. 더 정확히 말하자면, 경제학자들 사이에서는 이것이 국제 금융의 트릴레마trilemma로 알려져 있다.('트릴레마'는 세 가지 정책 목표가 서로 상충하는 바람에 동시에 성취할 수 없는 상황을 말한다 – 옮긴이) 어떤 나라도 국제 자본이 자유롭게 유입되도록 하면서, 국내 경제 문제를 해소할 수 있는 통화 정책을 채용하고, 고정 환율을 유지하는 일을 동시에 해낼 수 없는 것이다. '트릴레마'라는 단어는 이 분야에서 맞닥뜨리게 되는 정책적 딜레마를 잘 묘사하고 있다. 정책 입안자들은 앞에서 말한 세 정책 도구들 중 동시에 두 개만을 채용하고 나머지 하나는 포기할 수밖에 없기 때문이다. 미 대통령 경제자문위원회 위원장을 지내기도 한 그레고리 맨큐는 이러한 정책 목표들을 다음과 같이 기술했다.

1 자국 경제를 국제적 자본 흐름에 개방한다. 자본의 자유로운 이동을

허용하면 그 나라 국민들은 해외에 투자함으로써 투자를 다각화할 수 있다. 동시에 외국 투자자들의 재원과 전문성을 국내로 끌어들일 수도 있다.

2 **통화 정책을 경제 안정을 꾀하는 도구로 사용한다.** 중앙은행은 경기가 침체될 때 통화 공급을 늘리고 금리를 낮추며, 경기가 과열될 때 통화 증가율을 낮추고 금리를 높일 수 있다.

3 **환율을 안정되게 유지한다.** 변덕스러운 환율, 때로 투기 때문에 벌어지는 환율 변동은 경제 전반에 불안정성을 확산시킬 수 있다. 게다가 환율이 안정되면, 가계와 기업이 세계 경제에 참여하고 미래를 계획하기가 더 쉬워진다.

모두 실행에 옮기면 정말 좋을 것 같지 않은가! 그러나 이를 어쩌나. 그레고리 맨큐는 이렇게 설명한다. "애로 사항이 있다. 세 가지 모두를 동시에 할 수가 없는 것이다. 이 목표들 중 두 개를 선택하면 경제학의 불가피한 논리로 인해 세 번째는 포기해야 한다." 이 트릴레마를 이해할 수 있는 가장 빠른 길은 각 나라들이 내린 서로 다른 결정들과 그에 따라 불가피하게 포기해야 했던 선택들을 살펴보는 것이다.

미국은 국내 정책 목표들을 달성하기 위해 통화 정책을 사용한다. 연방준비제도의 목표는 물가를 안정시키고 완전고용에 도달하는 것이다. 또 미국은 자본이 국내외로 자유롭게 이동하도록 허용하고 있다. 그렇다면 환율은? 내 10대 딸의 말을 인용하자면 "뭐, 어쩔 수 없는 일이다."

중국은 통화 공급과 환율을 관리하는 쪽을 선택했다. 국내 경제 목표를 추구하기 위한 통화 정책을 사용하는 한편, 환율을 관리해서 수출 지향적 산업을 장려한다는 의미다. 이를 위해 중국 정부는 자국으로 드나드는 자본의 흐름을 제어한다. 중국 시민들이 나라 밖으로 가지고 나갈 수 있는 돈과 외국 기업들이 중국에 투자할 수 있는 돈의 액수에 제한을 두는 것이다.

유럽의 대부분 국가들은 이와 또 다르다. 유럽 국가들은 하나의 통화, 즉 유로로 통화를 통일해서 실질적으로 환율을 제어한다(독일에서 비즈니스를 하는 프랑스 기업은 환율에 따른 리스크를 전혀 걱정하지 않아도 된다). 유로존 안에서는 자본이 자유롭게 이동할 수 있다. 그러나 거기 참여하는 나라들은 독자적으로 통화 정책을 추구할 능력을 포기했다. 이탈리아, 스페인, 그리스 등이 독일과 다른 경제적 요구를 가지고 있다는 사실은 단일 통화의 약점으로 작용한다.[24]

환율과 자본의 흐름은 효율적으로 조직되어 있는가

각 나라들도 사춘기 10대 청소년들처럼 자신에게 가장 유리한 선택을 한다. 그럴 때 나머지 나라들은 어떻게 될까? 환율과 관련해서 두 가지 국제적 우려 사항이 있다. 첫 번째는 국제적 자본의 흐름이 때로 대규모 예금 인출 사태와 비슷한 양상을 보일 때가 있다는 점이다. 자본은 세계 어느 구석이든 매력적인 수익을 보장하는 곳으로 몰리기 마련이다. 그러나 투자자들이 출구를 향해 몰려 갈 때는 그 나라 통화를 버리듯 매도에 나서기 때문에 위기를 더 증폭시키고, 다른 투자자들로 하여금 통화 가치가 더 떨어지기 전에 손을 털고 싶어 하게 만든다(이것이 이란의 환전상들이 아흐마디네자드의 '나쁜' 시절을 그리워하는 이유다). 그런 일이 벌어지는 나라의 중앙은행은 딜레마에 빠진다. 외화가 과다 출혈하듯 빠져나가는 것을 막기 위해 금리를 높일 것인지(경제가 더 침체하는 것을 감수하면서라도), 아니면 금리를 낮춰서 애초에 위기를 촉발시킨 경제적 문제를 완화시킬 것인지(자국 통화가 더 추락하는 것을 감수하면서라도) 선택을 해야 한다. 최근 수십 년 사이에도 이런 곤란한 상황을 경험한 나라들이 수없이 많았다. 멕시코, 아르헨티나, 터키, 러시아, 아이슬란드, 한국, 태국 등이 모두 그랬다. 연방준비제도가 미국 은행들에 그랬듯, IMF는 이 나라들에 대해 최종 대출자 역할을 했다(지난 장에서 거론했던 모럴 해저드 문제가 다시 한 번 고개를 드는 부분이다).

이런 위기들은 세계 금융 시스템의 안정성을 뒤흔든다. 당연히 사태가 일어나기 전에 예방을 하는 것이 좋다. 변동 환율제가 위기로 이어질 확률이 더 적다는 데 대부분 의견을 같이한다. 경제적 충격에 대한 완충 역할을 하고, 페그제와 같은 연동 시스템이 무너질 것을 예상한 투기꾼들의 공격(조지 소로스가 했던 것과 같은 공격)을 걱정하지 않아도 되기 때문이다. IMF는 자본 이동을 제한해야 하는 것 아닐까 하는 의견을 개진한 바 있다. 자본이 한 나라에서 들고 나는 속도를 제한하거나, 자본이 국경을 건널 때마다 세금을 물리자는 것이다. 이전에는 경제학자들이 극도로 혐오하고 반대하던 개념이다. 자본이 그것을 가장 반기는 곳으로 자유롭게 흘러가도록 허용하지 않으면 시장이 무슨 소용이 있단 말인가? 그러나 금융 시장의 안정성을 뒤흔드는 '핫머니hot money'(국제 시장에서 높은 수익을 노리고 유동하는 단기 자금 - 옮긴이)가 끼치는 피해는 자유 시장의 혜택을 능가할 수도 있다.

두 번째 우려는 환율과 자본의 흐름이 전 세계적으로 볼 때 가장 효율적으로 작동하도록 조직되어 있는가 하는 것이다. 2014년, 인도준비은행 총재이자 전 IMF 수석 경제학자인 라구람 라잔Raghuram Rajan은 이렇게 개탄했다. "국제적 통화 협조 체제는 무너져 버렸다." 조직화되어 있지 않은 데다 예측 불허로 움직이는 통화 정책은 국제적으로 온갖 경제적 부작용을 낳는다. 2014년 즈음에는 달러가 점점 평가절상되면서 미국 금리가 낮았을 때 달러로 대규모 자금을 대출받았던 외국 기업들이 위협을 받고 있었다(이 기업들은 달러로 부채 상환을 해야 하는데, 자국 화폐 대비 상환 비용이 꾸준히 비싸진 것이다). 이전 몇 년 동안에는 다른 문제가 존재했다. 선진국의 낮은 금리와 낮은 경제 성장으로 인해 국제 자본이 더 높은 수익을 찾아 개발도상국으로 대거 이동하면서, IMF 관계자가 '국제 통화 쓰나미international monetary tsunami'라고 표현한 현상이 벌어졌다. 그런 자본의 쓰나미는 종종 자산 거품과 과대평가된 환율이라는 잔해를 남겼다.[25] 라구람 라잔은 뭄바이에서 어린 학생들에게 이렇게 말했다(물론 전 세계 중앙은행을 비롯해 많은 사람들이 귀 기울이고 있다는 것을 잘 알고 한 발언이다). "우리는 모든 나라가 자기 나라의 사정만 생각하는 대신, 자국이 택한 정책이 다른 나라에 어떤 영향을 미치는지를 생각함으로써 더 많은 사람들에게 혜택을 줄 수 있는 옳은 결정을 내리는 세상에 살고 싶지요."[26]

아, 라구(나와 시카고대학 동료였으니 이렇게 불러도 기분 나빠하지 않을 것이다),

우리가 그런 세상에 살지 못하게 된 건 상당히 오래된 일 아닌가! 사실 20세기의 몇 십 년 동안은 환율에 관한 협조 체제를 만들어서 채용한 적이 있기는 하다. 2차 대전이 끝나 갈 무렵, 연합국들은 미국 뉴햄프셔의 브레턴우즈에 모여 금본위제를 대체할 전후 국제 통화 체제를 계획했다. 그것은 세계 주요 통화 문제에 대한 협조 노력이 성공한 마지막 예가 됐다. 브레턴우즈 협정Bretton Woods Agreement에서는 미국 달러를 금에 고정시키고, 이 체제에 참여하는 다른 통화들을 미국 달러에 고정시키는 '준準금본위제'가 만들어졌다(브레턴우즈 회의에서는 세계은행과 IMF도 함께 만들어졌다). ◆ 따라서 금은 세계 대전 후 국제 금융 체제의 닻 역할을 했다. 당시에도 다른 나라들, 특히 프랑스는 브레턴우즈 체제에서 달러의 역할이 너무 큰 데 대해 불만을 가졌다. 그러다가 미국이 재정 불균형으로 인해 다른 나라들이 가지고 오는 달러를 금으로 바꿔 주기가 점점 힘들어지면서, 이 체제는 결국 1971년에 붕괴됐다.

1971년 8월 15일, 리처드 닉슨은 캠프 데이비드에 칩거하면서 고문관들과 장고를 거듭한 끝에 외국 정부들이 달러를 금으로 교환할 수 있는 권리에 종지부를 찍었다. 이것으로 소위 '골드 윈도gold window'는 막을 내렸다. 브레턴우즈 협정이 효력을 잃었고, 이로써 달러와 금 사이에 남아 있던 모든 관계도 끝났다. 그 시점부터 미국 달러를 많이 보유한

◆ 개인은 달러를 금으로 상환할 수 없었다. 프랭클린 루스벨트가 1933년에 이미 달러와 금 사이의 관계를 단절시켰기 때문이다. 그러나 외국 정부들은 1971년까지 달러와 금을 상환할 권리를 지니고 있었다.

나라는 그냥 달러를 많이 보유한 것일 뿐이었다. 그 운명의 주말이 지난 지 40년이 되던 해에 《이코노미스트》는 그 시점부터 "종이돈과 변동 환율 시대가 도래했다"고 썼다.[27]

그 후 국제적으로 통화를 조직화하려는 움직임은 많았다. 1985년 프랑스, 서독, 미국, 영국, 일본 대표가 뉴욕에서 만나 과도하게 강세를 보이는 달러로 인해 생긴 국제적 불균형에 관해 이야기를 나눴다. 협상이 벌어진 호텔 이름을 따서 '플라자 합의Plaza Accord'라고 명명된 이 회동에서 참여국 대표들은 힘을 합쳐 달러의 평가절하를 유도하기로 합의했다. 그 후 2년에 걸쳐 달러의 가치는 엔과 마르크 대비 50퍼센트가 떨어졌다. 이때 맺어진 플라자 합의는 '국제 협력의 기준을 높인 좋은 예'로 칭송을 받는다.[28] 그러나 잊지 말아야 할 것이 있다. 세계의 주요 경제 대국들이 이 '높은 기준'을 달성할 때만 해도 서독과 동독이 존재했다. 버락 오바마는 법대에 들어가지도 않은 나이였다. 14장에서는 이제 2차 브레턴우즈 체제를 만들어야 할 시기가 되지 않았는가 하는 문제에 관해 이야기할 것이다. 안정을 위협하는 변덕스러운 요소를 제거하면서도 변동 환율의 융통성을 품을 수 있는 방법은 없을까?

이란의 마누체리 광장에서 일하는 환전상들은 그럴 수 없게 되기를 간절히 바랄 것이다. 변동성이야말로 그들의 사업에 가장 필요한 요소였다. 물론 국경을 넘나들며 사업을 하는 대부분의 기업들에는 정반대 상황이 필요하지만 말이다. 종이화폐는 본질적으로 그 가치를 의문시하게 만드는 측면을 가지고 있다. 그러나 일단 화폐라는 것이 가치를 지닌 것에 대한 권리를 상징하는 물건이라는 사실을 인정하고 나면, 종이화폐는 납득 가능한 것이 된다. 한 종류의 종이를 다른 것으로 바꾸는 것도 납득 가능해진다. 역설적인 사실은, 이제는 주류 경제학자들이 모두 한목소리로 국제 금융 체제에서 금을 제외시켜야 한다고 주장하고 있다는 것이다. 다음 장에서 살펴보겠지만, 금이라고 모두 아름답게 반짝이는 것은 아니다.

7장

Naked
Money

금의 시대

1920년대 후반에 금 가격이 인상되었거나, 주요 국가의 중앙은행들이 금본위제를 고수하는 대신 물가안정 정책을 추구했다면, 대공황도, 나치 혁명도, 그리고 2차 대전도 없었을 것이다.

_ 로버트 먼델, 노벨상 수상 기념 강연, 1999[1]

처칠이 저지른 인생 최대의 실수

일단 윈스턴 처칠Winston Churchill은 역사상 가장 용감하고 진취적인 시각을 지닌 지도자 중 하나였다는 말부터 해 두고 시작하자. 총리로서 그가 보여 준 불굴의 용기는 2차 대전의 심연에 빠진 영국에 영감을 가져다주었고, 그의 전략적 두뇌는 전쟁을 승리로 이끄는 데 핵심적인 역할을 했다. 그러나 처칠마저도 몇 가지 엄청난 실수를 했다. 1차 대전때 해군 장관이었던 그는 재난으로 끝난 갈리폴리 반도(현재는 터키의 영토)에 대한 공격을 주장한 대표적인 인물이었다. 그 전투를 중도 포기하기 전까지 연합군 4만 6000명이 목숨을 잃었다.[2] 또 처칠은 1차 대전과 2차 대전 사이에 재무 장관을 역임하면서 경제 부문의 갈리폴리 해전이라고 기록될 만한 재난을 가져온 주역이 됐다. 영국은 1차 대전 중파운드의 금태환성을 일시 중지해 놓은 상태였다(이전 전쟁에서도 늘 그랬던 것처럼 말이다). 파운드를 금과 바꿀 수 없게 했다는 뜻이다. 전쟁 중과전쟁 직후에 파운드가 금에 묶여 있지 않은 사이 물가는 꾸준히 상승했다. 한 집계에 따르면 1925년 영국 물가는 1914년 물가의 두 배였다고한다.[3] 금태환성을 일시 중지하는 법률이 1925년에 만료될 예정인 가운데, 처칠은 금본위제로 돌아가는 영국 파운드가 금(그리고 미국 달러)에대해 전쟁 전 가격 수준으로 돌아가야 한다고 결정했다.

처칠은 금이 뒷받침하는 파운드야말로 대영 제국의 근본적인 요소중 하나라고 믿었고, 당시 거의 대부분의 경제학자들이 그와 의견을 같이했다. 파운드가 200년 동안 특정 양의 금에 고정되어 있었다는 사실은 통화 안정뿐 아니라 긍지의 원천이기도 했다. 19세기에 유럽에서 여러 차례 전쟁을 치를 때도 파운드의 금태환성이 임시로 중지됐지만, 전후에는 항상 전쟁 전 환율로 복구되곤 했다. 처칠은 20세기에도 같은 일을 하려고 시도한 것일 뿐이었다. 강한 파운드는 여왕과 마찬가지로 대영 제국의 상징이었다. 누군가는 이렇게 표현했다. "17세기 말부터 20세기 초까지 영국은 금본위제를 거의 종교적 열정을 가지고 방어했다."[4]

전쟁 중 영국에서 발생한 인플레이션 때문에 전쟁이 끝난 1925년의 파운드로는 1914년에 비해 훨씬 적은 양의 상품밖에 살 수 없었다. 그 결과, 파운드는 금과 미국 달러에 비해 상당히 약세를 보이고 있었다. 금이나 달러를 파운드와 교환하는 사람은 누구나 동일 양의 금이나 달러에 대해 전쟁 전보다 더 많은 파운드를 내놓으라고 요구할 것이다. 같은 액수의 파운드로 살 수 있는 상품의 양이 줄어들었기 때문이다. 영국이 금본위제로 돌아가면서 전쟁 전 수준의 환율을 적용하려면 파운드의 가치를 되찾아야만 했다. 그렇게 할 수 있는 유일한 길은 영국의 물가가 상당히 떨어지는 것뿐이었다(영국의 물가가 떨어지면 파운드가 강화된다. 파운드의 구매력이 좋아져서 금이나 달러와 교환되는 파운드의 양이 줄어들게 되기 때문이다). 다시 말하자면, 처칠은 디플레이션을 유도해야 할 상황에 처한 것이다. 앞선 장들에서 언급했듯이 물가와 임금은 그냥 쉽게 떨어지지 않는다. 저명한 영국 경제학자 존 메이너드 케인스는 당시 이 사실을 인식했다. 케인스는 일련의 논문과 글을 통해 파운드의 가치를 전쟁 전 수준으로 다시 강화하는 것은 '재무부가 생각하는 것보다 훨씬 더 어렵고 고통스러운 일이 될 것'이라고 주장했다. 미리 말하자면, 케인스의 말이 옳았다. 이것이 경제 공포 영화라면 여기서부터 무서운 음악을 깔아야 할 것이다.

케인스는 영국의 정책 입안자들에게 환율을 금과 달러에 고정시키는 것보다 국내 물가를 안정시키는 일에 더 중점을 둬야 한다고 촉구했다. 지난 장에서 살펴본 전문 용어를 사용하자면, 케인스는 재무부가 국내 경제에 초점을 맞출 수 있도록 변동 환율제로 가야 한다고 주장한 것이다. 금은 재화와 서비스의 공급과 상관없이 시장에 유입된다. 이 말은 결국 물가가 금의 상대적 희소성에 따라 변동한다는 의미다. 금본위제를 맹렬히 비판해 온 케인스는 논리적으로 초래될 수밖에 없는 결과를 다음과 같이 막힘없이 설명한다. "금은 너무 비싸지거나 너무 싸지기가 쉽다. 어느 경우든 간에, 일련의 사건들과 우연들로 인해 이 쇠붙이의 가격이 안정적으로 유지되기를 기대하기는 너무 어렵다는 것이다."[5] 금 대비 파운드의 가치를 전쟁 전 수준으로 되돌리겠다는 처칠의 계획에 대해서 케인스는—다시 한 번 정확하게—물가와 임금이 '말을 듣지 않을 것'이라고 말했다. 일단 달러 대비 파운드가 평가절상되면 수출업자들은 미국 기업들과의 경쟁에서 지지 않기 위해 비용을 줄여야 할 것이다(앞 장에서 살펴봤듯이, 파운드가 평가절상되면 수출로 벌어들인 달러를 영국으로 가져와서 파운드로 바꿨을 때 받는 액수가 줄어든다. 이렇게 줄어든 수입은 어떤 식으로라도 보충되어야만 한다). 케인스는 노조가 임금 삭감에 반대할 것이라고 예측했고, 그 결과 실업률이 올라갈 것이라고 주장했다. 처칠은 1980년대 초에 폴 볼커가 그랬듯이 의도적으로 경제의 목줄을 죌 것이었다. 다른 점이 있다면, 볼커는 물가를 안정시키는 데 목적을 두었지만, 처칠은 물가를 떨어뜨리는 데 목적이 있었다는 점이다. 케인스는 그렇게 해서 경제에 손실을 입히는 것은 불필요한 일이라고 봤다. 그가 금본위제를 '미개한 유물barbarous relic'이라고 공격한 것은 유명한 일이다. 그러나 영국이 금본위제로 꼭 돌아가야만 한다면 강제로 디플레이션을 만들어 낼 것이 아니라 전쟁 후 물가 수준을 유지해야 한다는 것이 그의 주장이었다.

처칠은 케인스의 반대에도 불구하고 자신의 계획을 강행했다. 그 결과, 상당한 경제적 혼란이 뒤따랐다. 파운드가 강해지자 수출 산업이 어려움에 빠졌다. 영국 석탄 광산업계는 한 달에 100만 파운드씩 적자를 냈고, 이에 대한 반응으로 광부들에게 임금 삭감을 받아들이라고 요구했다. 케인스의 예측대로 노조가 반발했고, 직장 폐쇄 사태가 이어졌으며, 결국 다른 노조들이 광부들의 주장에 동조하면서 총파업이 일어났다. 1925년, 케인스는 〈미스터 처칠의 경제적 여파The Economic Consequences of Mr. Churchill〉라는 논문을 발표했다. 1차 대전을 종결지은 베르사유 조약에 대한 자신의 선견지명적 비판—〈평화의 경제적 여파The Economic Consequences of the Peace〉—을 사실상 다시 반복한 비판적 논문이었다. 영국의 경제적 문제는 당시 막 움트기 시작한 패닉으로 인한 국제적 경기 침체와 맞물렸다. 1931년으로 접어들면서 영국과 다른 나라의 상황은, 우리가 앞에서 다뤘던 상상 속의 목가적 마을에서 거품이 꺼지던 때의 상황과 무서울 정도로 비슷했다. "은행 대출이 거의 단절되면서 생필품 가격이 붕괴됐고, 그로 인해 파산과 은행 부도가 잇달았다." 이야기는 그렇게 계속 이어진다. 그해 가을, 영국은 금본위제를 포기했다. 금태환성을 복구한 지 6년밖에 되지 않은 시점이었다. 처칠은 아마 이 부분을 자기 인생에서 가장 큰 실수라고 묘사할 것이다. 갈리폴리에서 거의 5만 명의 영국 군인들이 목숨을 잃은 것을 감안한다면, 거기에 얼마나 많은 의미가 담겨 있는지 알 수 있을 것이다.

그들이 금본위제를 옹호하는 이유

금은 문명이 싹튼 순간부터 다양한 문화를 관통하며 인류를 사로잡아 왔다. 반짝이고, 밀도가 높고, 화학적으로 반응하지 않고, 녹슬지 않으며, 마음대로 모양을 만들 수 있는 성질 때문에 쉽게 장신구 재료로도 쓰일 수 있다. 그리고 외양만 봐서는 잘 떠오르지 않는 금의 다른 특성 중 하나는 영구적이라는 점이다. 피터 번스타인Peter Bernstein은《황금의 지배Power of Gold》에서 금에 대해 이렇게 묘사한다. "금을 가지고 뭐든 할 수 있고, 금에 무슨 짓이든 할 수 있지만, 한 가지 불가능한 일은 금을 사라지게 하는 것이다. 철광석, 우유, 모래, 심지어 컴퓨터 신호까지도 원래 모습과 전혀 다른 형태로 변화시켜서 처음 상태를 짐작할 수 없게 만들 수 있지만, 금은 그렇게 할 수 없다."[6] 이 장의 주제와 관련된 가장 중요한 금의 특징은 희소성이다. 유사 이래 발견된 모든 금은 초대형 유조선 하나에 실을 수 있다.[7] 시대에 따라 화폐가 진화를 거듭하면서, 금화는 논리적으로 필연적인 발전 과정이었다. 이 반짝이는 물건은 모든 공동체에서 누구나 원하는 소중한 물건으로 여겨졌기 때문에 교역을 하는 데도 적당했다. 금은 높은 밀도와 희소성 덕분에 작은 동전이나 바bar의 형태로 커다란 가치를 농축해 내는 데 용이했다. 모양을 마음대로 만들 수 있는 성질 덕분에 동전으로 주조하기도 쉬웠다. 금으로 만든 동전은 파괴할 수 없는 성질 덕분에 영구적이었고, 게다가 언제라도 녹여서 새 동전이나 장신구로 만들 수도 있었다.

장점들이 많긴 하지만, 장신구를 만들기에 좋은 것, 혹은 16세기 유럽에서 효과적인 화폐로 쓰였던 것이 21세기 국제 경제 체제에도 맞는 것은 아니다. 처칠의 경험—그리고 선견지명을 지닌 케인스의 반대—은 정해진 양의 금(혹은 다른 귀금속)으로 규정된 화폐를 사용하는 것의 장점과 단점을 잘 보여 주고 있다. 오늘날 어느 국가도 자국의 통화를 금에 대해 고정시키고 있지 않다. 폴 볼커(명목화폐의 인플레이션 위험성을 누구보다도 잘 알고 있는 사람이다)는 이렇게 썼다. "맞다. 금은 늘 우리와 함께할 것이다. 금이 지닌 본질적 특성 때문에 가치를 인정받을 뿐 아니라 최후의 안전지대이자 격동기에 가치를 저장할 수 있는 수단으로서도 가치를 인정받을 것이다. 그러나 금이 화폐로 사용되는 시대, 지불과 특정 계산 단위로 사용되는 시대는 지났다."[8]

그럼에도 불구하고 금의 매력은 여전해서 일부 정치 세력은 금본위제로 다시 돌아가자는 요구를 하기도 한다. 이들을 가리켜 골드 버그 gold bug라고 부른다. 경제학자들에게 이런 요구는 지구가 평평한지를 연구해 보라고 연구팀을 만드는 것이나 마찬가지다. 물론 금본위제에 두 가지 중요한 장점이 있는 것은 사실이다.

1. 하이퍼인플레이션의 가능성이 전혀 없다. 통화량이 금의 양에 의해 제한되기 때문이다.
2. 여러 나라가 금본위제를 채택하면 환율이 예상 가능한 패턴으로 고정된다. ◆

안타깝게도 금본위제의 단점 역시 장점으로 작용하는 특징들에서 기인한다. 케인스가 지적했듯 금의 공급은 국제 경제의 성장률과 유효한 연관성이 없다. 이 말은 금이 많이 생산되면 물가가 오르고, 금의 공급이 나머지 경제 부문의 성장을 따라가지 못하면 물가가 떨어진다는 의미다. 처칠은 후자가 특히 치명적일 수 있다는 사실을 절감하게 됐다. 앞에서 살펴본 바 있듯, 고정 환율의 경직성 또한 단점이 된다는 사실을 우리는 알고 있다. 여러 나라들이 금본위제를 매개로 서로 묶여 있으면, 환율을 방어하기 위해 자국의 경제적 이익에 반하는 정책을 써야 할 때가 많다. 바로 이것이 1차 대전과 2차 대전 사이에 영국을 무너뜨린 요소였다. 다른 나라들도 이와 유사한 실수를 함에 따라 이 문제는 전 세계적으로 확산됐고, 이로 인해 대공황의 골은 더 넓고 더 깊어졌다. 바로 이 때문에 노벨상 수상자 로버트 먼델Robert Mundell이 엉망진

◆ 금본위제의 장점이라고 열거한 것들마저도 좀 과장된 측면이 있다. 금본위제를 사용했던 1차 대전 발발 전까지는 경제적 안정과 국제 융합이 잘 되었던 독특한 기간이었다. 영국 총리 벤저민 디즈레일리Benjamin Disraeli를 비롯한 여러 사람들은 이 시기의 경제적 안정이 금본위제를 빛나게 했지, 금본위제 때문에 경제적 안정이 온 것은 아니라고 주장했다. 디즈레일리는 금본위제가 무너지기 한참 전에 글래스고 무역상들에게 이렇게 말했다. "우리의 금본위제는 현재 우리가 누리고 있는 상업적 번영의 원인이 아니라 결과입니다." _ 피터 번스타인, 《황금의 지배》에서 인용.

창이 된 국제 통화 체계가 '히틀러, 대공황, 2차 대전을 초래했다'는 엄청난 선언을 한 것이다.[9]

로버트 먼델이 이상한 소리를 한 것은 아니다. 밀턴 프리드먼도 통화 공급을 극심하게 줄인 정책 때문에—자기가 보기에는 상대적으로 '사소한' 경제적 혼란이었던—1929년 주식 시장 붕괴가 엄청난 경제 대재앙으로 발전했다고 주장하는 글을 꾸준히 발표했다.[10](프리드먼은 연방준비제도가 금본위제를 유지하면서도 더 확장적인 통화 정책을 추진할 수 있었다고 주장하는데, 그의 주장에 어떤 차별점이 있는지는 9장에서 살펴볼 것이다.) 일단 여기서는 사정 봐주지 말고 할 말부터 하고 보자. 금에 기본을 둔 화폐는 현대 경제 체제에서 전혀 말이 되지 않는 개념이다. 금은 기껏해야 유혹에 불과하다. 복잡한 문제를 간단하게 해결하고자 하는 유혹 말이다. 이 부분에서 내가 가장 좋아하는 공공 정책에 관한 경구가 빛을 발한다. '모든 공공 정책 문제에는 간단한 해결책이 있다. 그리고 그 해결책은 보통 잘못된 것이다.' 최악의 상황은 정책 입안자들이 무슨 종교 경전이나 되는 것처럼 금에 집착적으로 매달리는 경우다. 다른 근본주의자들과 마찬가지로 금본위제를 지지하는 사람들도 혼란과 급격한 변화의 시기, 즉 새로운 사고방식이 절실할 때 구태의연한 사고에 더 세차게 매달린다.

화폐와 금융에 대한 몰이해에서 오는 금본위제 옹호

앞에서 언급한 바 있듯이, 시카고대학 부스 비즈니스 스쿨의 IGM 포럼에서는 이념적으로 다양하면서도 매우 존경받는 경제학자들을 대상으로 당면 현안에 대한 정기 여론 조사를 실시한다. 2012년 IGM 포럼에서는 다음 문장에 동의하는지 여부에 대한 질문이 제시됐다. "만일 미국이 통화 정책을 금본위제로 대체해서 '달러'를 특정 양의 금으로 규정한다면 물가안정과 고용 측면에서 평균적인 미국 시민에게 유리하게 작동할 것이다." 이에 대해 응답자 전원이 '동의하지 않음' 혹은 '매우 동의하지 않음'이라고 답했다. '모르겠다'고 답한 사람조차 단 한 명도 없었다.[11]

주류 경제학자들의 입장에서 미국이 금본위제로 돌아간다는 것은 미국 주권을 영국 국왕에게 다시 넘기는 것이나 다름없다. 너무도 황당한 이야기라서 토론할 가치도 없는 일인 것이다. 약 10년간 역사상 최고 수준의 인플레이션에 시달린 직후인 레이건 행정부 시절, 의회는 미국 국내 및 국제 통화 문제에서 금의 역할을 검토하기 위해 16명의 위원회를 구성했다. 1982년, 위원회는 다음과 같이 결론을 내렸다. "현재 상황에서 금본위제를 복귀시키는 것은 계속되는 인플레이션 문제를 다루는 데 효과적인 방법이 아닌 것으로 보인다."[12]

금본위제는 구시대의 아이디어다. 왜냐고? 명목화폐를 관리하는 능력 있는 중앙은행은 금본위제가 지닌 모든 장점은 유지하면서 동시에 단점은 피할 수 있기 때문이다. '실물화폐'가 세상을 더 나아지게 만들 것이라는 생각은 화폐, 금융, 그리고 중앙은행에 대한 핵심적인 이해의 부재에서 나온 것이다.

그럼에도 불구하고, 금본위제로 돌아가는 것이 경제적으로 유익할 것이라는 믿음에 열정적으로 매달리는 사람들이 여전히 남아 있다. 그들은 금이야말로 통화 공급을 관료들의 손에서 해방시키고, 더 건전하고 더 안정적인 경제 체제를 이루는 데 도움이 될 것이라고 주장한다. 전 하원의원이자 대통령 후보였던 론 폴은 금본위제로 돌아가자는 주장으로 상당한 지지를 확보하기도 했다.◆ 그는 이 문제에 관한 최근의 저서 《연방준비제도를 없애라》에서 이 책을 집필하도록 영감을 준 미시간대학 연설을 언급한다. "내가 통화 정책에 대해 언급하자 학생들이 환호성을 지르기 시작했다. 그리고 몇몇 학생들이 '연준을 끝장내라! 연준을 끝장내라!'라고 외쳤고, 함성은 이내 청중 전체로 퍼졌다. 많은 사람들이 달러 지폐에 불을 댕겨 치켜들었다. 마치 연방준비제도는 미국 사람들에게 이미 충분히 많은 해를 끼쳤고, 우리의 미래를 망쳤으며, 전 세계에도 손해를 끼쳤으니, 이젠 물러갈 때가 됐다고 말하는 듯했다."[13] 2012년 공화당 강령에는 1980년 금본위제 연구 위원회의 보고 결과를 재고해서 "달러의 가치를 고정시킬 수 있는 가능한 방법들을 모색해야 한다"는 내용이 들어 있었다.[14] 2014년, 대서양 건너 스위스에서는 운동가들이 스위스국립은행Swiss National Bank으로 하여금 보유액의 20퍼센트를 금으로 유지하게 하는 안건을 국민 투표에 부치는 데 필요한 10만 명의 서명을 받아 냈다. 당시 《이코노미스트》는 이렇게 보도했다. "운동가들은 금 보유고가 커질수록 스위스 경제가 더 안정되

◆ 당시 폴 의원은 금본위제 연구 위원회에 참가했다. 그는 이 위원회의 일원이던 루이스 레먼Lewis Lehrman과 함께 나머지 위원들과 의견을 달리하는 보고서를 따로 제출했다. 〈금에 대한 변호: 미국 금본위제 연구 위원회의 마이너리티 리포트The Case for Gold: A Minority Report of the U.S. Gold Commission〉.

고 번영할 것이라고 주장한다. 그러나 사실은 그 반대다."[15] 이 안건은 국민투표를 통과하는 데 실패했다. 그러나 20퍼센트가 넘는 스위스 국민들이 찬성표를 던졌다.

금이 21세기 경제 체제에 부적합한 화폐인 이유

금에 본위를 둔 화폐는 직관적으로는 맞는 것처럼 보인다. 경제가 부진한 상황이라면 '믿을 수 있는 금'으로 돌아가는 것이 좋지 않을까 하는 생각이 들기 마련이다. 본질적으로 고유의 가치가 있는 화폐가 그렇지 않은 화폐보다 낫지 않을까? 통화 공급이 고정된 것이 무제한적일 때보다 경제 체제를 더 안정시키지 않을까? 절대로 그렇지 않다. 금은 21세기 경제 체제에 화폐로 사용하기에는 전혀 실용적이지 않다. 금처럼 아름답지는 않더라도 좀 더 융통성 있는 형태의 화폐가 우리에게 더 합당하다. 그 이유는 다음과 같다.

금이라고 인플레이션으로부터 안전한 것은 아니다. 금본위제하에서도 물가는 금의 공급에 따라 오르락내리락 한다는 점에서 다른 종류의 화폐와 다르지 않다. 신대륙에서 금과 은을 발견했을 때 상황을 기억하는가? 유럽의 물가가 상승했다. 19세기와 20세기 초 캘리포니아, 호주, 남아프리카공화국에서 금이 대량 발견됐을 때도 같은 현상이 일어났다. 우리는 두 가지 중요한 개념을 혼동해서는 안 된다. 지구상에 존재하는 금의 양은 유한하다. 그러나 그것이 안정적인 물가에 대한 보중은 아니다. 땅에서 캐내는 금의 양이 다른 경제 부문의 성장 속도보다 앞서면 (금으로 매기는) 물가가 오를 것이다. 금 공급 증가량이 나머지 경제 성장 속도에 뒤처지면 금의 상대적 가치가 더 높아지고 물가는 떨어질 것이다. 이것이 케인스가 한 비판의 주요 골자였다. 그러나 사실상 그것은 기본적인 수요 공급 원칙의 문제에 불과하다.

디플레이션은 특히 치명적일 수 있다. 금본위제는 오랜 기간 동안 물가가 하락되는 현상에 무방비로 노출되기 쉽다. 그리고 처칠이 경험한 것처럼 물가 하락은 많은 문제를 초래할 수 있다. 디플레이션과 함께 나타나는 끔찍한 등장인물들에는 실업, 높은 실질금리, 자산 가격 하락, 그리고 이 모든 현상들로 인해 금융 시스템에 가해지는 스트레스 등이 있다(더 나아가 이 장의 마지막에 등장하는 대공황의 전조가 되기도 한다). 윌리엄 제닝스 브라이언이 1896년에 민주당 전당대회에서 '황금 십자가' 연설을 했을 때, 미국은 금본위제를 실행하고 있었다. 브라이언은 통화 공급을 보충하기 위해 '은화 자유 주조free coinage of silver'를 주장하고 있었다(은화는 1873년 화폐주조법Coinage Act을 통해 철폐된 상태였다). 금이 됐든 은이 됐든, 브라이언이 진정으로 원하는 것은 미국 서부 농부들의 숨통을 옥죄고 있던 디플레이션과 높은 실질금리 시대에 종지부를 찍는 것이었다. 물가가 떨어지자, 농부들은 부채가 그대로 고정되어 있는 상태에서 수확물을 더 싼값에 팔아야 했다. 브라이언은 인플레이션을 일으켜(아니면 적어도 디플레이션의 규모라도 줄여서) 이 부담을 줄여 주고자 했다. 통화 공급에 은을 보태면—요즘 말로 통화 정책을 완화하면—말 그대로 달러가 더 많이 생겨서 물가가 오르고 실질금리가 낮아질 테니 빚을 진 농부들에게는 좋은 일이 될 것이다.

브라이언은 선거에서 승리하지 못했고, 금본위제 또한 1896년에 철폐되지 않았다. 그러나 이야기는 역설적으로 끝난다. 비슷한 시기에 남아프리카공화국에서 막대한 양의 금이 발견되고 채굴되면서 전 세계적으로 연간 4퍼센트의 물가상승률 변화—1896년 이전까지 연간 2퍼센트 디플레이션으로부터 이후 연간 2퍼센트 인플레이션으로의 변화—가 생긴 것이다. 남아프리카공화국의 금이 유입되면서 미국 화폐 주조에 아무런 변화 없이 브라이언의 목적이 달성됐다.[16]

미국 통화 정책을 중국, 러시아, 남아프리카공화국 등에 맡겨서는 안 된다. 금본위제에서 통화 공급은 금 생산에 좌우된다. 남아프리카공화국의 예에서 살펴봤듯, 금 생산이 증가하면 (다른 조건이 동일할 경우) 물가가 상승하고, 금 생산이 감소하면 정반대 현상이 생긴다. 현재 세계 최대의 금 생산국은 중국, 4위 생산국은 러시아, 6위 생산국은 남아프리카공화국이다. 미국은 지금까지 알려진 세계 금 매장량의 6퍼센트만을 보유하고 있다. 러시아와 남아프리카공화국은 합쳐서 20퍼센트가 넘는 금 매장량을 자랑한다.[17]

어떤 나라가 자진해서 외국에 통화 공급에 대한 통제권을 넘기겠는가? 금의 채굴 속도에 영향을 주는 요인은 그것이 무엇이든—고의적이든 아니든—간에 심각한 경제적 부작용을 초래할 것이다. 1970년대 석유 파동으로 깨달은 것처럼 미국 경제에 해가 되는 방향으로 생필품의 공급을 조작할 수도 있다. 반대로 막대한 양의 금을 새로 발견한다면 (이를테면 녹아내리는 북극의 빙하 아래에서?) 인플레이션이 생길 수도 있다. 어느 경우에든, 물가는 정부 혹은 중앙은행의 정책이 아니라 채굴되는 금의 양에 따라 결정된다.

하지만 잠깐, 그게 바로 '요점' 아닌가? 돈을 찍어 내는 데 남다른 재주가 있는 독재자의 변덕이 아니라 전 세계 금 생산량에 따라 통화 공급이 결정되도록 했다면 짐바브웨 사람들에게는 훨씬 더 낫지 않았을까? 금본위제하에서는 물가가 제멋대로 움직일지 모르지만, 적어도 돈의 가치가 떨어지는 데는 한도가 있다. 맞는 말이다. 그러나 이 문제를 고려해 보자. 짐바브웨가 통화 체제만 제외한다면 성공적이고 번창하는 나라였는가? 물론 아니다. 1980년 독립 이후 짐바브웨를 계속 지배해 온 로버트 무가베는 인권 문제에 관해 신뢰할 수 있는 지도자가 아니었다. 선거 결과를 조작한 것도 한 번뿐이겠는가. 그가 추진한 주요 경제 정책 중 하나는 백인 농부들로부터 농장을 압수한 토지 개혁이다. 열거하자면 한이 없다. 짐바브웨는 경제적인 재난 지대였고, 정부가 끝도 없이 돈을 찍어 낸 것은 그 증상의 하나였을 뿐이다. 이 부분은 내가 말하고자 하는 다음 문제와 자연스럽게 연결된다.

나쁜 정부가 나쁜 통화를 만들어 내는 것이지 그 반대가 아니다. 《연방준비제도를 없애라》에서 론 폴은 다음과 같이 기술한다. "독재 정권 하의 정부는 어김없이 통화 체계를 엉망진창으로 만들곤 한다."[18] 통화 가치 파괴가 형편없는 정부의 중요한 수단 중 하나라는 점은 인정하지만, 이때 우리는 인과관계를 잘 살펴봐야 한다.♦ 나쁜 정부로 인해 가치 없는 통화가 생기는 것이지 그 반대 방향으로 일이 벌어지는 것이 아니다. 명목화폐를 가졌다고 해서 미국이 짐바브웨가 되는 것은 아니다. 사실 역사를 살펴보면, 나쁜 정부는 돈을 찍어 내는 식이든 금화나 은화의 질을 떨어뜨리는 식이든 무슨 방법을 동원해서라도 통화 조작을 통해 국민의 돈을 훔치는 데 뛰어난 능력을 발휘해 왔다. 모두 기본적으로 같은 이유에서 이런 일을 벌인다. 돈을 지불할 다른 방법을 모두 소진했기 때문이다.

왕이 지불해야 할 금화가 다 떨어져 가는데 아무도 그에게 돈을 빌려주려 하지 않는다면, 이를 대체할 가장 좋은 방법은 가지고 있는 금을 더 늘려 쓰는 것이다. 훈족과 싸운 병사들은 약속받은 대로 금화 47개를 지급받겠지만, 금화 하나하나에는 '이전보다 더 적은 양의 금'이 들어 있다. 현대에 인쇄기를 돌려 돈을 더 찍어 내는 것과 다름이 없다.

피터 번스타인은 고대 시라쿠사의 참주 디오니시우스의 인상적인 일화를 전한다. 디오니시우스는 시민들에게 많은 빚을 졌지만 이를 갚을 만큼 충분한 수입이 없었다. "[디오니시우스는] 도시의 모든 주화를 자기에게 가져오라고 명령하고, 그 명을 어기는 자는 사형에 처하겠다고 엄포했다. 그러고는 모든 동전에 날인을 다시 해서 1드라크마가 2드라크마가 되도록 만들었다. 그렇게 하고 나니 빚을 갚는 일이 쉬워졌다." 이런

♦ 상관관계correlation와 인과관계causation의 차이에 대한 더 자세한 설명을 원하는 독자는 내 전작 《벌거벗은 통계학》을 참조하기 바란다.

방법은 일반적인 금융 관련 교재에는 절대 오를 수 없는 내용이다.

고대 로마인들도 화폐 가치를 떨어뜨리는 데 상당한 재주가 있었다. 서기 260년에 만들어진 은화는 아우구스투스가 황제로 즉위했던 기원전 27년에 비해 은 함량이 60퍼센트나 적었다. 선량왕 장Jean le Bon이라고 알려진 프랑스 왕 장 2세Jean II는 자신이 좋아하는 사치품을 사들이기 위해—그리고 영국과의 전쟁 자금도 마련하기 위해—즉위한 '첫 한 해 동안' 통화를 18번이나 바꿨고, 그 후 10년 동안 70회에 걸친 통화 가치 희석 조처를 취했다. 바다 건너 영국의 헨리 8세Henry VIII는 왕비들의 목을 치고 교황과 다투느라 명성을 떨치는 와중에도 시간을 쪼개 주조 동전에 은 대신 동을 쓰는 정책을 공격적으로 추진했다. 헨리 8세와 그의 뒤를 이은 에드워드 6세Edward VI의 이런 노력은 영국 역사에 '통화 대개악Great Debasement'으로 공식 기록됐다. 중요한 교훈은 종이화폐를 써서 나쁜 통화 정책이 생기는 것이 아니며, 금(혹은 은)을 화폐로 쓴다고 해서 나쁜 통화 정책으로부터 안전한 것은 아니라는 사실이다.

금과 달러 중 어느 화폐가 더 예측 가능한 교환 단위인가

따지고 보면 금본위제를 사용하는 정부들 역시 아무 때라도 금본위제를 포기하거나 금의 가격을 바꿔 버릴 수 있다. 미국은 이 두 가지 방법을 모두 사용한 경력이 있다. 프랭클린 루스벨트가 취임한 직후인 1933년, 의회는 달러에 대한 금의 양을 바꿀 수 있는 권한을 그에게 부여했다. 달러가 특정 양의 금에 고정되어 있는데, 어느 날 대통령 마음대로 금의 양을 더 줄일 수 있게 된 것이다(당시 예산국장은 "이제 서구 문명의 종말이 도래했다"고 예견했다). 재무부 장관 헨리 모겐소Henry Morgenthau는 일기에 매일 아침 루스벨트 대통령의 침실을 찾아가 경제 정책을 논하던 일을 기록했다. 그 논의에는 그날의 금값을 결정하는 일도 포함돼 있었다(금값이 높을수록 달러의 가치는 낮아진다). 어느 날 아침, 루스벨트는 특정 양의 금에 21센트라는 가격을 매겼다. 그에게 21은 행운의 숫자라는 게 이유였다.

1934년 금값은 1온스에 35달러로 고정됐다. 1900년 법정 가격이었던 20.67달러에서 상승한 가격이었다. 다시 말해, 달러를 금으로 환산한 가치가 그 기간 동안 40퍼센트 정도 하락한 것이다.[19] 물론 일반 시민은 더 이상 달러를 금으로 교환할 수 없게 됐다. 의회는 시민이 달러를 금으로 바꿀 수 있는 권리를 1933년에 중단시켰다. 그 이후에는 외국 정부만 달러와 금을 바꿀 수 있게 됐다. 1971년 리처드 닉슨은 그 관행마저 갑자기 중단시켰다.[20] 중요한 교훈은 이것이다. 화폐나 금이나 모두 좋은 교환 수단이 될 수 있다. '정부가 그렇지 않다고 선언하기 전까지만 말이다.'

공정하게 말하자면, 론 폴을 포함한 금본위제 찬성자들은 정부의 역할 자체를 없애기를 바랄 것이다. 개인과 기업이 교환의 매개체로 사용할 수단을 결정하는 것을 전적으로 시장에 맡기자는 것이다. 언젠가는 비트코인이 그 매개 수단으로 사용될지 모른다(역설적이게도 비트코인은 미국 달러보다 고유의 가치를 훨씬 더 지니고 있지 않다. 종이조차 아니지 않은가). 역사적으로 화폐는 정부의 개입 없이 잘 통용되었다. 연방교도소의 고등어 파우치가 그 예다. 미국 정부는 현재 달러를 제외한 어떤 법정 화폐도 용인하지 않는다. 기이하고 불필요한 규정처럼 보인다. 몇몇 정신 나간 자들이 서로 금으로 지불하겠다고 하면 말릴 이유가 없지 않은가? 이 금지 규정은 금본위주의자들이 자신들의 주장을 펴는 근거로 많이 사용됐다. 그들은 금에 충분한 기회를 허락하면 달러, 엔, 유로와 같은 명목화폐보다 더 우수한 화폐라는 것을 입증할 수 있다고 주장한다. 이 견해를 피력한 《월스트리트저널》의 논평 기사에서 유로퍼시픽캐피털 회장 피터 시프Peter Schiff는 이렇게 썼다. "금은 사람들이 그것으로 돈을 만들기 때문에 돈이다. 종이화폐는 정부가 그것으로 돈을 만들기 때문에 돈이다."[21] 자유지상주의자들에게 금은 '민중의 힘'인 것이다.

현실 세계에서는 제정신을 가진 사람이라면 아무도 금을 거래 단위로 하는 장기 계약에 서명하지 않을 것이다. 금의 구매력은 평균 수준의 능력이 있는 중앙은행이 제어하는 그 어떤 화폐보다 변동이 심하기 때문이다.

소비자물가지수는 일정 기간에 걸친 달러의 구매력을 측정한다. 금 가격은 금의 구매력을 측정한다. 잊지 말아야 할 점은 화폐의 목적이 교환을 용이하게 하기 위한 것이란 사실이다. 금과 달러 중 어느 화폐가 더 예측 가능한 교환 단위인가? 2008년 이후 연방준비제도가 취한 조치들에 대한 비판이 (특히 금본위주의자들로부터) 빗발쳤지만, 달러의 구매력은 놀라울 정도로 안정되게 유지됐다. 《디애틀랜틱》지가 2012년에 지적했듯 "연방준비제도가 양적 완화Quantitative Easing, QE를 실시한 이후에도 금본위제하에 있을 때보다 물가 변동 폭이 23배나 적었다."[22]

사실 이 문제에 대해 가설만을 내세워 왈가왈부할 필요가 전혀 없다. 법과 상관없이 어떤 화폐 단위든 원하는 대로 고를 수 있는 무리가 있다. 마약상, 무기 밀매업자 등이 그런 무리다. 그들은 금을 법정 화폐로 사용하지 못하게 하는 바보 같은 법에 전혀 구애받지 않는다. 그들의 사업은 전적으로 법을 무시하는 데 기초하고 있지 않은가(그렇지 않으면 마약이나 무기를 거래하지도 않을 것이다). 그런데 무기 밀매업자, 마약상, 독재자, 그리고 그 밖에 정부가 하는 말에는 별 관심이 없는 사람들이 선택하는 통화 단위는 무엇인가? 바로 달러다.◆ 텔레비전을 켜면 나오는 뉴스에서 대규모 마약 단속 결과 금 2킬로그램을 압수했다는 보도를 들은 적이 있는가?

달러는 미국 바깥에서도 완전히 자발적으로 널리 통용되고 있다. 마약상들과 무기 밀매업자들이 달러를 선택하는 이유는 아마 다른 모든 사람들이 달러를 선택하는 것과 다르지 않을 것이다. 다른 선택지와 비교할 때, 달러는 시간이 흘러도 놀라울 정도로 꾸준히 구매력을 유지하기 때문이다.

연방준비제도가 최근 몇 년 사이에 받은 비난을 고려할 때, 어쩌면 아메리칸 익스프레스 카드 광고('외출할 때 이 카드 꼭 챙기세요.' - 옮긴이)와 같은 홍보 캠페인이 필요한 때가 됐는지도 모르겠다. "안녕하세요? 사람들은 저를 엘 헤페El Jefe(스페인어로 우두머리, 보스라는 뜻 - 옮긴이)라고 부릅니다. 멕시코의 주요 마약 카르텔을 운영하고 있고, 미국과 멕시코 양국에

◆ 13장에서 언급하겠지만, 이 분야에서 비트코인이 약진을 하고 있기는 하다.

서 현상수배를 받은 상태이기 때문에 실명을 밝힐 수는 없습니다. 저는 사람을 죽이고, 뇌물을 받고, 전 세계를 무대로 마약을 유통시키고 있습니다. 그런 제가 돈을 받을 때 선택하는 것은 미국 달러입니다. 쓰기 쉽고, 믿을 수 있고, 어디서든 받아주니까요." 그런 다음 이런 해설자의 목소리가 자막과 함께 나올 것이다. "외출할 때 100달러짜리 지폐로 가득 찬 가방 꼭 챙기세요."

아마 상상력이 부족한 연방준비제도 사람들은 이 홍보 캠페인 아이디어를 받아들이지 않을 것이다. 그러나 내 주장을 뒷받침할 데이터가 있다. 연방준비제도에 따르면, 현재 유통되는 100달러 지폐가 미국인 1인당 23장이라고 한다.[23] 현재 나는 100달러 지폐를 두 장 가지고 있다. 장모님이 생일 선물로 보내 주신 것이다. 보통 때는 한 장도 가지고 있지 않다. 내가 아는 대부분의 사람들은 100달러짜리 지폐 다발을 가지고 있지 않다.

그렇다면 그 지폐들은 모두 어디에 있는 것일까? 이와 관련해, 위스콘신대학의 경제학자 에드거 피지Edgar Feige는 아무도 확실히 알지 못한다고 말한다. 그 지폐들 중 상당수가 불법적인 목적을 위해, 혹은 지하경제에서 사용되고 있기 때문이라는 것이다. 피지는 이메일 인터뷰에서 이렇게 설명했다. "우리가 아는 것은 미국 화폐의 일부는 해외에 있고, 국내 1인당 화폐 보유량은 미국 기업과 가계가 보유하고 있다고 인정되는 양보다 훨씬 많다는 사실입니다."[24]

금의 두 가지 근본적인 문제

금은 본질적인 가치를 지니고 있는가

이 문제는 우리가 생각하는 것보다 답하기가 더 어려울 수 있다. 나는 금이 귀금속과 장신구로서 보편적인 매력이 있다고 단언한 바 있다. 그 점은 아마 변하지 않을 것이다. 그러나 세계 어디에서나 사람들은 비축해 둘 목적으로 금을 사기도 한다. 필요한 경우 금을 좋아하는 다른 사람들에게 팔 수 있는 가치를 지닌 자산으로서 말이다. 그러나 그 금이 팔리는 가격을 결정하기는 힘들다. 금을 산업적인 용도로 사용할 수 있는 범위는 그다지 넓지 않다(희귀하고 비싸기 때문이다). 따라서 어떤 특정 시점에 금이 지니는 가치는—가령 밀이나 스노타이어 같은 것과 비교했을 때—대체로 인간의 감정에 좌우된다.

바로 여기에 금의 역설이 있다. 금은 부분적으로 다른 사람들이 가치 있다고 여기기 때문에 가치가 있다. 이것은 100달러짜리 지폐가 가치 있는 물건이 된 이유와 크게 다르지 않다. 피터 번스타인이 지적하듯 "금은 그 독특한 물리적 특징이 없었다면 통화 체계의 최고 군주 자리에 등극하지 못했을 것이다. 그러나 금이 화폐로 사용되었다는 이유로 인해 시간이 흐름에 따라 절대 만족시킬 수 없는 수준의 금에 대한 수요가 생기게 됐다."

100달러 지폐의 구매력, 그러니까 연방준비제도가 안정된 수준으로 유지하기 위해 노력하는 바로 그 지폐의 구매력과 달리 금이 다른 상품들에 대해 지니는 가치는 변덕스럽기 그지없다. 빵, 우유, 부동산을 비롯한 기타 재화들과 대비해 금의 가치를 결정할 수 있는 실증적 방법은 없다. 《월스트리트저널》의 개인 금융 문제 기고가 제이슨 즈와이그 Jason Zweig는 이렇게 지적한다. "주가수익률이나 채권수익률 같은 가치 측정 기준이 없는 상태에서 금이 싼지 비싼지 판단하는 것은 눈을 가리고 루빅큐브를 맞추려 하는 것과 다름없다."[25]

이 부분은 개인 투자자들에게 중요한 문제이기도 하다. 금은 무가치 자산 혹은 불능 자산, 즉 채권이나 부동산 혹은 예금과 달리 수익이 생기지 않는 자산이라는 사실 말이다. 극도로 높은 인플레이션이 걱정이라거나, 사회 전체가 무너질 것 같다면 지하실에 금을 묻어 두는 것도 말이 될 수는 있다(후자의 경우, 염소와 총을 사는 편이 더 나을 것 같긴 하다. 핵전쟁 같은 것이 나서 문명의 종말이 온 다음에 살아남은 사람들이 장신구를 많이 걸고 다닐 것 같지는 않으니 말이다). 금융 부문이 발달하지 않은 나라에서라면 금을 사 두는 것이 논리적이다. 가령 인도 같은 곳에서라면 가족의 부를 보석과 금팔찌로 보관할 수 있다. 하지만 그런 재산은 도난이나 분실의 위험이 있다. 그리고 그보다 더 중요한 사실은 보다 생산적인 목적으로 대여할 수가 없다는 점이다. 피터 번스타인은 이렇게 쓴다. "금을 비축하는 것은 보험 상품을 사는 것과 비슷하다. 보험과 마찬가지로, 금을 비축하기 위해 돈을 들이기는 하지만 수익은 없기 때문이다." 인플레이션에 대비하면서 자본에 대한 수익을 올릴 수 있는 다른 방법들이 있다. 땅은 인플레이션이 생기면 함께 가격이 오른다. 또 농사를 지어서 규칙적으로 수익을 올릴 수 있다. 아파트도 물가가 오르면 가격이 오르고, 동시에 임대 수익을 올릴 수 있다. 미 재무부가 발행하는 물가연동

채권은 고정 수익에 더해 약속한 기간 동안 생기는 인플레이션에 대한 보상까지 같이 해 준다.

불능 자산을 묻어 두는 것은 사회에도 피해를 준다. 지하실에 묻혀 있거나 신부 팔목에 매달려 있는 자산은 창업하는 기업가나 의과대학에 진학하는 학생에게 대여해 줄 수 없는 자본이다. 금융 시스템이 존재하는 이유는 예금주와 대출자를 연결해 주는 매개체 역할을 하고, 그 과정에서 양측이 모두 이익을 보게 해 주기 때문이다. 금은 그런 기능을 하지 않는다. 인도는 이 문제가 충분히 심각하다고 판단하고, 국민들이 증서를 받고 금을 맡길 수 있는 금 은행을 만드는 정책을 고려하고 있다. 장기적 목표는 맡아 놓은 금을 어떤 방식으로든 대여해 주는 것이다.

지구상의 금 가운데 상당 부분이 뉴욕 연방준비은행 지하 깊숙이 보관되어 있다. 유사 이래 가장 성공적인 투자자 중 하나로 꼽히는 워런 버핏은 그토록 값비싼 물건이 아무런 역할도 하지 않은 채 지하 금고에 보관되어 있다는 것이 얼마나 이상한 일인지를 지적했다. "금의 아프리카 혹은 다른 어딘가의 땅 밑에서 채굴된다. 그런 다음 우리는 그것을 녹이고, 또 다른 구멍을 파서 거기 묻고는 사람들에게 돈을 주며 그것을 지키라고 한다. 아무런 효용도 없다. 화성에서 누군가 이것을 바라본다면 무슨 영문인지 몰라 머리를 긁적일 것이다."[26]

금의 양은 충분한가

이 모든 논쟁에도 불구하고, 금본위제에 반대하는 목소리들 중 가장 설득력 있는 것은 매우 평범한 사실에 근거한다. 이 장의 주장을 한 문단으로 요약할 수 있는 목소리이기도 하다. 몇 년 전 나는 폴 볼커의 사무실로 찾아가 그를 만난 적이 있는데, 당시 그가 이 문제를 지적했을 때 그걸 먼저 생각해 내지 못한 나 자신이 원망스러울 정도였다. 바로 이것이다.

'금은 충분치가 않다.' 폴 볼커가 지적했듯 "세상에 있는 금의 양은 현재 국제적으로 유통되는 모든 화폐의 양에 비해 너무나, 너무나 적다." 지금까지 생산된 모든 금은 초대형 유조선 하나에 다 실을 수 있다는 사실을 기억해 보자. 몇 년 전에 다섯 사람이 모여서 칩 50개로 시작한 포커 게임에 이제 수백 명이 한꺼번에 참여하게 됐는데 여전히 칩은 50개밖에 없는 것과 같은 상황이다. 도저히 게임을 할 수가 없다. 아니, 더 정확히 말하자면 현실적으로 게임을 할 수가 없는 상태가 된 것이다. 금 가격을 엄청나게 높이 책정하면, 유통되는 모든 화폐를 금본위로 하는 것이 기술적으로 가능하기는 하다. 가령 금 1온스를 1만 달러로 정하는 식으로 말이다. 그러나 그렇게 하는 것은 금본위제의 본래 목적에 위배된다. 제정신을 가진 사람이라면 금 1온스와 1만 달러의 현재 구매력을 교환하려 하지 않을 것이다. 우리는 장신구를 그렇게까지 좋아하지 않는다. 그런 상황에서라면 달러는 실제적으로 어떤 실물의 보증도 받지 않는 것이나 마찬가지가 된다.

금의 유혹에 빠지면 위험하다

금본위제를 주장하는 사람들은 현재의 통화 체제에 대해 끝없는 불평을 쏟아 낸다. 사실 대부분이 정당한 불평이다. 명목화폐가 오용되면 인플레이션으로 이어지기 쉽다. 연방준비제도는 더 투명해져야 한다. 최종 대출자 역할을 하는 중앙은행은 모럴 해저드 상황을 만들어 낸다. 국제 통화 체제를 더 안정적이고 예측 가능하게 만들어야 할 필요가 있다. 그들의 오류는 이 모든 부작용에 대한 효과적인 치료법이 금이라고 생각하는 데 있다. 하지만 더 좋은 치료법은 중앙은행의 기능을 향상시키는 것이다.

현대 경제 시스템 안에서 금은 효과적인 화폐가 되기 위한 세 가지 기본적인 요건을 충족시키지 못한다.

1. 교환 수단 기능을 하기 위한 충분한 양의 금이 없다.
2. 효과적인 계산 단위 역할을 하기에는 가격 변동이 너무 심하다.
3. 가치 저장 수단으로 사용되었을 때 아무런 수익을 올리지 못한다.

그럼에도 불구하고 금은 종이돈보다 훨씬 더 직관적으로 받아들이기 쉬운 화폐의 형태를 가지고 있다. 경제에 문제가 생겼을 때는 금본위제로 돌아가는 것이 옳은 길인 것처럼 느껴지기도 한다. 그러나 흉년이 들었을 때 마녀들을 불태워 죽이는 것도 옳은 길처럼 느껴지던 때가 있었다. 수백 년에 걸쳐 쌓인 증거로 볼 때, 근본적인 문제를 해결하는 데 두 방법 모두 효과가 없다는 것이 증명됐다. 따라서 이제 다시 시작 지점으로 돌아가 보자. 아무리 직관적으로 옳은 것처럼 느껴져도 경제적으로 말이 되지 않는 시스템에 매달려서 수많은 사람들에게 엄청난 비용을 감당하게 할 수는 없다.

배리 아이켄그린은 금본위제가 '대공황을 이해하는 핵심 요소'라는 주장을 하는 데 책 한 권을 바쳤다. 이 이야기는 9장에서 더 심도 있게 살펴보자. 그러나 지금은 금의 거짓 유혹에 빠지는 것이 얼마나 위험한지, 특히 경기침체 시에는 얼마나 더 위험한지를 인식하는 것이 중요하다. 아이켄그린은 이렇게 기술한다.

1920년대의 금본위제는 취약한 국제 금융 시스템을 더 취약하게 만들어서 1930년대에 대공황이 밀어닥칠 길을 닦았다. 금본위제는 미국에서 싹튼 불안정한 충격을 전 세계로 전달하는 메커니즘 역할을 했다. 금본위제는 경제 시스템을 불안정하게 만든 초기 충격을 확장시켰고, 그것을 상쇄하는 데 가장 큰 장애물 역할을 했다. 금본위제야말로 금융 부문의 실패를 막고 금융 위기가 확산되는 것을 예방하는 조처를 취하려는 정책 결정자들의 손을 묶는 요소였다. 이 모든 이유를 감안할 때, 국제 금본위제는 전 세계적 불황의 중심 원인이라고 단정 지을 수 있다. 같은 이유에서, 금본위제를 폐기한 후에야 경기 회복이 가능했다.[27]

그때나 지금이나 좋지 않은 아이디어는 거기에 상응하는 결과가 따른다. 미국이 금본위제로 돌아갈 위험은 그다지 크지 않다. 그러나 금본위제를 매력적으로 보이게 하는 오해가 현재의 통화 정책을 복잡하게 만든다. 《파이낸셜타임스》의 칼럼니스트 마틴 울프Martin Wolf는 2008년 금융 위기에 대한 연방준비제도의 대응이 하이퍼인플레이션을 초래할 것이라고 주장하는 한 미국 정치인과 함께 패널로 활동한 경험을 이렇게 묘사한다. "다른 많은 사람들과 마찬가지로 그는 통화 체제가 어떻게 작동하는지를 이해하지 못하고 있었다. 불행하게도 무지는 축복이 아니다. 그런 무지로 인해 중앙은행이 효과적인 조처를 취하는 것이 더 어려워진다."[28]

이것은 중요한 문제다. 통화 정책은 대중들이 이해하기 어려워 보인다. 하지만 2000년대 초 월스트리트의 금융사들이 팔던 파생상품들도 우리가 이해하기 어려운 것들이었다. 그것들이 어떻게 끝을 맺었는가? 통화 정책이 잘 돌아가면 우리는 거기에 거의 신경을 쓰지 않는다. 그럴 때면 우리는 모든 것을 더 복잡하게 만드는 것 같은 규제 당국을 못마땅해하면서, 붕괴되지 않는 금융 시스템을 이용하고, 당연한 것으로 여기는 돈을 사용하며 그저 일상을 보낸다.

그러나 모든 것이 항상 부드럽게 돌아가는 것만은 아니다. 이 책의 후반부에서 더 자세히 살펴보겠지만, 통화를 잘못 운용하면 경제를 망가뜨리고 삶을 망치게 된다.

2부

돈으로 굴러가는 세상

Naked
Money

8장

Naked
Money

미국 화폐의 역사

대도시들에서는 금본위제에 찬성한다고 말하는 사람들이 있습니다. 저는 그들에게 이렇게 말합니다. 대도시들의 번영은 저 넓고 비옥한 대초원에 달려 있다고 말입니다. 도시가 불타도 농촌이 건재하면, 도시는 마법처럼 다시 생겨날 것입니다. 그러나 농촌을 파괴하면, 모든 도시의 황량한 거리에는 풀만 자라게 될 것입니다.

만약 그들이 감히 공개적으로 금본위제를 옹호한다면, 우리는 끝까지 그들과 싸울 것입니다. 우리 뒤에는 국가와 세계를 위해 생산 활동을 하는 민중들이 있습니다. 우리 뒤에는 상업에 종사하는 사람들, 노동에 종사하는 사람들, 그리고 힘들게 일하는 모든 민중들이 있습니다. 금본위제를 요구하는 사람들에게 우리는 이렇게 답할 것입니다. 이 가시 면류관을 노동자의 머리에 눌러 씌우지 마라. 인류를 황금 십자가에 매달지 마라.

_ 윌리엄 제닝스 브라이언, '황금 십자가' 연설, 1896년 민주당 전당대회[1]

아메리카 인디언들의 조가비 화폐

네덜란드인들은 정말로 우리가 초등학교에서 배운 것처럼 인디언들에게 24달러어치 구슬을 주고 맨해튼을 산 것일까? 정말 그랬다면 그것이 레나페족 인디언들에게 그토록 말도 안 되게 불리한 거래였을까? 무엇보다도 당시 맨해튼은 상대적으로 사람이 많이 살지 않는 땅덩어리에 불과했다. 네덜란드인들은 5번가, 센트럴 파크, 혹은 도널드 트럼프의 이름이 새겨진 부동산 같은 것들을 사들인 것이 아니다. 당시에는 대부분 그냥 허허벌판이었다. 게다가 구슬 이야기는 출처가 불분명하다. 네덜란드 동인도 회사의 연락 담당관이 본국 정부에 보낸 편지에는 "60길더 상당의 대가를 지불하고 야만인들로부터 맨해튼 섬을 사들였다"고 언급되어 있다.[2] 이 액수는 19세기 환율을 적용했을 때 약 24달러 정도 된다는 계산이다. 역사학자들은 당시 네덜란드인 정착민들이나 인디언들에게 길더가 어느 정도의 가치를 지녔었는지 정확히 알 수 없다고 지적한다. 아마 인디언들에게 길더는 네덜란드인들과 무언가를 교환할 때만 쓰는 화폐 단위였을 것이다.

한편, 인디언들이 맨해튼 섬을 사용하고 있었는지 여부는 차치하더라도 그 섬에 대한 소유권이 있었는지조차 불분명하다. 어떤 사람들은 땅과 물에 대한 '소유권'이 아메리카 원주민들에게는 완전히 낯선 개념이었을 것이고, 따라서 그들 입장에서 네덜란드인들이 준 돈은 매매 대금이라기보다 그 땅을 함께 사용하는 요금에 가까웠을 것이라는 해석을 내놓는다.[3] 한 법학 교수는 이 거래가 "맨해튼 섬을 양도하는 것이 아니라 네덜란드인들을 추가적인 거주자로 받아들이는 것이었다"고 기술한다. 이보다 더 교활한(그리고 더 우스운) 해석은 맨해튼 섬을 판 인디언들이 실은 롱아일랜드에서 출발해 그냥 그 지역을 지나가던 무리들에 불과했다는 이론이다. 그들이 자기 것도 아닌 땅을 네덜란드인들에게 팔고서는 이 순진한 매수자들에게서 받을 수 있는 돈을 최대한 챙겨 사라져 버렸다는 것이다. 중고 벤츠 자동차를 5000달러에 파는 것이 바보짓인지 아닌지는 논쟁의 여지가 있다. 그러나 자기 것도 아닌 중고 벤츠 자동차를 5000달러에 팔았다면 그 사람은 장사의 귀재라고 할 수 있다.⁴ 이 거래에서 진짜 순진한 사람들이 네덜란드인들이었다면 정말 재미있는 아이러니였을 것이다. 그러나 교환된 것이 네덜란드 길더화가 아니라 실제로 구슬이었다고 가정해 보자. 그 구슬을 준 것이 손해라고 말할 수 있을까? 반짝이는 물건 한 줌과 섬을 맞바꾼 것이 바보 같은 짓이었을까? 이 책을 읽고 있는 사람들은 모두 자신의 집과 차를 비롯한 여러 귀중품들을 다이아몬드 한 자루나 금괴가 가득 든 캐리어와 기쁜 마음으로 교환할 것이다. 실용적인 가치가 거의 없는 반짝이는 물건이라는 점에서는 다름이 없다.

그런데 맨해튼 이야기에는 유럽 출신 정착민들이 아메리카 원주민들을 만났을 때 돈이 어떤 역할을 했는지에 대한 더 재미있는 사실들이 빠져 있다. 네덜란드인들은 아메리카 원주민들이 조가비 구슬에 부여하는 가치를 이해하지 못했다. 조가비 구슬은 조개와 끈으로 만든 장신구로, 돈의 역할을 하고 있었다. 1650년, 뉴암스테르담 교회의 목사였던 도미니 요하네스 메가폴렌시스Dominie Johannes Megapolensis는 다음과 같이 기록했다. "인디언들이 이 조그만 뼛조각을 귀하게 여기는 것은 기독교인들이 금, 은, 진주를 귀하게 여기는 것에 버금간다. 그런데 그들은 우리의 화폐는 좋아하지 않는다."[5] 네덜란드인들은 현지에 적응을 했다. 파리나 홍콩에 도착한 미국인 관광객들이 그러는 것처럼 말이다. 조가비 구슬은 아메리카 대륙 북동쪽에 정착한 유럽인들 사이에 널리 사용되는 교환 수단이 되었다. 이 현상은 내가 지금까지 얼버무리고 넘어갔던 실물화폐의 문제를 촉발시켰다. 이론적으로 실물에 기초한 화폐의 장점은 널리 받아들여지는 일정한 가치를 지녔다는 데 있다. 담배는 담배이고, 소는 소다. 그러나 현실에서 어떤 담배는 다른 담배보다 질이 더 좋다. 어떤 소는 통통하고 건강한데, 다른 소는 비루먹고 병들었을 수도 있다. 조가비 화폐는 이보다 더 안정적인 듯했다. 항상 끈으로 잘 엮어 있고, 가장 널리 통용되는 단위는 남자 팔 길이에 해당하는 양의 조가비 묶음이었다. 그런데 네덜란드인들은 아주 흥미로운 패턴을 발견했다. 인디언들이 조가비 화폐를 받으러 올 때는 몸집이 아주 큰 사람을 데려오고, 자신들이 지불해야 할 때는 난쟁이를 데려오는 것 같았다.[6]

유럽 정착민들은 천연두와 술 말고도 또 하나의 재해를 몰고 왔다. 조가비 화폐 인플레이션이었다. 전통적으로 조가비 화폐 생산은 나라간세트족 인디언들이 독점하고 있었다. 손이 많이 가는 공정 때문에 아주 적은 양의 통화가 안정적으로 공급되고 있었다. 나라간세트족은 조개껍질을 모아 두껍고 단단한 중심부를 자른 다음 똑같은 크기로 갈아서 한가운데 구멍을 뚫고 끈에 끼운다. 네덜란드인들은 그 공정에 강철로 만든 도구를 도입했다. 마치 짐바브웨 정부에 지폐 인쇄기를 더 많이 제공한 것과 같은 꼴이 된 것이다. 정착민들은 조가비 화폐 생산을 수백 배 증가시켰고, 인플레이션이라는 피할 수 없는 결과를 낳았다.[7] 밀턴 프리드먼은 이렇게 설명한다. "조가비 화폐 인플레이션과 같은 현상은 어디서나 찾아볼 수 있고, 늘 있는 통화 현상이다." 미안하다. 사실 프리드먼은 그렇게 말한 적이 없다. 하지만 네덜란드 정착민들을 더 자세히 연구했다면 그렇게 말했을지도 모른다. (놀라운 일은 아니지만) 아이러니하게도 기계를 동원해서 만든 조가비 화폐는 결국 교환 수단으로서의 역할을 더 이상 하지 못하게 됐다.

돈과 함께한 미국의 역사

미국 역사의 모든 단계에서 '돈money'은 중요한 역할을 했다. 여기서 나는 '돈'이라는 단어를 재산이나 부(닭, 공장, 아파트 등)가 아니라, 우리가 닭이나 공장이나 아파트 같은 것을 사기 위해 사용하는 교환 수단, 즉 '화폐'라는 의미로 썼다. 거기에는 조가비 화폐, 스페인의 옛 금화 더블룬doubloon, 미국 독립전쟁 당시의 콘티넨털화, 금, 종이화폐, 컴퓨터 바이트 등이 포함된다. 미국 역사는 화폐의 역사이기도 하다. 우리는 화폐로 실물, 금, 종이 등을 모두 사용해 봤다. 인플레이션도 있었고, 디플레이션도 있었다. 심지어 스태그플레이션도 있었다. 미국 역사상 가장 뜨거웠던 정치적 분쟁들의 일부는 화폐를 중심으로 벌어졌다. 국립은행의 필요성을 주장한 알렉산더 해밀턴Alexander Hamilton이나 그 은행을 없애려 했던 앤드루 잭슨 등 그 예는 수없이 많다. 윌리엄 제닝스 브라이언이 은 주화로 통화 공급을 늘리려 한 것은 서부 농부들의 이익을 보호하기 위한 것이었다. 뉴욕의 은행가들은 연방준비제도를 만들어서 19세기와 20세기 초 금융 부문을 얼룩지게 했던 금융 패닉 사태를 피하려고 했다. 바로 앞 장에서 설명했듯 미국이 금본위제에 매달리는 바람에 대공황의 골은 더 깊고 더 길어졌다. 너무 심한 패닉이(미국과 독일이 가장 큰 고통을 겪었다) 2차 대전의 도화선이 됐다는 것을 감안하면, 그것은 역사상 최악의 공공 정책이라고 할 수도 있다.

우리에게 익숙한 미국 역사의 모든 장면—식민지 시대, 독립전쟁, 남북전쟁, 서부 개척, 대공황 등—은 거기에 상응하는 돈에 얽힌 사연이 있다. 어떤 경우에는 이 사연들이 그저 흥미로운 수준에 그치기도 했다. 그러나 나라의 진로를 바꿔 놓은 경우도 있다. 1970년대의 스태그플레이션은 지미 카터가 대통령 선거에서 진 이유 중 하나다. 1984년 로널드 레이건이 "지금 미국은 다시 아침입니다"라는 슬로건으로 재선에서 승리한 것은 부분적으로 폴 볼커가 인플레이션을 잡는 데 성공해서였다. 이 책을 쓰고 있는 순간에도, 비평가들은 연방준비제도가 2008년 금융 위기 이후 너무 공격적인 정책을 사용했다고 맹비난을 퍼붓고 있다. 그런가 하면 어떤 사람들은 미국의 중앙은행이 실업률을 낮추는 데 최선을 다하지 않았다고 주장한다. 시간이 흐르면 이 논쟁들의 타당성 여부가 밝혀질 것이다.

경제사학자들은 이 모든 주제 하나하나에 대해 수많은 책들을 썼다. 나도 이미 배리 아이켄그린의 대공황에 관한 저서를 많이 인용했다. 밀턴 프리드먼의 훌륭한 업적 중 하나는 애나 슈워츠Anna Schwartz와 함께 집필한 《미국 통화의 역사A Monetary History of the United States, 1867~1960》다. 내 목표는 이보다 훨씬 단순하다(가장 큰 이유는 방금 거명한 사람들보다 아는 것이 훨씬 적기 때문이다). 이 장에서 말하고자 하는 바는 돈과 돈에 관계된 제도가 중요하다는 사실이다. 화폐, 금융, 그리고 중앙은행의 정책들은 미국 역사의 방향에 영향을 끼쳐 왔고, 앞으로도 그럴 것이다. 이제 미국 역사의 익숙한 장면들을 방문하면서, 거기에 결부되어 있지만 우리에게는 덜 익숙한 돈 문제를 살펴보자. 맛보기 역사 여행이라 할 수 있겠다.

최초의 종이화폐를 발행한 매사추세츠만 식민지 정부

유럽에서 북아메리카 대륙으로 건너간 초기 정착민들은 돈이 충분히 없었다. 부나 재산이 없었다는 뜻이 아니다(사실 상당수는 재산도 없었겠지만 말이다). 교환의 매개체로 사용할 수 있는 일관된 형태의 화폐가 부족했다는 의미다. 누구 잘못일까? 물론 신뢰할 수 없었던 영국의 탓이다. 미국에 대의권은 주지 않고 세금만 거두어 간 바로 그 사람들 말이다. 영국은 각 식민지와 독점적인 교역 관계를 유지하면서 식민지들끼리의 교역은 하지 못하도록 방해했다. 이를 위해 식민지에 보내는 파운드화의 양을 제한하는 한편 식민지에서 자체적으로 화폐를 주조하는 것을 금지하려고 했다. 이에 따라 화폐 부족을 메우기 위해 갖은 수단이 모두 동원됐다. 물론 귀한 파운드도 사용됐지만, 그 밖에도 무역상들과 일반 상인들이 많이 축적해 둔 스페인 달러, (의심스러운 경우가 많은)

개인 은행들이 발행한 동전과 지폐, 그리고 각종 실물들이 사용됐다.[8]

가축이나 담배와 같은 '환금 작물'을 교환 수단으로 사용해서 거래가 이루어지는 일도 흔했다. 많은 식민지에서는 심지어 실물로 세금을 내는 것까지 허용했다(국세청에 염소 한 마리와 밀가루 세 포대를 보내는 상상을 해보라). 실물 납세에는 몇 가지 문제점이 있었다. 우선 물류 관리 문제가 있었다. 세금 징수관은 세금을 (말 그대로) 추적하고 다녀야 했을 뿐 아니라, 금액을 소나 담배나 옥수수로 환산하면 얼마나 받아야 하는지도 계산해야 했다. 게다가 거둬들인 다양한 상품들을 어떻게 해야 할지도 고안해 내야 했다. 한편 정착민들은 징수관이 받아만 준다면 보유하고 있는 상품들 중 가장 질이 나쁜 것으로 세금 납부를 했다. 금방 죽을 것 같은 비루먹은 소를 세금으로 내 버리면 얼마나 좋겠는가. 로드아일랜드의 관리들은 '너무 야윈' 소는 세금으로 받지 않기 위해 엄청난 노력을 기울이고 있다고 보고하기도 했다. 담배의 경우도 상황은 마찬가지였다. 1680년대 버지니아의 감사관은 '되팔 수 없는 엽연초의 양이 너무 많아서 "이 재원으로 얻을 수 있는 수익은 줄어들다 못해 이제 거의 없어졌다"고 보고했다.[9]

정착민들이 더 신뢰할 수 있는 형태의 화폐를 갖길 원한 것은 놀라운 일이 아니다. 1690년, 매사추세츠만 식민지Massachusetts Bay Colony는 아메리카 대륙에서 최초로 종이화폐를 발행한 정부가 됐다. 매사추세츠 정부는 종이화폐를 군인들에게 지급하면서, 이 지폐를 나중에 금이나 은으로 교환할 수 있을 거라고 약속했다. 이 지폐들은 개인적 채무 관계를 청산하거나 세금을 납부하는 데 사용할 수 있다는 의미에서 '법정 통화Legal tender'로 여겨졌다.[10] 다른 식민지들도 돈을 만드는 사업에 뛰어 들었다. 식민지 정부들은 보통 전쟁 비용을 지불하기 위해 혹은 세금 인상을 피하기 위해 종이화폐를 발행했다. 물론 돈을 찍어 내는 것은 팝콘을 한입 먹는 것과 다름이 없다. 그 일을 계속 하고 싶은 유혹이 너무 강해지기 때문이다. 버지니아를 제외한 모든 식민지 정부들(특히 로드아일랜드)은 과도한 양의 종이화폐를 발행했고, 필연적으로 따라오는 인플레이션을 경험했다.[11] 18세기 중반 내내 종이화폐 실험이 계속되는 동안, 종이화폐의 장점과 해악에 대한 치열한 논쟁이 시작됐다. 한쪽 진영은 인플레이션에 대한 두려움에 떨었다. 이들의 견해는 《버지니아 가제트Virginia Gazette》지에 게재된 〈종이화폐의 여러 해악The Manifold Evils of Paper Money〉이라는 기고 글에 잘 나타나 있다.[12] 반대 진영에는 유통되는 화폐의 부족 문제를 해결하는 방법으로 종이화폐를 지지하는 사람들이 있었다. 벤저민 프랭클린Benjamin Franklin은 1729년에 발표한 글에서 종이화폐를 발행하는 것은 '평화와 사랑, 화합을 정착시키는 길'이라고 주장했다.[13] 그 후 250년 동안, 우리는 기본적으로 이 두 진영의 주장이 여러 가지 형태로 표현되는 것을 들어 왔다. 19세기 윌리엄 제닝스 브라이언의 '은화 자유 주조', 20세기의 금본위제, 21세기의 양적 완화 등이 모두 그 변주곡이다. 돈은 얼마나 많아져야 지나치게 많은 것일까?

1764년, 신뢰할 수 없었던 영국 정부는 통화 조례를 통과시킴으로써 종이화폐 논쟁을 잠시 중단시켰다. 식민지 정착민들이 발행하는 모든 종이화폐는 불법이라고 규정한 법규였다. 이전까지도 영국 정부는 식민지의 화폐 발행량을 제한했지만, 이 조례에서처럼 모든 식민지를 통괄하는 금지령을 내린 적은 없었다.[14] 초기에 인플레이션이 문제가 된 건 사실이었지만, 그렇다고 해도 종이화폐를 금지한 조치는 경제적 손실을 가져올 수밖에 없었다. 인구와 교역 규모가 늘어나고 있던 식민지에서는 통화 공급을 늘릴 필요가 있었다. 그러나 영국 정부는 고의적으로 통화 공급을 줄이고 있었다.[15] 통화 조례가 통과되면서 식민지의 경제적 이익은 영국의 경제적 이익을 위해 늘 희생될 수밖에 없다는 느낌이 강해지기 시작했다.[16] 우리는 여기서부터 이야기가 어떻게 진행되는지 이미 알고 있다.

독립전쟁을 둘러싼 화폐 전쟁

독립전쟁이 시작되면서 미국인들은 조폐기를 돌릴 자유를 다시 누릴 수 있게 됐다. 각 식민 주들은 군비를 지불하기 위해 새로운 지폐를 발행했고, 그 과정에서 새롭고 혁신적인 지폐 디자인을 고안하기를 즐겼다. 메릴랜드 식민지는 '조지 3세가 아메리카 도시에 불을 지르면서 마그나 카르타를 짓밟고 있는 그림'을 지폐에 실었다.[17] 각 주에서 발행한 통화와 함께 새로 결성된 콘티넨털 의회는 '달러'라고 명시된 새로운 종이화폐를 발행하기 시작했다(식민지에서는 항상 스페인 달러가 통용되고 있었기 때문에 증오의 대상인 파운드를 대체할 단위로 달러가 자연스럽게 선택됐다).[18] 독립전쟁 초기에 제대로 된 전국 단위의 세금 제도가 없는 상태에서 콘티넨털화는 콘티넨털 의회가 전쟁 자금을 마련하는 데 중요한 역할을 했다(오늘날 작은 정부를 주장하는 티파티 운동 참여자들은 아마 전혀 깨닫지 못했겠지만, 역설적이게도 대영 제국에서 독립한 공화국은 종이화폐를 발행하는 적자 예산을 토대로 시작됐다).[19] 조지 워싱턴이 나무 틀니로 유명했을지는 모르지만, 미국 역사의 방향에 더 큰 영향을 준 것은 그가 발행한 종이화폐였다.

콘티넨털화의 가치는 급속도로 하락했다. 시중에 나와 있는 상품과 서비스에 비해 발행되는 콘티넨털화의 양이 너무 많이 증가했기 때문이다.[20] 전시 금융 경제학에 아주 익숙했던 영국 정부는 후일 나치가 영국에 대해 취하려 했던 것과 똑같은 전략을 독립군에게 사용했다. 전략적 화폐 위조 작전을 펼친 것이다. 1776년 1월, 뉴욕을 점령하고 있던 영국은 뉴욕 항구에 배 여러 척의 닻을 내렸다. 그중 하나였던 HMS 피닉스호는 갑판에 포를 44대나 보유하고 있었지만, 선체 내에는 그보다 훨씬 더 위험한 무기를 싣고 있었다. 바로 조폐기였다.[21] 영국은 식민지 전체에 위조 콘티넨털화를 퍼뜨렸다. 대규모 인플레이션을 일으켜 독립군의 전쟁 자금 마련을 무력화시킨다는 계획이었다. 영국은 위조지폐를 유통시키기 위해 뉴욕에서 발행되는 신문에 식민지 여행자들에게 무한대로 위조 콘티넨털화를 준다는 광고까지 냈다. 여행자는 화폐를 찍어 내는 종이 값만 내면 됐다.[22]◆ 이런 식으로 돈을 찍어 냈으니 (영국 정부와 식민지 정부 양쪽 모두가) 예상했던 현상이 벌어졌다. 조지 워싱

◆ 이 작전은 내게 때로 유로존을 괴롭히는 디플레이션 위협에 맞설 수 있는 좋은 영감을 떠오르게 했다. 유럽중앙은행은 유럽에서 휴가를 보내고 싶어 하는 사람(이를테면 나 같은 사람)에게 무제한으로 유로를 대 주면 된다(유로가 인쇄되는 종이 값은 내가 부담하는 조건으로).

턴은 결국 존 제이John Jay에게 이렇게 불평했다. "돈을 마차 가득 싣고 가도 마차 하나에 실을 군수품을 살 수가 없어."[23]

콘티넨털군Continental Army은(독립전쟁 당시 미국군을 지칭 – 옮긴이) 구걸하고, 빌리고, 훔치는 등 온갖 수단을 동원해서 결국은 영국군을 물리치는 데 성공했다.[24] 정말 글자 그대로 외국 정부에 자금을 구걸하고, 국내에서 빌리고, 개인 재산을 압수하는 방법을 동원했다. 1787년 헌법 초안을 마련하기 위해 필라델피아에 모인 대표단의 머릿속에는 식민 시대의 통화 혼란이 가장 뚜렷한 기억으로 남아 있었다. 미국 헌법은 각 주가 화폐를 주조하거나 신용 증서를 발행하는 것을 금지한다. 헌법 1조는 '화폐를 발행하고, 해당 화폐와 외국 화폐의 가치를 조정하고, 화폐의 무게와 측정 기준을 정할 권한'을 의회에 부여하고 있다.[25] 그 후 250년 동안 의회가 그 권한을 어떻게 행사해야 할 것인지에 대한 논쟁이 계속되어 왔다(그리고 앞으로도 계속될 것이다).

미합중국 제1은행과 제2은행

의회는 1792년 화폐주조법을 통해 화폐 제작에 관한 권한을 행사하기 시작했다.[26] 이 법안은 최초의 연방 건물인 미국 조폐국을 필라델피아에 건설하도록 승인했다.[27] 재무부 장관 알렉산더 해밀턴은 조폐국에서 달러 단위의 금화와 은화를 주조하도록 했다. 누구든 금괴나 은괴를 조폐국에 가져오면 무료로 동전으로 만들어 주었다. 달러화에 함유된 금과 은의 비율은 고정되어 있었다.[28] 10달러짜리 금화에는 금 17.5

그램이, 1달러짜리 은화에는 은 27그램이 함유되어 있었다. 물론 이렇게 금은을 모두 화폐에 사용하면서 금과 은의 가치도 상대적으로 고정했다(금과 은의 가치는 15 대 1이었다). 미국은 이렇게 금본위와 은본위를 동시에 쓰는 복본위 체제bimetallic regime를 1세기 가깝게 유지했다. ◆

한편 재무부 장관 알렉산더 해밀턴은 미국이라는 신생 국가에 적절한 금융 인프라가 필요하다고 생각했다. 성장하는 경제가 필요로 하는 만큼 충분한 통화가 공급되고 있지 않았기 때문이다.[29] 또한 정부는 돈을 빌릴 곳이 필요했다. 해밀턴은 국립은행을 설립할 것을 제안했다. 그 은행은 연방정부의 허가를 받지만, 대부분을 민간이 소유해 유지하도록 했다(정부가 주식의 5분의 1만 소유). 그 은행은 당시 가장 절실한 금융 수요를 충족시키는 일, 즉 정부에 대출을 해 주고(물론 예금도 받고), 상인들과 농부들에게 신용대출을 해 주고, 통화 공급을 늘리기 위해 은행

◆ 두 금속을 화폐의 기준으로 사용하는 체제는 불안정해질 위험이 크다. 두 금속(예를 들어 금과 은)의 공급이 서로 아무런 상관없이 부침을 거듭할 것이기 때문이다. 예를 들어 은이 대량으로 발견되면, 금과 은의 상대적 가치를 법으로 고정시켜 놓았음에도 불구하고 금에 비해 은의 희소성이 떨어진다. 시민은 누구나 금이나 은을 조폐국에 가져가서 달러로 바꿀 수 있었다. 은의 양이 풍부해지면(그래서 시장에서 은의 가치가 떨어지면), 더 많은 시민들이 금은 보유한 채 은을 달러로 바꾸거나, 금을 시장 가격으로 은과 교환한 뒤 조폐국으로 가져가서 더 많은 금액의 달러를 받으려 할 것이다. 다른 상품으로 예를 들어 보면 이해하기가 더 쉬울 것이다. 의회가 1990년에 달러의 가치를 산악자전거 한 대 혹은 DVD 플레이어 한 대에 고정시켰다고 가정해 보자. 당시 이 두 상품은 비슷한 가치를 지니고 있었다. 2015년 즈음에는 의회가 아무리 두 상품의 가치가 동일하다고 고집을 부린다 한들 산악자전거가 DVD 플레이어보다 훨씬 비싸졌다. 새로 돈을 받고자 하는 사람은 조폐국에 산악자전거가 아니라 DVD 플레이어를 가져갈 것이다. 사실, 머리가 잘 돌아가는 사람이라면 산악자전거를 DVD 플레이어 몇 대와 바꾼 뒤 조폐국으로 가져가서 더 많은 달러를 받을 것이다. 이런 이유로 인해, 두 가지 금속에 화폐 가치를 고정시켰던 체제는 대부분 암묵적으로든 법적으로든 하나의 금속에만 화폐를 고정시키는 쪽으로 진화했다.

어음을 발행하는 일을 하도록 할 계획이었다.[30] 영국의 영란은행도 이와 유사한 모델로 1694년에 설립됐다.

알렉산더 해밀턴이 제안한 은행 설립 계획은 곧바로 토머스 제퍼슨 Thomas Jefferson과 제임스 매디슨James Madison의 반대에 부딪혔다. 연방 권한의 위헌적 확장이라는 것이 반대 이유였다. 시간이 흐르면서 위헌 문제는 해결이 됐지만, 중앙은행이 권력을 불건전하게 중앙에 집중시킨다는 저항감은 현재까지도 여전히 존재하고 있다. 론 폴은─제퍼슨만큼은 아니지만 상당한 추종자들을 가지고 있다─《연방준비제도를 없애라》에서 이렇게 썼다. "사회의 어떤 기관에도 이렇게 큰 권력이 집중되어서는 안 된다."[31] 제퍼슨과 그의 반연방주의자 동료들은 그런 은행이 보통 사람들, 특히 농부들을 희생시켜 부유한 상인들에게 혜택을 줄 것이라고 믿었다. 이 광범위한 테마, 즉 은행가들의 이익과 평범한 미국 시민들의 이익을 상충 관계로 보는 것은 오랜 시간 동안 사라지지 않는 정치적 담론 중 하나다. 표현을 좀 더 현대식으로 하자면, 2008년 금융 위기 후 '월스트리트 대 메인스트리트'라고 할 수 있을 것이다.('메인스트리트 main street'는 '월스트리트'와 대비되어 쓰일 때 미국의 전형적인 중산층 혹은 일반 대중을 의미한다 - 옮긴이) 슬프게도 정치적 행위 또한 익숙한 모습이 반복되곤 한다. 제퍼슨은 심지어 해밀턴을 가리켜 '외국에서 온 사생아foreign bastard'라는 폭언을 하기도 했다(제퍼슨의 편을 좀 들자면 엄밀히 말해 완전히 틀린 표현은 아니었다. 해밀턴은 서인도 제도에서 미혼모의 아들로 태어났기 때문이다. 그렇다 하더라도 무례한 언사인 것은 사실이다).[32]

알렉산더 해밀턴은 전투에서 이겼지만 전쟁에서는 졌다고 할 수 있다. 적어도 19세기 상황으로만 판단하면 그렇다. 미합중국 제1은행은 1791년에 20년 동안 영업할 수 있는 허가를 받았다. 허가 기간 동안 제1은행이 발행한 500만 달러의 종이화폐는 미국 통화 공급의 약 20퍼센트를 차지하는 양으로 불어났다.[33] ◆ 그러나 1808년, 은행의 주주들이 연방정부의 허가를 갱신해 달라는 요청을 했을 때는 정치적 상황이 달라져 있었다. 몇 년간의 정치적 갈등 끝에 이 국립은행에 반대하는 진영에서 자신들의 의견을 관철시키는 데 성공한 것이다. 상원 투표 결과가 50 대 50으로 나오자 부통령 조지 클린턴George Clinton은 허가를 갱신하지 않는 쪽에 표를 던졌다. 미합중국 제1은행은 1811년에 문을 닫았다.[34]

미국 역사 수업 시간에 배운 사람들도 있겠지만, 이 이야기에는 후편이 있다. 후편의 각본도 대충 전편과 비슷하다. 4년이 지난 후 미국은 다시 한 번 신용대출이 절실해졌다. 부분적으로는 영국과 벌인 1812년 전쟁 때문이었다. 당시 재무부 장관 알렉산더 댈러스Alexander Dallas는 "국립은행이야말로 나라와 정부가 처한 현재의 곤란한 상황에서 벗어날 수 있는 최선의 방법이자 아마 유일한 방법일 것"이라고 설파했다. 제임스 매디슨 대통령(제1은행 반대파)은 결국 국립은행이 나라의 성공에 꼭 필요한 기관이라는 주장에 설득됐다. 1816년, 그는 미합중국 제2은

◆ 미합중국 제1은행, 제2은행은 초보적인 형태의 통화 정책을 실시하기도 했다. 우선 각 주가 발행한 은행 어음을 사들임으로써 주 은행들에 추가적인 준비금을 제공했다. 주 은행들이 그 돈을 대출해 주면 통화 공급이 늘어나는 효과가 생겼다. 반대로 각 주가 발행한 어음을 금이나 은으로 교환해 주는 방법으로 주 은행의 준비금을 줄이기도 했다. 이에 따라 대출금 양이 줄어들면 통화량도 줄어들었다.

행을 20년 동안 허가하는 서류에 서명했다.[35] 전편과 마찬가지로, 제2은행의 허가를 갱신할 즈음에는 다시 한 번 정치적 기류가 변화돼 있었다. 이번에는 앤드루 잭슨 대통령이 완벽하게 은행의 적수 역을 해냈다. 오지 출신의 포퓰리스트인 잭슨 대통령은 지금의 민주당을 창당한 인물로, 은행으로 상징되는 모든 이미지—금융 엘리트, 신용대출, 중앙 집중화된 권한, 그리고 종이화폐 낌새가 느껴지는 모든 것—를 격렬히 비난했다. 그러니 잭슨의 얼굴이—어떤 실물로도 보증되지 않는—20달러짜리 종이화폐에 새겨져 있다는 사실은 재미있는 역사의 아이러니다.

제2은행을 침몰시키고 이와 함께 '자만심 강하고 오만한' 은행 총재 니컬러스 비들Nicholas Biddle도 매장하려 한 앤드루 잭슨의 시도는 미국 정치 투쟁사에 남은 대규모 전투였다. 비들은 고의적으로 은행의 신용대출을 제한했다. 그에 따른 경제 위축이 잭슨에게 해가 되고, 은행의 경제적 중요성을 잘 보여 줄 것이라는 계산에서였다. 니컬러스 비들은 이렇게 선언했다. "우리 훌륭한 대통령은 자기가 인디언들의 머리 가죽을 벗기고, 판사들을 감옥에 보냈으니, 은행도 마음대로 할 수 있다고 생각하는 것 같다. 오판이다."[36] 정치 초보가 아니었던 앤드루 잭슨은 마틴 밴 뷰런Martin Van Buren에게 보낸 서한에 이렇게 썼다. "미스터 밴 뷰런, 은행이 나를 죽이려 하고 있습니다. 그러나 내가 은행을 죽일 겁니다." 결국 잭슨이 이겼다. 제2은행 허가는 갱신되지 않았다. 이후 미국에는 1900년대 초까지 중앙은행 비슷한 그 어떤 것도 존재하지 않았다.[37]

남북전쟁에서 북부의 승리를 뒷받침한 '그린백' 화폐

앤드루 잭슨의 승리로 인해 은행 허가를 내주는 책임은 주정부들에게 넘어갔고, 각 주는 그 일을 공격적으로 해냈다. 주정부의 허가를 받은 은행들은 금과 은으로 보증하는 은행 어음을 발행했다. 앞에서 예를 든 적 있는 상상 속의 쌀 보관소와 크게 다르지 않다. 각 은행의 질, 그리고 그에 따른 은행 어음의 질은 엄청난 격차를 보였다. 경제 상황이 좋을 때는 은행가들이나 대출자들이나 모두 흥겨운 시간을 보낼 수 있었다. 1830년 당시 미국에는 329개 은행들이 존재했고, 6100만 달러에 달하는 어음이 발행되어 있었다. 그로부터 7년이 지나 미합중국 제2은행이 문을 닫은 후, 미국 내에는 788개 은행이 1억 4900만 달러의 어음을 유통시키고 있었다.[38] 내가 통계학 책까지 쓴 사람이니 수치 변화 폭을 직접 계산해 보겠다. ◆ 10년이 흐르기도 전에 은행 및 유통되는 달러의 양이 약 140퍼센트 증가한 것이다. 과도한 신용대출로 인해 파티가 제어할 수 없이 난장판이 되어 가도 중앙은행이 없었기 때문에 술을 치우고 음악을 끌 사람이 없었다. 결국 조명을 켜고 파티를 해산시킨 것은 미국의 과열된 신용대출을 우려한 영국이었다. 영국 투자자들이 대서양을 건너는 신용대출의 양을 줄인 것이다. 여기에 더해 다른 요인들

◆ 무슨 말인지 어리둥절해할 독자들을 위해 말하자면, 나의 전작 《벌거벗은 통계학》은 《뉴욕타임스》에서 '반짝반짝 빛나고, 엄청나게 가독성이 좋은 책'이라는 호평을 받았다.

이 복합적으로 작용하면서 1837년의 공황이 촉발됐다.[39] 시민들은 은행 어음을 금과 교환하기 위해 서둘러 은행으로 몰려갔고(어음이 휴지조각이 될까 봐 두려워서), 이로 인해 은행이 파산하고 경기침체가 시작돼서 적어도 4년간이나 지속됐다.[40] 당시의 경제적 데이터는 엉성하지만, 의료 기록을 보면 상황이 얼마나 나빴는지 짐작할 수 있고, 등골이 서늘한 느낌을 피할 수가 없다. 1840년대 초에 태어난 어린아이들은 그보다 10년 전에 태어난 어린아이들에 비해 평균적으로 거의 5센티미터나 작았다.[41]

거품, 꺼지기, 다시 반복. 19세기 후반부는 이 패턴에서 거의 벗어나지 않았다. 1848년 캘리포니아 서터스밀에서 금이 발견된 후, 미국은 약 10년에 걸쳐 급속한 통화 팽창과 빠른 성장기에 접어들었다. 경제사학자 글린 데이비스Glyn Davies의 말을 빌리자면, 그 시기는 "양질의 통화가 경제를 촉진하는 데 얼마나 큰 효과가 있는지 역사상 가장 잘 보여 준 때였다."[42] 물론 이 파티도 끝은 좋지 않았다. 1857년 가을, 또 한 번의 금융 패닉 사태가 촉발돼서 다음 해까지 무려 5000개가 넘는 기업이 파산했기 때문이다.[43] 이 시점에 좋은 소식과 나쁜 소식이 있었다. 좋은 소식은 위기가 심각했지만 짧게 끝났다는 점이다. 당시《이코노미스트》는 이렇게 보도했다. "이보다 더 심각한 위기도 없었고, 이보다 더 급속한 회복도 없었다."[44] 나쁜 소식은 남북전쟁이 다가오고 있었다는 사실이다.

우리는 '그것'을 누가 시작했는지 알고 있다. 남부였다. '그것'이란 피할 수 없었던 화폐 발행과 인플레이션을 말한다. 경제가 더 취약했던 남부는 거의 즉시 전비를 마련하기 위해 돈을 찍어 내던 옛날로 돌아갔다. 1861년부터 1865년 사이 남부의 물가는 거의 30배 뛰었다.[45] 북부는 세금을 올리고 돈을 빌림으로써 새 돈을 찍어 내는 것을 어느 정도 유보할 수 있었지만, 결국 그 방법으로는 충분치가 않았다. 1862년 재무부 장관 새먼 체이스Salmon P. Chase는 재무부 채권을 발행할 것을 제안했다. 이 채권을 법정 통화로 인정하되 금이나 은과 교환할 수는 없도록 하자는 아이디어였다. 매사추세츠 상원의원 찰스 섬너Charles Sumner는 그 계획에 대해 의회가 보인 회의적인 분위기를 다음과 같은 말로 요약했다. "분명 우리는 모두 종이화폐에 반대해야 합니다." 그러나 섬너마저 상황의 긴급성에 무릎을 꿇었고, 결국 상원에서 이렇게 발언했다. "여러분의 병사들을 먹이고 보수를 지급해야 합니다. (…) 내키지 않고 고통스럽지만 동의합니다."[46]

북부는 '그린백greenback'을 찍어 내기 시작했다. '그린백'은 이 화폐의 뒷면back이 초록색으로 인쇄됐다는 것과 금이나 은이 아닌 초록색 잉크로만 뒷받침된다는back 이중적 의미를 지니고 있었다. 남부가 엄청난 인플레이션에 시달린 것과 달리, 북부의 새 화폐는 상당히 잘 버텨 냈고, 북부가 경제적 우위를 공고히 하는 데 기여했다. 역사학자 헨리 브랜즈Henry William Brands는 "그린백은 남북전쟁에서 북부의 승리를 재정적으로 뒷받침했고, 미국의 산업혁명을 가속화했다"고 주장한다.[47] 남북전쟁 도중 북부는 미국 최초의 성공적 명목화폐, 즉 정부가 가치 있다고 선언한 것 외에는 본질적 가치가 없는 통화를 만들어 낸 것이다.

남북전쟁의 끝이 보일 무렵, 미국의 통화는 그린백과 각 주정부가 허가한 은행들이 발행한 서로 다른 어음들이 잡동사니처럼 뒤섞인 형국이었다. 사람들은 은행 어음을 지불 수단으로 받기 전에 그 은행이 실제로 존재하는 곳인지, 그 어음이 위조는 아닌지, 발행 은행이 재정적으로 건전하며 후일 금이나 은으로 교환해 줄 만큼 믿을 만한 곳인지를 확인해야 했다. 상거래의 지리적 거리가 확장되면서 이 모든 일들은 점점 더 어려워졌다.[48] 뉴욕 상인이 자기 지역 은행에서 발행한 5달러짜리 어음을 가지고 뉴햄프셔로 갔다고 상상해 보자. 그 어음을 받아 줄 사람을 찾는다 해도 5달러라는 액면가보다 할인이 되곤 했다. 상황이 이렇다 보니 역설적이게도 규모가 크고 명성이 높은 은행들의 위조 어음이 잘 알려지지 않은 은행들의 합법적인 어음보다 더 높은 가치를 누렸다.

금본위제 vs 금은복본위제

당신이 사업을 하고 있는데, 고객이 전 세계 어느 나라에서 발행한 화폐로도 지불할 수 있다고 상상해 보자. 알바니아의 1000레크 지폐를 알아볼 수 있어야 함은 물론이고 그 지폐가 진짜인지 가짜인지도 식별할 수 있어야 할 것이다. 사실 이 정도로는 실제 문제의 심각성을 제대로 설명할 수가 없다. 1860년대에 미국에 존재했던 주정부 인가 은행들의 수는 오늘날 자국 화폐를 발행하는 국가 수보다 더 많았다. 그래서 개인과 기업이 어떤 어음은 받고 어떤 어음은 거부해야 하는지를 알려 주기 위해 각종 은행 어음들을 설명하는 책까지 나왔다.[49] 의회는

1863년과 1864년에 국립은행법National Banking Acts을 통과시켜 이 통화 혼란을 끝내고 질서를 회복하려는 노력을 기울였다.[50] 이 법령으로 국립은행을 허가하고 규제하는 과정이 만들어졌다. 은행들은 연방의 허가를 받으려면 재무부 채권을 구입해서 새로 만들어진 통화감독국Office of Comptroller of the Currency 계정에 보관해야만 했다(통화감독국은 연방정부의 허가를 받은 은행들을 검토하고 규제하는 책임을 맡고 있었다). 이렇게 담보로 재무부 채권을 맡기는 대신 정부는 그 액수에 상응하는 국영 어음을 제공했다. 새로 제작된 이 국영 어음은 외양이 통일되어 있지만 발행하는 은행의 이름을 집어넣을 수 있도록 디자인되었다. 모든 국립은행들은 다른 국립은행들의 어음을 (할인 없이) 액면가 그대로 받아들이도록 했지만, 금이나 은으로 교환할 때는 어음 발행 은행에 가야 하도록 했다. 고객이 가져온 자사 어음을 교환해 줄 금은이 충분치 않으면, 정부가 그 은행의 재무부 채권을 팔아서 어음 소지자에게 지불했다.[51] 이 조치 덕분에 국민이 통일된 화폐를 사용할 수 있게 됐을 뿐 아니라 은행과 은행 어음에 대한 신뢰가 강화됐다. ◆ 한편 의회는 주정부가 허가한 은행들이 발행한 어음에 10퍼센트의 세금을 부과했고, 결국 이 어음들은 모습을 감췄다. 주정부 허가 은행들은 화폐 발행을 더 이상 하지 않았지만 은행 업무는 계속 했다. 바로 이것이 미국의 이중적 은행 시스템(주정부와

◆ 북부는 남북전쟁이 막바지에 달했을 무렵 이런 조치를 취함으로써 부수적인 혜택도 누렸다. 국립은행들이 재무부 채권을 사서 통화감독국에 맡겨 둠에 따라 이 정부 채권에 대한 시장이 크게 넓어졌고, 그 덕분에 북부가 전쟁 자금을 마련하는 것이 더 쉬워지고 비용은 덜 들게 됐다.

연방정부의 허가를 받은 두 가지 은행이 존재하는 시스템)이 아직까지 존재하는 이유다.[52] 당연한 것을 다시 한 번 말하자면, 이름에 'state'가 들어간 은행은 주정부 허가 은행이고, 'national'이 들어간 은행은 연방정부 허가 은행이다.

좀 더 통일된 국가 통화가 생겨났음에도 불구하고, 미국의 은행 시스템은 앞선 장들에서 논의한 여러 이유들로 인해 여전히 불안정했다. 예를 들어 대규모 예금 인출 사태를 방지할 장치도 전혀 마련되어 있지 않았다. 정부는 자주 광기와 패닉으로 이어지는 경향이 있는 경제적 호황과 불황을 완화할 수단을 가지고 있지 않았다.[53] 금과 은의 역할 문제는 가장 민감한 정책적 이슈가 됐다. 더 정확히 말하자면 은의 역할이 충분치 않다는 것이 문제였다.[54] 의회는 1873년 화폐주조법을 통해 은으로 무제한 동전을 주조하는 관행에 종지부를 찍었고, 미국은 사실상 금본위 체제로 들어섰다.[55] 그 후 20년 동안 은 생산자들과 그들의 정치적 동맹들은 미국 경제의 통화 수요를 충족시키려면 금으로는 충분치 않다고 주장했다. 그것은 대체로 이길 수 없는 전투였다. 그러나 1893년, 미국은 또 한 번의 경기침체에 깊이 빠져들었다. 농산물의 가격이 떨어지자 은본위에 찬성하는 여론이 전국에 팽배해졌고, '은 지지자'들은 금과 은 모두에 기초한 통화 체제로 영원히 복귀할 수 있는 마지막 기회이자 가장 좋은 기회를 만났다. 1896년 대통령 선거에 윌리엄 제닝스 브라이언이 후보로 나선 것이었다.[56]

민주당 소속으로 전 네브래스카 하원의원 출신인 윌리엄 제닝스 브라이언은 자신의 선거 운동 내내 단 한 가지 공약만을 내세웠다. 16 대

1의 비율로 은화 자유 주조권을 허용해야 한다는 것이었다. 앞에서도 나왔지만, 자유 주조권이란 미 조폐국에 은을 가져가서 은화와 바꿀 수 있는 권리를 말한다. 16 대 1이라는 비율은 금 1온스에 대해 은 16온스를 교환하자는 것으로, 금과 은의 상대적 가치에 대한 브라이언의 제안이었다. 이 숫자는 금과 은의 1830년대 시장 가격에 기초한 것이었다. 그러나 때는 더 이상 1830년대가 아니었다. 1830년 이후 은의 가격은 엄청나게 떨어져서, 1896년 당시 시장에서는 금 1온스에 은 32온스 정도가 거래됐다. 브라이언이 제안한 가격의 절반이었다.[57] 브라이언이 그런 제안을 한 것은 금에 대한 은의 가치를 상대적으로 부풀리기 위한 것이다. 그렇게 될 경우, 누군가 조폐국에 32온스의 은을 가지고 오고, 또 다른 사람이 1온스의 금을 가지고 온다면, 두 금속의 시장 가격은 비슷하다 할지라도 은을 가지고 온 사람이 금을 가지고 온 사람보다 달러를 두 배 더 받아 가게 될 것이다. 물론 금을 가진 사람이 머리가 좋다면, 우선 그것을 은으로 바꾼 다음 조폐국에 가져감으로써 금을 바로 가져갔을 때보다 돈을 두 배 더 받겠지만 말이다. 어찌 됐든 브라이언은 은화 자유 주조를 허용하면 사람들이 은을 조폐국으로 가져오도록 장려하는 것이 되고, 이에 따라 미국의 통화 공급량이 늘고 인플레이션이 일어날 것이며(부채를 진 농부들에게 유리), 그 결과 경제 성장 속도가 촉진될 것이라고 믿었다.

적수가 없다 할 정도로 연설에 능한 브라이언은 금세 포퓰리스트 영웅이 됐다. 이 장 첫 부분에 인용한 그의 1896년 민주당 전당대회 연설은 역사상 가장 위대한 정치 연설 중 하나로 꼽힌다. 브라이언의 사상은 농부들을 비롯해 빚을 많이 지고 있는 시골의 유권자들에게 강한 호소력을 지니고 있었다. 반면 선거에서 브라이언의 맞수가 된 공화당 후보 윌리엄 매킨리William McKinley는 은행가들과 동부 엘리트 계층의 강한 지지를 받고 있었다(인플레이션은 빚을 진 사람들에게 유리하고, 은행가들에게는 골칫거리다). 지금 우리가 보면 계급 간 투쟁이라고 할 만한 싸움을 브라이언은 피하지 않았다. 전율이 흐를 정도로 강력한 브라이언의 민주당 전당대회 연설 실황 녹음을 들어 보면, 그는 이렇게 포효한다. "도시가 불타도 농촌이 건재하면, 도시는 마법처럼 다시 생겨날 것입니다. 그러나 농촌을 파괴하면, 모든 도시의 황량한 거리에는 풀만 자라게 될 것입니다."[58]◆ 그는 금본위제를 다시 한 번 공격하면서 극적인 결론을 맺는다. "이 가시 면류관을 노동자의 머리에 눌러 씌우지 마라. 인류를 황금 십자가에 매달지 마라." 그는 팔을 양옆으로 벌려서 십자가에 매달리는 몸짓을 한 다음 무대에서 내려갔다.[59]

윌리엄 제닝스 브라이언은 졌다. 1890년대 말에 금광들이 발견됨에 따라 통화 공급이 팽창해 경기가 활성화되면서, 1896년 선거는 금은복본위제에 대한 논쟁에 종말을 고했다.[60] 4년 후인 1900년, 윌리엄 매킨리 대통령은 금본위제법Gold Standard Act에 서명을 했고, 미국에서 사실상 유지되던 금본위제는 이것으로 공식화되었다. 금의 가치는 달러당 금

◆ 브라이언은 1923년 7월 3일에 게넷 스튜디오Gennett Studios에서 이 연설을 녹음했다. 'Authentic History Center' 웹사이트에서 그의 녹음을 들을 수 있다. http://www.authentichistory.com/1865-1897/4-1896election/19230703_Cross_of_Gold_Speech_Recording-WBJ.html.

25.8그램, 혹은 금 1트로이온스(금은 등 귀금속에 대한 중량 단위 - 옮긴이)에 20.67달러로 고정됐다.[61]

연방준비제도의 탄생

1907년, 미국은 또 한 번의 금융 위기에 직면했다(한 번 읽은 부분을 다시 읽고 있는 것이 아니다. 금융 위기는 반복해서 계속 일어났다). 여러 이유로 대중들은 몇몇 뉴욕 은행에 대한 신뢰를 잃었고, 고객들은 급히 은행으로 몰려가 자신의 예치금을 찾으려 했다.[62] 맨해튼에 위치한 은행인 니커보커 트러스트Knickerbocker Trust에서는 질서 유지를 위해 경찰 출동을 요청하기까지 했다. 《뉴욕타임스》는 "누군가 은행에 돈을 맡기고 문을 나서면, 곧바로 10명 이상이 몰려들어 돈을 찾겠다고 요구했다"고 보도했다.[63] 도시 전체로 패닉이 확산되자, 은행들은 그들을 구출해 줄 사람이 단 한 명밖에 없다는 사실을 재빨리 깨달았다. 바로 J. P. 모건이었다. 중앙은행이 없었으므로, 금융과 산업의 거인 모건이 최종 대출자 역할을 하는 수밖에 없었다. 모건은 자기 집으로 영향력 있는 은행가들을 모이게 한 뒤, 은행들을 방어하기 위해 거액을 지원하기로 약속하고 다른 자산가들에게도 행동을 같이하자고 설득했다. 로버트 브루너Robert Bruner와 숀 카Sean Carr가 공동 집필한 《1907년 공황The Panic of 1907》에서 저자들은 당시 광경을 이렇게 묘사한다. "[모건의 거두절미하고 앞으로 10분에서 12분 사이에 2500만 달러의 기금을 모으지 못하면 적어도 50개 증권회사들이 파산할 것이라고 말했다." 모인 사람들은 금융 시스템이 완전히 붕괴하지 않을 정도로 충분한 양의 돈을 마련할 수 있었다.

모건은 동료 은행가들을 관리한 것만큼이나 능숙하게 대중들도 관리했다. 그는 일부 은행가들을 대중매체에 보내 금융 부문에 닥친 어려움을 관리해 나갈 재정적인 세부 사항을 설명하도록 하는 한편, 성직자들에게도 은행가 한 무리를 보내 일요일 설교에서 은행들의 재정 상태가 건전하다는 사실을 확인해 줄 것을 부탁했다.[66] (잊지 말아야 할 사실은, 사람들이 패닉이 지나갔다고 믿기만 하면 패닉은 정말 지나간 것이다.)

미국은 위기를 피했다. 그러나 그것은 미국 최고의 부자 두 사람이 특별히 개입을 해 주었기 때문에 가능한 일이었다(록펠러도 거액을 약속했다. 어느 시점에는 미국의 신용을 보장하기 위해 자신의 재산 절반을 내놓겠다고 약속하기도 했다).[65] 1694년에 영국이, 1800년에 프랑스가 했던 것처럼 미국에도 중앙은행을 설립할 필요가 있다는 여론이 점점 힘을 얻어 갔다.[66] 1913년, 오랜 기간에 걸친 연구와 숙고 끝에 의회와 우드로 윌슨Woodrow Wilson 대통령이 연방준비법Federal Reserve Act을 통과시킴으로써 미국의 중앙은행 역할을 해낼 연방준비제도를 만들었다. 5장에서 살펴봤듯, 중앙 집권적 권력에 대한 강한 반발(미합중국 제1은행과 제2은행의 실패도 바로 이런 반발 때문이었다) 때문에 연방준비제도는 지방 분권적 구조를 띠게 됐다. 12개 연방준비은행을 전국 곳곳에 두고 워싱턴에 있는 이사회에서 조정과 감독을 한다.[67] 이 법은 또 언제라도 금으로 교환할 수 있는 법정 통화인 연방준비권Federal Reserve Notes을 탄생시켰다.[68] 이것이 바로 오늘날 우리 지갑 속에 들어 있는 종이돈이다(비록 더 이상 금과 교환할 수는 없게 됐지만 말이다).

연방준비제도의 명시적 역할은 금융 부문의 안정을 도모하고, 고질적으로 반복되는 금융 패닉에 종지부를 찍는 것이었다.[69] 연방준비제도는 재정 상태가 비교적 건전한 은행이 대규모 예금 인출 사태에 직면했을 때 임시 대출을 해 줌으로써 최종 대출자 역할을 할 것이었다. 그리고 그 외에 연방준비제도가 맡고 있는 책임은 시간이 흐르면서 점차 진화해 왔다. 연방준비제도 이사회 부의장을 지낸 로저 퍼거슨Roger Ferguson이 말했듯 "원래 연방준비법에는 금융 시스템이 따라야 할 명시적 목표가 거의 포함돼 있지 않았다."[70]◆ 이 새 체제는 1929년 주식 시장 붕괴와 그에 따른 경제 문제로 첫 시험대에 오를 것이었다. 여기서는 일단 연방준비제도가 이 시험에서 완전히 낙제 점수를 기록했다는 이야기까지만 해 두고 넘어가자.[71] 다음 장에서 이 실패를 고통스러울 정도로 상세하게 다룰 예정이니 여기서는 대공황과 2차 대전 부분은 일단 뛰어넘자. 예고편으로 살짝 알려 주자면, 1930년대에 파산한 은행의 수가 거의 1만 개에 달했다.[72] 글린 데이비스는 다음과 같이 결론 짓는다. "유연한 통화 정책을 구현하기 위해 만들어진 연방준비제도가 환자의 목을 졸라 죽이고 말았다."[73]

◆ 연방준비제도가 재무부와 독립적으로 금리를 결정할 수 있는 권한을 부여받은 것은 1951년부터였다. 의회는 1977년에 연방준비법을 개정해서 연방준비제도에 명시적 목표를 부여했다. '최대 고용, 물가안정, 적절한 장기 금리 유지'가 그것이었다. 세 가지 목표가 명시적으로 거론되고 있음에도 불구하고, 이것들은 '이중 책무'라고 불려 왔다. https://www.richmondfed.org/publications/research/special_reports/treasury_fed_accord/background/; 로저 퍼거슨, 〈미국 중앙은행의 진화The Evolution of Central Banking in the United States〉.

달러를 세계 준비 통화로 만든 브레턴우즈 체제

마운트 워싱턴 호텔은 미국 북동 지역에서 가장 높은 산인 마운트 워싱턴의 기슭, 뉴햄프셔 브레턴우즈에 아늑하게 자리 잡고 있다. 스키 휴가를 즐기기에 아주 좋고(특히 크로스컨트리 스키), 여름과 가을에도 아름다운 경치를 자랑한다(이 책에서 듣고 왔다고 하면 5퍼센트 할인을 받을 수 있을지도 모른다). ◆ 경제학 공부벌레들이라면 브레턴우즈 협정에 서명한 방을 방문할 수도 있다. 이 협정은 2차 대전 후의 국제 금융 구조를 만들어 낸 국제 조약이다. 1944년 여름, 1930년대에 경험했던 금융 재앙을 다시 겪지 않을 체제를 마련하기 위해 44개국 대표가 브레턴우즈에 모였다. 이 회담의 결과로 만들어진 체제는 기본적으로 영국 경제학자 존 메이너드 케인스와 미국 재무부 소속 경제학자 해리 덱스터 화이트 Harry Dexter White의 사상에 기초하고 있었다.[74] (케인스는 회담 말미에 경미한 심장마비를 겪었다.)[75] 2차 대전이 끝나고 나면 영국이 아닌 미국이 군사적·경제적 강국으로 떠오를 것이 확실해 보였다. 이에 따라 브레턴우즈에서 만들어진 체제는 미국의 우월성을 반영하고 있었다. 세계 주요 통화를 금본위제를 사용하는 미국 달러에 연동하기로 한 것이다. 헨리 브랜즈는 "케인스가 심장마비를 일으킨 것은 어쩌면 빡빡한 회담 일정 때문이 아니라, 영국과 파운드가 미국과 달러에 확실히 밀리게 된 것을 목격했기 때문인지도 모른다"고 추측했다.[76]

◆ 농담으로 한 말이긴 하지만, 그래도 물어봐서 손해날 것은 없지 않은가.

미국은 금 1온스에 35달러(10년 전에 루스벨트가 정했던 바로 그 가격)로 비율을 고정해서 달러의 가치를 재확인했다. 미국은 또 어느 나라든지 달러를 그 비율로 금과 바꿀 수 있다고 약속했다. 그것이 바로 이 체제의 닻 역할을 했고, 다른 참가국들의 통화는 달러로 그 가치를 명시할 수 있게 됐다. 각국은 작은 범위 안에서 자국 통화의 가치—환율—를 유지할 것을 약속했다.[77] 예를 들어 파운드가 달러 대비 너무 많이 평가절상되고 있어서(가치가 상승하고 있어서) 고정된 환율 범위를 넘어설 위험이 있으면, 영란은행은 국제 시장에서 파운드를 팔고 달러를 사들임으로써 달러 대비 파운드의 가치를 낮춰 두 통화를 약속한 환율 연동 범위 안으로 되돌릴 의무가 있었다. 이 체제를 강화하기 하기 위해, 브레턴우즈 협정 대표단은 IMF를 설립했다. 고정된 환율 연동 범위를 유지하는 데 어려움을 겪는 나라에 돈을 빌려주기 위한 국제기구였다.[78]

브레턴우즈 체제를 통해 달러는 국제 준비 통화가 됐다. 달러가 새로운 금이 된 것이다. 전 세계 중앙은행들은 자국 화폐의 환율을 안정적으로 유지하는 수단이자 외국에 대한 지불 수단으로 달러를 보유하게 됐다. 그런데 미국 정부는 금과 달리 달러를 싼값에 무제한으로 찍어 낼 수 있다. 브레턴우즈 협정이 붕괴된 다음에도(잠시 후에 설명할 예정이다) 달러는 국제적 주도권을 계속 유지한다. 1960년대에 프랑스의 재무부 장관은 이렇게 한쪽으로 기울어진 구조를 보며 '터무니없는 특권'이라고 묘사했다. 바로 이 《터무니없는 특권Exorbitant Privilege》이라는 제목의 책에서 배리 아이켄그린은 이렇게 설명한다. (한국어판은 《달러 제국의 몰락》으로 번역 출간되어 있다 - 옮긴이) "미국 연방인쇄국Bureau of Engraving and

Printing이 100달러 지폐를 찍어 내는 비용은 불과 몇 센트에 불과하다. 그러나 다른 나라들이 100달러 지폐를 손에 넣으려면 실제로 100달러에 상응하는 상품을 생산해 내야 한다."[79]

브레턴우즈 체제는 달러를 세계의 준비 통화로 만든 조치를 통해 전후 세계 경제에서 미국이 군림할 것임을 공식화했다. 새로운 통화 체제와 마셜 플랜Marshall Plan(2차 대전 후 유럽을 재건하기 위한 미국 정부의 프로그램)에 따른 지출 덕분에 1950년대와 1960년대에는 미국과 해외에서 눈부신 경제 성장이 이루어졌다. 전쟁으로 황폐화된 일본과 독일은 경제 대국으로 성장했다.[80] 그러나 1965년 즈음부터는 달러의 헤게모니가 점점 더 심한 공격을 받게 됐다. 프랑스의 샤를 드골Charles de Gaulle 대통령은 프랑스가 뉴욕 연방준비은행 지하 금고에 보관해 둔 4억 달러 상당의 금을 인출할 것이라고 발표했다.[81] 드골은 이렇게 선언했다. "미국의 제국주의는 여러 모습으로 나타나지만, 그중에서 가장 음흉한 것이 달러다."[82]

드골의 행동은 제국주의 말고도 또 다른 불안한 현실에 대한 주의를 환기시켰다. 각국 중앙은행들 모두가 보유하고 있는 달러를 금으로 교환해 달라고 요구할 경우, 미국은 그 요구를 전부 들어줄 만큼 충분한 양의 금을 보유하고 있지 않다는 사실 말이다.[83] 다시 한 번 예금 대량 인출 사태가 벌어질 가능성을 제기하고 있는 것이었다. 이번에는 국제 금융 시스템의 중심에 있는 통화만을 가지고 벌어질 것이라는 점만 다를 뿐이었다.

리처드 닉슨이 대통령에 취임할 무렵인 1969년에는 상황이 더 나빠져 있었다. 미국은 수출보다 수입을 훨씬 많이 하고 있었고, 이 국제수지 적자는 연방준비은행 금고에 있는 금을 빠른 속도로 축내고 있었다 (미국에서 수입한 물건보다 미국으로 수출한 물건이 더 많은 나라는 달러를 모으게 되고, 그렇게 모은 달러를 금으로 교환해 갈 수 있다).[84] 당시 재무부 장관이었던 존 코널리John Connally는 닉슨 행정부가 곧 닥치고야 말 이 문제에 대해 어떻게 생각했는지를 다음과 같이 기술했다. "외국인들이 우리를 골탕 먹이려고 작심을 했다. 우리 임무는 그들을 먼저 골탕 먹이는 것이다."[85] 1971년 8월, 닉슨은 그들을 먼저 골탕 먹이는 데 성공했다. 13일의 금요일, 닉슨은 최고위급 경제 보좌관들과 함께 캠프 데이비드로 들어갔다. 그리고 그 주말 '골드 윈도'를 닫겠다는 결정이 내려졌다. 이제 다른 나라들은 달러와 금을 교환할 수 없게 됐다는 의미다. 일요일 저녁, 닉슨은 미국 시민들에게(그리고 전 세계에) 달러가 더 이상 금으로 보장되지 않는다는 사실을 발표했다. 당시 그는 점점 더 심각해지는 미국의 인플레이션 문제를 해결하기 위한 임금 및 물가 규제 방안도 발표했지만 별 실효를 거두지 못했다.[86] 프랭클린 루스벨트는 1933년에 개인이 달러와 금을 교환할 권리를 철폐했다. 그리고 이제 중앙은행들도 그 권리를 잃은 것이다.[87]

그 후 2년에 걸쳐 주요 경제 대국들이 브레턴우즈 체제를 복구해 보려고 애를 썼지만 이미 때늦은 뒤였다.[88] 세계의 통화는 이제 더 이상 어떤 실물에도 묶이지 않게 된 것이다.

1970년대를 지배한 스태그플레이션 난제

1970년대는 역사상 좀 이례적인 일들이 몇 가지 벌어진 시기였다. 예를 들어 디스코, 레저 슈트, 우스꽝스러운 머리 스타일, 스태그플레이션 등이 모두 1970년대의 산물이었다. 앞의 세 가지에 대해서도 할 말이 많지만(특히 중학교 때 댄스 수업에서 〈토요일 밤의 열기Saturday Night Fever〉 음악에 맞춰 강제로 군무를 춰야 했던 기억을 가진 나로서는), 이 책에서는 스태그플레이션에 대한 논의에 집중해 보겠다. 스태그플레이션은 높은 인플레이션과 높은 실업률을 동시에 보이는 희한한 경제 현상이다. 지금까지 이 책에서 설명했던 바에 따르면, 높은 인플레이션과 높은 실업률은 보통 공존할 수 없는 현상이다. 경제가 속도위반을 하고 가속을 할 때 생기는 현상이 인플레이션이다. 기업들은 자사 상품에 대한 수요가 공급을 초과하기 때문에 가격을 인상하는데, 이런 일은 보통 사회 구성원 모두가 임금을 받고 있을 때 벌어진다. 마찬가지로 경제가 완전고용에 거의 도달했을 때 임금이 치솟는다. 기업들이 새로 직원을 확보하려면 임금을 올릴 수밖에 없기 때문이다.

실업률이 높을 경우—많은 사람들이 임금을 받지 못할 때—보통 상황에서라면 물가와 임금이 하락하거나 적어도 오르지는 않을 것이다(팔리지 않은 물건들이 쌓여 있는 백화점이라면 가격을 올리지 않을 것이다). 우디 앨런Woody Allen의 표현을 빌리자면, 실업과 인플레이션은 양도 적고 맛도 없는 음식점과 같다. 보통은 두 문제 중 하나만 가지고 있기 마련이지만, 1970년대는 예외였다.

경제학자들은 아직도 무엇이 잘못됐는지 밝혀내기 위한 작업을 계속하고 있다. 레저 슈트와 디스코처럼 누구 때문에 생겨난 건지 끝까지 모를 수도 있다. 가장 힘을 얻고 있는 건, 연방준비제도가 통화 공급 조절을 잘못했다는 주장이다. 금리를 너무 낮은 상태로 너무 오래 유지했다는 것이다. 카네기멜론대학의 경제학자이자 연방준비제도의 역사에 대한 책을 쓴 앨런 멜처Allan Meltzer는 1970년대의 연방준비제도 정책을 비난했다. 그는 연방준비제도가 너무 빠르거나 너무 느린 두 가지 속도밖에 낼 줄 몰랐다고 말했다.[89] 당시 많은 거시경제학자들이 신봉했던 이론, 즉 높은 인플레이션이 장기적으로 낮은 실업률을 이끌어 낸다는 소위 '필립스 곡선Phillips curve'(이 이론을 최초로 내놓은 뉴질랜드 출신 경제학자 윌리엄 필립스의 이름에서 비롯된 용어다)에는 한 가지 문제가 있었다. 이와 같은 사고방식을 따를 경우, 실업률을 낮추려면 높은 인플레이션이 필요한 것처럼 생각할 수도 있는 것이다. 이런 관점은 경제학에서 이제 완전히 설 자리를 잃었다(선견지명이 있었던 밀턴 프리드먼은 1960년대에 이미 이 이론을 반박했다).[90] 대부분의 주류 경제학자들은 예기치 못한 인플레이션이 생겼을 때 필립스 곡선이 단기적으로는 여전히 맞는다고 믿는다. 소비자들은 자신이 더 부자가 됐다는 착각을 하고 돈을 더 많이 쓴다. 기업들은 생산을 늘리는 것으로 늘어난 소비에 반응한다(2장에서 나온 '버트의 빅 비프'를 기억해 보라). 이후 소비자와 기업이 사회 전체가 돈을 더 많이 가지고 있긴 하지만 물가도 그와 비슷하게 올라갔다는 것을 깨달으면서 결국 이 현상은 효력이 떨어진다. 벤 버냉키가 설명했듯 "이 현상을 사탕에 비유할 수 있다. 사탕을 먹으면 단기적으로는 힘이 나지만,

시간이 흐르면 뚱뚱해지기만 한다."[91]

통화 정책은 미국의 중동 정책에 항의하기 위해 OPECOrganization of Petroleum Exporting States가 1973년 미국에 대해 벌인 석유 수출 금지 조치로 인해 복잡해지기도 했다. 석유 가격이 네 배로 뛰면서 경제학자들이 '공급 쇼크supply shock'라고 부르는 현상이 벌어졌고, 물가 상승과 동시에 경제적 생산량이 떨어지는 어려움을 겪게 됐다. 1970년대에 경제학자 아서 오쿤Arthur Okun은 인플레이션율을 실업률에 더한 '경제고통지수 misery index'라는 것을 만들었다. 지미 카터가 대통령으로 재직하는 동안 경제고통지수는 평균 16퍼센트를 기록해 전후 어느 대통령의 재임 기간보다 높았다(1980년 카터의 임기가 끝나 갈 무렵 이 지수는 20퍼센트에 가까웠다. 왜 카터가 재선에 실패했는지를 부분적으로 이해할 수 있게 해 준다).[92]

경제학자 알렉스 니콜스코-르제프스키Alex Nikolsko-Rzhevskyy와 데이비드 파펠David Papell은 이 시기의 데이터를 다시 분석했는데, 거기에는 경제 체제가 완전고용 속도를 제한하는 것에 관한 합리적인 추론도 포함되어 있었다. 그들은 연방준비제도가 2퍼센트 인플레이션을 목표로 삼았다면, 그것을 달성하기에는 연방기금금리(연방준비제도가 목표로 삼은 단기 금리)가 계속해서 너무 낮았다는 결론을 내렸다.[93] 그러는 동안 사람들은 경기가 좋으나 나쁘나 상관없이 물가가 오른다는 사실을 삶의 자연스러운 일부로 받아들이게 됐다. 말할 것도 없이, 이런 태도는 경기가 좋으나 나쁘나 상관없이 물가가 오르도록 만드는 데 기여했고, 이로 인해 연방준비제도의 인플레이션 방지 임무는 더 어려워졌다. 앨런 멜처는 연방준비제도가 인플레이션과 싸우는 과정에서 배짱을 잃어버렸다고 주장한다. 그는 이렇게 말한다. "연방준비제도의 인플레이션 방지 처방으로 인해 실업률이 6.5퍼센트에서 7퍼센트까지 오르자, 그들은 자신들의 약속을 망각한 채 다시 통화 공급을 늘리고 금리를 낮추기 시작했다."[94] 대중들의 마음속에 인플레이션 기대 심리가 굳게 뿌리를 내릴수록 인플레이션에 제동을 거는 과정은 더 고통스러워진다. 벤 버냉키가 지적했듯, 느슨한 통화 정책은 다른 정책적 실수와 결합하면서 더욱 심각한 지경에 이르렀다. 정부는 베트남 전쟁 비용과 기타 사회적 비용을 지불하느라 적자를 내고 있었고, 이는 수요에 더욱 불을 지피는 효과를 냈다. 독자들은 5장에서 언급했던, 페달이 조수석에도 달린 연수용 자동차의 예를 기억할 것이다. 1970년대 초 즈음, 연방준비제도와 의회는 각자의 페달을 최대한 밟고 있었다. 양쪽에 달린 페달은 각각 통화 정책과 재정 정책 페달이었다. 경제가 제한 속도를 넘기며 질주하는 그 와중에 닉슨 행정부는 임금과 물가를 규제해서 인플레이션을 잡겠다고 나섰다. 밀턴 프리드먼은 이 정책을 과열된 용광로를 고친다며 온도계를 망가뜨리는 것에 비유했다. 물가는 잠깐 동안 인위적으로 억제되었지만, 결국 정책 자체가 실패로 끝나면서 버냉키의 표현에 따르면 "물가가 눌렸던 용수철이 튀듯 천정부지로 솟구쳤다." 이렇듯 아주 안 좋은 시점에 OPEC의 석유 수출 금지 조치와 갖가지 잘못된 정책들이 맞물리면서 해결 불가능해 보이는 경제적 문제들이 산적해 갔다.[95]

1979년 8월, 연방준비제도 이사회 의장에 임명된 폴 볼커가 아니었다면 스태그플레이션은 해결 불가능한 난제로 남았을 수도 있다. 폴 볼커(이른바 인플레이션 파이터 맨)는 인플레이션을 끝내겠다는 결의를 다지며 이사회 의장 자리에 취임했다. 이 전투에서 보인 그의 용기는 5장에서 이미 묘사한 바 있다. 볼커가 취임한 지 3개월이 지난 후, 그가 위원장을 맡은 연방공개시장위원회는 금리를 급격히 인상했다. 볼커는 단기적으로 경제가 어려워지는 게 불가피하다 하더라도, 지속적으로 통화 공급을 빡빡하게 유지해야만 미국인들의 인플레이션 기대 심리가 없어질 것이라는 사실을 알고 있었다. 그는 10퍼센트에서 최고점을 찍은 실업률 증가로 대중과 의회로부터 엄청난 비난을 받았다. 그러나 결국 볼커의 꿋꿋함은 결실을 맺었고, 인플레이션은 1980년의 12퍼센트에서 1983년 중반 3퍼센트로 떨어졌다.[96] 1987년, 볼커가 은퇴하고 후임으로 앨런 그린스펀이 임명됐다. 그는 연방준비제도를 2006년까지 이끌었다.

1980년대의 대안정기와 2008년의 금융 위기

1980년대로 접어들면서 디스코, 레저 슈트, 그리고 만성적 인플레이션은 모두 기가 꺾이고 있었다. 이후 20년가량은 오랜 기간 동안 인플레이션이 낮게 유지되고, GDP 성장률도 그다지 큰 변화가 없는 독특한 양상을 보였다. 1987년 주식 시장 붕괴, 1차 걸프 전쟁, 닷컴 버블 붕괴 등 갖가지 경기 혼란 요소들마저도 아주 적은 영향을 주는 데 그쳤다. 앨런 그린스펀 의장이 금리를 너무 낮게 너무 오래 지속시켰고, 그 결과 2008년 금융 위기를 가져온 부동산 거품을 촉발시켰다는 주장도 있기는 하다. 그 논란에 대해서는 다음 장에서 자세히 살펴보자. 이 장에서 가장 중요한 사실은, 1983년부터 2008년까지 25년이 미국 역사상 매우 독특한 기간이었다는 점이다. 벤 버냉키가 말했듯이 "그린스펀 재임 기간 중 중요한 업적 하나는 경제를 안정시킨 것이다. (…) 경제 안정성이 매우 많이 향상돼서 이 기간을 '대안정기'라고 부르게 됐다. 1970년대의 '대스태그플레이션Great Stagflation', 1930년대의 '대공황'과 대비되는 대안정기는 매우 실제적이고도 두드러진 현상이었다."[97]

그러나 국제적 상황은 그다지 만족스럽지 않았다. 브레턴우즈 체제가 붕괴되면서 세계 주요 경제 대국들은 환율을 조율하고 국제 자본의 흐름을 조정하느라 안간힘을 쓰고 있었다. 플라자 합의와 같은 성공적 노력마저도 임시방편에 불과했다. 6장에서 설명했듯 세계 주요 강대국들은 1985년 뉴욕에서 만나 달러의 평가절하를 유도하기 위한 정책 조율을 협의했다. 미국의 무역 적자가 너무 커져서 국제적 안정을 위협할 정도가 됐다는 인식하에 미국의 교역 대상국들을 설득해 달러를 약화시키도록 했다. 이는 주로 미국의 수출업자들에게 유리한 조치였다. 그 후, 달러는 2년 사이에 40퍼센트 평가절하됐다. 사실 너무 많이 떨어진 것이다. 뉴욕에서 만났던 국가들은 1987년에 파리에서 다시 한 번 만나 달러를 안정시키는 협정을 맺었다. 바로 루브르 합의Louvre Accord다. 그러나 제대로 된 국제 협력은 거기서 그쳤다. 오늘날에는 경제 체제를 안정시키고 모든 이들의 번영을 증진할 수 있도록 국가 간 경제 정책을 조율하고 협력할 공식적인 절차나 기관이 부재한 상황이다.

대안정기는 안정적이지 못하게 종지부를 찍었다. 2000년대 초, 경제 학자들의 표현을 빌리자면 부동산 시장에는 '거품이 일기frothy' 시작하고 있었다. 가격이 꾸준히 오르면서 더 많은 사람들이 시장으로 뛰어들었다. 은행들은 열심히 대출을 해 주었다. "직장이 없다고요? 자산이 없다고요? 아무 문제도 없습니다." 내게는 버스터라는 반려견이 있다. 사랑스럽지만 별다른 특징이 없는 래브라도 리트리버. 2005년, 그런 버스터에게 비자카드 발급 자격이 사전 승인됐다는 연락이 왔다. 정말 있었던 이야기다. 주택담보대출도 받을 수 있었을지 모른다. 못 받을 이유가 없었다. 주택 가격이 꾸준히 오르고 있었기 때문에 대출 상환이 어려우면 언제라도 자신의 멋진 개집을 팔아 이윤을 챙길 수 있었을 것이기 때문이다. 거의 아무도—대출을 해 주는 사람도 받는 사람도—주택 가격이 폭락하게 될 때는 말할 것도 없고 더 이상 오르지 않을 때조차 어떤 일이 벌어질지 전혀 생각하지 않았다.

우리는 이 이야기가 어떻게 끝나는지 알고 있다.

다음 장에서는 1929년과 2008년의 정책 반응이 어떻게 달랐는지를 포함해서 그 참혹한 실상을 더 자세히 이야기할 예정이다. 여기서는 얼마나 상황이 나빠질 수 있었는지 살짝 맛보기만 하고 넘어가자. 전 뉴햄프셔 상원의원 저드 그레그Judd Gregg는 2008년 9월 리먼브라더스가 파산한 직후 공식 만찬에 참석하고 있다가 의회로 소환되었던 일을 회고한다. 당시 그는 예산 및 재정 분야에서 공화당 자문 역할을 하고 있었다. 부시 행정부는 금융 부문을 지원하기 위한 법적 근거를 마련하려고 노력하고 있었고, 이는 결국 '부실 자산 구제 프로그램Troubled Asset Relief

Program, TARP'으로 결실을 맺었다. 그레그는 그날 일을 다음과 같이 기억한다.

> 밤 9시경에 미치 매코널Mitch McConnell에게서 전화가 왔다. 그는 내게 공화당 상원의원들이 금융 위기 대책을 마련하는 데 힘이 되어 달라고 요청했던 인물이다. 미치는 내게 당장 의회로 와 줘야겠다고 말했다. 15분에서 20분 사이에 올 수 있느냐고 묻기에, 나는 "물론이죠"라고 답했다. 의사당에 도착한 나는 상원 원내에 있는 S-219호실로 갔다. 방에는 나, 크리스 도드, 척 슈머, 켄트 콘래드가 있었다. 의회 금융 위원회에서 바니 프랭크와 스펜서 바커스도 나와 있었다.

> 해리 리드Harry Reid가 방으로 들어왔다. 나는 미치 매코널이 그와 함께 있었다고 믿는다. 리드가 말했다. "10분 내로 버냉키 의장이 올 겁니다. 재무부 장관 폴슨도 함께요. 그들이 하는 말을 잘 들어 주세요. 아주 중요한 말을 할 겁니다." 그리고 두 사람은 자리를 떴다.

> 4~5분쯤 후 벤 버냉키 의장과 헨리 폴슨 장관이 함께 들어왔다. 직원들도 한두 명 따라왔다. 많지 않았다. 버냉키는 인사말 같은 것도 없이 바로 자리에 앉은 다음 이렇게 말했다. "폴슨 장관의 요청을 들어주지 못하면, 그것도 72시간 내에 들어주지 못하면 미국의 금융 시스템이 무너질 겁니다. 이와 함께 전 세계 금융 시스템도 무너질 거고요."[98]

9장

Naked
Money

1929년과 2008년

1920년대와 1930년대 초의 경제 정책 입안자들은 모차르트를 치료하려고 수은을 썼던 18세기 의사들과 다를 게 없다는 사실이 명백해질 것이다. 그들은 경제적 질병을 치료하는 데 엄청나게 무능했을 뿐 아니라 환자를 죽이는 데 일조하기까지 했다.
_ MIT 경제사학자 피터 테민[1]

대공황이라는 엄청난 비극에서 얻은 작은 보상은 중앙은행에 대한 귀중한 교훈을 얻을 수 있었다는 사실이다. 그 교훈이 망각된다면 정말 애석한 일이다.
_ 벤 버냉키, 2008년 금융 위기가 몰아닥치기 6년 전[2]

금융 위기의 시작을 알린 베어스턴스 파산

2007년 여름, 우량 투자 은행으로 손꼽히던 베어스턴스의 헤지펀드 두 개가 파산 선언을 했다. 두 펀드 모두 자산에 비해 차입금 비율이 높았고, 부동산과 깊이 연결되어 있었다. 부동산 시장이 식기 시작하고 있었기 때문에, 구조가 복잡하고 낯선 모기지담보부증권을 보유한 일부 헤지펀드들이 흔들리기 시작한 것은 놀랄 일이 아니었다. ◆ 베어스턴스의 헤지펀드 소식은 다른 많은 뉴스들에 묻혀 누구의 관심도 끌지 못했다. 뒤돌아보면 그것은 베어스턴스의 종말을 알리는 신호탄이었고, 부동산 가격 하락이 광범위한 금융 시스템에 얼마나 큰 피해를 끼칠 수 있는지를 알려 주는 첫 번째 증상이었다.

약 9개월 후 인터넷에 충격적인 뉴스가 올라온 순간이 지금도 생생히 기억난다. 3월 16일 일요일, 나는 책상에 앉아 일을 하고 있었다. 그때 JP모건체이스가 베어스턴스의 주식을 주당 2달러에 사겠다고 제안했다는 뉴스가 떴다. 1년 전만 해도 베어스턴스의 주가는 최고 169달

◆ 모기지담보부증권은 여러 개의 담보대출 상품들을 묶은 자산으로 보증을 하는 증권이다. 예를 들어, 투자 은행은 1000개의 주택담보대출을 (그 대출을 해 준 은행으로부터) 사서, 하나의 증권 상품으로 포장한 다음 투자자에게 판매한다(그 과정에서 수수료를 받는다). 그 모기지담보부증권을 소유한 투자자는 상품에 들어 있는 담보대출의 상환금을 받는다. 물론 그 투자자는 상환금을 거르거나 완전히 못 갚을 위험도 떠안는다. 주택담보대출 상환금을 갚는 데 어려움을 겪는 가정이 더 많아지면, 이 증권 상품의 가치가 추락할 수 있다. 자동차 대출, 신용카드 부채를 비롯해서 장차 꾸준히 상환금을 받을 수 있는 대출 상품들은 모두 이런 식으로 묶어서 자산유동화증권Asset-backed securities을 만들 수 있다.

러까지 올라갔었다. 월스트리트에서 명성을 날리는 기업의 주가가 2달러라는 것은 믿을 수 없을 정도로 낮은 것이었다. 그보다 몇 년 전, 내 아버지는 경력의 절반을 보낸 베어스턴스에서 은퇴했다. 나는 동료들 사이에서 '월스'라는 별명으로 불렸던 아버지를 만나러 분주한 거래소에 들르곤 했다. 아버지의 은퇴 자금 포트폴리오에는 아직도 베어스턴스 주식이 많이 포함되어 있었다.

베어스턴스 뉴스(회사가 망한 것이나 다름없었다)를 본 나는 플로리다에 사는 부모님에게 전화를 했다. 누가 전화를 받았는지 기억이 나지 않는다. 아내와 아이들이 봄방학이라 부모님을 만나러 가 있었다. 어쨌든 나는 전화를 받은 사람에게 "JP모건이 베어스턴스 주식을 주당 2달러에 사고 있다고 아버지께 말씀드려"라고 말했다. 가격이 너무 낮아 부모님은 내가 농담을 한다고 생각했다. 내가 가끔 전화를 걸어 말도 안되는 농담—이를테면 "비행기를 잘못 타서 지금 알바니아에 있어요" 같은 농담—을 하곤 했기 때문이다. 그때마다 부모님은 놀랍게도 내 말을 곧이곧대로 받아들이곤 했다. 적어도 잠깐 동안은 말이다. 그 일요일 아침에도 부모님은 내가 농담을 한다고 생각하셨다. 농담이 아니었다. JP모건체이스가 결국은 가격을 주당 10달러로 올리긴 했지만, 그렇다고 큰 위로가 되진 못했다. 월스트리트의 가장 유명한 기업 중 하나가 부동산과 연관된 난해한 금융 상품에 큰 도박을 걸었다가 실질적으로 망하고 만 것이다.[3]

베어스턴스 사건은 한동안 예외적인 사건으로 치부됐다. 그러나 사실은 그 사건이야말로 2008년 금융 위기의 첫 물결이었다. ◆ 리먼브라더스가 그로부터 6개월 후인 2008년 9월 15일에 파산했다. 그즈음 물결은 이미 해일이 되어 있었다. 뒤이어 밀어닥친 위기로 미국에서는 일자리가 없어졌고, 사람들이 집에서 쫓겨났다. 그리고 이와 비슷한 비참한 상황은 전 세계로 퍼져 나갔다. 금융 위기로 인한 실업률은 10퍼센트까지 올랐다. 2008년에서 2012년 사이 1200만 건에 가까운 부동산이 압류됐다. 실질 경제 규모가 4퍼센트까지 줄어든 후에야 경제는 겨우 몸을 추스르기 시작했다. 그럼에도 불구하고 바로 앞 장의 마지막에 인용한 일화에서 알 수 있듯이 상황은 그보다 훨씬 더 나빠질 수 있었다. 우리는 금융 재난을 향해 위태로운 속도로 질주하고 있었지만 어찌어찌 완전한 붕괴는 면하는 쪽으로 방향을 트는 데 성공했다. 실업률이 25퍼센트 이상 치솟았고, 경제 규모는 비슷하게 줄었던 대공황 때와 비교하면 상황이 나은 편이었다.

그래도 1930년대의 실수를 반복하지는 않았다

이 장에서는 대공황과 2008년 금융 위기가 수많은 유사점을 가지고 있다고 주장할 것이다. 두 사건 모두 거품이 터진 데 그 뿌리를 두고 있다. 1929년에는 주식 시장에서, 2008년에는 부동산 시장에서 거품이 터졌다. 두 번 다 금융 시스템에 내재하는 취약성, 특히 패닉 상태에서

◆ 경제는 2007년 말 침체기로 접어들었다. 그러나 우리가 현재 금융 위기의 시작이라고 생각하는 사건들은 2008년이 될 때까지 일어나지 않았다.

2부 | 돈으로 굴러가는 세상 |

일어난 대규모 인출 사태로 인해 상황이 더 악화됐다. 두 위기 모두 예금과 집과 사업체를 잃은 사람들이 지출을 줄이면서 사태 규모가 눈덩이처럼 커졌다(그 과정에서 다른 사람들도 예금, 집, 사업체를 잃게 만들었다). 그러나 한 가지 중요한 차이가 있다. 대공황 때는 연방준비제도가—금융위기를 방지하고 경제적 부침을 완화하겠다는 명시적 목표를 가지고 출범한 이 기관이—자신의 임무에 실패했다. MIT의 경제사학자 피터 테민Peter Temin이 주장했듯 의사가 환자를 죽인 것이다. 되돌아보면 1929년과 1930년에 일어난 일련의 사건들에 대해 정책 입안자들이 취한 조처들은 전적으로 역효과를 낳은 것들뿐이었다.

2008년, 우리는 환자를 구하는 데 성공했다. 그렇게 할 수 있었던 것은 주로 1930년대의 전철을 밟으면서 배웠던 교훈들 덕분이었다. 물론 여전히 고통은 있었다. 처음부터 끝까지 인간의 어리석음과 과욕의 악취가 하늘을 찔렀다. 정책 입안자들은 실수를 했고, 그중 일부는 시간이 흐르고 나서야 실수라는 것이 명백해졌다. 금융 위기에 대한 대응으로 이루어진 규제 변화들은 향후의 대규모 위기를 막을 수도 있고, 막지 못할 수도 있다. 그러나 그중 어느 것도 가장 근본적인 사실을 가려서는 안 된다. 우리는 역사를 다시 반복하지 않아도 될 힘을 가지고 있다는 것이다. 역사에서 많은 것을 배우기 때문이다.

2006년부터 2014년까지 연방준비제도 이사회 의장을 맡았던 벤 버냉키가 대공황을 연구한 학자 출신이라는 사실은 우연이었지만 정말 행운이 아닐 수 없었다. 프린스턴대학에서 경제학을 가르치고 있던 2000년에 그는 이렇게 썼다. "난 대공황광인 것 같다. 남북전쟁광이 있는 것처럼 말이다."⁴ 이 사실 때문에 조지 부시 대통령이 그를 대통령 경제자문위원회 위원장으로 기용하고, 후일 앨런 그린스펀의 뒤를 이어 연방준비제도 이사회 의장으로 임명한 것은 아니다. 그러나 결국 그가 대공황광이었던 것은 큰 의미를 지니게 됐다. 벤 버냉키는 밀턴 프리드먼의 90회 생일을 맞아 2002년 시카고에서 열린 학회에서 선견지명적인 연설을 했다. 밀턴 프리드먼은 (곧 이 책에서도 다루겠지만) 커리어의 많은 부분을 바쳐 1930년대 연방준비제도의 재앙에 가까운 무능을 파헤쳤다. 그날 저녁, 벤 버냉키는 밀턴 프리드먼, 그리고 그와 종종 공동 집필을 했던 애나 슈워츠가 통화 정책의 역할 및 대공황 연구 분야에서 쌓은 중요한 업적들에 관해 이야기했다. 벤 버냉키, 연방준비제도, 그리고 이후 미국에서 일어난 일들을 생각하면 그가 생일 축하 연설을 끝맺으면서 한 말은 놀라움을 금할 수 없다. "연방준비제도 공식 대표라는 제 위치를 약간 남용하면서 이 연설을 마치고자 합니다. 저는 밀턴과 애나에게 이렇게 말하고 싶습니다. 대공황에 관해서라면 두 분 말씀이 맞습니다. 우리 때문이었어요. 정말 미안한 마음입니다. 하지만 두 분 덕분에 우리는 다시 그런 실수를 범하지 않을 것입니다."⁵

연방준비제도는 다시 그런 실수를 범하지 않았다. 2008년 위기에 대응한 정책은 의회에서 취한 것이나 연방준비제도에서 취한 것이나 모두 인기가 없고, 급조된 인상을 띠고 있었으며, 제대로 된 설명이 뒤따르지도 않았다. 그 정책들의 장기적 영향은 아직 완전히 밝혀지지 않고 있다. 위기는 끝났다. 그러나 이 책을 쓰는 시점까지도 우리는 완전히 정상을 회복하지 못하고 있다. 단기 금리는 여전히 제로에 가깝다. 연방준비제도는 4조 5000억 달러에 육박하는 자산을 보유하고 있어서 2007년의 다섯 배에 달한다.[6]◆ 위기가 벌어지고 있는 와중에 연방준비제도가 취한 비상 대책들의 장기적 영향에 따라 벤 버냉키에 대한 평가도 달라질 것이다. 폴 볼커는 인플레이션과 맞선 투쟁에서 거둔 승리가 오래 지속되면서 위상이 갈수록 점점 더 높아지고 있다. 앨런 그린스펀은 이사회 의장으로 재직하는 동안 실행한 규제 완화가 주택담보대출 재난을 불러일으킨 불씨가 됐다는 평가가 나오면서 위상이 떨어졌다. 현재까지 나온 증거만으로는 벤 버냉키가 이끈 연방준비제도가 1930년대의 실수를 반복하지 않았다는 평가가 가능하다. 밀턴 프리드먼은 2006년 세상을 떴다. 내가 볼 때, 벤 버냉키는 그와 한 약속을 잘 지켰다.

대공황을 부추긴 연방준비제도의 실책

1929년 주식 시장 붕괴는 결국 대공황으로 이어진 일련의 사건들 중 하나였다. 시장 붕괴가 대공황의 원인은 아니었다. 이 점이 중요하다. 이 문제에 대해 벤 버냉키는 이렇게 썼다. "1929년 주식 시장 붕괴는 그보다 훨씬 더 심각한 몰락의 첫 발자국에 불과했다."[7] 이미 떨어지기 시작한 주식 가격의 추락을 더 부추긴 것은 연방준비제도와 정부 각 부처

◆ 이 자산은 위기가 벌어지고 있던 당시 정부 채권과 기타 증권을 받고 금융 시스템에 새 자금을 주입하면서 연방준비제도가 축적한 것이다.

의 적절치 못한 정책이었음이 거의 확실하다. 이런 종류의 역사는 논하는 데 까다로운 점이 있다는 것을 인정한다. 정책 입안자들이 다르게 반응했으면 어떤 일이 벌어졌을지 분명히 알 수가 없기 때문이다. 소위 '조건법적' 사고인 것이다. 비교를 위해 1987년 10월 19일, 주식 시장이 하루 만에 22.6퍼센트 하락한 사례를 살펴볼 수 있다. 숫자상으로는 1987년 검은 월요일Black Monday과 1929년 검은 화요일Black Tuesday의 하락 수준(24.5퍼센트)은 크게 다르지 않다.[8] 그러나 1987년 주식 시장 붕괴가 경제 전반에 미친 영향은 1929년과 비교하면 상대적으로 가벼웠다. 그렇다면 1929년의 붕괴가 어떻게 대공황으로 이어졌을까? 특히 당시 미국인의 대부분인 약 90퍼센트가 주식을 보유하지 않았다는 것을 생각하면 더 궁금해진다.[9]

주가 급락의 여파는 앞에서 언급했던 두 개의 촉매—차입금과 금융 시스템의 본질적 취약성—를 타고 시중으로 번졌다. 1920년대에 주식 가격이 현기증 날 정도로 수직 상승을 하자, 투자자들과 투기꾼들은 신용매수를 할 수 있게 됐다. 주식 가격의 25퍼센트만 내고 나머지는 대출을 해서 주식을 산다는 의미다(이 부분에서 2000년대의 부동산 시장이 생각날 것이다). 가격이 오를 때는 차입금을 통해 수익을 더 많이 확보할 수 있다. 투자자가 현금으로 100달러짜리 주식을 샀는데 가격이 200달러로 오르면 100퍼센트 수익률이다. 아주 좋은 수익률이다. 그러나 '돈을 빌리면 훨씬 더 높은 수익을 올릴 수' 있다. 신용매수를 하면(25퍼센트만 돈을 내고 주식을 사면), 같은 100달러를 가지고도 400달러어치 주식을 살 수 있다(차액 300달러는 대출을 받는다). 주식 가격이 두 배로 올라 800달러가 되면 300달러의 대출금과 이자를 갚고도 거의 400달러를 가져갈 수 있다. '최초의 100달러 원금에 대해 400퍼센트의 수익률을 올린 것'이다.

거품이 낄 때 늘 그랬던 것처럼, 사람들은 주식 가격이 한 방향, 즉 위로만 움직일 것이라 생각했다. 주식 시장 붕괴 바로 며칠 전인 1929년 10월 17일, 어빙 피셔는 역사상 최악이라 할 만한 경제적 관측을 내놓았다. "주가가 영구적으로 높은 안정기에 도달한 것처럼 보인다."[10] 은행들과 주식 중개상들은 높은 금리를 매겨 가며 부지런히 신용매수를 해 주었다. 불행하게도 음악이 멈추면 차입금은 파괴력을 더 증폭시킨다. 바로 앞 문단에서 아주 돈을 많이 벌었던 그 문장으로 다시 돌아가 보자. 이번에는 주식 가격이 25퍼센트 정도만 떨어진다고 가정해 보자. 100달러짜리 주식을 사면서 현금을 지불했으면 그 주식은 이제 75달러. 운이 없는 날이다. 그러나 그것 때문에 망하지는 않는다. 처음 자본의 75퍼센트는 손에 쥘 수 있기 때문이다.

그러나 차입금이 높은 투자자라면 같은 25퍼센트 하락에도 완전히 망할 수 있다. 400달러어치의 주식이 300달러로 떨어졌다고 해 보자. 300달러면 주식을 사기 위해 빌렸던 돈과 같은 액수다. 그 투자자가 처음에 가지고 있던 100달러는 완전히 없어지고 말았다. 차입금 때문에 25퍼센트 가격 하락이 100퍼센트 손해로 변한 것이다. 빚은 차별 없이 무엇이든 부풀린다. 수익도 더 크게, 손해도 더 크게 하는 것이다(이 주제 또한 2000년대에 다시 되풀이될 것이다). 투자자들이 단순히 돈을 잃는 데 그치는 것이 아니라 완전히 망하기 시작하면 월스트리트의 도산이 일반 시민의 고통으로 번지는 것은 시간문제다. 시민 대다수가 주식을 보유하고 있지 않아도 말이다.

1929년에는 10월의 주식 시장 붕괴로 음악이 멈췄다(연방준비제도가 투기를 막기 위해 그해 초 금리를 급격히 인상하는 것으로 이미 펀치 그릇을 다 뺏어 가긴 했다). 밀턴 프리드먼과 애나 슈워츠가 지적했듯이 연방준비제도는 월스트리트의 고삐를 조이기 위해 금리를 올리고 있었지만, 경제는 이미 침체기로 접어들어 있었다(1929년 8월에 시작됐다). 연방준비제도가 저지른 첫 번째 정책 실수는 경제 전반에서 펀치 그릇에 더 많은 알코올을 필요로 하는 시점에 금리를 높인 것이었다(투기성 거품을 억제하기 위해 통화 정책을 채용하는 문제는 14장에서 더 일반적인 시각으로 논의될 예정이다). 어찌 됐든 추락하는 주식 가격은 더 큰 경제적 피해를, 특히 금융 부문에 막대한 피해를 끼쳤다. 주주들과 주식 중개 기업들은 신용매수로 진 빚을 갚지 못했고, 그에 따라 일부 은행들이 지급불능 상태가 됐다. 언제나 그렇듯 지급불능의 '지' 냄새만 나도 대규모 예금 인출 사태가 촉발된다. 주식 시장 붕괴에 전혀 노출되지 않은 예금주들도 자신의 예금을 찾기 위해 서두르고, 그 결과 더 많은 은행들이 도산한다(이에 따라 더 많은 예금주들이 패닉에 빠진다). 1930년 11월, 256개 은행이 도산했다. 그리고 그다음 달 추가로 352개 은행이 문을 닫았다.

위기를 대서양 건너로 확산시킨 메커니즘

이 위기를 대서양 건너로 확산시킨 데는 몇 가지 메커니즘이 작용했다. 그중 제일 먼저 영향을 끼치기 시작한 것은 1928년 당시 미국의 높은 금리였다. 금본위제의 특징 중 하나는 다른 나라들도 미국의 긴축 정책(높은 금리)에 발맞춰야 한다는 사실이다. 앞에서도 살펴봤지만, 미국의 긴축 정책에 대응하지 않으면 미국의 높은 금리가 국제 자본을 끌어들이게 되고, 이에 따라 금이 미국으로 흘러들어 가게 된다. 상당량의 금을 잃은 나라들은 자국 화폐를 약속한 비율에 따라 바꿔 줄 만큼 충분한 금을 보유하고 있지 않게 되므로, 금본위제를 고수할 수가 없게 된다. 이 장의 맨 앞에서 인용했던 피터 테민은 이렇게 썼다. "금본위제를 고수하려는 시도가 결국 대공황을 가져왔다. 이 시도들로 인해 세계 경제 전체에 전례 없는 디플레이션 압력이 가해졌다. 그 압력에서 자유로운 곳은 아무 데도 없었다."

프랑스는 금 비축에 상당히 묘한 역할을 했다. 다트머스대학의 더그 어윈은 프랑스가 1930년대 통화 수축에 어떤 역할을 했는지 지적하는 도발적인 논문을 발표했다. 은근함과는 거리가 좀 있는 그 논문의 제목은 〈프랑스가 대공황을 초래했나?Did France Cause the Great Depression?〉다. 금을 축적하는 데 우선순위를 둔 프랑스의 경제 정책은 1920년대에 시작됐다. 어윈이 조사한 바에 따르면, 프랑스는 1927년에 7퍼센트였던 세계 금 보유량을 1932년에 접어들면서 27퍼센트까지 끌어올렸다. 정상적이라면 이런 불균형은 자동적으로 자체 수정이 되었겠지만, 프랑스 정부는 그 과정이 일어나지 못하도록 개입을 했다.◆ 금본위제를 사용하는 가장 중요한 이유는 금의 양이 고정되어 있다는 사실 때문이다. 프랑스가 금을 더 가지고 있으면 다른 모든 나라는 더 적게 가져야 하고, 따라서 금에 본위를 둔 돈이 더 줄어든다. 어윈은 논문에서 "이러한

'금 비축'이 금 보유고를 인위적으로 부족하게 만들었고, 따라서 다른 나라들에는 엄청난 디플레이션 압력으로 작용했다"고 설명한다.[11] (이와 관련해 아주 기괴한 에피소드가 있다. 미 해군 특수부대 네이비실이 오사마 빈 라덴의 은신처를 급습했을 때, 그가 난해해 보이는 어윈의 논문 사본을 가지고 있었던 것이 발견됐다.)[12]

1931년, 오스트리아 최대 은행인 크레디트안슈탈트Kreditandstalt가 미국에서 확산되고 있는 문제와 별 상관 없어 보이는 이유로 파산했다. 다음 달에는 독일 은행 몇 군데가 문을 닫았다. 그 시점에 대서양 양쪽 모두에서 금융 부문이 커다란 압박을 받고 있었다. 밀턴 프리드먼이 말했듯이 "금융 패닉은 국경의 제약을 받지 않는다."[13] 경제적 손실은 계속 자가 증식을 했다. 기업과 소비자는 낮아진 수입과 가혹할 정도로 높은 금리에 대처하기 위해 구매와 투자를 줄였다(따라서 다른 사람들의 수입도 줄어들었다). 1930년에 통과된 스무트-홀리 관세법Smoot-Hawley Tariff Act 으로 인해 수입품에 대해 엄청난 관세가 매겨지기 시작했다. 다른 나라들도 비슷한 조처를 취하는 것으로 반응했고, 그에 따라 모든 수출업자들이 불리해지는 무역 전쟁이 촉발됐다.

1931년 8월부터 1932년 1월 사이 6개월 동안, 1860개 은행이 추가로

◆ 프랑스는 점점 늘어나는 금 보유고를 '무효화하고sterilizing' 있었다. 금이 증가함에 따라 거기에 상응해서 증가하는 통화량을 지지하는 데 금을 사용하는 것이 정상인데 그러지 않았다는 의미다. 보통은 이 과정이 자연스럽게 이루어지면서 조정이 된다. 프랑스의 물가가 상승하면 수입품 가격은 싸지고 수출품 가격은 비싸지므로, 프랑스의 무역수지에 영향을 주어서 금이 다시 국외로 자연스럽게 흘러나가게 된다. 그러나 프랑스 정부는 정부 채권을 판매해서 대량의 금 유입으로 생긴 추가 통화를 '흡수하는' 정책을 취했다.

운영을 중단했다. 밀턴 프리드먼과 애나 슈워츠에 따르면, 이 기간 동안 통화량 총액은 연간 총액으로 계산할 때 31퍼센트나 떨어졌다. 두 사람이 연구한 53년 기간 중 가장 큰 낙폭이었다.[14] 은행들의 파산은 통화 공급을 세 가지 경로로 위축시켰다. 가장 눈에 띄는 것은 대출을 해주는 은행의 수가 줄었다는 사실이다. 이와 동시에 두려운 마음을 가진 소비자들이 현금으로 재산을 보유하겠다고 마음먹었다. 매트리스 밑에 숨겨 둔 현금은 금융 시스템을 통해 대출해 줄 수 있는 돈이 아니다. 거기에 더해 지불 능력을 잃지 않은 은행들은 지급준비율을 높이고 대출도 더 신중하게 하기 시작했다. 이 모든 메커니즘으로 인해 대출이 급격히 줄었고, 이에 따라 다른 상황이었다면 건전한 재정을 유지할 수 있었던 기업이나 가계가 피해를 입었다.

물가가 떨어지고 은행들이 도산하자 미국인들은 현금을 보유하고 싶어 했다. 그러나 충분한 현금이 없는 경우가 많았다. 대공황의 특징 중 하나는 만성적 통화 부족이었다. 현금 부족 사태는 1933년 3월 6일, 취임한 지 36시간이 지난 루스벨트가 은행 휴업bank holiday을 선언하면서 더 극심해졌다.[15] 모든 은행은 4일간 휴업하라는 명령을 받았고, 이 4일은 나중에 일주일로 연장됐다.[16] 통화가 부족해지자 정부, 기업, 부유한 개인들은 약 10억 달러에 달하는 가증권scrip(차용증을 좀 더 멋지게 부르는 것에 불과하다)을 발행했다. 이 증권은 종이, 가죽, 금속, 나무, 심지어 폐타이어에까지 써서 발행이 됐다. 1933년, 《뉴욕데일리뉴스》가 매디슨 스퀘어 가든에서 권투 시합을 개최했을 당시 현금 부족 현상이 너무 심한 탓에 주최 측은 50센트 상당의 물건이라면 무엇이라도 표와 교환해 주겠다고 광고했다. 거기에는 점화 플러그, 잠옷, 소시지, 성경, 퍼즐, 그리고 '골프용 바지'까지 포함됐다.[17]

가장 근본적인 원인이 되었던 금본위제 고수 정책

어떤 기준으로 보든 대공황은 정말 심각했다. 더 잘 표현할 수 있는 형용사가 있는지 모르겠지만, 어쨌든 숫자로만 봐도 당시 상황을 짐작할 수 있다. 1931년과 1932년에 연달아 물가가 거의 10퍼센트씩 떨어졌고, 1933년에는 추가로 5퍼센트가 더 떨어졌다. 디플레이션은 농민들처럼 가격이 떨어지는 상품을 팔아서 이미 고정된 빚을 갚는 사람들에게 큰 고통을 줬다. 1929년에서 1933년 사이에 경제 규모는 약 4분의 1이 줄어들었다(세계적으로는 15퍼센트가 축소되었다). 미국 내 실업률은 25퍼센트에 달했다. 1930년대에 망한 미국 은행은 대략 9000개였고, 1933년 한 해에만 4000개 은행이 문을 닫았다.[18]

간단히 말하자면 연방준비제도가 자신의 임무를 망친 것이다.◆ 중앙은행은 물가가 걷잡을 수 없이 올라도 비난을 받지만, 정반대일 때도 비난을 면치 못한다.[19] 밀턴 프리드먼과 애나 슈워츠의 주요 업적 중 하

◆ 더그 어윈은 연방준비제도에 대한 납득할 만한 해명을 제시한다. 당시 연방준비제도는 의회로부터 특정 권한을 공식적으로 위임받지 못한 상태였다는 것이다. 연방준비제도가 무엇을 해야 하는지, 그리고 그 성과를 어떻게 평가해야 하는지에 대한 명확한 정의가 내려져 있지 않았다. 금본위제를 유지하는 것이 목표였다면, 연방준비제도는 루스벨트와 의회가 그 정책을 바꿀 때까지 해당임무를 달성했다고 볼 수 있다.

나는—경제적 혼란이 통화 공급 감소로 이어진 것이 아니라—통화 공급 감소가 1930년대 경제에 얼마나 큰 혼란을 일으켰는지를 이견의 여지 없이 증명한 것이다(밀턴 프리드먼은 1930년대를 일부러 '대공황기'가 아닌 '대수축기Great Contraction'라고 불렀다). 애나 슈워츠는 두 사람의 연구를 이렇게 요약했다. "연방준비제도가 일련의 금융 패닉이 일어나는 동안 최종 대출자 역할을 제대로 해내지 못했기 때문에 대규모 통화 공급 부족을 야기했고, 그에 따라 총수요, 국민소득, 고용이 모두 감소했다."[20]

루스벨트 행정부가 금본위제를 폐지하는 것으로(달러의 가치가 크게 평가절하됐다) 디플레이션을 해결하고, 예금보험제를 도입해 금융 패닉을 방지하고 나서야 미국 경제는 겨우 회복세를 보였다. 벤 버냉키가 지적했듯이 "루스벨트가 매우 성공적으로 성취해 낸 두 가지 업적 덕분에 연방준비제도가 만들어 냈거나, 그게 아니더라도 최소한 그들이 책임을 다하지 못해 악화시킨 문제가 상쇄될 수 있었다."[21] 그런데 그들은 왜 그토록 무능력하게 굴었을까? 연방준비제도는 왜 환자를 죽이는 상황에 이르렀을까? 1930년대에 작황이 좋지 않고 가뭄이 들어 경제에 안 좋은 영향을 미치기는 했지만, 대공황은 상당 부분 인간의 실수로 벌어진 일이었다. 바로 완벽한 정책 실패가 원인이었던 것이다.

일부 역사학자들은 연방준비제도의 수뇌부가 무능했다고 비난한다. 시스템은 구축된 지 얼마 되지 않아 미숙했고 극도로 분권화되어 있었다. 경제학자 존 케네스 갤브레이스John Kenneth Galbraith는 당시 미국의 중앙은행을 '놀라울 정도로 무능한 기관'이라고 묘사했다.[22] 연방준비제도는 12개 지역 준비은행으로 구성됐기 때문에 통화 정책을 실행하는 도구 또한 분권화되어 있었다. 이 구조로 인해 혼란, 대책 부족, 그리고 잦은 권력 투쟁이 야기됐다. 루스벨트 행정부는 결국 연방준비제도의 구조를 개편해서 워싱턴 DC에 있는 연방공개시장위원회에 통화 정책에 관한 모든 권한을 일임했다. ◆

그러나 더 큰 문제는 이데올로기의 차이에 있었다. 연방준비제도 안팎에 포진한 영향력 있는 인사들은 대공황의 경제적 문제를 완화하기보다 오히려 더 복잡하게 만드는 개념들을 신봉하고 있었다(피터 테민이 당시 정책을 모차르트의 병을 수은으로 고치려 한 것에 비유한 것도 바로 이런 이유에서였다). 당시 많은 영향력 있는 사상가들이 '청산주의liquidationist theory'를 따르고 있었다. 그들은 1920년대에 경제가 너무 빨리 성장했기 때문에 균형을 되찾기 위해서는 디플레이션이 지속되는 기간이 필요하다고 주장했다. 무분별한 가계, 농장, 기업이 도산하고 완전히 빈털터리가 되는 과정에서―남은 자산이 있다 하더라도 모두 빚 청산에 들어가 버렸다―시스템 안의 부패하고 과잉된 부분이 정화됨으로써 새로운 출발의 계기를 마련할 것이라는 생각이었다. 벤 버냉키가 설명했듯 "이 이론의 신봉자들은 대공황이 불행한 일이긴 하지만 필요한 현상이라고 봤다."[23]

그러나 모든 문제의 근원은 연방준비제도가 금본위제를 엄격히 고수했던 것이었다. 그 때문에 파산하는 은행들을 구하고 물가 하락에 대

◆ 5장에서 다룬 바와 같이 연방공개시장위원회는 대통령이 임명한 7명의 연방준비제도 이사회 임원들, 뉴욕 연방준비은행 총재, 그리고 다른 지역 연방준비은행 총재 11명 중 4명이 돌아가며 참석하는 것으로 이루어져 있다.

처하는 능력이 제한될 수밖에 없었다. 연방준비제도는 어려움에 빠진 은행들에 대해 최종 대출자 역할을 하는 데 필요한 새 돈을 찍어 낼 수 없었다. 새로 찍어 내는 돈을 금으로 보증해야 했기 때문이다. 또한 경제가 더 위축되는 것을 막기 위해 극적으로 금리를 낮출 수도 없었다. 그렇게 하면 금이 빠져나가기 때문이다. 어려움을 겪는 다른 나라들도 이와 동일한 제한을 받았다. 미국에서, 그리고 전 세계에서 정책 입안자들은 금리를 높게 유지함으로써 금의 공급을 보호했다. 그러나 경제 회복을 꾀하기 위해서는 정반대 정책이 필요했다. 피터 테민은《대공황의 교훈-Lessons from the Great Depression》에서 이렇게 결론을 맺는다. "산업화된 경제를 금본위제에 묶어 놓은 것은 최악의 정책이었다."[24]

금본위제를 고수하지 않은 나라들(예를 들어 중국)은 대공황을 거의 완전히 피해 갈 수 있었다. 금본위제를 먼저 포기한 나라들(예를 들어 영국)은 먼저 회복될 수 있었다. 금본위제를 제일 오래 고수한 나라들(미국과 독일)은 불황을 가장 깊고, 가장 길게 겪었다. 피터 테민은 금본위제를 고수하는 동안 의미 있는 회복을 지속적으로 이루어 낸 나라는 전혀 없었다고 지적한다.

문제 있는 치료법에 매달리는 것은 무능력의 또 다른 형태라고 주장할 수도 있을 것이다. 그러한 주장은 차치하고서라도, 연방준비제도가 가장 핵심적인 목표를 달성하는 데 실패한 것만은 분명하다. 통화를 안정시키고 금융 패닉에서 경제를 보호해 거시경제적 안정을 도모한다는 임무 말이다. 벤 버냉키는 대공황을 평가하면서 이렇게 썼다. "당시 연방준비제도는 디플레이션과 경제 파국을 막기 위해 통화 정책을 공격적으로 사용하지 않았다. 따라서 경제 안정을 도모한다는 목적을 성취하지 못했다. 그리고 최종 대출자 역할도 제대로 수행하지 못해 많은 은행이 도산을 했고, 그 결과 신용대출과 통화 공급이 감소했다. 따라서 연방준비제도는 그 부분에서도 임무를 제대로 수행해 내지 못했다. 이는 우리가 2008~2009 금융 위기에 대한 연방준비제도의 대책을 고려하면서 잊지 않으려고 한 중요한 교훈들이다."

이런 일을 거론해서 이미 죽은 정책 입안자들을 비난하자는 게 아니다. 중요한 것은 같은 실수를 되풀이하지 않는 것이다. 그 점을 염두에 두고 금융 위기를 살펴보자. 특히 벤 버냉키—대공황에 대한 세계적 권위자—가 무엇을 어떻게 달리 했는지 살펴보도록 하자.

2008년, 주택담보대출이라는 뜨거운 감자

성공적인 CEO인 내 동료 하나는 금융 위기가 최악으로 치달았을 때 은행에 가서 1만 달러를 찾아다가 자신의 카우보이 부츠 안에 숨겨 두었다고 한다. 나중에 그 이야기를 들은 나는 두 가지 이유에서 크게 놀랐다. 하나는 그 친구가 카우보이 부츠를 가지고 있었다는 사실 때문이었고, 또 하나는 당시 패닉 사태가 얼마나 심각했는지를 보여 주는 그의 행동 때문이었다. 또 다른 친구는 금융 위기의 진원지라 할 수 있는 미국 최대 금융 기관 중 하나에서 근무하고 있었는데, 당시 그는 총을 사려고 했다(다행히 부인이 말려서 생각에만 그쳤다). 시스템이 무너지고 있었다. 가장 절망적이던 때, 위기의 진원지에 더 가까이 위치한 사람일수록 두려움을 더 많이 느꼈다. 앞 장 끝부분에서 벤 버냉키가 의회 리더들에게 경고한 것처럼, 우리는 금융 시스템이 나락으로 떨어지는 걸 바라보고 있었다.

시작은 모두 행복했다. 부동산 가격이 상승하면서 많은 사람들이 더 부유해졌다. 적어도 서류상으로는 말이다. 이웃집이 놀라울 정도로 높은 가격에 팔릴 때마다, 나와 아내는 우리 집 가격을 머릿속으로 계산하면서 자산이 얼마나 되는지를 생각해 보곤 했다. '같은 길에 있는 집이—우리 집보다 안 좋은 집이—50만 달러에 팔렸다고?' '우리는 지난주보다 10만 달러 더 부자가 된 것 같아!' 미국 전체가 똑같은 생각을 하고 있었다. 부동산 가격이 계속 급속도로 오를 것이라 생각했고(그와 반대되는 역사적 데이터가 즐비한데도 불구하고), 어떤 지역에서는 부동산을 사기에는 너무 늦었을지 모른다는 생각이 퍼져 있었다. 어빙 피셔가 살아 있었다면 (소위 많은 전문가들이 그런 것처럼) 왜 그리고 어떻게 집값이 높은 가격을 안정적으로 유지하는 지점에 도달하게 되었는지에 대해 썼을지도 모르겠다. 금리는 과거 기준에 비추어 볼 때 낮은 편이었고, 따라서 주택담보대출이 용이했다. 민주당과 공화당 모두 주택 소유를 장려하고 있었다(둘이 의견을 같이한 아주 드문 경우였다). 1997년부터 시장이 최고점에 달한 2006년 사이에 주택 가격은 152퍼센트 상승했다.[25] 그리고 사람들은 가격이 계속 오르기만 할 것이라고 생각했다.《금융 위기 조사 보고서The Financial Crisis Inquiry Report》에 따르면, 2005년에 접어들면서부터 "매매되는 주택 열 채 중 한 채 이상이 투자자, 투기꾼, 혹은 두 번째 집second home을 사는 사람에게 팔리고 있었다."[26]

그리고 음악이 멈췄다. 《금융 위기 조사 보고서》에는 캘리포니아 베이커스필드에서 일하며 거품이 일었다가 꺼지는 것을 모두 목격한 워런 피터슨Warren Peterson이라는 주택 건설업자의 신랄한 증언이 포함되어 있다. 피터슨은 25년 동안 1년에 세 채에서 열 채 정도의 개인 주택을 지어 왔다. 그러나 거품이 일던 기간 동안, 그는 1년에 서른 채씩 집을 지었고, 그러다가 갑자기 모든 수요가 뚝 끊겼다. 모든 곳에서 주택 가격이 자유 낙하를 시작했다. 시장이 가장 뜨거웠던 곳에서 가격 하락폭이 가장 컸다. 2008년 한 해 동안 11조 달러의 자산이 사라졌다. 이는 미국 순자산의 18퍼센트로, 기록이 시작된 이후 가장 큰 연간 낙폭이었다.[27] 피터슨은 2010년 금융위기조사위원회에서 이렇게 증언했다. "2005년 말 이후에 지은 집은 딱 한 채뿐입니다."

애초에 파티가 어떻게 그토록 심각한 통제 불능 상태가 됐을까? 왜 음악이 갑자기 멈췄을까? 파티가 끝났을 때 국제 금융 시스템 전체를 위기에 몰아넣은 것은 무엇일까?

이에 대해서는 길게 설명할 수도 있고 비교적 짧게 설명할 수도 있다. 긴 설명을 담은 책들은 시중에 상당히 많이 나와 있다. 4장에서 금융위기조사위원회의 최종 보고서가 분량이 너무 많다고 불평하긴 했지만(작은 글씨체로 545쪽이나 된다), 그래도 흥미로운 이 보고서에는 모든 주요 관계자들의 증언이 포함되어 있다. 공항 같은 곳에 갇혀 며칠 동안 시간을 죽여야 하는 상황이라면 읽어 볼 만한 가치가 있다. 그러나 기본적으로 같은 결론을 내리면서 좀 더 읽을 만한 것을 찾는다면 프린스턴 경제학자 앨런 블라인더의 책《음악이 멈춘 후》를 추천한다. 위기가 일어나기 전 연방준비제도 이사회 부의장이었던 블라인더는 맨 앞자리에 앉아서 상황을 지켜볼 만큼 지근거리에 있긴 했지만, 몇몇 관계자(헨리 폴슨, 벤 버냉키, 티머시 가이트너 등)들과 달리 자신의 행동을 방어해야 할 만큼 가까이 있지는 않았다. 위기를 설명하는 모든 문건들은 늘 부동산 가격 상승이 무분별한 대출로 이어지고, 이것이 궁극적으로 최근의 대규모 예금 인출 사태로 이어졌다는 식으로 일련의 사건들을 기록한다. 그러나 이는 (대부분의 경우) 아둔한 사람들이 저지른 일이 아니었다. 2008년 위기의 독특한 특징 중 하나는, 합리적인 인센티브에 반응하는 수많은 이해 당사자들이 재정적으로 어리석은 짓을 벌여 돈을 번 다음 그 위험을 재빨리 다른 사람들에게 떠넘기는 행동을 했다는 데있다. 마치 주택담보대출이라는 뜨거운 감자를 떠넘기는 거대한 게임을 한 것과 같은 형국이었다.

무분별한 대출을 부추긴 악당들

이 모든 악당들의 행동을 몇 쪽으로 요약할 수 있는지 한번 살펴보도록 보자(악역을 맡은 사람들이 너무 많기 때문에 그렇게 할 수 있다면 엄청난 성공이다). 제일 바닥에서부터 시작해 보자. 너무 많은 사람들이 부동산을 사기 위해 너무 많은 돈을 빌렸다. 우리는 은행가들과 주택담보대출 중개업자들을 비난하는 걸 좋아한다(그런 비난도 곧 나올 예정이다). 그러나 부동산 경기에 거품이 일면서 개인과 기업 모두 대출을 많이 받아 부동산을 사도 괜찮다는 생각을 갖게 된 것이 현실이었다. 부동산의 가치가 크게 떨어지지 않을 것이라고 믿는 실수를 범한 것이다. 이런 근본적인 판단 착오가 없었다면 위기의 나머지 부분은 일어나지 않았을 것이다. 1929년 폭락 사태 전에 관찰됐던 주식의 신용매수보다 오늘날 전형적인 부동산 구매에 드는 차입금 비율이 훨씬 더 높다. 집을 살 때 자기 돈을 5퍼센트만 냈다는 말은 나머지 95퍼센트는 빌렸다는 의미다(그리고 정말 파티가 한창일 때는 자기 돈을 5퍼센트 내는 것마저도 구식으로 치부됐다).

이 무분별한 대출을 부추긴 악당들은 굉장히 많다. 그들이 그런 행동을 할 수 있었던 이유는 대부분 본인이 결과를 책임지지 않아도 됐기 때문이다. 주택담보대출 중개업자들은 상환 여부와 상관없이 그들이 소개한 대출 상품의 양과 액수에 따라 수수료를 받았다. 신용에 문제가 있는 구매자들을 위한 서브프라임 모기지 상품을 팔아서 받는 수수료가 가장 높은 경우도 많았다. 물론 주택담보대출 중개업자의 자본이 위험을 감수해야 하는 것도 아니었다. 그들은 글자 그대로 다른 사람(은행)의 돈을 빌려줌으로써 수익을 챙기고 있었다. 주택담보대출 중개업자들 중 정말 양심 없는 부류들은 자신이 판매하는 대출에 대한 담보의 질에 전혀 신경 쓰지 않았다는 것도 놀라운 일이 아니다. 담보대출 액수가 클수록 수수료를 많이 받았기 때문이다.

은행들도 놀라울 정도로 주의를 기울이지 않았다. 대출해 주는 돈은 은행의 자본이다. 그러나 이제는 더 이상 조지 베일리의 빌딩 앤드 론처럼 30년짜리 주택담보대출을 해 준 다음 계속 그 상품을 유지하면서 차근차근 상환금을 받는 시대가 아니었다. 은행들은 '금융증권화 securitization'라 불리는 과정을 거쳐 그 대출 상품들을 지체 없이 팔아넘길 것이기 때문이다. 다른 금융 기업들, 주로 투자 은행들이 주택담보대출들을 사들여서 한데 묶어 기본적으로 채권의 특징을 가진 증권들로 만든다. 소위 모기지담보부증권이 탄생한 것이다. 독자의 아파트 담보대출 상품도 999개의 다른 담보대출 상품들과 묶여서 그 대출금이 (바라는 바대로) 상환되는 동안 꾸준한 수입을 얻기를 바라는 투자자에게 팔렸을지 모른다.

그러나 이것은 시작에 불과하다. 담보대출 상품들은 묶여서만 팔리는 것이 아니었다. 이 묶음들은 많은 경우 다양한 방법으로 다시 잘게 쪼개지고 갈라졌다. 1000개의 주택담보대출 상품을 묶은 다발은 5개의 서로 다른 증권으로 쪼개지기도 한다. 가장 안전한 증권을 소유한 사람이 첫 대출 상환금을 가져간다. 두 번째로 안전한 증권의 소유주가 그 다음 상환금을 받는다. 그렇게 쭉 바닥까지 내려가다 보면, 가장 위험한 증권을 가진 사람은 대출자들이 상환금을 내지 못하기 시작할 경우 가장 큰 손해를 보게 되어 있다. 이 복잡한 증권들의 일부는 심지어 그 후로도 더 많은 가공을 거치기도 한다(물론 그 공정을 담당하는 금융 기업은 두둑한 수수료를 챙긴다). 이런 가공은 점점 더 복잡해져 가는 주택담보대출 상품 묶음에 내재하는 위험 부담을 애매하게 만드는 효과가 있었다. 가령 열흘 분의 신문을 서류 분쇄기에 넣었다고 해 보자. 그런 다음 누군가 지난주 수요일 스포츠 면에 실렸던 야구 경기 결과에 대해 물었다고 상상해 보라. 글자 그대로 신문을 다시 붙여 확인해 볼 수는 없는 노릇이다. 이를 모기지담보부증권에 대입해 보면, 이 엄청나게 다양하고 복잡한 증권의 세부 사항들을 종합해서 확인해 볼 수 있는 가능성은 거의 없다. 《금융 위기 조사 보고서》는 이렇게 기술하고 있다. "이 모든 과정이 완성될 즈음, 플로리다 남부에 있는 주택을 담보로 한 대출 상품은 수백 명의 투자자들이 소유한 수십 개 증권의 일부, 혹은 추가로 수백 명이 더 가담한 도박의 일부가 되어 있을 수 있었다."[28]

그다음으로 탐욕과 무능을 자랑한 곳이 있다면 바로 신용 평가 기관들이다. 무디스, 스탠더드앤드푸어스, 그리고 피치가 바로 그들이다. 금융 위기가 대형 교통사고였다면, 이 신용 평가 기관들이야말로 만취한 사람에게 자동차 열쇠를 건네고, 운전석에 앉는 것을 도와주기까지 한 장본인들이다. 투자자들이 증권으로 묶인 자산들의 질에 대한 이해를 제대로 하고 있기만 한다면, 금융 상품을 증권화하는 것 자체에 문제가 있는 것은 아니다. 신용 평가 기관들은 개별 증권들을 평가해서 증권화 과정을 이해한 다음, 각 증권들의 상대적 위험 등급을 AAA, AA, BB 등으로 매기도록 되어 있다. 안전한 증권일수록 더 높은 등급(AAA)을 받고, 위험 부담이 높은 증권은 더 낮은 등급(BB)을 받는다. 그러나 여전히 조심해야 할 게 있다. 영화 비평가가 새로 나온 애덤 샌들러Adam Sandler의 영화에 별을 0.5개만 줬는데, 그걸 알고도 영화를 본 다음 말도 안 되는 영화라며 돈을 돌려 달라고 요구할 수는 없다. 그러나 '영화 제작자가 비평가에게 돈을 주기 때문에' 비평가가 형편없는 영화에 별을 4개씩 주기 시작하면 어떻게 될까?

다시 한 번 인센티브가 나쁘게 작용하게 됐다. 신용 평가 기관들은 (믿거나 말거나) 그들이 평가하는 기업들로부터 보수를 받는 구조로 일을 했다. 영화 제작자들이 자기들이 만든 영화를 평가해 달라며 비평가들에게 돈을 지급하는 것과 다름없는 일이었다. 분명한 건, 애덤 샌들러에게서 돈을 받고 나서 그의 영화가 엉망진창이라고 평가하면 다시는 그 일을 맡을 수 없겠지만, 샌들러가 나온 〈그로운 업스Grown Ups〉 2편에 별 4개를 주면 후일 3편과 4편에 평점을 부여하는 일을 다시 맡을 가능성이 높아진다. 이 비유의 전후사정을 좀 더 확실히 하기 위해서 밝혀두자면, 〈그로운 업스〉 2편은 정말로 재미가 없었다. 또 하나 확실히 하고 싶은 것은, 애덤 샌들러는 영화 비평가들을 매수하지 않는다. 아무튼 탐욕과 무능력, 그리고 부정직함이 복합적으로 작용한 결과, 신용평가 기관들은 모기지담보부증권에 놀라울 만큼 높은 비율로 AAA 등급(가장 안전한 대출 상품에 부여되는 등급)을 부여했다. 2000년대에 부동산 가격이 보이는 추세가 역사적으로 비정상적이라는 명백한 증거가 있었고, 주택담보대출을 해 주는 과정이 미국 전역에서 계속적으로 방만해지고 있었으며, 노골적으로 사기를 치는 경우가 많았는데도 불구하고 말이다.

잘못된 인센티브의 연쇄 고리

패니 메이Fannie Mae와 프레디 맥Freddie Mac이라는 두 개의 준정부 기관이 파티 열기가 최고점에 달하던 때에 등장했다.◆ 패니 메이는 대공황

◆ 패니 메이는 연방저당권협회Federal National Mortgage Association의 약칭이고, 프레디 맥은 연방주택금융저당회사Federal Home Loan Mortgage Corporation의 약칭이다.

때 대출 기관들로부터 주택담보대출 상품들을 사들임으로써 신규 대출을 해 줄 자본을 마련해 주기 위해 만들어진 정부 관계 기관이다. 은행은 주택담보대출 상품을 팔 때마다 그 대금으로 받는 자금을 새 가계 대출에 사용할 수 있다. 정상적인 상황에서라면 이는 좋은 일이다. 의회는 1970년에 이와 동일한 목적으로 프레디 맥을 만들었다. '패니'와 '프레디'는 모두 평범한 주택담보대출 상품을 증권화하는 데 역사적으로 중요한 역할을 했다.[29] 그런데 묘한 부분이 있다. 패니와 프레디 둘 다 정부에서 분리돼 상장기업으로 등록된 것이다. 이 두 기업의 독특한 역사—원래 공공의 이익을 보호하기 위해 정부가 만든 민영 기업—로 인해 사람들은 이 기업들에 문제가 생기면 정부가 구조해 줄 것이라고 믿었다(결국은 그렇게 됐다).

'정부 지원 기업Government-Sponsored Enterprises, GSEs'으로 알려진 이 두 기업은 민영과 국영의 단점만 골라서 가지고 있었다. 영리를 추구하려는 민간 기업의 특성과 무언가 잘못되면 정부가 도와줄 것이라는 암묵적 보장이 묘하게 섞여 있었던 것이다. 2005년, 패니와 프레디는 서브프라임 모기지 상품 묶음들을 사들이고 이를 보유하기 시작했다. 부동산 시장이 정점을 찍은 시점이었다. 결과는 좋지 않았다는 정도로만 이야기해 두자. 2008년 9월, 연방정부는 엄청난 손해로 파산 위기에 처한 패니 메이와 프레디 맥을 인수했다.

마지막으로 중요한 사실은 AIGAmerican International Group가 모기지담보부증권 관련 상품들 중 가장 파생이 많이 된 것들을 대상으로 보험을 들어 준 것이다. 엄밀히 말해 AIG는 '신용부도스와프'를 제공한 것으로, 증권을 발행한 당사자가 채무를 불이행하거나 상환금을 못 냈을 때 보상을 약속한 것이다. 그러나 보통 보험과 달리 AIG는 잠재적 손해에 대비한 준비금을 따로 마련해 두어야 한다는 규제를 받지 않았다. 부동산 가격이 꾸준히 오르고 있을 때는 타산이 잘 맞는 사업이었다. 플로리다에서 허리케인이 오지 않는 시즌에 허리케인 보험을 판매하는 것과 같았다. 계속해서 수입이 들어오는 것을 싫어할 사람이 있겠는가? 그러나 허리케인 시즌이 오자—즉 부동산 시장이 붕괴하자—AIG는 약속을 지킬 수 없게 되었다. 이 이야기도 끝이 좋지 않았다. 2008년 9월, 연방정부는 AIG를 인수하고 이 기업이 도산하지 않도록 하는 데만 850억 달러라는 신규 자금을 쏟아부었다.[30]◆

이 사태를 목격한, 대출 담당 관리들을 훈련시킨 경험이 있는 한 기업 교육 전문가는 잘못된 인센티브의 연쇄 고리에 대해 압축적으로 설명했다. 그는 금융위기조사위원회에서 이렇게 증언했다. "저는 위험이 계속 다음 사람에게 전가되고 있다는 것을 알았습니다. 우리가 일을 엉망으로 만들 수 있다는 것도 알고 있었고요. 그러나 결국 그건 의자 주위를 돌다가 음악이 멈추면 먼저 앉는 게임과 같은 것이었어요. 음악 소리가 줄어들지는 모르지만 우리가 다칠 일은 없을 거라고 봤고요."[31] 하지만 결국 우리 모두가 다치고 말았다.

◆ 자본금 850억 달러는 연방준비은행으로부터 대출한 것이었다. 대출 조건의 하나로, 연방정부가 AIG 지분 79.9퍼센트를 소유하게 됐다.

모기지담보부증권,
그리고 환매조건부채권시장

2007년이 시작될 무렵에는 전 세계 투자자들이 엄청난 액수의 돈을 대출받아 극도로 복잡한 모기지담보부증권들을 마구잡이로 사들이고 있었다. 그들은 자신이 안전한 투자를 하고 있다고 믿고 있었다. 1920년대에 과대평가된 주식과 마찬가지로, 부동산 거품 붕괴는 문제의 시작에 불과했다. 벤 버냉키가 지적했듯이 말이다.

미국 내의 모든 서브프라임 모기지 상품들이 휴지조각이 된다 하더라도, 금융 시스템 전체 규모에 비하면 총 손실이 하루쯤 주식 시장 경기가 좋지 않은 정도에 불과했다. 규모가 그다지 크지 않았던 것이다. 문제는 서브프라임 모기지 상품들이 다양한 증권들과 금융 상품들을 통해 서로 다른 곳으로 폭넓게 퍼져 있었다는 것이다. 그것들이 어디에 있고, 누가 타격을 입게 될지를 아무도 정확히 알지 못했다.[32]

부동산 가격이 무너지기 시작하자 누가 누구에게 얼마를 돌려줘야 하는지에 혼란이 생겼다. 지난 5년 동안 금융 기업들이 판매해 온—그리고 그들의 장부에도 올라 있는—복잡한 증권 상품들 안에 정확히 무엇이 포함되어 있는지 알기가 어려웠다. 노련한 투자자들은 종이 분쇄기를 통과한 신문지 더미 앞에 서서 갑자기 신문 기사 내용이 궁금해지기 시작했다.

여기서 우리는 2008년 금융 위기 때 무슨 일이 일어났는지에 대한 짧은 설명과 마주하게 된다. 주택 가격에 낀 거품이 꺼지면서 우리가 목격한 대규모 예금 인출 사태가 벌어진 것이다. 이번에는 예금을 인출하려는 고객들이 베일리 브라더스 빌딩 앤드 론 문 앞에 길게 늘어선 것이 아니다. 평범한 예금은 연방예금보험공사의 보험으로 보호가 됐다. 그러나 복잡한 모기지담보부증권에 포함된 차입금과 이 상품들의 불투명성으로 인해 전과는 다른 종류의 패닉 사태가 벌어졌다. 대공황 후 몇 십 년 동안 그림자 금융 시스템이 진화해서, 기업들이 현금을 저장하거나 빌릴 수 있는 다른 방법들이 개발됐다. 이런 혁신 중 하나가 '환매조건부채권'의 창출이다. 이는 굉장히 단기적인 대출, 많은 경우 '오버나이트 론'으로 신용도가 높은 기업들에 제공되고, 보통 증권이 담보 역할을 한다.

환매조건부채권시장은 규모가 큰 기업들에는 사실상 은행 역할을 했다. 여기서 기억해야 하는 것은 연방예금보험공사가 보통 25만 달러까지밖에 보장하지 못한다는 사실이다. 게리 고턴이 지적했듯 "1억 달러를 예치하려 할 때 그런 규모의 당좌예금 계좌를 보장해 줄 연방예금보험공사 보험은 존재하지 않았다."[33] 따라서 기업들은 적당한 수익을 올리면서도 상대적으로 안전하게 거액을 보관할 곳을 필요로 했다. 환매조건부채권시장이 바로 그 역할을 해내고 있었다.

예를 들어, 고객들을 대신해서 주식과 채권을 사들이는 뱅가드 Vanguard와 같은 뮤추얼펀드 기업은 주식이나 채권 시장에 투자할 준비가 되어 있는 현금을 수억 달러 보유하고 있을 수 있다. 뱅가드는 이 여윳돈을 회사 캐비닛에 보관하거나 시중 은행에 맡기는 대신, 단기 자금을 필요로 하는 기업에 소정의 수수료를 받고 '오버나이트 론'으로 빌려줄 수 있다. 많은 기업들, 특히 월스트리트의 기업들은 기업 활동 자금을 환매조건부채권시장에서 빌리고, 필요한 만큼 기간을 연장했다. 1억 달러가 필요할 때, 그 돈을 10년 약정으로 빌릴 수도 있고, 10년간 날마다 하루씩 반복해서 빌릴 수도 있다. 후자가 더 융통성이 있다(좀 더 번거로울 수는 있지만). 그러나 정상적인 상황에서는 두 경우에 별 차이가 없다. ◆ 환매조건부채권시장에서 자금을 빌리는 기업들은 대출액 전체에 대해 담보를 제공한다. 우리가 논의해 온 주택담보대출 관련 증권과 같은 자산유동화증권이 전형적인 담보물 역할을 했다.

경제적 손실을 악화시킨 부정적 순환 구조

이 이야기가 어디로 흘러가는지 이제 짐작했을 것이다. 앞에서도 언급했지만, 은행처럼 빌려주고 은행처럼 빌리면 그것은 은행이다. 단지 은행처럼 보험에 가입되어 있지 않을 뿐이다. 2000년대 즈음, 이 그림자 금융 시스템은 대공황 이후에 들어선 안전장치는 전혀 없이, 금융 시스템에 내재된 근본적인 취약성에 고스란히 노출되어 있었다. 사실

◆ 이론상으로는 10년짜리 대출 상품의 금리와 1년짜리 대출을 10번 연달아 할 때 내야 하는 금리의 평균이 동일해야 한다. 1년짜리 대출은 365번의 '하루짜리 대출(오버나이트 론)'의 예상 금리 평균값이다.

그림자 금융은 대부분 그런 보호 장치와 거기 관련된 비용을 노골적으로 피하기 위해 만들어진 것이었다(은행들은 연방예금보험공사의 보호를 받기 위해 예금액에 대한 수수료를 지불해야 한다).

환매조건부채권시장은 본질적으로 은행이었다. 그 시장에서 돈을 빌려주는 기업들은 예금주와 같다. 돈을 찾고 싶을 때는 언제든 찾을 수 있다. 그러나 은행으로 달려가 돈을 찾는 대신 오버나이트 론의 계약 갱신을 중단하면 된다(혹은 담보를 훨씬 많이 요구한다). 그렇게 되면 1억 달러를 10년 약정으로 빌리는 것과 1억 달러를 날마다 반복적으로 빌리는 것의 차이가 느껴지기 시작한다. 베어스턴스와 리먼브라더스 같은 기업들은 환매조건부채권시장에서 단기 자금을 빌려 장기 프로젝트에 돈을 대고 있었다. 이는 마치 매일 저녁 주택담보대출을 재융자 refinancing받아 집값을 갚는 것과 같은 일이었다. 만약 이 과정에서 집값이 떨어지면 재융자를 받기가 훨씬 어려워진다.

돈을 빌려주는 기업들이 주택담보대출 상품과 관련된 증권들을 담보로 받는 것을 꺼리기 시작하자 일이 꼬이기 시작했다. 돈을 빌려주던 기업들 중 일부는 환매 계약을 갱신하는 것을 거부했다. 더 많은 담보를 요구하는 대출자들도 있었다(예를 들어 1억 달러 대출에 1억 2000만 달러 상당의 증권을 담보로 걸으라는 식이었다). 자금을 마련하기 위해 자산(모기지담보부증권 같은 자산)을 팔지 않으면 안 되는 상황이 벌어지면서 해당 자산의 가격이 하락했고, 그에 따라 금융 시스템 전체에 재정적 혼란이 더욱 확산됐다. 이 재정적 어려움에 각 기업들이 얼마나 노출되어 있는지를 가늠하는 것은 거의 불가능했다. 주택담보대출, 특히 서브프라임 모기지 상품들을 한데 모으고 가르고 쪼갰기 때문이었다. 게리 고턴은 금융위기 때 서브프라임 모기지 상품들이 한 역할을 잘게 간 쇠고기에 대장균이 감염됐다는 사실을 알게 된 상황에 비유했다. 그는 금융위기조사위원회에서 증언하며 이렇게 설명했다. "소량의 대장균이 어디에 감염되어 있는지 확실치 않기 때문에 잘게 간 쇠고기 전부를 회수해야 하게 될 수도 있습니다. 정부가 간 쇠고기들 중 어떤 것에 대장균이 들어 있는지 모른다면 패닉이 더 확산될 것이고, 사람들은 간 쇠고기 자체를 먹지 않으려 할 것입니다. 우리가 햄버거를 한 달 혹은 1년 동안 먹지 않는다면 맥도널드, 버거킹, 웬디스 같은 기업들이 큰 어려움을 겪게 되겠죠. 파산할 수도 있습니다. 바로 그런 일이 금융계에서 벌어진 겁니다."[34]

아무도 감염된 간 쇠고기를 가지고 있거나, 감염된 간 쇠고기를 가지고 있는 사람에게 돈을 빌려주거나, 감염된 간 쇠고기에 노출되었을지도 모르는 기업과 거래하고 싶어 하지 않는다. 전 연방준비제도 이사 케빈 워시Kevin Warsh는 '2008년 공황Panic of 2008'이야말로 당시 무슨 일이 일어났는지를 가장 잘 표현하는 말이라고 지적했다. ('1884년 공황Panic of 1884' '1907년 공황Panic of 1907'과 같은 표현에 빗댄 것이다 – 옮긴이) 부동산 거품이 일을 촉발시킨 것도 사실이고, 무분별한 대출, 그리고 부실 대출의 증권화가 문제를 증폭시키고 확산시킨 것도 사실이다. 그러나 결국은 예전의 금융 패닉과 다르지 않았다. 예금주들이 은행 밖에 줄을 서지는 않았지만, 대신 기업과 기관 투자자들이 베어스턴스, 리먼브라더스, 시티은행 등 뉴스에 오르내리는 기업들에 빌려준 돈을 내놓으라고 요구했다. 금융위기조사위원회에서 한 증인은 이렇게 말했다. "환매시장은 계속 잘 돌아가다가 어느 날 하루아침에 작동을 멈춰 버렸습니다."[35]

금융위기조사위원회는 위기의 책임을 광범위한 대상에게 돌렸다. 부실한 주택담보대출, 그럴듯하게 포장된 너무 많은 파생상품들, 무책임한 신용 평가 기관들, 기업의 정책 및 위험 관리 실패, 윤리의 부재, 광범위한 규제 실패, 그리고 '과도한 차입'과 '위험한 투자'의 치명적 조합 등이 위원회가 열거한 위기의 원인이었다.

그러나 보고서 전체에서 가장 큰 인상을 남긴 문장은 위원회의 첫 번째 결론이었다. "우리는 이번 금융 위기가 피할 수 있는 것이었다는 결론을 내렸다."[36]◆

대공황 때와 마찬가지로 부정적인 순환 구조는 경제적 손실을 더 악화시켰다. 어려움에 빠진 은행들은 대출을 줄였고, 그에 따라 민간 부문은 자금줄이 막혔다. 경영난을 겪게 된 기업들은 직원들을 해고하고 자본 투자를 연기했다. 일자리를 잃은 근로자들은 주택담보대출 상환에 어려움을 겪었고, 이에 따라 주택담보대출 상품 관련 증권의 피해가

◆ 금융위기조사위원회는 패니 메이와 프레디 맥이 위기에 일조하긴 했지만 주요 원인은 아니라고 결론지었다. 또 위원회는 저소득층의 은행 대출을 장려하기 위해 1977년에 고안된 '지역 재투자법 Community Reinvestment Act'이 "서브프라임 모기지나 금융 위기에 그다지 큰 요소로 작용하지 않았다"고 판단했다. 이 점을 굳이 강조하는 것은 금융 위기와 관련해 완전히 사실과 다르지만 아주 편리한 설명 중 하나가 정부의 나쁜 정책으로 인해 민간 부문이 탈선했다는 주장이기 때문이다. 정부가 규제 면에서 실수를 한 것은 사실이지만, 금융 위기가 과도한 정부의 개입 혹은 적당한 가격의 주택을 만인에게 공급한다는 목표가 빗나가면서 생긴 결과라는 것은 완전히 부정확한 해석이다. 이 장에서 충분히 설명하겠지만, 민간 부문은 일을 반복해서 그르치고 또 그르쳤다.

더욱 심해졌다. 은행들이 압류된 주택들을 팔아 치우면서 부동산 가격은 더 떨어졌고, 이로 인해 다른 가정들에서 주택담보대출을 재융자받거나 자신의 자산을 일부 유지한 채 집을 파는 것이 더욱 어려워졌다. 재정 상태가 건전한 가계나 기업마저 현금을 틀어쥐고 구매를 늦춰서 자동차 산업이나 관광 산업을 더욱 어렵게 만들었다. 그에 따라 더 많은 사람들이 일자리를 잃었다. 이 부정적인 연쇄반응은 계속됐다. 독자들도 생생히 기억할 것이다.

연방준비제도가 취한 세 가지 주요 조치들

연방준비제도가 2008년 금융 위기에 대한 대응으로 취한 조치들을 보면, 다양한 프로그램들로 인해 무척 복잡해 보이기도 했고, 방향 전환과 규모 면에서 전례 없는 모습을 띠었지만, 본질적으로는 비교적 단순한 것들이었다. 연방준비제도는 (1930년대의 실수를 되풀이하지 않으면서) 자신에게 주어진 근본적인 책임을 완수하는 것을 목표로 삼았다.

1. 최종 대출자 역할을 해냄으로써 금융 시스템을 보호한다.
2. 통화 정책을 통해 쇠약해져 가는 경제를 다시 촉진하고 디플레이션이 일어나지 않도록 보호한다.
3. 미래의 위기들을 방지하기 위해 규제 구조를 정비한다. ◆

유동성 제공

금융 위기 중 중앙은행이 해내야 하는 가장 중요한 임무는 최종 대출자 역할이다. 월터 배젓이 처음 처방했듯이 중앙은행은 금융 패닉 때문에 위기에 빠진 건전한 기업에는 징벌적 금리를 적용하되 모든 건전한 담보에 대해서 후하게 대출해야 한다. 연방준비제도는 여러 형태로 이 임무를 수행했다. 2007년 12월을 시작으로, 연방공개시장위원회는 할인율(연방준비제도가 시중 은행에 빌려주는 돈에 대한 금리)을 4.75퍼센트에서 0.5퍼센트로 낮추고, 대출에 대한 상환 기간도 대폭 늘렸다. 목표 연방 기금금리는 거의 0퍼센트에 가깝게 낮춰졌다. 연방준비제도는 전 세계 다른 중앙은행들 중 자국 시중 은행들을 지지하기 위해 달러가 필요한 곳에도 자금을 융자해 주었다.

위기가 확산되면서 연방준비제도는 전통적인 시중 은행들 이외의 금융 기업들에도 유동 자금을 지원해 줄 방법을 찾아야만 했다. 그 기업들이야말로 위기의 진원지였기 때문이다. 연방준비법 13조 3항에서는 '비정상적이고 위급한 상황unusual and exigent circumstances'일 경우 연방준비제도가 담보를 제공할 용의가 있는 기업이나 개인 누구에게나 대출해 줄 수 있는 권한을 부여했다. 2009년에는 우리 할머니가 소장 가치

◆ 여담이지만, 연방준비제도의 개입 프로그램에 이름—TALF(기간 자산유동화증권 대출 창구), QE(양적 완화), 그리고 재무부의 TARP(부실 자산 구제 프로그램)—을 붙인 사람은 그가 누구든 간에 뉴욕 연방준비은행 지하 금고에 금과 함께 가둬야 한다. 좋은 소식은 그 지하 금고에서 실제로 사는 것이 가능하다는 사실이다. 금고는 매일 밤 잠기지만, 이 은행에는 금고를 닫을 때마다 그 안에 샌드위치를 놔두는 진기한 풍습이 있다. 실수로 누군가 밤새 갇히게 될 경우를 대비해서다.

가 높은 엘비스 프레슬리 기념 접시 한 세트를 들고 연방준비은행에 나타났어도—분명 비정상적 상황이었으므로—현금을 대출받을 가능성이 있었다. 우리 할머니의 예를 든 것은 농담이기는 하지만, 어느 정도는 현실과 관련이 있기도 하다. 비은행 금융 기관 중 많은 수가 수집용 기념 접시보다 그다지 유동성이 높지 않은 자산을 보유하고 있었다. 연방준비제도 이사회 부의장이었던 도널드 콘Donald Kohn은 이 전략의 핵심이 "지불 능력이 있는 기관들이 보유한 비유동성 담보를 받고 대출을 해 준다는 데 있다"고 설명한다. 그러면 그러한 기관들이 필요한 유동 자금을 손에 넣을 수 있어서(할머니가 엘비스 프레슬리 접시로 현금을 손에 쥘 수 있는 것처럼), 헐값에 자산을 팔아넘기지(그렇게 하면 위기를 더 악화시킬 것이다) 않아도 된다. 연방준비제도는 MMF, 증권 딜러, 그리고 기타 '주요 비은행권 금융 시장 참여자들'에 대해 대출을 해 줄 수 있는 프로그램을 만들었다. 또한 연방준비제도는 재무부와 함께 학자금 대출, 자동차 대출, 신용카드 대출, 그리고 중소기업청이 보장하는 대출 등을 저당으로 하는 증권들을 담보 삼아 대출을 해 주는 메커니즘도 만들었다. 이런 예는 계속된다.

이 모든 프로그램의 목적은 금융 위기가 계속되는 동안 유동성이 없어진 자산에 대한 시장을 마련함으로써 필요한 기업에 유동성을 제공하는 것이었다. 일단 연방준비제도가 할머니의 엘비스 접시들을 담보로 잡고 대출을 해 줄 용의만 있으면 그 접시들은 가치를 회복한 것이 된다. 벤 버냉키가 말했듯 "이번 위기의 다른 점은 구조였다. 이번에는 단지 은행과 예금주가 문제가 된 게 아니었다. 브로커와 딜러, 환매시장, MMF, 기업어음 등이 문제가 되었다. 그러나 패닉을 막기 위해 단기 유동성을 제공한다는 기본적인 생각은, 1873년 배젓이 《롬바드 스트리트》를 집필했을 때 구상한 것과 매우 유사하다."[37] 2010년, 연방준비제도가 의회에 보고한 바에 따르면 금융 위기 때 그들이 해 준 약 2만 1000건의 대출 중 채무불이행이 일어난 건 단 한 건도 없었다. 사실 우리 납세자들이 이자 수익을 올린 것이었다.[38]

조지 베일리를 연상케 하는 연방준비제도의 대응에는 편치 않은 부분이 하나 있다. 우리가 누리고 있는 자본주의 체제를 구하는 과정에서 연방준비제도(그리고 의회)는 터무니없는 행동으로 이런 위기가 벌어지는 데 한몫을 한 기업과 개인들을 구조하지 않을 수 없었던 것이다. 바로 앞부분에서 너무도 분명히 알 수 있었듯이 이 기업과 개인들은 그냥 침대에서 담배를 피우는 데 그친 것이 아니라 벽난로 옆에서 뚜껑이 열린 기름통 위에 앉아 시가를 피우고 있었다. 우리는 그런 멍청이들도 구해야 했다. 연방준비제도의 소방관들이 서둘러 불난 집에 들어가 죄가 덜한 희생자들과 함께 그 멍청이들도 구해 낸 것이다.

정책 입안자들은 소위 '대마불사', 즉 '너무 커서 망하게 둘 수 없다too big to fail'는 문제와 정면으로 맞닥뜨렸다. "청산하라, 청산하라, 청산하라"라고 외치는 거야 편하고 좋긴 하다. 바보 같은 짓을 한 사람들이 자신의 행동이 불러온 결과로 인해 고통받는 것을 지켜보는 것 역시 굉장히 만족스러운 일이 될 수 있다. 그러나 '썩은 부분을 청산하는 과정에서 수많은 다른 사람들도 함께 고통을 받았을 것'이다. 메인스트리트에서부터 연방준비제도 이사회와 재무부 중역 회의실에 이르기까지 위기에 대응한 과정에서 마음에 걸리는 부분은, 위기를 가져오는 데 가장 큰 책임을 져야 할 당사자들이 구제 노력으로 인해 상당한 혜택을 봤다는 사실이다. 일부는 연방준비제도가 제공한 유동성의 혜택을 받는 것만으로도 충분했지만, 지급불능 상태이거나 그렇게 될 위험에 처해 있어서 새로운 자본을 주입받아야 할 필요가 있는 기관들도 있었다. 후자의 경우는 의회에서 '부실 자산 구제 프로그램' 형식을 빌려 제공을 했다. 두 경우 모두 전 세계 금융 시스템을 뒤흔드는 행동을 하면서 상황이 좋을 때 짭짤한 수익을 올리고, 상황이 나빠지자 정부로부터 또 한 번 짭짤한 추가 수익을 올렸다.

벤 버냉키를 비롯한 관계자들은 이 기업들이 너무 커서 망하도록 둘 수 없다고 판단한 것이다. 더 정확히 말하자면, 어려움에 빠진 몇몇 거대 기업들(이를테면 패니 메이, 프레디 맥, AIG)이 질서정연하게 파산 과정을 걷도록 하면서도 시스템의 나머지 부분이 같이 무너지지 않도록 할 수 있는 방법이 없었다. 여기서도 소방관의 비유를 사용할 수 있다. 불을 낸 가해자 역시 구하지 않고서는 동네를 구할 방법이 없었던 것이다. 약간 달리 표현하자면, 기름통 옆에서 누군가 시가를 피우는 바람에 커다란 폭발이 일어날 경우 우리도 모두 불길을 면치 못하게 되리라는 것이었다. 버냉키는 이렇게 설명한다. "2008년 9월의 문제는 베어스턴스나 AIG 같은 기업들을 도산하게 하면서도 나머지 시스템에 엄청난 피해를 끼치지 않도록 하는 법적·정책적 장치를 우리가 가지고 있지 않았다는 것이다." 연방준비제도는 두 가지 악 중에서 그나마 덜 나쁜 쪽을 선택했다.[39]

부주의하고 태만한 사람들을 구조하는 문제는 단순히 그것이 불공평하다는 데서 그치지 않는다. 구제금융은 장래에 또 다른 구제금융으로 이어질 가능성이 있다는 데 더 큰 문제가 있다. 다시 한 번 모럴 해저드 문제가 대두되는 것이다. 정부가 구제해 주리라는 것을 믿으면 구제를 필요로 하는 위험 부담을 감수하려는 동기가 생긴다. 동전의 앞면이 나오면 내가 이기고, 뒷면이 나오면 정부가 뒷감당을 모두 해 준다. 벤 버냉키는 AIG 구제금융을 실행하면서 이렇게 강조했다. "이런 일이 다시는 일어나서는 안 된다."[40] 그 부분에 있어서 그와 의견을 달리하는 사람은 거의 없을 것이다.

통화 정책을 통한 경제 촉진

위기를 극복하기 위한 또 다른 메커니즘은 통화 정책을 사용해서 경제 활동을 촉진하고, (1930년대에 그랬던 것과 같이) 경기침체를 증폭시키는 부정적인 연쇄 반응이 일어나는 걸 방지하는 것이었다. 대출과 지출을 촉진하는 가장 전통적인 방법은 연방기금금리를 낮추는 것이다. 연방준비제도는 통화 공급을 증가시킴으로써 단기 금리를 낮추고, 기업 투자와 소비자 지출을 자극할 수 있다. 그러나 금융 위기가 났을 때는 문제가 하나 있었다. 단기 금리가 본질적으로 0퍼센트였으므로, 연방준비제도는 제로 바운드에서 정책 운용을 해야만 했다. 단기 명목금리를 0 미만으로 낮출 수 있는 실질적인 방법이 없었다.

해결책은 통화 정책을 사용해서 장기 금리를 낮추는 것이었다. 장기 금리는 여러 면에서 지출과 투자에 더 강한 효과를 낸다. 주택담보대출

금리나 기업의 장기 대출 비용과 관계있기 때문이다. 그러나 장기 금리를 낮추는 과정은 좀 더 복잡하다. 장기 금리는 단기 금리가 장기간에 걸쳐 어떻게 변화할 것인지에 대한 기대를 반영한다. 단기 금리가 지금은 낮다 해도 투자자들이 5년 후에는 높아질 거라고 우려하기 시작하면, 장리 금리가 높아지게 된다. 금리가 올해는 2퍼센트지만, 투자자들은 연방준비제도가 내년에 4퍼센트로 올릴 거라고 예상한다고 가정해보자. 그러면 2년 만기 채권의 금리가 3퍼센트로 책정될 것이다. 현재의 연평균 금리와 내년의 연간 금리 기대치를 반영한 수치다.

보통 연방준비제도는 다음 해의 금리에 직접적으로 영향을 줄 수 없고, 29년 후의 금리는 더욱 그렇다. 29년 후 연방준비제도 이사회 의장이 누구일지 누가 알겠는가. 심지어 폭이 넓은 넥타이가 다시 유행할지도 모르는 일이다. 이 문제를 해결하기 위해(폭이 넓은 넥타이 문제가 아니라 장기 금리를 낮추는 문제) 연방준비제도는 두 가지 일을 했다. 첫째, 금리와 관련된 그들의 장래 계획에 대한 '미래 지침forward guidance'을 제공했다. 연방공개시장위원회는 다양한 기회를 통해 금리가 일정 기간 동안(예를 들어 2010년 1/4분기까지), 혹은 경제가 특정 목표에 도달할 때까지(예를 들어 실업률이 6퍼센트 미만으로 떨어질 때까지) 낮게 유지될 것이라고 선언했다. 이는 채권 구입자들에게 이렇게 말하는 것이나 다름없었다. "자, 보세요. 현재 단기 금리가 낮은데, 내년에도 낮으리라는 걸 약속합니다. 그러니 2년 만기 채권을 살 때도 낮은 금리를 받아들여야 할 거예요."

또 다른 접근 방법은 이보다 더 직접적이었다. 연방준비제도는 돈을 발행할 수 있는 권한을 이용해서 장기 채권을 사들였다. 이것이 바로 양적 완화의 목적이었다(그 뒤를 이은 2차 양적 완화, 3차 양적 완화도 모두 마찬가지였다). 연방준비제도는 매번 양적 완화를 감행할 때마다 막대한 양의 장기 정부 채권을 사들였다. 수요를 높여서 금리를 낮추는 효과를 내기 위함이었다. 결국 이것도 수요와 공급의 문제다. 장기 채권에 대한 수요가 많아지면 채권 발행자—이 경우는 미 재무부와 연방 기구들—가 낮은 금리의 채권을 발행할 수 있게 된다. 그런데 사실 엄청나게 법석을 떤 이 조치는 오래된 노래에 후렴구만 새로 붙인 것이나 다름없었다. 통화 정책에는 늘 정부 채권을 사고파는 과정이 포함된다. 그것이 공개 시장에서 사용할 수 있는 가장 기본적인 도구이기 때문이다. 연방준비제도가 금리를 낮추려고 할 때는 항상 돈을 새로 찍어 내서 채권들을 사들이곤 한다. 물론 이번에는 그 규모가 전례 없이 컸고 개입의 성격이 새롭긴 했지만, 그렇다고 무슨 사악한 요술을 부린 것은 아니었다. 벤 버냉키가 설명했듯 "이것은 통화 정책에 또 다른 이름을 붙인 것일 뿐이다. 단기 금리에 주의를 집중하는 대신 우리는 장기 금리에 신경을 쓰기로 한 것이다. 그러나 경제를 활성화하기 위해 금리를 낮춘다는 기본적인 논리에는 변함이 없다."[41]

그 모든 노력은 의도했던 효과를 가져다준 듯했다. 2014년, 《이코노미스트》는 이렇게 보도했다. "전문가들은 양적 완화가 실제로 대출 비용을 낮췄고, 그에 따라 이 정책을 옹호한 사람들이 의도했던 대로 경제 생산량이 높아지고 인플레이션이 촉발됐다는 데 대부분 동의한다."[42]

2023년 위기 예방

벤 버냉키는 금융 위기 후 조지워싱턴대학 학생들을 대상으로 한 강의에서 말했다. "연방준비제도는 감독과 규제 면에서 실수를 저질렀어요." 이는 이 시대 최고의 절제된 발언 후보에 들 만한 문장이다. 《금융 위기 조사 보고서》는 이 문제에 관한 더 자세한 비판을 담고 있다. 신중한 주택담보대출 기준을 마련할 권한이 있는 유일한 정부 기관인 연방준비제도가 위기가 닥치기 전 그 임무를 제대로 해내는 데 실패했다는 것을 골자로 하고 있다.[43] 직무 유기를 한 것은 연방준비제도만이 아니었다. 금융위기조사위원회는 "금융 규제와 감독에 대한 광범위한 실패가 미국 금융 시장의 안정 유지에 심각한 결과를 초래했다"고 결론지었다.[44]

그 후 정치인들은 외양간 문을 굳게 닫고 못질까지 하는 데 총력을 기울였다. 이와 관련해 이미 500쪽에 달하는 《금융 위기 조사 보고서》를 읽은 내가 또 2300쪽짜리 '도드-프랭크 법안'을 읽을 여력은 없다. 다만 도드-프랭크 법안이 미 금융 위기에 대한 연방정부의 대응이었다는 점은 밝혀 두어야겠다. 솔직히 말하자면, 금융 패닉은 놀라울 정도로 자주, 규칙적으로 일어난다. 따라서 외양간 문을 굳게 닫고 못질까지 하는 것이 그다지 나쁜 출발점은 아니다. 도드-프랭크 법안에는 2008년에 잘못된 일들 중 여러 가지를 예방하기 위한 대책들이 포함되어 있다. 약탈적인 금융 상품으로부터 소비자를 보호하기 위해 소비자보호국을 설립하고, 금융 기관들의 체질을 강화하기 위해 자본금 비율을 더 높이 유지하도록 하고, 파생상품의 위험도를 더 쉽게 판단할 수 있도록 투명성을 높이는 방안 등이 마련됐다. 아마 가장 중요한 것은 도드-프랭크 법안에 따라 주요 연방 금융 규제 기구 수장들로 이루어진 '금융 안정감독위원회Financial Stability Oversight Council'가 출범해서 금융 시스템 전반을 살피며 안정성을 위협할 만한 요소들을 식별해 내기로 한 일일 것이다. 독립 정부 기구로서 은행들의 보험 회사 역할 및 관리 역할을 하는 연방예금보험공사는 대규모 금융 기관들에 대한 '질서 있는 청산 권한orderly liquidation authority'('강제 청산권'이라고도 한다 – 옮긴이)을 부여받았다. 이에 따라 연방예금보험공사는 거대 금융 기관들을—과거에는 너무 커서 망하게 둘 수 없다고 간주되던 기관들도 포함해—질서 있고 효율적인 방법으로 인수해서 청산할 수 있는 힘을 가지게 됐다.

대략적으로 말하자면, 도드-프랭크 법안은 2008년에 무엇이 잘못됐는지를 밝히고 이에 대응한 논리적인 반응이었다. 그것까지는 좋은데, 규제라는 것은 의도치 않은 결과를 가져오는 경우가 엄청나게 많다. 영리한 금융 기업들은 하라는 것을 회피하는 합법적인 방법을 찾는 데 아주 능숙하다. 의회가 이 법안으로 다음 위기를 막은 것인지, 아니면 위기 가능성을 오히려 높였는지는 두고 볼 일이다.

연방준비제도의 대응을 둘러싼 비판

2009년 5월 4일,《뉴욕타임스》는 저명한 경제학자 두 사람의 칼럼을 실었다. 한 사람은 프린스턴대학의 폴 크루그먼이고, 다른 한 사람은 카네기멜론대학의 앨런 멜처였다. 둘 다 통화 정책에 대한 깊은 이해를 지닌 똑똑한 사람들이다. 그러나 두 사람의 처방은 완전히 정반대였다. 폴 크루그먼은 하락하는 임금으로 인해 가계 부채가 심화되고, 회복이 늦어지면서 디플레이션과 스태그네이션stagnation으로 이어질 것이라고 경고했다. 그는 경제 활성화를 위한 촉진제가 더 필요하다고 요구했다. 그의 칼럼은 다음과 같은 불길한 경고로 끝을 맺었다. "미국은 일본처럼 될 위험, 즉 디플레이션과 경기침체가 오래도록 계속될 위험이 높아지고 있는 듯하다."[45] 이 칼럼을 읽은 사람은 누구나 연방준비제도의 벤 버냉키에게 직통 전화를 걸어 대규모 양적 완화 정책을 주문하고 싶어졌을 것이다.

그러나 바로 같은 면에 칼럼을 실은 앨런 멜처는 상황을 완전히 달리 보고 있었다. 그는 연방준비제도가 너무 과하게 임무를 수행해서 인플레이션으로 이어질 수밖에 없는 상황을 만들었다고 비난했다. 그는 이렇게 썼다. "독립적인 중앙은행은 연방준비제도처럼 행동하지 않는다." 그는 사실 제대로 측정하기만 하면 이미 인플레이션이 시작됐음을 알 수 있다고 주장했다. 그의 칼럼은 다음과 같은 불길한 경고로 끝을 맺었다. "향후 몇 년 동안 [연방준비제도는] 점점 강해지는 인플레이션 압력을 간과해서는 안 된다."[46] 이 시점에서 우리는 버냉키의 직통 전화로 다시 전화를 걸어야 한다. "음, 저기, 방금 전화해서 대규모 양적 완화 정책을 주문한 사람인데요. 그것 좀 취소할 수 있을까요?"

2012년 《디애틀랜틱》에 실린 벤 버냉키에 관한 기사는 "좌파는 버냉키를 싫어한다. 우파는 그를 훨씬 더 싫어한다"고 쓰고 있다.[47] 그는 왜 이렇게 온갖 사람들의 원한의 대상이 된 것일까? 모든 것이 다음과 같은 단순한 문제로 귀결된다. 사실 단순하지만 심오한 결과로 이어지는 문제이기도 하다. 너무 많은가, 너무 적은가, 아니면 딱 적당한가. 연방준비제도는 위기에 대한 즉각적인 대응, 특히 유동성 부문의 처리 솜씨에 관한 한 대체로 높은 점수를 받았다. 그러나 재닛 옐런 의장의 재임 기간까지 시간이 흐르면서, 통화 정책에 관한 문제는 "통화 정책을 통한 경제 촉진이 어느 수준 이상이 돼야 과도하다 간주되는가?"가 됐다.

더 공격적인 통화 완화 정책을 통해 미국 내 실업률을 낮춰야 한다는 주장을 가장 소리 높여 한 세력은 정치적 좌파들이지만, 그렇다고 해서 이 주장을 그들만 한 것은 아니다. 경제 문제에 있어서는 보통 우파적 견해를 지닌 《이코노미스트》도 2014년 말, "양적 완화를 지금 멈추는 것은 소탐대실의 결과를 낳을 우려가 있다"고 경고했다. 이 견해를 지닌 사람들은 세계적인 경제 회복 추세가 아직 약하고 위태로운 상태라고 늘 주장해 왔다. 실업률은 필요 이상으로 높고, 임금은 제자리걸음을 면치 못하고 있다. 그러니 연방준비제도를 비롯한 세계의 중앙은행들은 경제 회복 추이가 더 강해질 때까지 가속 페달을 밟아야 한다는 것이다. 영란은행의 통화정책위원회Monetary Policy Committee에 미국인으로 참가한 애덤 포즌Adam Posen은 최악의 위기가 지난 지 꽤 오랜 시간이 흐른 후 이렇게 썼다. "현대 경제 역사를 모두 살펴보면, 그것이 1920년대 서유럽이든, 1930년대 미국이든, 혹은 1990년대 일본이든 상관없이 주요 금융 위기 후 지속적인 회복에 필요한 경제 촉진 정책을 너무 일찍 포기하는—때로는 뒤집는—실수가 관찰되곤 했다. 애석하게도 이 실수가 세계적으로 되풀이되는 듯하다."[48]

반면, 상당수의 보수적 경제학자들과 투자자들은 2010년 벤 버냉키에게 보낸 공개서한을 통해 이런 책망의 메시지를 전달했다. "우리는 연방준비제도가 '대규모 자산 매입large-scale asset purchase' 계획(소위 '양적 완화')을 재고하고 중단해야 한다고 믿습니다. 우리는 현재 상황에서 그런 계획이 필요하지도, 유익하지도 않다고 믿습니다. 계획된 자산 매입이 진행될 경우 통화 가치 하락과 인플레이션이 촉발될 위험이 있는 반면, 고용 촉진이라는 연방준비제도의 목표를 달성하는 데 도움이 되지는 않을 것입니다."[49]

지금까지로 봐서는 인플레이션에 대한 우려가 근거 없는 것으로 판명 났다. 그러나 아직 승리를 선언하기에는 이르다. 모든 결과는 단 한 가지 요인에 달려 있다. 바로 지급준비금이다. 미국 은행들은 2조 7000억 달러라는 입이 떡 벌어질 정도의 지급준비금을 연방준비은행에 예치해 놓고 있다.[50] 다시 말하자면, 연방준비제도가 경제에 쏟아부었던 돈의 상당 부분이 아무것도 안 한 채 은행 지하 금고에 앉아 있는 것이나 마찬가지다. 양적 완화를 비판하는 사람들, 특히 후반부의 양적 완화 정책을 비판하는 사람들은 은행들이 갑자기 이 지급준비금을 대출해 주기 시작하면 통화 공급이 폭발적으로 증가하고 물가가 급상승할 것이라 우려한다. 연방준비제도 관리들은 지급준비금을 관리할 수 있는 방법은 다양하고, 연방준비은행의 잔고를 '해소하는' 방법(위기 상황 동안 연방준비은행이 축적해 온 증권들을 파는 것)에도 여러 가지가 있다고 강조한다. 위기를 극복하는 과정에서 연방준비제도가 또 다른 위기의 씨앗을 뿌렸는지 여부는 시간이 흘러야 알 수 있을 것이다. 일단 지금은 벤 버냉키가 대공황 때의 실수를 되풀이하지는 않았다는 점은 자신 있게 말할 수 있다.

미국은 지나치게 느린 회복으로 인해 폴 크루그먼이 경고했듯이 일본처럼 변해 버릴 것인가? 나도 모른다. 그러나 우리는 다음과 같은 중요한 질문을 던질 수 있다. 지난 20년 동안 일본에서는 도대체 무슨 일이 벌어졌을까?

10장

Naked
Money

일본의 장기 침체

그렇습니다. 아무도 주가가 폭락한 일본처럼 되고 싶어 하지 않지요. 30년 이상 세계에서 가장 빠른 성장을 하다가 지난 18년 동안 기어가는 수준으로 성장 속도가 느려진 일본 말입니다. 일본에서 반복적으로 일어났던 디플레이션 트라우마를 가지고 살고 싶은 나라는 어디에도 없습니다.
_ 케네스 로고프, 하버드대학 경제학과 교수, 전 IMF 수석 이코노미스트[1]

1990년대의 일본은 정책 실수가 어떻게 현대 경제를 디플레이션으로 몰아넣을 수 있는지를 보여 주는 교과서가 됐다. 이제 일본은 거기서 어떻게 탈출할 것인가를 두고 새로운 장을 쓰고 있다.
_ 제이컵 슐레진저, 《월스트리트저널》, 2014[2]

일본으로부터 배워야 할 명백한 교훈

지금 막 의사를 만나고 온 친구와 맞닥뜨렸다고 가정해 보자. 친구는 의사가 살을 좀 더 찌워야 한다고 말하는데 자신은 계속 실패하고 있다고 이야기한다. 의사를 만날 때마다 함께 목표를 정하고 다음번까지 2킬로그램을 더 찌우자고 다짐한다. 그러나 다시 의사를 만날 때면 목표 달성은커녕 오히려 살이 빠진 경우도 있어서 실망이 이만저만이 아니다. 의사가 권하는 만큼 살을 찌울 수가 없다. 간혹 친구는 자신이 살찌는 게 가능하기는 한 건가 자문할 때도 있다. 사실 친구는 맛없는 현미밥만 먹고, 스판덱스 옷을 입은 채 불편할 만큼 장거리 달리기를 하는 등 살찌기 어려운 습관에 너무 길들여져 있기 때문이다. 당신은 친구에게 살찌는 방법은 놀라울 정도로 쉬우며 즐거운 일이기도 하다고 말한다. 사실 살찌는 일이라면 평생 너무도 뛰어난 능력을 보인 부문 아닌가. 피자도 도움이 되고, 아이스크림은 특효가 있다. 버터를 아낌없이 넣어 만든 팝콘도 효과 만점이다. 저칼로리 맥주 같은 건 생각할 필요도 없고, 모든 음식은 튀겨야 한다. 취침 전 간식은 필수다. 맛있다면 먹으면 된다.

친구는 다시 한 번 살찌겠다는 다짐을 하지만 또다시 목표 달성에 실패한다. 마침내 당신은 어처구니없어 하며 외친다(특히 최근 5킬로그램이나 더 찐 후라 감정이 격해진다). "살찌는 건 어렵지 않아! 주변을 좀 둘러봐. 대부분의 사람들이 정반대 문제를 겪고 있잖아. 서점에 나와 있는 다이어트 책들은 죄다 살 빼는 이야기만 하고 있어. 맛있는 음식은 모두 열량이 높고 말이야. 살찌는 게 왜 어렵다는 거야?" 마지막 부분을 외칠 때는 뱃살이 함께 출렁거린다. 이 모든 게 너무 스트레스가 돼서 초콜릿 도넛 생각이 간절해진다.

벤 버냉키가 2002년에 한 연설도 이런 내용이었다. 물론 딱 그런 표현을 쓰지는 않았지만 말이다. 그러나 살이 빠지는 것이 디플레이션의 은유라고 한다면, 그의 연설은 바로 앞에 나온 외침과 전혀 다름이 없었다. 명목화폐를 사용해 온 이래—정부가 자유자재로 돈을 더 찍어 낼 수 있는 시대가 열린 이래—문제는 늘 인플레이션이었다. 무책임한 정부들은 돈을 더 찍어 내는 것으로 지불해야 할 자금을 마련했다. 그에 따른 인플레이션은 이미 존재하는 정부 부채의 가치를 평가절하하는 효과도 있었다. 물론 이 과정에서 그 통화를 사용하는 국민들은 오르는 물가 때문에 고통을 받는다. 추가로 돈을 찍어 낼 수 있는 능력은 통화 정책의 아이스크림선디와 같다. 뿌리치기가 너무도 힘든 유혹이라는 얘기다.

짐바브웨가—따뜻한 퍼지 소스 위에 캐러멜을 더 얹어 주는—무책임한 유혹을 상징하는 포스터 모델이었다면 일본은 묘한 예외였다. 이 나라는 20년 넘도록 디플레이션과 그에 따른 경제적 비용 때문에 고군분투해 왔다. 물가가 떨어질 때는 명목금리가 낮아 보일지라도 실질금리는 상대적으로 높을 수 있다. 소비자들은 구매를 연기하고 물가가 더 떨어지기를 기다린다(그래서 소매상들은 가격을 또 인하해야만 한다). 부채의 실질 가치가 상승한다. 부동산과 같은 자산 가격이 떨어지면서 가계는 더 가난해지고, 그런 자산을 담보로 잡고 있는 은행에도 해가 된다. 2003년 IMF 보고서는 이렇게 결론 내렸다. "일본이 현재 겪고 있는 일은 다른 나라의 정책 입안자들에 대한 경고로 볼 수 있다. 가벼운 디플레이션도 얼마나 큰 피해를 초래할 수 있는지, 그리고 디플레이션 증상이 나타나기 전에 예방하는 것이 치료하는 것보다 얼마나 더 효과적인지를 배워야 한다. 일본이 배워야 하는 교훈도 명백하다. 디플레이션은 아무리 가볍다 할지라도 경제에 계속적으로 상당한 부담을 준다. 따라서 인플레이션 기대 심리를 되살리는 정책이 시급하다."[3]

오랫동안 경제학자들은 일본을 향해 인플레이션을 유도해야 한다, 적어도 가격이 떨어지는 것이라도 막아야 한다고 훈수를 뒤 왔다. 모두들 살을 찌우는 것과 마찬가지로 그렇게 하는 것이 매우 쉬울 것이라고 생각했다. 다른 상황이라면 무책임하다고 받아들여질 만한 행동만 하면 되는 것 아닌가. 돈을 더 찍어 내서 소비자들의 손에 그 돈을 쥐여 줄 방법을 찾으면 된다. 이것은 뷔페에서 세 번째로 음식을 가지러 가는 것과 맞먹는 통화 정책이다. 할머니를 밀쳐 내고 마지막 남은 에그 베네딕트를 집으면서 미안한 표정으로 이렇게 말하면 된다. "죄송합니다. 의사가 저더러 홀란데이즈 소스를 많이 먹으라고 해서요."

일본에서는 대체 무슨 일이 벌어지고 있는가

2002년 벤 버냉키가 '전미경제학자클럽National Economists Club'(이런 단체가 실제로 있다)에서 한 연설의 골자는 왜 일본형 디플레이션이 미국에서는 절대 벌어질 수 없는지를 설명하는 것이었다. 그는 중앙은행 수장답게 이렇게 이야기했다. "명목화폐(쉬운 말로 좋은이돈) 체제하에서는 정부가

(실제로는 중앙은행이 여러 기구들과 협력해서) 항상 명목지출을 늘리고 인플레이션을 유도할 수 있어야 합니다." 지나치게 격식을 차린 표현을 쓴 것이 흠이긴 하지만, 버냉키의 연설은 연방준비제도 관리가 한 것 중 가장 중대한 연설 중 하나라고 해도 과언이 아닐 것이다. 그는 연방준비제도가 달러의 공급을 늘려서(혹은 그러겠다는 위협을 해서) 떨어지는 물가에 언제라도 대처할 수 있다고 강조했다. 예를 들어, 정부는 세금을 인하하고, 거기 상응하는 액수의 정부 부채를 연방준비제도가 사들여서 줄어든 세금 수입을 '새 돈'으로 보충하는 방법이 있을 수 있다. 버냉키는 청중에게 이렇게 말했다. "새 돈으로 세금 인하분을 보충하는 방법은 밀턴 프리드먼이 내놓아서 유명해진 '헬리콥터에서 돈 뿌리기'와 본질적으로 동일한 방법입니다."[4] 바로 그 순간부터 버냉키에게는 '헬리콥터 벤'이라는 별명이 붙었다.

벤 버냉키는 단기 금리가 제로에 다다른다 해도 중앙은행의 정책 도구들이 바닥나지는 않는다고 설명했다. 앞에서 언급한 적이 있는 제로 바운드 이야기다. 그는 경제를 촉진하기 위해 사용할 수 있는, 관습적이지 않은 일련의 방법들을 예로 들었다. 장기 국채 매입, 일정 기간 동안 단기 금리를 낮게 유지하겠다는 약속, 주택담보대출을 비롯해 담보 가치가 있다고 평가되는 민간 자산을 담보로 잡고 은행들에 대출을 해주는 것 등이 포함된다. 그는 이렇게 단언했다. "오늘 내 연설의 가장 중요한 메시지는, 정책 금리가 제로까지 낮아진다 하더라도 중앙은행이 사용할 수 있는 대응 방안이 소진된 것은 절대 아니라는 점입니다." 그가 설명한 방안들은 몇 년 후 연방준비제도가 금융 위기에 대처하기 위해 사용한 각본이 됐다. 모든 것이 '그 연설'에 들어 있었던 것이다.

그러나 벤 버냉키는 한 가지 핵심적인 의문에 답하지 않았다. '일본에서는 무슨 일이 벌어지고 있는가?' 하는 질문 말이다. 이 문제는 우리 시대 거시경제학의 최대 난제가 됐다. 1989년 부동산과 주식 부문에서 엄청나게 큰 거품이 꺼지면서 시작된 일본 경제의 스태그네이션은 20년 넘게 계속되어 왔다(원래 '잃어버린 10년'이라고 묘사됐던 이 현상은 이제 '잃어버린 수십 년'이 되었다). 2011년 《월스트리트저널》은 이렇게 논평했다. "일본은 경제학자들이 풀 수 없는 난제가 된 지 오래되었다. 마치 미열이 있으면서 증상이 더 나빠지지도 더 좋아지지도 않고, 퇴원도 하지 않는 환자와 같다."[5]

경제 정체의 원인은 복합적이고, 일본은 여전히 세계에서 가장 부유한 나라 중 하나다. 하지만 일본이 처한 곤경에 대한 거의 모든 분석은 디플레이션이 경제 정체를 더 심화시켰다는 결론을 내리고 있다. 일본 경제를 괴롭히고 있는 부분이 물가가 오른다고 모두 해결되지는 않겠지만, 그럼에도 디플레이션이 끝난다면 아마 큰 도움이 될 것이다. 명목화폐 시대에 인플레이션을 유도하는 것이 정말 쉬운 일이라면, 일본의 중앙은행은 왜 물가 상승을 일으키지 못하는(혹은 일으키지 않는) 것일까? 그저 거기 보이는 파이 한 조각과 밀크셰이크만 주문하면 살을 찌울 수 있는데 말이다.

하지만 어쩌면 기존 경제학이 문제를 잘못 이해하고 있는 것인지도 모른다. 일본은행(일본의 중앙은행) 전 총재는 일본만의 특수한 인구 분포를 볼 때 인플레이션을 유도하려는 것은 '허공에 대고 주먹질을 하는 것'이나 다름없다고 주장했다.[6] 그를 비판하는 사람들은 기대 심리가 중요하다고 반론을 제기한다. 중앙은행 총재부터 물가가 오르리라는 것을 믿지 않는다면 아무도 그걸 믿지 않을 것이라는 얘기다. 일본은 인구가 감소하며 점점 노령화되는 부자 나라이고, 높은 수준의 공공 부채, 그리고 경제 전체의 건전성과 이해관계가 부합하지 않는 조직화된 정치 세력들이 존재한다(디플레이션은 예금주들과 고정 수입으로 생활하는 노인들에게 유리한 경향이 있다). 선진국들 가운데 다수가 결국은 일본을 닮아 갈 것(느린 성장과 높은 노인 인구 비율)이라는 점을 고려하면, 우리는 일본의 잃어버린 수십 년, 그리고 그 수십 년을 잃는 데 통화 정책과 금융 부문이 한 역할을 자세히 살펴봐야 한다.

일본이 미국을 사들일 거라는 도취감에 사로잡혔을 때

전면적인 금융 위기를 경험하고 싶다면 먼저 거품으로 시작하는 것이 좋다. 주식도 좋고, 땅도 좋다. 일본의 경우는 둘 다였다. 거품 중에서도 특별히 큰 거품이었다. 1986년 초부터 부동산과 토지 가격이 과거 추세에 비해 상대적으로 급속히 오르기 시작했다. 상업용 부동산 가격은 1986년에 비해 5년 후 최고점에 도달했을 때 75퍼센트 올라 있었다. 주식 가격은 그보다 더 많이 올랐다. 일본의 최대 상장 기업들의 주가에 기초한 지수인 니케이225는 1986년 대략 1만 3000에서 1989년 3

만 9000으로 올랐다.[7] 거품이 낄 때는 항상 벌어지는 일이지만, 이렇게 현기증이 날 정도의 가격 상승은 도취감을 동반하고 있었다(이 도취감은 동시에 그런 가격 상승의 원인이기도 했다). 1980년대 일본 베스트셀러 도서 중 하나는 《1등 일본: 미국이 배워야 할 교훈Japan as Number One: Lessons for America》이었다.[8] 나는 이 기간에 대학을 졸업했고, 사회에는 일본이 미국을 모두 사들이고 전 세계 경제를 장악할 것이라는 예감이 팽배해 있었다. 1989년, 미쓰비시 부동산이 록펠러 센터의 지배 지분을 매입하자, 《뉴욕타임스》는 이 거래를 "일본이 미국의 핵심적인 부동산을 사들이고 있는 과정에서 가장 최근에 일어난 사건일 뿐이다"라고 숨 가쁘게 묘사했다. 소니는 그보다 한 달 전에 컬럼비아 픽처스Columbia Pictures를 사들인 바 있었다.[9] 도쿄의 왕궁이 자리한 땅이 캘리포니아의 땅 전체보다 더 비싸다는 이야기를 들은 기억도 난다. 그런 잡다한 상식의 출처가 어디인지는 알 수 없지만, 누군가 정색을 하고 그런 이야기를 할 수 있다는 사실 자체가 당시 시대 분위기를 짐작할 수 있게 해 준다.

예상대로, 은행들은 대출을 늘려 거품을 더 크게 부풀리는 데 일조했다. 4장에서 논의했던 대로 은행은 경기순행적 성향을 가지고 있다. 상황이 좋으면 대출을 늘리고 상황이 나빠지면 대출을 줄인다는 의미인데, 바로 이런 성향 때문에 경기의 부침을 더 확대 재생산하곤 한다. 막말로 표현하자면, 물가가 오를 때는 은행가들이 정신 줄을 놓는다고 할 수 있겠다. 일본 정부와 일본은행은 모두 요란한 파티가 벌어지고 있다는 것을 알고 있었다. 1989년, 일본은행은 치솟는 주식 가격과 고개를 들기 시작한 인플레이션을 제어하기 위해 금리를 올렸다. 다음 해에 일

본 정부는 상승하는 토지 가격을 잠재우기 위한 규제안을 도입했다.[10]

'펑!'

니케이는 1989년 12월 29일, 3만 8957에서 최고점을 찍었다. 일본 기업의 주식을 사기에 아주 좋지 않은 날이었다고만 이야기해 두자. 그 후 약 20년 동안은 주식 가격이 꾸준히 떨어졌기 때문이다. 2009년 최 하점에 이르렀을 때 니케이 지수는 7000으로, 1989년 최고점에서 82퍼 센트 떨어져 있었다. 땅값이 정점에 이르렀다가 떨어지기 시작한 것은 그보다 조금 후인 1991년이었지만, UC버클리의 경제학 교수 모리스 옵스펠드Maurice Obstfeld의 말을 빌리자면 "그 이후 가차 없이 계속 떨어졌 다."[11] 이 책의 여기저기에 반복되어 나오는 이유들로 인해, 폭락하는 부동산과 주식 가격은 일본의 은행들과 금융 기관들에 막대한 자산 손 실을 가져다주었다. 가계 경제에도 타격이 가해져 엄청난 자산이 사라 져 버렸다. 하나 밝히고 넘어갈 점은, 1995년에 미쓰비시는 록펠러 센 터의 대지분을 보유하고 있던 운영사가 파산 신청을 하자 투자를 포기 했다. 이번에도 《뉴욕타임스》는 이 사실을 보도했다(이번에는 좀 덜 숨 가 쁘게). "록펠러 센터의 소유 지분을 포기하겠다는 미쓰비시의 결정은 1980년대 일본 부동산 열기를 타고 뉴욕에서 호놀룰루에 이르기까지 미국의 대표적인 부동산에 투자하던 일본 기업들이 최근 들어 후퇴한 일련의 움직임 중에서도 가장 두드러진 사건이다."[12]

거품이 꺼지면 나쁜 일들이 일어난다. 1991년 3.3퍼센트였던 성장 률은 1992년에 1퍼센트 아래로 떨어졌고, 1993년에는 0.2퍼센트, 1994 년에는 마이너스 2.4퍼센트로 추락했다.[13] 은행들은 대규모 부동산 대출과 주식 시장 노출로 인해 큰 곤란을 겪고 있었다. 많은 기업들이 어려움을 겪거나 도산을 했다(이로 인해 은행들은 더 약화됐다). 또 일본 경제는 6장에서 언급했던 일로도 어려움을 겪고 있었다. 바로 '플라자 합의'다. 1985년 미국, 서독, 일본, 영국, 프랑스의 재무 장관들이 뉴욕 플라자 호텔에 모여 미국 달러의 가치를 낮추기 위해 협력하자고 합의했던 것을 독자들은 기억할 것이다. '올라가는 것은 내려오기 마련'이라는 속담을 약간 비틀어 외환 시장에 적용하자면, 달러의 가치가 내려가면 엔의 가치는 올라가야 한다. 1985년에서 1988년 사이에 달러 대비 엔의 가치는 거의 75퍼센트 정도 평가절상됐다. 엔이 강해지면서 1980년대 일본 바이어들의 눈에는 록펠러 센터와 같은 미국 부동산들이 상대적으로 싸게 보였을 것이다. 물론 이 현상을 뒤집어 보면, 전 세계적으로 일본 상품들이 더 비싸게 느껴진다는 뜻이기도 하다. 일본이 경제 대국으로 성장한 것은 경쟁력이 강한 수출 부문이 기초가 돼 주었기 때문이었다. 1980년대 미국의 경제적 피해의식은 부분적으로 미국 시장을 장악한 일본 상표들이 점점 많아졌기 때문이기도 했다. 혼다, 토요타, 소니, 파나소닉, 캐논, 닌텐도, 미쓰비시 등이 그 예다. 그런데 엔화가 평가절상되면서 수출업자들은 큰 어려움에 봉착했다.

좀비 기업의 탄생과 슬로모션 위기

그럼에도 불구하고 거리에서는 별 동요가 감지되지 않았다. 일본은 아주 표준적인 경기침체와 은행 도산을 경험하고 있었다. 사실 일반 대중들은 예금보험 덕분에 은행 도산으로부터 보호를 받았고, 그 결과 광기와 패닉 전문가인 찰스 킨들버거가 '패닉을 수반하지 않은 붕괴a crash without a panic'라고 기술한 현상이 일어났다.[14]◆ 이런 현상에 적용하는 표준적인 거시경제학적 처방들이 있다.

1. 소비와 투자를 유도하기 위해 금리를 낮춘다.
2. 금융 시스템을 정비한다. 부실 대출은 이미 해 버린 상태 아닌가. 엎질러진 물이나 마찬가지다. 어떤 방식으로라도 쓰러져 가는 은행들의 자본을 보충해 줄 필요가 있다. 신용대출은 현대 경제에 없어서는 안 될 요소이고, 은행들은 신용대출의 대표적인 창구다(특히 일본에서는). 따라서 이를 정비하고 고쳐야 한다.
3. 필요하다면 재정 지출 확대를 위해 공적 자금 투입 '그리고/혹은' 감세를 실행해야 한다. 내 10대 딸의 말을 빌리자면, "경기침체일 뿐이야. 잘 처리하면 돼."

하지만 바로 여기서부터 일본의 경제 위기가 예외적인 성격을 띠기 시작한다. 정책 입안자들은 일본의 경기침체를 '잘 처리하지' 못했고, 그 결과 '좀비 기업'들이 탄생했다.

◆ 한편 금고 판매는 늘어났다. 예금할 돈을 가진 사람들이 집에 돈을 쌓아 놓기 위해 금고를 구매했다. 가격이 떨어지는 상황에서는 집에 현금을 쌓아 놓는다 해서 손해 볼 것이 없기 때문이다. 물가가 오를 때 구매력이 떨어지는 것과 달리, 이런 상황에서는 시간이 흐르면서 금고에 있는 돈의 가치가 오히려 상승한다. _〈10년을 잃는 것은 불운이라고 할 수 있지만…〉, 《이코노미스트》, 2009년 12월 30일자.

우리 집 아이들은 가끔 뭔가 바닥에 엎지르는 실수를 저지를 때가 있다. 그럴 때면 아이는 깨진 유리잔과 엎질러진 물이나 우유를 뚫어져라 쳐다보곤 한다. 울음을 터뜨릴 때도 있다. 결국 나는 (더 참을성 있게 말해야 한다는 것을 이론적으로는 알고 있지만) 이렇게 말한다. "거기 그냥 서 있지만 말고 어서 치워." 일본 정책 입안자들은 엎질러진 물을 뚫어져라 쳐다보는 데 오랜 시간을 보냈다. 그렇게 몇 년이 흘렀다. 2006년, 시카고대학 부스 비즈니스 스쿨의 경제학자 아닐 카시압Anil Kashyap은 금융 시스템을 정비하는 데 일본 GDP의 20퍼센트가 들어갈 것이라고 추산했다.[15] 그 누구도 구제금융을 좋아하지는 않는다. 그러나 일본이 겪고 있던 근본적인 문제들은 모두 익숙한 것들—거품, 침체, 부실 대출, 도산 위기의 은행들—이었다. 일본이 전통적인 각본에서 크게 벗어나기 시작한 것은 바로 이 지점에서부터였다. 문제를 해결하는 대신 그들은 아무 문제도 없는 것처럼 구는 쪽을 선택한 것이다.

규제 당국은 지급불능 상태인 기업들에 계속 대출을 해 주도록 은행들에 압력을 넣었다. '에버그리닝evergreening'이라고 부르는 이 과정은 기업들의 피할 수 없는 도산을 연기할 뿐이었다. ('에버그리닝'은 만기 연장이나 추가 대출을 통해 부실 대출을 계속 끌고 가는 행태를 말한다 - 옮긴이) 한 연구에 따르면 2000년대 초 제조, 건설, 부동산, 소매, 도매, 서비스업에 종사하는 일본 기업들 중 자그마치 30퍼센트가 은행들의 '생명 유지 장치'에 의존하고 있었다는 충격적인 추산도 나와 있다. 소위 '좀비 기업'들이었다. 경제적 의미로는 죽어 있지만, 마치 살아 있는 듯이 행동하는 기업들을 일컫는 말이다.

좀비 기업들은 다양한 경제적 필요를 충족시켰다. 정부는 도산과 일자리 상실을 막기 위해 쓰러져 가는 기업들을 지탱하는 데 전력을 다했다. 은행들은 에버그리닝이 채무불이행을 방지하고, 자사의 심각한 재정 문제를 감출 수 있었기 때문에 정부 정책에 순응했다. 예금주들은 예금보험의 보호를 받고 있었기 때문에 은행이 부실 대출을 하건 안 하건 상관없이 돈을 서둘러 찾아야 할 필요를 느끼지 못했다. 모든 사람들이 마치 아무 일도 일어나지 않은 것처럼 행동했다. 추수감사절에 모인 콩가루 집안 가족들처럼 '사촌 조니의 배가 왜 불룩한지 묻지 말라'고 되뇌기만 했다. 물론 가족들이 사촌 조니가 임신하지 않은 것처럼 군다고 해서 문제가 없어지는 것은 아니다. 곧 다가오는 크리스마스 때는 배가 훨씬 더 불러서 올 것 아닌가.

사실 국제 기준으로 보면 일본 상황은 그다지 나쁜 편이 아니었다. 역설적이게도 바로 그 점이 문제의 일부였는지도 모르지만 말이다. 도쿄는 여전히 부유하고 분주했다. 실업률은 (계속 상승하고 있긴 했지만) 상대적으로 낮았다. 이 장의 첫 부분에 인용했던 전 IMF 수석 연구원 케네스 로고프Kenneth Rogoff는 수십 년에 걸친 일본의 문제를 '슬로모션 위기slow-motion crisis'라고 묘사했다.[16] 단기 구제책은 장기적인 개혁을 방해했다. 좀비 기업들을 지탱하는 과정에서 이미 땅에 묻었어야 했을 기업들에 자본이 흘러들어 가고 있었고, 그에 따라 더 혁신적이고 효율적인 기업들이 해당 산업 부문에 새로 진출하는 것을 어렵게 만들었다. '돈을 벌지 못하는 기업과 경쟁해서 돈을 버는 것은 어려운 일이다.' 좀비 기업들은 사실상 정부 보조금인 '에버그린 대출'을 받아서 인위적으로 높게 책정된 임금을 지불하고 비현실적인 가격으로 상품을 판매하고 있었다. 아닐 카시압이 내린 결론처럼 "정치인들과 규제 당국은 경제 위기를 극히 단기적인 시각으로 봄으로써 모든 사람을 잘못된 상황에서 빠져나오지 못하도록 만들었다."[17]

일본이 경험한 '나쁜' 디플레이션

일본은행도 통화 공급을 통한 전통적인 처방을—어느 정도까지는—실행에 옮기고 있었다. 일본은행은 오버나이트 론의 금리를 1991년의 8퍼센트에서 꾸준히 내려 1999년에는 사실상 0퍼센트에 다다르도록 했다. 이 '제로 금리 정책Zero Interest Rate Policy'은 고유의 약자—ZIRP—까지 생겨서 인구에 회자됐다. 이 책의 앞에서 설명했던 이유로 인해, 명목 금리는 0 아래로 내려갈 수 없다. 일본은행은 바로 이 '제로 바운드'에 도달했지만, 2001년과 2002년 내내 GDP는 기본적으로 전혀 상승하지 않았다. 그보다 더 불길한 것은 물가가 1년에 1퍼센트 가깝게 하락하고 있었다는 점이다.[18]

토를 달듯 덧붙이고 싶은 말이 하나 있다. 디플레이션이 늘 그렇게 끔찍한 일은 아니라는 사실이다. 생산성이 높아지면서 가격이 떨어지면 모든 사람이 혜택을 받는 시기가 있다. 농업 중심 국가에 풍년이 드는 상황을 생각해 보라. 옥수수와 밀, 돼지고기의 공급이 비정상적으로 많아져 가격이 떨어진다. 이에 따라 모든 사람이 더 잘 먹을 수 있게 돼서 사회 전체가 혜택을 본다. 판매량이 늘어나서 낮아진 가격을 상쇄하면 농부들마저도 더 잘살게 될 것이다. 하지만 일본이 경험한 것은 이런 식의 '좋은' 디플레이션이 아니었다. 이와는 대조적으로 수요가 감소해서 가격이 떨어지고 있었다. 농업 국가의 비유를 적용해 보자면, 소비자들이 옥수수, 밀, 돼지고기를 더 적게 사들여서 가격이 떨어지는 상황이다. 농부들 입장에서 보면 가격이 떨어진 데다 판매량도 감소한 것이다. 벤 버냉키는 일본에서 일어난 일을 이렇게 묘사한다. "지출 감소가 너무 심각해지자 생산자들은 구매자를 찾기 위해 계속 가격을 낮춰야만 했다."[19]

일본의 실업률은 2003년 5.5퍼센트까지 올라갔다. 재난이라고 할 정도로 높은 것은 아니었지만, 1993년과 비교하면 두 배 가까이 증가한 수준이었다.[20] 굶주린 사람들이 거리를 누비는 정도의 문제가 생긴 것은 아니었지만, 세계에서 가장 강력한 경제 대국 중 하나가 잠재력에 한참 못 미치는 수준에서 허덕이고 있다는 것이 문제였다. 윌리엄스칼리지 경제학 교수 케네스 쿠트너Kenneth Kuttner와 애덤 포즌은 2001년에 이미 이렇게 지적한 바 있다. "OECD의 어느 나라도 일본처럼 그토록 끈질기게 오랫동안 잠재력을 밑도는 성장을 보인 적이 없다. 사실 기간과 심각성 면에서 그 절반 정도의 경험을 한 나라도 없을 정도다."[21] 가끔 약간의 반동이 있긴 했지만, 일본의 소비자물가지수는 15년 내내 하향 곡선을 그렸다. 소비자물가는 1999년에서 2012년까지 평균 0.3퍼센트씩 떨어졌다.

디플레이션은 높은 실질금리와 같은 예상이 가능한 문제를 일으킬 뿐만 아니라 노동 시장을 엉망으로 만들어 버린다. 특히 임금이 상대적으로 유연성이 없는 경우에는 더 그렇다. 물가가 떨어지면 급여 자체는 같다 하더라도 실질임금은 올라가는 효과가 생긴다(같은 액수로 더 많은 상품을 살 수 있기 때문이다). '임금을 동결해도 실제로는 모든 사람들이 임금 인상을 받는 것이나 마찬가지다.' 그 결과 디플레이션이 오래 계속되는 동안, 기업들은 이전과 동일하게 시간당 2000엔을 지급하는 직원이라 하더라도 점점 더 비싸게 느껴지기 시작한다. 명목임금을 삭감하는 것이 어렵기 때문에(노조, 계약, 그리고 책 전반부에 거론했던 심리적 요인 등으로 인해), 기업들은 직원들을 해고하는 방법으로 문제를 타개하려 하는 경향이 있다. 또 사업체들은 새로운 직원들을 고용하는 것도 조심스러워하게 된다. 시간이 흐르면서 (실질적으로) 임금이 점점 더 오를 것이라는 예상 때문이다. 2001년 노벨 경제학상을 수상한 조지 애커로프George Akerlof는 다른 저자와 공저한 책에서, 미국에서 1퍼센트의 디플레이션이 생기면 장기 균형 실업률이 5.8퍼센트에서 10퍼센트까지 증가한다는 계산을 포함한 충격적인 분석을 내놓았다.[22]

일본의 스태그네이션을 관찰한 대부분의 경제학자들은 인플레이션을 유도하라는 처방을 내놓았다. 상승하는 물가가 경제를 치료하지는 못하겠지만 분명 도움이 될 수는 있다. 이 장 첫 부분에 등장한, 체중을 늘릴 필요가 있는 환자와 같이 말이다. 2003년 IMF 보고서에서는 "오랜 기간 동안 계속된, 예측하지 못한 디플레이션이 통화 정책의 효과를 방해하고, 금융 시장 활동을 저해했으며, 기업의 수익률에 압박을 가하는 한편 개인과 공공 부채의 실질적 부담을 가중시켰다"고 결론지었다.[23] 이에 더해 모두들 이론적으로는 물가를 오르게 하는 것이 살을 찌우는 것처럼 쉬울 것이라고 생각했다. 짐바브웨의 예를 기억하는가? 짐바브웨 정부가 맥주 가격이 한 시간 만에 500억 달러 오르도록 할 수 있다면, 일본도 1년에 물가를 2~3퍼센트 오르게 할 수 있지 않을까? 짐바브웨는 2008년 자국 화폐를 폐지했다. 당시 짐바브웨 중앙은행은 직원 2000명을 고용하고 있었고, 그들 대부분이 아무것도 하고 있지 않았다. 짐바브웨 중앙은행의 전 총재 기디언 고노Gideon Gono가 일자리를 찾고 있을 것이 분명하다. 일본이 그 사람을 고용하면 어떨까.[24] 100조 달러짜리 지폐를 만들어 낸 사람을 고용하는 것보다 인플레이션을 유도하려는 의도가 진심이라는 사실을 국내외에 더 확실히 알리는 방법은 없을 것이다.

그들이 인플레이션을 촉발하는 데 실패한 까닭

실없는 농담은 그만해야겠다. 경제학자들은 일본의 잃어버린 수십 년 동안 내내 더 적극적인 정책을 펼 수 있고, 펴야 한다고 주장해 왔다. 케네스 쿠트너와 애덤 포즌은―가능하지 않다고 여겨지는―'프리 런치free lunch'에 맞먹는 정책 아이디어를 제안했다. 그들은 일본은행이 정부와 협력해서 거액의 새 돈을 찍어 낸 뒤 이를 써야 한다고 주장했다. ◆ 이 정책이 어떤 식으로 끝나든 '납세자들에게는 전혀 추가 부담을 주지 않으면서 나라 전체에 좋은 결과를 가져다줄 것'이었다. 정부 지출이 인플레이션으로 이어지지 않을 수도 있다. 이 경우, 세율을 높이거나 정부 부채를 늘리지 않고도 새 다리와 도로를 건설해 사회적 혜택을 늘릴 수 있으니 좋은 일이다. 혹은 정부와 중앙은행의 협력으로 인플레이션을 촉발할 수도 있다. 그렇다면 '디플레이션은 해결될 것'이다.

이 장 초입에서 들었던 비유, 체중을 불려야 하는 사람에 대한 이야기로 돌아가 보자. 물론 그 사람은 더블 치즈버거에 감자튀김과 밀크셰이크를 주문해야 한다. 의사의 권유대로 체중을 불리는 데 성공하거나, 혹시 그러지 못하더라도 정말 맛 좋은 음식을 많이 먹었으니 손해는 아니다.

그렇다면 뭐가 문제였을까? 일본 정부와 중앙은행은 돈을 더 찍어내는 것과 같은 간단한 방법을 쓰면 완치는 아니더라도 증상을 호전시킬 수 있는데도 왜 그런 정책을 취하지 않았을까? 우리가 보지 못하고 놓친 부분이라도 있는 것일까? 은행들이 빈털터리가 되고 경제가 여러 모로 어려움을 겪고 있는 상황에서 물가를 올리는 것은 정말 쉬운 일일까? 만일 그렇다면 왜 일본 정부와 중앙은행은 그 길을 선택하지 않았을까? 혹시 경제학이라는 게 우리가 생각하는 것보다 더 복잡한 것은 아닐까?

일본은행이 왜 더 적극적인 정책을 펴지 않았는지에 대해서 명백하고 결정적인 답을 찾을 수는 없다. 역설적이게도, 전 일본은행 총재 시

◆ 실질적인 입장에서 보면, 이 정책은 정부 부채를 '현금화monetizing'하는 방법으로 실행에 옮길 수 있다. 정부가 채권을 발행해서 새로운 지출에 들어가는 돈을 마련하면 된다. 일반 대중에게 채권을 팔아 정부 부채를 늘리기보다, 새 돈에 대한 대가로 일본은행에 채권을 파는 것이다. 본질적으로는 정부가 새로 찍어 낸 돈을 쓰는 것이다. 이는 보통 때 같으면 엄청나게 무책임한 관행이라 할 수 있지만, 경제학자들은 일본의 경우 좀 더 무책임하게 구는 것이 좋다고 주장했다.

라카와 마사아키白川方明는 시카고대학에서 공부하며 밀턴 프리드먼의 강의도 들은 사람이다. 시라카와는 일본은행 총재로 일하는 동안 충분한 양의 통화가 경제 시스템 안으로 유입되면 물가가 오를 것이라는 프리드먼의 전제가 "사실에 반하는 것으로 입증됐다"고 주장했다. 시라카와를 비롯한 일본은행 내 다수의 고위 관료들은 인구 감소, 생산력 증가 둔화, 중국을 비롯한 아시아 각국들과의 치열한 경쟁 등으로 인해 경제가 강한 디플레이션 압박을 받고 있는 상황에서 통화 정책이 효과를 거둘지에 대해 상당히 비관적이었다. 2011년 시라카와는《월스트리트저널》과의 인터뷰에서 일본의 거품이 꺼진 후 일본은행이 취한 대응책을 변호했고, 단 하나의 실수도 인정하지 않았다.[25]

사실, 우리에게 인플레이션 파이터 맨에 대한 영감을 준 폴 볼커마저도 일본 중앙은행이 물가를 높일 가능성에 대해 비관적이었다. 2011년, 나는 볼커에게 만약 일본은행이 그가 미국에서 1980년대 초에 했던 일과 정반대되는 정책—가령 인플레이션을 4퍼센트 선으로 유지하겠다는 의지를 공표하고 강력히 추진하는 것—을 취했다면 어땠을까 물었다. 그러자 그가 말했다. "그렇게 할 수 없었을 겁니다." 물가를 낮추는 쪽으로 작용하는 여러 압력이 너무도 강했다는 것이다.[26] 경제적 요인들은 차치하고서라고, 일본은행은 이렇게 '의지를 공표하고 강력히 추진하는' 부문에서 늘 실패했다. 가격이 떨어지는 것을 멈추려면, 가격 하락이 멈출 것이라는 사실을 국민들이 믿도록 해야 한다(예를 들어, 짐바브웨 국민들은 물가가 오를 것이라는 사실을 '완전히 믿고' 있었다). 일본은행의 고위 관료들은 때때로 디플레이션이 그다지 나쁜 것은 아니라는 신호를 보냈다. 케네스 쿠트너는 전 일본은행 총재 하야미 마사루速水優가 2000년에 한 연설에서 "일본의 디플레이션은 유익하거나 최소한 그다지 나쁘지 않은 것이라고 주장했고, 디플레이션과 싸우려는 정책에 강한 반대 의견을 표명했다"고 설명한다.[27]

역설적이게도 공격적인 통화 정책이 너무 잘 작동할까 봐 염려한 사람들도 있다. 2000년대 초에 일본을 방문한 나는 중의원(일본 하원) 의원에게 왜 더 공격적으로 돈을 찍어 내지 않는지 물었다. 그는 2차 대전 후 하이퍼인플레이션을 경험했던 일본 국민들은 무책임한 통화 정책에 대해 뿌리 깊은 두려움을 갖게 됐다고 설명했다(다음 장에서 살펴보겠지만 독일도 이와 비슷한 사례다). 한편 일본의 일부 정책 입안자들, 특히 경제적으로 보수적인 입안자들은 경제를 통화 촉진 등으로 지지할 경우 더 깊은 구조적 개혁이 필요하다는 사실을 가려 버릴 수 있다고 우려했다. 미국에서도 2008년 위기 후, 연방준비제도가 장기간 금리를 낮게 유지하자 이와 비슷한 주장이 나왔다. 일본의 무대책은 그저 이 나라가 겪은 일이 심장마비가 아니라 관절염 같은 것이기 때문이라고 설명할 수 있을지도 모르겠다. 심장마비라면 환자가 반응할 때까지 온갖 시도를 해 볼 수밖에 없지만, 그저 환자를 느리고 약하게 만들 뿐 일상생활은 계속 할 수 있는 관절염 같은 것이라면 굳이 그런 대책을 세우지 않을 수 있기 때문이다.

그럼에도 불구하고 일본의 정치인들이 결국 참을성을 잃는 순간이 왔다. 2010년 일본 집권당의 일부 의원들이 반反디플레이션 연합을 결성했다. 1년 사이에 이 연합에는 중의원 가운데 4분의 1에 가까운 수가 참여했다. 이 그룹을 이끈 사람들 중 하나는 중앙은행 총재 시라카와의 통화 정책에 대해 F학점을 줬다.[28] 2012년 즈음에는 유권자들도 이미 현 상황에 넌덜머리가 나 있는 상태였다. 그해 12월, 아베 신조安倍晋三가 확고한 의회 다수를 확보하고 경제 부진에 종지부를 찍겠다는 명시적 약속을 내걸며 총리에 취임했다. 아베는 세 개의 '경제적 화살'을 제시했다. 경기 부양을 위해 재정 지출을 확대하고, 대규모 통화 공급을 통해 디플레이션을 끝내고, 일본 경제의 장기 효율성을 증진하기 위한 구조 개혁을 약속한 것이다.[29]

바로 '아베노믹스'라고 불리는 정책들이다.

아베 신조가 쏘아 올린 화살들

아베 총리는 즉시 화살을 쏘기 시작했다. 오래도록 일본을 지켜봐 온 한 전문가는 이를 '자초한 마비 상태에서 루스벨트식 결의'로의 대변신으로 묘사했다.[30] 재정적 화살에는 수요를 촉진하도록 고안된 일련의 대규모 지출 정책들이 포함되어 있었다. 구조 개혁 화살은 '기업에 대한 규제를 철폐하고, 노동 시장을 자유화하고, 법인세를 낮추고, 노동력의 다양성을 늘림'으로써 경제의 제한 속도 자체를 높이도록 고안됐다.[31] 물론 이 책에서 우리의 관심은 통화 정책 화살에 쏠려 있다. 아베 총리는 '체제의 전환'을 약속했다.

일본은행의 새 총재 구로다 하루히코黑田東彦는 자신의 목표 중 하나가 '시장과 경제 주체들의 기대 심리를 극적으로 변화시키는 것'이라고 밝혔다. 2013년, 일본은행은 사상 최초로 명시적 인플레이션 목표를 2 퍼센트로 잡고, 2년 내에 그 목표를 이루기 위해 갖은 수단을 다 동원하겠다고 선언했다. 이렇듯 강한 다짐과 함께 다양한 방법으로 통화 공급을 늘리는 노력이 시작됐다. 《월스트리트저널》은 "부진을 겪고 있던 일본이 금융 완화의 새 시대를 여는 도박을 감행하다"라는 머리기사를 실었다.[32] 예상한 대로 '이에 반대하는 목소리'도 높았다. 한 고위 정부 관료는 언론 인터뷰에서 이렇게 말했다. "물론 불가능한 일입니다. 구로다도 그것이 가능하지 않다는 것을 알고 있을 거라고 생각합니다."[33]

개입의 규모는 세계 어디에서도 선례를 찾아볼 수 없는 광범위한 것이었다. 2014년, 일본은행이 보유한 자산의 가치는 GDP의 57퍼센트에 달했다. 금융 위기 후 미국 연방준비제도가 보유했던 자산의 두 배가 넘었다.[34] 아베 총리는 자신이 제안한 개혁안이 정치적 난관에 봉착하자 2014년 총선을 통해 유권자들로부터 아베노믹스에 대한 새로운 지지를 얻는 시도를 감행했고, 집권 자민당은 압승을 했다. 그의 정부는 이제 통화 정책의 한계를 시험하고 있다.

현재까지 아베 총리가 쏜 화살들은 흔들리면서도 대체로 목표를 향해 나아가고 있기는 하다. 일본 문제 전문가 애덤 포즌은 2014년 말에 이렇게 썼다. "본질적으로 일본의 회복은 순조롭지 않지만 맞는 방향으로 나아가고 있기는 하다."[35] 인플레이션 조짐이 약간 보이기 시작했다. 신선 식품과 새롭게 인상된 소비세의 영향을 제외하고, 일본의 소비자물가지수는 2014년 중반까지 대략 1.5퍼센트 상승했다.[36] 2015년 초, 부분적으로 국제 원유 가격 하락의 영향을 받아 인플레이션은 다시

0퍼센트로 후퇴했다.[37]

미국외교협회the Council on Foreign Relations는 2015년 브리핑에서 다음과 같은 평가를 내렸다. "현재까지 '세 가지 화살'의 성공 여부는 불확실하다. 정부가 주도한 대규모 부양책에도 불구하고 일본 경제는 2014년 2/4분기에 다시 침체로 돌아섰다. 처음에는 인플레이션이 조금씩 상승하는 듯했지만, 지금은 국제 원유 가격 하락으로 인해 떨어지고 있고, 2015년에는 다시 디플레이션을 경험할지도 모른다. 점점 커져 가는 부채에 대한 우려가 아직 남아 있고, 아베가 힘겨운 구조 개혁을 실행하는 데 필요한 정치적 의지를 발휘할 수 있을지 여부에 대해 부정적인 견해를 가진 사람들이 많다. 2014년 12월, 조기 선거를 통해 그의 연립 정부에 대한 지지가 상당하다는 것은 확인됐지만, 구조 개혁안의 몇몇 부분은 일부 산업 부문의 큰 반발이 예상되기 때문이다."[38]

일본의 잃어버린 수십 년에서 유추할 수 있는 사실들

아베노믹스에 대한 판단은 시간에 맡겨야 할 것이다. 결과에 상관없이 일본의 사례는 아주 독특하고 배울 점이 많다. 짐바브웨 사례에서 배울 점은 단순하다. 독재자가 정신이 나가 돈을 마구 찍어 내게 하면 안 된다는 것이다. 일본에서 배울 수 있는 교훈은 더 미묘하고 더 복잡하지만, 아마 우리 상황과 더 밀접한 관련을 맺고 있는 것들일 것이다. 일본은 고령화되고 있는 선진 경제와 다소 경직된 정치 구조를 가진 나라다. 세계의 다른 부자 나라들도 그 방향을 향해 가고 있다. 일본의 잃어버린 수십 년과 아베노믹스로부터 지금까지 유추할 수 있는 사실은 이런 것들이다.

보기보다는 나은 상황이었다. 동시에 보기보다 더 나쁜 상황이었다. 일본의 잃어버린 수십 년을 그다지 나쁘지 않았던 것으로 일축해 버리고 싶은 유혹이 있다. 감소하는 인구가 이 나라의 경제 지표를 왜곡하는 것도 사실이다. 2001년에서 2010년 사이 일본의 '1인당' GDP는 미국과 유로존 국가들보다 더 빨리 성장했다(이례적인 시기이기는 하다). 하지만 지난 20년 동안 일본 경제가 잠재력에 비해 어떤 실적을 보였는지를 살피는 것이 더 적절한 평가 기준이 될 것이다. 케네스 로고프가 기술했듯이 "누구도 세계 최고의 경제 주자에서 스태그네이션의 대표 주자로 전락하는 것을 원치 않는다." 바로 그것이 일본이 걸어 온 길이다. 일본의 경제 실적과 이 나라의 잠재력 간의 차이는—소위 '아웃풋 갭 output gap'은—그 규모와 지속 기간 면에서 예외적이었다. 경제가 잠재력을 다 발휘하지 못하면, 부족한 성장분의 피해를 입는 것은 가장 취약한 사람들이다. 경제 부진이 계속되는 동안 노숙자와 자살이 늘어났다. 부진한 경제는 제대로 된 일자리를 찾는 젊은이들에게 특히 가혹했다.[39] 일본 경제가 잠재력을 발휘하지 못한 것은, 정책 입안자들이 다른 방식으로 행동했다면 피할 수도 있는 문제였다는 사실 때문에 더 암울하게 느껴진다. 《이코노미스트》가 주장했듯 "일본이 제로 바운드에 갇혀 있지 않았다면 지난 10~20년 동안 대체로 정상적인 경제를 유지할 수도 있었을 것이라고 추측할 수 있다. 디플레이션 함정에서 허덕인 그 기간 동안 일본 경제는 수조 달러에 해당하는 아웃풋의 손실을 보았고, 일본 노동자 개개인은 막대한 일자리와 임금 인상의 기회를 놓쳤다고 말할 수 있다."[40]

금융 위기는 나쁜 것이다. 폴 볼커는 내게 (제대로 기억하는 거라면 빙긋 웃으면서) 이렇게 지적했다. "제일 먼저 배워야 할 것은 애초에 커다란 거품 두 개가 만들어지는 것을 막아야 한다는 거예요."[41] 부동산과 주식 시장의 붕괴는 정책 입안자들이 어떤 식으로 대처하든 간에 정리하기 힘든 경제적 난국을 만들어 냈다. 그런 거품과 붕괴가 처음부터 발생하지 않도록 예방하는 것이 좋다. 2002년, 벤 버냉키는 미국이 왜 그리고 어떻게 일본식 위기를 피해 갈 수 있는지를 설명하면서 이와 비슷한 지적을 했다. "연방준비제도는 금융 부문의 상황이 급변하더라도 금융 시스템이 유연하고 건전하게 유지될 수 있도록 규제와 감독 권한을 사용하는 것이 마땅하며 현재 그렇게 하고 있습니다."[42] 하지만 잠깐! '버냉키가 그런 연설을 하는 동안 미국의 부동산 거품은 점점 그 열기를 더하고 있지 않았는가.' 여기서 일본과 미국의 경험에 비추어 볼 때 아주 흥미로운 질문이 하나 제기될 수 있다. 중앙은행은 거품이 이는 것을 감지할 수 있는 것인가, 만일 그렇다면 어떻게 대처하는 것이 옳은 것인가 하는 문제다. 이는 중앙은행이 직면해야 하는 가장 중요한 도전 중 하나로, 14장에서 다시 한 번 다룰 것이다. 어찌 됐든 거품이 꺼지면 그 뒤처리를 잘해야 한다. 특히 은행과 관련 기관들이 저질러 놓은 난장판을 잘 처리해야 한다. 한 일본 문제 전문가는 이렇게 지적했다. "심각한 손상을 입은 금융 부문에 시달리는 것만큼 나쁜 일도 없다."[43] 바로 미국 정책 입안자들이 2008년 금융 위기를 대처하는 과정에서 마음속에 명심했던 메시지가 이것이었다.

디플레이션의 악영향은 너무나 커서, 중앙은행은 인플레이션을 초래하는 상황을 감수하고라도 디플레이션을 방지해야 한다. 완벽한 물가안정―제로 인플레이션―의 문제는 두 가지다. 첫째, 조금만 문제가 생겨도 경제가 금방 디플레이션으로 치달아서 일련의 다른 문제들을 촉발시킬 수 있다. 둘째, 그런 상태에서는 중앙은행이 실질금리에 영향을 끼칠 수 있는 여지가 너무 없다. 만일 인플레이션이 2퍼센트고 명목금리가 1퍼센트라면 실질금리는 마이너스 1퍼센트가 되며, 이는 강력한 통화 부양책이 될 수 있다. 하지만 인플레이션이 제로이거나 마이너스를 기록하는 상태에서는 중앙은행도 마이너스 실질금리를 만들어 낼 수 없다. 이런 이유로 연방준비제도를 비롯한 각국의 중앙은행들은 인플레이션 목표를 제로가 아닌 1~3퍼센트로 잡아서 완충 지대를 확보한다.

디플레이션 기대 심리는 인플레이션 기대 심리만큼 강력하다. 원리는 같다. 물가는 사람들이 변하리라고 기대하는 방향으로 나아가는 경향이 있다. 일본에서는 젊은 세대 전체가 단 한 번도 물가가 꾸준히 오르는 것을 경험해 본 적이 없다. 도쿄의 빅맥 가격은 2014년에나 1998년에나 똑같다. 고베의 기술 기업에서 일하는 한 직원은 《뉴욕타임스》와의 인터뷰에서 이렇게 말했다. "나는 인플레이션을 경험해 본 적이 없어요. 실제로 그런 일이 일어날 것 같지 않아요."[44] 2013년, 일본 최대의 소매 기업이 직원 5만 4000명의 임금을 인상할 것이라고 발표하자, 이 소식에 너무나 놀란 나머지 일본 국영 방송의 저녁 뉴스에서는 이를 머리기사로 보도하기도 했다.[45] 한편 가격을 올린 기업들은 사과문을 발표하기도 한다. 맥주 회사 기도이즈미는 고객들에게 이런 서한을 띄웠다. "곧 가격이 바뀔 거라고 알려 드리는 것에 대해 진심으로 가슴 아프게 생각합니다."[46] 《이코노미스트》는 이렇게 요약했다. "지속적으로 인플레이션에 대한 긍정적 신호를 재설정하는 것은 일종의 신뢰 게임과 같은 것이다. 가계에서 [가격이 오를 것이라고] 믿으면 지출을 늘릴 것이고, 기업들은 고용을 할 것이며, 물가는 오를 것이다. 가계에서 인플레이션을 일으키겠다고 한 정부의 약속을 의심하면, 게임은 이미 지고 만 것이다."[47]

통화 정책은 공급 측면의 개혁을 대체할 수 없지만 중요한 보완책은 될 수 있다. 통화 정책은 경제가 제한 속도로 달릴 수 있게 해 준다. 그리고 여성의 노동 시장 진출 장려, 생산성을 높일 수 있는 사회기반시설 건설과 같은 경제 개혁은 제한 속도 자체를 높인다. 일본은 잃어버린 수십 년 동안 두 방면에서 모두 부진을 겪었다. 아베노믹스는 양쪽 방향으로 모두 화살을 쏘았다. 케네스 로고프는 다음과 같이 썼다. "농업, 소매업, 정부 부문의 비효율성은 전설적이다. 심지어 세계 최고 수준의 수출 기업들마저도 뿌리 깊은 인맥에 기반을 둔 이해관계에 맞서는 것을 꺼려하는 분위기 때문에 수익성이 떨어지는 생산 라인이나 거기 종사하는 직원들을 가지치기하는 것이 어렵다."⁴⁸ 물론 이런 것들은 고쳐져야 한다. 그러나 경제가 후퇴하거나 제자리걸음을 할 때보다는 성장하고 있을 때 구조 개혁을 하는 것이 정치적으로 훨씬 쉬운 일이다. 약간의 인플레이션은 이런 과정을 부드럽게 해 주는 윤활유가 된다. 가령 실질임금을 깎는 것도 인플레이션이 있을 때가 더 쉽다.

돈은 경제가 더 부드럽게 돌아가도록 만들어 주는 것으로 여겨진다. 프로 스포츠 경기의 관계자들처럼 뒤에서 있는 듯 없는 듯 작동해야 하는 것이 바로 돈이다. 스포츠 경기를 하는데 관계자들에게 초점을 맞추느라 너무 많은 시간을 써야 한다면 뭔가 잘못된 것이다. 돈도 마찬가지다. 통화 문제가 헤드라인을 장식한다면, 보통 그것은 좋은 뉴스가 아닐 것이다. 그리스인들이나 독일인들에게 물어보라.

11장

Naked
Money

유로의 위기

우리는 금본위제와 유로가 롱펠로가 묘사한 젊은 여인의 특징을 가지고 있다고 주장하고 싶다.

"작은 소녀가 있었네, 사랑스러운 곱슬머리가

이마 한가운데로 흘러내린,

좋을 때는 한없이 좋은 그녀지만

심술을 부리기 시작하면 지독했다네."

_ UC버클리의 배리 아이켄그린과 MIT의 피터 테민 [1]

통화 지역의 적절한 범위는 무엇일까? 처음에는 이것이 순전히 학문적인 질문으로 여겨질 수도 있다. 왜냐하면 어떤 다른 제도를 위해 한 나라의 통화를 포기한다는 것이 정치적으로 실행 가능한 영역에 있는 것처럼 보이지 않기 때문이다.

_ 로버트 먼델, 1961(유로가 생기기 30년 전) [2]

결혼과 같은 흥분을 동반했던 행복한 시작

2002년 1월 1일, 프랑스의 프랑이 지구상에서 자취를 감췄다. 독일의 도이체마르크와 이탈리아의 리라도 마찬가지였다. 자정을 알리는 소리와 함께 EU의 12개국이 공동 화폐인 유로를 채택했다(공식적으로 유로가 출범한 것은 이보다 3년 전이었다. 1999년 초부터 은행 예금과 온라인 이체 등은 이미 유로로 표시되어 왔다). ATM에서는 빳빳한 새 유로화를 지급했고, 유로존 전역의 가격은 새로운 초국적 화폐로 표기됐다. 또한 유럽중앙은행이 새로 설립되어 안정된 물가(중기 인플레이션 2퍼센트 미만, 그러나 2퍼센트에 아주 가깝게 유지하는 것을 안정적이라 규정)를 유지해야 한다는 사명을 띠고 가입국의 통화 정책을 담당하게 됐다.[3] 독일 분데스방크 등 각국 중앙은행은 규제를 담당하고 유럽중앙은행을 지원하는 역할을 하기 위해 계속 유지하기로 했다. 유로의 출범은 그 규모와 야심 면에서 선례가 없는 일이었다. 이 통화는 3억 명 이상의 사람들이 쓰던 각국 화폐를 대체했다.[4] 한 기사에서는 유로의 출범을 불가능해 보이는 것을 실현했다는 점에서 라이트 형제에 비유했다. 공기보다 무거운 것이 날 수 있다는 것을 증명한 라이트 형제처럼, 유로는 정치적 연합 없이 통화 연합이 가능하다는 것을 증명했기 때문이다.[5] 2015년 현재, EU 회원국 중 19개국이 소위 유로존이라 불리는 통화권에 가입되어 있다. EU에 가입하지 않은 몇몇 작은 나라들도 유로를 채택했고, 그 외 다수의 국가들이 자국 통화를 유로에 연동했다.

유럽의 많은 지역에서 사용되는 공통 화폐의 탄생은 결혼과 같은 흥분을 동반했다. 사실 유로존에 참가한 나라들은 평범한 나라들이 아니었다. 글자 그대로 보나 상징적으로 보나, 20세기는 유로존의 많은 나라들—독일, 프랑스, 이탈리아 등—에 피비린내 나는 재앙의 시기였다(물론 그 이전 세기에도 이 나라들에서 평화와 협력이 꽃피었다고 볼 수는 없다). 이 나라들은 1차 대전 중 전장의 참호에서 서로를 맞닥뜨렸고, 히틀러가 전 세계를 공포로 몰아넣었을 때에도 다시 한 번 전장에서 만났다. 그런데 이들이 이제 대담한 경제 협력을 위해 손을 잡은 것이다. 이 결합은 유럽이 장 모네Jean Monnet의 비전을 향해 적극적으로 움직이기 위한 화해의 제스처였다. 프랑스 외교관이었던 장 모네는 2차 대전이라는 대재앙을 겪은 지 몇 년 후 통일된 유럽이라는 비전을 제시했다.

유로는 꾸준히 진행되어 온 유럽 통합 과정에서 매우 의미심장한 단계였다. 2차 대전이 끝난 지 10년도 지나지 않았을 때, 프랑스와 서독을 비롯한 몇몇 유럽 국가들이 유럽석탄철강공동체European Coal and Steel Community를 결성해서 회원국들 간에 천연자원을 공유하기 시작했다. 한 가지 분명한 목표는 미래에 있을지 모르는 무력 충돌을 최소화하는 것이었다. 그 후로 일련의 초국가적 조직이 출범하면서 유럽 대륙의 경제적·정치적 협력이 확장됐다. 유럽경제공동체European Economic Community, EEC(1958)가 결성돼서 자유무역 지역이 만들어졌고, 회원 국가들은 이 지역으로 수입되는 상품에 공동 관세를 물렸다. 유럽환율조정제도European Rate Mechanism(1979)는 회원 국가들 사이에서 환율이 크게 변동하는 것을 최소화하기 위해 환율을 아주 좁은 범위로 고정했다. 그리고 1992년, 마스트리히트 조약Maastricht Treaty을 통해 유럽연합European Union, EU(이하 EU)

이 탄생했다. 28개 회원국들이 노동 및 식품 안전 등과 관련된 일반법을 공유하고, 인력, 재화, 서비스 및 자본의 자유로운 이동을 허용하는가 하면, 유럽의회European Parliament 등 다양한 초국가적 정치 기구들이 마련되었다.

달리 말하자면, 이 나라들은 한동안 구애 기간을 거쳤고, 공통 화폐는 그간의 구애가 결실을 맺어 결혼에 골인한 것이라 할 수 있었다. 폴 크루그먼은 이렇게 썼다. "유로의 탄생은 이 과정의 논리적인 다음 단계로서 선포됐다. 다시 한 번, 유럽 통합을 강화하는 조치들을 통해 경제 성장이 증진될 것이다."[6] 단일 통화는 유럽의 교역을 용이하게 하고 가격 투명성을 높일 것이었다(비슷한 상품에 동일한 화폐로 가격이 매겨져 있으면, 각국의 가격 차이를 비교하기가 훨씬 더 쉬울 것이다). 일부 회원국들은 유로가 자연스럽게 더 긴밀한 정치적 협조로 이어질 것이라고 생각했다. 특히 (통일 후) 더 커지고 강력해진 독일을 강한 유럽 안에 묶어 둘 수 있을 것이었다. 그 대가로 독일은 새로 생긴 유럽중앙은행이 인플레이션과의 전쟁에서(아주 조금만 기미가 보인다 해도) 독일의 중앙은행인 분데스방크만큼이나 맹렬히 싸울 것이라는 확언을 받았다.

여느 결혼과 마찬가지로, 특히 대대로 악감정을 가지고 있던 가문 사이의 결혼과 마찬가지로 약간의 우려가 있긴 했다. 밀턴 프리드먼은 유로의 탄생이 정치적 긴장을 완화하기는커녕 오히려 더 키울 것이라고 주장했다. 통화 연합을 제안한 나라들이 유로를 공유할 정도로 충분한 공통점을 지니고 있지 않다는 것이었다. 그는 유로가 출범하기 2년 전 이렇게 썼다. "현재까지만 보면 EU 전체보다 일부 회원국들—독일,

베네룩스 3국, 오스트리아—만이 이 공통 화폐를 사용하는 데 맞는 조건을 가진 것으로 보인다." 단일 통화는 "환율 변동으로 쉽게 해결할 수 있었던 충격들을 분열을 초래하는 정치적 문제로 변화시킴으로써 갈등을 악화시킬 것이다."[7]

그리고 상황은 대충 그런 식으로 전개됐다. 그리스와 독일이 서로에게 모욕적인 발언을 퍼부어 온 것은 한참 된 일이다. 남유럽 여러 나라들—포르투갈, 이탈리아, 그리스, 스페인—은 유로 사용에 따른 제약으로 어려움을 겪고 있다. 이 나라들의 머리글자를 따서 PIGS라는 이름이 붙었는데 결코 좋은 징후는 아니다. ◆ 이는 투자자들이 브라질, 러시아, 인도, 중국, 남아프리카공화국에 대해 쓰는 약자인 BRICS를 흉내 낸 모욕적인 말장난이다. 유로가 붕괴할 위험이 있고, 실제로 그렇게 된다면 아마 세계 경제에 엄청난 악영향을 끼치게 될 것이다. 결과가 어찌 됐든, 유로의 밀월 기간은 이제 끝났다. 사실 끝난 지 한참 됐다. 그리스와 독일은 너무 사이가 안 좋아져서, 그리스 정치인들은 2차 대전 중 나치가 그리스를 점령한 데 대해 배상을 요구하고 나서기까지 했다.[8] 그리스가 유로를 포기할 가능성과 관련해 심지어 '그렉시트Grexit'라는 고유의 이름까지 붙여졌다. (영국의 EU 탈퇴를 뜻하는 '브렉시트Brexit'에 빗댄 것이다 - 옮긴이) 모든 관계가 식어 갈 때와 마찬가지로, 사람들은 이제 비로소 의아해하고 있다. '왜 남들 말에 귀 기울이지 않았을까?'

◆ 결국 구제금융의 도움을 받아야 했던 유럽 변경의 나라 아일랜드도 포함돼서 PIIGS로 불리기도 한다.

그러나 내가 너무 앞서간 것도 있다. 유로의 출범은 흥분과 경제적 희망으로 휩싸여 있었다. 혼전 합의서 같은 것은 없었다. EU와 유로를 만들어 낸 조약들 중 어디에도 공통 화폐를 폐지해야 하는, 만일의 경우에 대비한 조항은 찾아볼 수 없다. 이는 사실 의도적이었다. 돈과 재정은 신뢰와 확신에 기초해 구축되는 것이기 때문이다. 처음 단계부터 유로의 해체와 관련된 협상을 포함시키면, 이 공통 화폐의 성공에 대한 확신이 부족하다는 것으로 받아들여질 위험이 있었다(같은 이유로 혼전 합의서에 반대하는 사람들이 많다). 그리고 초기에는 모든 회원국들이 행복한 결혼 생활을 누렸다. 그리스, 사이프러스, 에스토니아, 라트비아, 슬로베니아 등 여러 나라들이 속속 합류하면서 가족이 늘어 갔다. 유로는 처음에 가치가 조금 떨어진 이후 꾸준히 상승을 거듭해서 국제 준비 통화로 달러를 대체하거나, 적어도 보완할 수 있는 화폐로 자리매김했다.

모든 나라가 같은 화폐를 사용하면 세상이 편해질까

우리는 여기서 더 기본적인 질문을 해 볼 수도 있다. 최근에 우리 딸의 남자 친구가 순진한 얼굴로 했던 질문이기도 하다. '모든 나라가 같은 화폐를 사용하면 세상이 좀 더 편해지지 않을까?' 철학자이자 정치경제학자인 존 스튜어트 밀과 월터 배젓(중앙은행에 관한 그의 글을 앞에서 언급한 적이 있다) 등 수많은 뛰어난 사상가들이 이와 같은 요지의 질문을 표현만 달리해서 계속 해 왔다. 왜 모두들 달러나 유로 혹은 '월도'화를 쓰면 안 될까?('world'를 이용해 세계 화폐인 'worldo'라고 표현했다 - 옮긴이) 그중 뭐가 되도 상관없다. 다수의 통화가 존재하는 것은 경제적으로 바벨탑과 맞먹는 혼란 아닌가? 각국의 통화가 언어 같은 것이라면 숫자가 적을수록 협력과 통합이 더 쉬울 것이다. 미국에서는 버몬트에서 텍사스까지 넓고도 다양한 지역에서 달러가 잘 작동하는 듯하다. 그렇다면 유로가 프랑스와 이탈리아에서 잘 작동하지 못하라는 법도 없지 않은가? 캘리포니아와 일리노이보다 지리적으로는 더 가까운 이웃나라들끼리 교역하면서 프랑을 리라로 바꾸는 것이 무슨 소용이 있단 말인가? 어차피 그 돈들은 종잇조각에 불과하다는 것을 잊지 말자. 교역의 목적은 '실물경제'를 촉진하기 위한 것이다. 프랑스 와인과 이탈리아 신발을 교환해서 모든 사람이 더 나은 삶을 살 수 있도록 하는 것 말이다. 그런 일을 하기 위해 한 종류의 종이화폐를 사용한다고 유럽 전체가 경제적 파국으로 치달을 수 있다는 말인가?

힌트를 하나 주자면, 공통 화폐는 금본위제와 같다. 공통 화폐는 각국이 그 화폐의 가치를 일정하게 고정해서 국제 교역을 더 쉽고 더 예측 가능하게 만드는 것이다. 지금까지 이 책을 읽어 온 독자라면 '금본위제'라는 단어에 커다란 짐이 따라다닌다는 것을 기억할 것이다. 통화 정책을 사용해서 국내 경제를 관리할 수 있는 능력을 제한하기 때문이다. 바로 이 문제가 독일과 그리스의 관계를 악화시킨 근본적인 원인이었다. 이는 자국 화폐를 보유하는 대신 공통 화폐를 사용해서 얻는 편의를 위해 포기한 부분이기도 하다. 경제학자 로버트 먼델은 왜 세계가 단일 통화를 사용해서는 안 되는지를 분석해서 1999년 노벨 경제학상을 받았다(내 생각에 〈골디락스와 세 마리의 곰〉을 쓴 로버트 사우디Robert Southey도 먼델의 연구 결과에 큰 기여를 했다고 볼 수 있지만, 1843년에 세상을 떠났기 때문에 노벨상 공동 수상을 할 수는 없었다). 먼델의 통찰력 있는 분석에 따르면, 통화를 공유하는 것이 장점이 될지 단점이 될지는 최적통화지역optimal currency zone 개념을 어떻게 정하는지에 달려 있다고 한다. 공통된 통화를 사용하는 지역은 너무 작을 수도, 너무 클 수도, 아주 적당할 수도 있다.

특정 지역 안에서 공통 화폐를 사용하는 것의 장점은 거래 비용을 줄일 수 있다는 데 있다. 이웃한 주, 나라, 지역과 교역하면서 환전할 필요가 없기 때문이다. 반대의 경우를 상상해 보자. 미국의 50개 주가 모두 서로 다른 화폐를 사용한다면 어떨까? 주 경계선을 넘어 행해지는 모든 거래는 화폐 교환을 필요로 할 것이다. 거기에 더해 환율이 어떻게 움직일 것인지에 대한 불확실성도 있다. 캘리포니아 와인 생산업자는 캘리포니아 달러로 비용을 계산해야 하지만 수입은 다른 49개 주의 다양한 화폐로 들어올 것이고, 이 화폐들은 캘리포니아 달러 대비 가치가 계속 변동할 것이다. 단일 통화, 혹은 적어도 가능한 한 적은 수의 통화를 사용하는 것이 세계적인 교역을 더 쉽고, 투명하고, 예측 가능하게 만들 것이다.

공통 화폐를 사용하면서 누릴 수 있는 혜택이 많기는 하지만, 그것을 상쇄할 만큼 큰 문제가 두 가지 있다. 첫째, 단일 통화를 공유하는 나라들은 통화 정책 또한 공유해야 한다. 유럽중앙은행은 유로존 전체에 대한 금리를 정한다. 미국의 연방준비제도가 50개 주에 적용되는 금리를 정하는 것과 마찬가지다. 프랑스는 프랑을 포기함과 동시에 프랑스 중앙은행이 독일과 다른 금리를 책정할 수 있는 권한 또한 포기했다. 유로존 안의 한 나라는 경기침체인데 또 다른 나라는 호황을 누리고 있다면, 유럽중앙은행은 어떤 통화 정책을 채택해야 할까? 로버트 먼델은 1961년에 이미 이런 예지적 질문을 한 바 있다. "융통성 있는 환율 체계는 원래 금본위제에 대한 대안으로 제시됐다. 많은 경제학자들이 1929년 경기침체를 전 세계로 확산시킨 주범이라고 지목한 금본위제에 대한 대안으로 말이다. 그런데 금본위제에 반대하는 논리가 타당했다면, 왜 다지역 국가들에서 단일 통화를 사용하는 시스템에 대해서도 비슷한 논리를 적용하지 못하는가?"[9]

둘째, 통화를 다른 나라들과 공유하면 환율을 이용해서 세계 나머지 지역들과 행하는 교역 패턴에 영향을 줄 수 있는 권한을 잃게 된다. 이 책의 앞부분에서 자국 화폐가 평가절하되면 다른 나라 소비자들에게 자국 상품 가격 인하를 단행하는 것이나 마찬가지라고 이야기했던 것을 잊지 않았을 것이다. 상대적으로 평가절상된 화폐를 사용하는 나라에 수출되는 상품은 가격이 낮게 느껴진다. 물론 6장에서 살펴본 바와 같이 화폐를 평가절하하는 데는 경제적 단점도 따른다. 수입품이 더 비싸지고, 평가절하되는 화폐를 사용하는 나라 거주민들은 외국에 판매한 상품에 대한 수익이 떨어진다. 실질소득이 감소하는 것이다. 그럼에도 불구하고 통화의 평가절하는 경기를 촉진하고 교역 불균형을 수정하는 가장 좋은 방법이다.

특히 통화를 평가절하하는 것은 상대적으로 생산성이 높아지고 있는 다른 나라들과의 교역에서 경쟁력을 잃지 않는 가장 쉬운 방법이기도 하다. 자국 화폐를 보유한 두 나라를 무작위로 골라 예를 들어 보자. 유로를 채택하기 전 독일과 그리스를 생각해 보자(완전히 무작위는 아니라는 것을 인정한다). 두 나라 모두 제조업 상품을 만들고 수출한다. 독일 기업들이 그리스 기업들보다 생산성을 5퍼센트 더 높였다고 가정해 보자. 같은 양의 상품을 5퍼센트 낮은 비용으로 생산할 수 있다는 의미다. 그리스에서 100달러에 생산할 수 있는 것을 이제 독일에서는 95달러에 생산할 수 있다. 이렇게 되면 독일 기업들은 여러 가지 유리한 선택의 기로에 놓이게 된다. 그중 하나는 직원들에게 임금을 더 주는 것이다. 독일 노동자들은 그리스 노동자들보다 (생산성 향상 덕분에) 더 잘살게 된다. 이 선택은 독일과 그리스 사이의 가격 차이를 없애는 효과를 가진다. 독일 노동자들에 대한 임금 인상으로 인해 독일 상품의 생산 비용이 다시 100달러로 오르기 때문이다. 독일과 그리스의 상품은 다시 세계 시장에서 경쟁 관계에 놓이게 된다. 독일 노동자들의 임금 상승으로 인해 독일의 생산성 향상이 상쇄됐기 때문이다. 독일인들은 그리스인들에 비해 더 부자가 됐지만, 그리스인들은 여전히 예전의 임금을 받고 일할 수 있다. 모든 게 좋다.

독일 기업들이 택할 수 있는 또 다른 선택지는 생산성 향상을 이용해 세계 시장에 파는 자국 상품의 가격을 내리는 것이다. 95달러로 가격을 낮춰도 이전과 같은 수익을 올릴 수 있기 때문이다.◆ 이렇게 되면 그리스 기업들이 어려운 상황에 처하게 된다. 독일 기업들과의 경쟁을

◆ 물론 100달러와 95달러 사이에서 다양한 선택을 할 수 있다.

유지하려면 자신들의 생산 비용도 5퍼센트 낮춰야 한다. 보통 이런 경우 임금을 깎는다. 그러나 우리가 지금까지 살펴본 바대로 임금을 깎는 것은 쉬운 일이 아니다. 월급봉투가 얇아지는 데 대한 심리적 저항감이 있다. 그에 더해 단기적으로 노동 비용을 줄이는 것을 어렵게 만드는 제도적 제한(이를테면 노조)들이 있다. 이에 대해 경제학자들은 임금(그리고 기타 인풋의 가격)이 '경직돼 있다'고 말한다. 경제적 상황이 요구하는 만큼 재빨리 조정되지 않는다는 뜻이다. 가설이라기보다는 실제 상황에 더 가까운 이 예에서 그리스 기업들이 비용을 5퍼센트 절감하는 것은 아주 어려운 일이다.

자국만의 통화 정책을 운용하는 일의 중요성

유로가 출범하기 전에는 그리스 기업들이 독일과의 경쟁을 유지하는 데 경제적으로나 정치적으로 더 용이한 방법이 존재했다. 그리스 정부와 중앙은행은 자국 화폐인 드라크마가 독일 마르크에 비해 5퍼센트 평가절하되도록 할 수 있었다. 그리스 기업들이 생산성을 더 높이지도, 생산비를 성공적으로 줄이지도 못한다 해도, '화폐를 평가절하시킴으로써 모든 수출품의 가격을 5퍼센트 내릴 수 있었던 것'이다. 그러나 공짜 지로gyro(납작한 빵에 구운 고기와 양파 등을 넣어 만든 그리스 샌드위치 - 옮긴이)는 없다. 글자 그대로 자국 통화의 평가절하에 대한 대가를 치르는 것도 그리스인들이다. 화폐 가치가 떨어지면서 수입해 들어오는 상품들은 모두 5퍼센트 비싸진다. 그리스인들은 세계 다른 나라 국민들에 비해 상대적으로 가난해진다. 임금이 깎이고, 실질소득이 감소한 것이나 마찬가지다. 유일한 차이는 통화를 평가절하하는 것이 훨씬 쉽다는 것 뿐이다. 중앙은행은 통화 정책을 통해 이를 시행할 수 있다. 노조와의 협상도, 계약을 위반했다는 비난도, 그리고 대개의 경우 정치인을 참여시킬 필요도 없다. 밀턴 프리드먼이 설득력 있게 주장한 바대로 "가격 하나만, 즉 통화 가격 하나만 변경하는 것이 국내 물가 구조를 이루는 다수의 가격들이 변화하기를 기다리는 것보다 훨씬 간단하다."[10]

이 현상은 '화폐 착각'의 한 예다. 노동자들은 월급봉투가 얇아지는 것보다 환율 변화로 인해 실질임금이 줄어드는 것에 대해 저항감을 덜 갖는다. 인플레이션의 경우와 마찬가지로, 불완전한 이성을 가진 인간들은 실질임금(받은 월급으로 무엇을 얼마나 살 수 있는지)보다 명목임금(월급봉투의 두께)에 더 초점을 맞추는 경향이 있다. 폴 크루그먼은 이 문제에 대해 인상적인 예를 들었다. 유로가 위기를 겪는 동안 아일랜드는 2년간의 극심한 실업 문제로 임금이 5퍼센트 내려가는 고통을 겪었다. 반면 아일랜드가 자국 화폐인 '펀트'를 사용하던 10여 년 전, 독일 마르크 대비 자국 화폐를 평가절하해서 실질임금이 더 빠른 속도로 10퍼센트 이상 하락했음에도 불구하고 고통은 덜 느꼈다.[11]

여기서 잠깐! 자국만의 통화 정책을 운용할 수 있는 것이 그토록 중요하다면, 모두 연방준비제도의 관리를 받는 미국의 각 주들은 왜 문제를 겪지 않는 걸까? 메인에서는 경기침체를 겪고 있는데, 오클라호마에서는 셰일가스 시추 덕분에 호황을 누리고 있다면 어떨까? 혹은 사우스캐롤라이나 근로자들이 미시간 근로자들보다 꾸준히 생산성을 높여 가고 있다면 어떨까? 주들 사이의 이런 차이가 독일과 그리스 사이의 차이와 뭐가 다르다는 말인가? 로버트 먼델은 최적통화지역의 범위는 해당 지역이 경제적으로 얼마나 통합되었는지(예를 들어 노동자들이 한 지역에서 다른 지역으로 쉽게 이동할 수 있는지), 그리고 제도와 기관의 뒷받침이 얼마나 잘되어 있는지(예를 들어 번영하는 지역에서 난관을 겪는 지역으로 돈을 이동시킬 수 있는 중앙정부의 존재 여부)에 따라 달라진다는 통찰력 있는 주장을 한 바 있다.

미국의 각 주들은 통화만을 공동으로 사용하는 것이 아니라 동일한 중앙은행의 관리를 받고 있다. 또 그들은 같은 언어와 같은 중앙정부를 가지고 있다. 사우스캐롤라이나와 미시간은 같은 연방 체제 안에 존재하는 두 개 주다. 그냥 하는 말이 아니다. 미시간의 경제가 침체 일로에 접어들면 연방정부는 자동적으로 경기가 더 나은 지역의 수입을 미시간으로 재배치한다. 소득세는 소득과 비례해서 내기 때문에 성장이 더 빠른 지역은 더 많은 세금을 내는 반면, 침체를 겪는 지역은 세금을 덜 내서 자동적으로 세금 인하의 효과를 누린다. 이와 같은 맥락으로, 정부 지출은 침체에 빠진 지역에서 더 늘어나게 되어 있다. 복지 혜택, 푸드 스탬프food stamps, 실업 보험, 작황 보험 등을 통해 수입이 재배치되는 것이다. 또한 연방정부는 사회기반시설에 대한 투자로 어려움에 빠진 지역을 더 명시적으로 돕기도 한다. 이로 인한 노동력 이동도 도움이 된다. 디트로이트와 찰스턴에서는 같은 언어를 쓴다. 노동자들이 일자리를 찾아 미시간을 떠나 경기가 더 나은 곳으로 이주하는 것을 막는 법적 제한도 없고 문화적 장벽도 아주 낮다. 마지막으로, 은행들과 금융 기관들이 경제적 부침을 불러일으키는 원인이 될 때가 많다는 점을 생각하면, 통화를 공유하는 지역은 동일한 금융 규제 당국의 관리를 받는 것이 논리적이다.

요약하자면, 다수의 다양한 통화가 존재하면 경기 부진에 더 신속하게 대응할 수 있지만 교역에 상당한 비용이 따른다. 특히 통화의 종류가 많아질수록 그 비용은 커진다. 로버트 먼델은 특정 조건이 맞을 경우 일정 구역 혹은 '지역' 내에서 단일 화폐를 쓰는 것이 합당할 때가 있다고 주장했다. 그 조건에는 통화 구역 전체에 걸친 노동의 자유로운 이동, 공동의 금융 규제 기관, 단일 화폐 구역을 총괄할 수 있는 정치적 기구, 그리고 지역 간 불균형으로 인한 실업 혹은 인플레이션을 견뎌내겠다는 의지 등이 포함된다. 사실 이는 상당히 광범위한 전제 조건들이다. 1961년, 로버트 먼델은 이렇게 썼다. "물론 실제 세상에서 통화는 주로 한 나라의 주권을 상징한다. 따라서 엄청난 정치적 변화를 거친 후에만 실제로 통화 구조를 바꾸는 것이 가능하다."

최적통화지역 체크 리스트에 따른 유로존의 문제점

최적통화지역 체크 리스트를 미국에 적용해 보자.

- 노동 이동성: 있다.
- 공동 금융 규제 기관: 있다.

- 달러 사용 지역 전체를 통괄하는 정치적 구조: 있다.
- 지역 간 불균형으로 인플레이션이나 실업, 또는 그 둘을 동시에 경험해도 견뎌 내겠다는 의지: 있다.

"축하합니다! 단일 화폐 사용 자격이 있는 것으로 판명되었습니다."

자, 이제 1990년 당시의 유럽에 이 리스트를 적용해 보자. 흥분한 유로존 국가들이 통화 백년가약을 맺을 준비를 하면서 신부 들러리 드레스를 고르느라 바빴던 때의 상황이다.

- 노동 이동성: 별로 없다. 유럽 국가들 대부분은 서로 언어가 다르고, 문화적 차이도 상당하다. EU법에 따라 회원국 국민들은 EU 어디에서나 일할 수 있다는 보장을 받긴 했지만, 그리스 벽돌공이 뮌헨에서 일을 찾기란 쉬운 일이 아니다.
- 공동 금융 규제 기관: 없다. 유로존의 통화 정책을 관리하기 위해 유럽중앙은행이 설립되기는 했지만, 각국 정부들—그리고 유로를 채택한 후에도 건재한 각국의 중앙은행들—이 자국의 금융 규제를 담당하도록 되어 있었다. ◆
- 유로 사용 지역 전체를 통괄하는 정치적 구조: 조금 있기는 하다. EU는 수많은 초국가적 정치 기구들을 가지고 있다. 그러나 유로

◆ 2011년, 유럽은행감독기구European Banking Authority, EBA가 설립되어 EU 전체의 금융 시스템을 보호하기 위해서라면 개별 국가 규제 기관의 결정을 기각할 수 있는 권한을 부여받았다.

가 출범하던 당시, EU는 유로존 전역에 대규모로 기금을 재배치할 수 있는 능력이나 위기에 처한 회원 국가에 돈을 빌려주는 장치 같은 것이 없었다.

- **지역 간 불균형으로 인플레이션이나 실업, 또는 그 둘을 동시에 경험해도 견뎌 내겠다는 의지: 없다.** 아직 언급하지 않았지만, 유럽중앙은행을 고안하고 운영하는 데 주된 역할을 한 독일은 인플레이션에 대해 과도한 두려움을 가지고 있는 나라다. '물가나 임금이 오르는 것에 부정적'이다. 1차 대전 후의 경험 때문에 인플레이션에 대한 공포가 생긴 것인데, 당시 독일 화폐 가치가 너무도 떨어져서 장을 보려면 손수레에 돈을 담아 끌고 다녀야 했고, 돈을 태워 집 난방을 했다는 이야기까지 전해 내려온다. 전후 독일 정책 입안자들이 가장 초점을 맞춘 것은 도이체마르크를 안정적이고 강하게 유지하는 것이었다. 유로가 탄생했을 때 독일 총리 헬무트 콜Helmut Kohl은 프랑수아 미테랑François Mitterrand 프랑스 대통령에게 이렇게 말했다. "도이체마르크는 우리의 깃발입니다. 전후 독일 재건의 기반이 되었지요. 우리의 국가적 자긍심을 구성하는 매우 중요한 부분입니다. 그것 말고 우리가 가지고 있는 것은 그리 많지 않습니다."[12] 게다가 독일인들은 저축을 열심히 하는 국민이다. 물론 이는 장점으로 작용할 때가 더 많지만, 불황을 겪고 있는 유럽의 다른 지역을 회복시키기 위해 독일 소비자들이 그들의 물건을 사 주어야 할 때는 단점이 된다.

유로 체크리스트의 성적은 결혼 전날 밤 예비 신랑이 신부 친구에게 추파를 던지는 것과 다름없을 정도로 형편없다. 결혼이 코앞에 닥친 시점에서 이는 매우 좋지 않은 징후다. 유로가 출범할 때, 아주 낙관적인 사람들마저도 이 단일 통화는 중매결혼 같은 것이 될 거라고 예상했다. 만약 그렇다면, 처음에야 모든 게 완벽하지는 않을 수도 있지만, 당사자들이 이 결합으로 점점 성장해 가면서, 시간이 지남에 따라 모든 게 잘 돌아갈 수도 있을 것이었다.

많은 관측통들은 상대적으로 가난한 유로존 남쪽 국가들이 더 부유한 북쪽 국가들 수준으로 올라가면서 대륙을 아우르는 경제 통합이 이루어질 것이라고 예측했다. 그것은 무리한 기대가 아니었다. 남북전쟁 직후에 남부는 미국에서 가장 못사는 지역이었다. 그러나 다음 100년 동안 가장 빠른 속도로 성장하며 꾸준히 북부 수준으로 수렴되었다.[13] 그리스와 이탈리아 같은 나라들은 유로존에 가입하면서 대출을 더 싼값에 할 수 있게 됐다. 국제 투자자들이 꾸준히 떨어지는 화폐가치 때문에 채권의 가치가 잠식되는 것에 대해 걱정하지 않아도 됐기 때문이다. 그리고 어쩌면 독일의 책임감 있는 재정 및 통화 정책 운용 실력이 다소 칠칠치 못한 이웃 나라들에 확산될지도 모르는 일이었다. 유로존에 합류하기 위한 전제 조건으로, 가입국들은 인플레이션, 예산 적자, 장기 금리 등을 일정 수준으로 제한하는 '수렴 기준convergence criteria'을 충족시켜야 했다.[14] 이는 똑똑하고 학구적인 모범생들이 게으른 학생들과 같은 기숙사를 쓰게 하는 것과 같은 일이었다. 여기서 하나 지적하고 넘어가야 할 점은, 그리스는 처음부터 게으른 학생이었다는 사실이다. 이 나라는 유로존에 들어갈 수 있는 수렴 기준을 맞추지 못했는데도 결국 그냥 가입시켜 주었다.

행복한 때도 있었다. 2000년대 중반 즈음에는 독일 채권과 PIGS 국가들의 채권이 비슷한 가격에 거래되고 있었다. 독일의 책임감 있는 태도가 실제로 확산이 된 것이었다.[15] 유로존 내의 교역이 공통 화폐가 없었을 때보다 더 활발해졌다는 분석도 나왔다.[16] 1차 대전 이전의 금본위제처럼, 유로는 환율의 안정을 가져왔다(환율 자체가 필요 없어졌기 때문이다). 잠깐, 금본위제라고? 지금까지 우리 모두 금본위제를 미워하지 않았나? 배리 아이켄그린과 피터 테민이 기술했듯이 "고정 환율은 상황이 좋을 때는 비즈니스와 커뮤니케이션을 용이하게 하지만, 상황이 나빠지면 문제를 더 증폭시킨다."[17]

유로는 고정 환율의 결정판이었다. 그리고 상황이 나빠졌다.

2008년, 위기에 빠진 유럽의 결혼 생활

가족 중에 누군가 죽거나, 일자리를 잃거나, 돈 문제가 생기는 등 상황이 나빠지면 관계에 스트레스가 쌓인다. 유로존의 경우, 2008년 금융 위기는 그 모든 문제가 한꺼번에 터진 것이나 마찬가지였다. 그 이후 독일과 그리스는 신경전을 벌이기 시작했다. 미국의—그리고 세계 여러 곳의—부동산 거품이 터지자 유럽에서는 세 가지 위기가 겹쳐 일어났고, 그것들은 상승 작용을 일으키며 각각의 위기를 더욱 악화시켰다. 첫 번째는 누가 먼저랄 것도 없이 각국 은행들을 덮치기 시작한 위기였다. 유럽 은행들은 미국 부실 자산들(말도 안 되게 AAA등급을 달고 있는 자산들)의 가장 큰 구매자들이었다. 스페인과 아일랜드는 자체적으로 부동산 거품을 경험하고 있었고, 그로 인해 은행들은 큰 곤란을 겪었다. 앞에서 살펴본 바와 같이, 곤란에 빠진 은행들은 경제 전체를 물귀신처럼 함께 끌어내리며 추락하는 경향이 있다.

두 번째 문제는 국가 부채, 즉 정부가 진 빚이었다. 그리스를 비롯한 여러 국가들은 낮은 금리로 대출할 수 있게 된 새로운 기회를 이용해 어마어마한 빚을 졌다. 이 때문에 독일이나 유럽중앙은행, 혹은 그 둘 모두가 그리스와 같은 재정적 문제아를 도와줄 것이라는 믿음을 가지고 무책임한 대출을 해 준 투자자 측의 모럴 해저드에 관한 논쟁도 있었다. 금융 위기의 여파 속에서 이제 소심해진 투자자들은 그리스나 이탈리아 같은 부채가 많은 정부들을 비뚤어진 시각으로 보기 시작했다. 이에 따라 금리가 치솟았고, 위기로 어려움을 겪는 나라들의 대출금 상환 비용이 더 비싸졌다. 정부 부채 문제는 은행 문제와 겹쳐 더 악화됐다. 독일 은행들을 포함한 유럽의 은행들이 부채를 진 정부들에 큰돈을 빌려준 당사자들이었기 때문이었다.

세 번째 문제는 그리스, 스페인, 이탈리아 같은 나라들이 독일을 비롯해 생산성이 더 높은 유럽 각국과의 경쟁을 유지하는 데 어려움을 겪으면서 성장이 둔화됐다는 점이다. 논쟁의 여지가 있기는 하지만, 이것이야말로 유로가 피해를 가장 많이 끼친 부분이라고도 할 수 있다. 유로를 쓰는 나라들은 독자적인 통화 정책을 운용하거나 자국 통화를 평가절하시킬 수 있는 능력을 잃었다. 두 방법을 쓸 수만 있었어도 국내 경제를 촉진하는 데 큰 효과를 볼 수 있었을 텐데 말이다. 유럽중앙은행은—독일이 막대한 영향력을 행사하는 가운데—어려움을 겪는 유럽 남쪽 국가들이 상황에 적응하는 데 도움이 될 정도 수준의 인플레이션이 발생하는 것조차 허용하지 않았다.◆ 인플레이션은 제로에 가까웠고, 심지어 마이너스로 치달을 위험까지 보였다. 기업들은 경쟁에서 밀리지 않기 위해 임금과 가격을 인하해야만 했다. 반복적으로 강조하는 부분이지만, 이것은 보통 어려운 일이 아니다. 결과적으로 그리스 같은 곳에서는 임금 삭감과 실업 문제가 팽배해졌고, 그에 따라 처음 두 문제가 악화되는 악순환이 시작됐다. 경기가 침체되니 은행들은 더 큰 타격을 입었고, 정부 또한 부채 상환에 더 큰 어려움을 겪게 됐다. 2011년 분석에 따르면, 그 결과 "채권 가격이 추락하고, 금융 부문이 약화되고, 성장이 둔화됐다."[18]

점점 더 심각해지는 위기 상황으로 인해 유로를 둘러싼 수많은 제도적 약점에 주의가 집중됐다. 단일한 규제 기관이 존재했더라면 스페인이나 아일랜드 같은 곳에서 거품이 끼는 것을 예방할 수 있었거나, 적어도 유로존 전역으로 확산된 은행들의 문제를 최소화할 수 있었을 것이다. 유럽의 여러 나라가 문제에 봉착했다는 것은 확실했지만, 이 위

◆ 예를 들어, 유로존 전체의 인플레이션이 4퍼센트가 되면, 그리스 기업이 명목임금을 동일하게 유지할 경우 실질임금을 4퍼센트 삭감하는 것이 되므로 기업 경쟁력을 유지하는 데 도움이 된다. 또 인플레이션은 이미 존재하는 정부 부채의 실질가치를 줄이는 효과를 낸다. 인플레이션이 발생하면 가치가 떨어진 돈으로 부채 상환을 할 수 있고, 이는 실질적으로 부채의 액수를 줄이는 것이나 마찬가지가 된다.

기를 극복하는 데 유럽중앙은행이 해야 할 역할에 대해서는 의견이 분분했다. 연방준비제도와 달리 유럽중앙은행의 유일한 임무는 물가안정이었다. 고용을 촉진하라는 임무도, 심지어 최종 대출자로서의 임무도 부여받지 않은 상태였다. EU는 회원국이 지급불능 상태에 빠졌을 때 대처하거나, 패닉 상태를 극복하기 위해 유동성이 필요한 정부들에 대출을 해 주는 메커니즘을 가지고 있지 않았다. 2010년의 한 기사를 보면 당시의 절박한 상황을 짐작할 수 있다. "진짜 문제는 (독일이 인정한 바와 같이) 탈선한 나라들의 문제에 대처하고, 경쟁력이 약한 유럽 남부 회원국들과 독일 사이의 구조적 불균형을 해소할 수 있는 신뢰할 만한 계획이 부재하다는 것이다. 그러나 무엇보다도 심각한 것은 더 가난하고, 경제가 취약한 남부 국가들의 성장 전망이 재정 삭감으로 인해 악화된 것과 관련해 전혀 대책이 없다는 사실이다. 자국 통화를 평가절하할 가능성도 없는 상태이니, 포르투갈과 스페인 같은 경제 성장이 느린 나라들은 노동 비용을 낮추고, 산업을 장려하고, 경쟁을 촉진하고, 경쟁력을 되찾기 위한 구조 개혁에 희망을 걸어야 할 것이다."[19]

구제금융으로 관계의 붕괴를 막을 수 있을까

2010년 4월, 스탠더드앤드푸어스는 그리스 채권의 등급을 '정크Junk'로 강등시켰다.[20] 달리 말하자면 '투자 부적격' 등급이라 할 수 있다. 그리스의 부채는 GDP의 100퍼센트를 넘어섰다. 부채를 갚으려면 나라 전체 수입을 1년 이상 전부 모아야 가능하다는 의미다. 재정 적자는

GDP의 14퍼센트에 달했다. 국제 투자자들은 이것을 정부 부채가 걷잡을 수 없이 불어날 것이라는 메시지로 해석했다. 어떤 잣대를 가져다 대도 그리스는 지급불능, 즉 파산 상태였다.[21]

그러나 최악의 시나리오는 아직 언급되지도 않았다. 그리스가 채무 불이행 상태에 이르면 유로존 전체뿐 아니라 세계 경제 전체가 붕괴할 수도 있다. 유로의 가장 중요한 목적은 유럽 각국의 경제를 한데 묶는 것 아니었던가. 산에 오르는 등반가들을 모두 줄 하나로 연결해 놓은 것처럼 말이다. 상황을 더 악화시키지 않게 줄을 끊을 방법이 없으면, 한 사람이 추락할 경우 나머지 일행도 모두 추락한다. 그리스에 재정적 재앙이 닥치면 투자자들은 이탈리아에 대해서도 더 조심스러워질 것이다. 이탈리아는 훨씬 규모가 큰 경제국이지만 많은 부분에서 그리스와 비슷한 취약성을 지니고 있다. 그리고 그것은 종말의 시작점이 될 수도 있다. 2011년 《이코노미스트》가 주장했듯 "세계에서 세 번째로 큰 채권 시장[이탈리아]에 금이 가기 시작한다는 것은 재난이 멀지 않았다는 신호다. 이탈리아 경제뿐 아니라 스페인, 포르투갈, 아일랜드, 유로, EU의 단일 시장, 전 세계 금융 시스템, 세계 경제, 그리고 우리가 생각할 수 있는 거의 모든 것이 달려 있다."[22]

상황이 그렇게 나빴다. 그리고 잊지 말아야 할 것은, EU 관리들이 한데 묶어 놓은 것을 가르는 데 기준이 될 만한 혼전 합의서가 없다는 사실이다.

결과적으로 상호 연관된 일련의 대응들이 나왔고, 이는 지금도 계속되고 있다. 첫 번째 대응은 구제금융이었다. 다양한 유럽 기구들이 취약한 나라들을 지탱하고 사태의 확산을 막기 위해 나선 것이다. 유럽연합집행위원회European Commission, IMF, 유럽중앙은행은 그리스를 위한 수십억 달러에 달하는 구제금융 패키지'들'을 마련했다[23] '복수'를 사용한 것이 맞다. 구제금융 패키지는 한 번에 효과가 없어서 다시 실행해야만 했다. 2012년까지 아일랜드, 포르투갈, 스페인이 모두 구제금융을 요청했다. 2013년에는 그리스 채권을 가장 많이 보유하고 있던 사이프러스도 구제금융이 필요하게 됐다.

두 번째, 각각의 구제금융에는 조건이 달려 있었고, 그중 일부는 도움을 구하는 나라들에 큰 짐이 되는 것들이었다. 이런 조건을 단 논리는 다음과 같다. 애초에 구제금융 패키지는 유럽의 주변 국가들을 어려움에 빠뜨린 근본적인 경제적 취약성을 고치는 것을 목표로 삼았다. 과도한 정부 재정 적자와 비효율적인 민간 부문 같은 문제 말이다. 세계은행의 집계에 따르면, 구제금융 신청 당시 스페인은 창업하기 쉬운 나라 중 133번째를 기록해서 케냐 다음에 자리하고 있었다.[24] 그리스는 공무원 월급 동결, 세금 인상, 정부 지출 삭감, 조기 퇴직 억제 등의 처방을 받고 실행에 옮겨야만 했다. 다음 구제금융 패키지 때는 이보다 더 많은 조건이 붙어 있었고, 더 많은 일을 실행에 옮겨야 했다. 그리스를 비롯한 여러 곳에서 실행해야 했던 이런 희생을 포괄한 표현이(정확한 표현이기도 하다) '긴축austerity'이다.

세 번째, 유로존의 국가들은 유로라는 배를 타고 가면서 동시에 배를 새롭게 만들어 나갔다. 유럽은행감독기구와 같은 새로운 기구들이 각국 규제 기관이 하는 일을 조정하기 위해 설립되었다. 유럽중앙은행과 같은 기존의 기구들도 새로운 임무를 부여받았다. 2012년, 유럽중앙은행 총재 마리오 드라기Mario Draghi는 어려움에 빠진 유로존 국가들의 채권을 대량 구입하는 것을 포함해, 유로를 보호하기 위해 '필요한 일은 무엇이든' 하겠다고 선언해서 주의를 끌었다.[25] 이는 원래 물가안정이라는 협소한 임무만이 주어졌던 유럽중앙은행의 옛 모습을 크게 탈피한 것이었다.

유럽 대륙 전역의 유권자들이—'비용을 지불하는 유권자들이나 그것을 받는 유권자들이나'—구제금융을 극도로 싫어한 것은 놀라운 일이 아니다. 재정적으로 더 책임감이 투철했던 유럽의 나라들, 특히 독일 입장에서 보면, 낭비벽 있는 이웃 나라에 구제금융을 제공하는 것은 유로를 출범시킬 당시 계약 조건에 없었던 일이다. 독일인들은 그 나라들이 긴축으로 인해 고통받는 것에 대해 그다지 동정심을 느끼지 못했다. 부분적으로는 그들 역시 그런 일을 경험한 적이 있기 때문이기도 했다. 통일의 여파로 독일은 국제 경쟁력을 유지하기 위해 고통스러운 개혁을 감행한 바 있었다. 당시 독일은 임금 인상을 금지하고, 노동 시장을 더 유연하게 하고, 정부 사업들을 축소했다.[26] 결국 노동 비용이 EU 나머지 지역들과 비교했을 때 20퍼센트까지 떨어졌지만, 이는 실업률이 12퍼센트까지 이른 후에야 달성한 수치였다.[27] 그리스, 스페인, 포르투갈이라고 해서 그런 일을 해내지 못하리라는 법이 있겠는가?

그러나 도움을 받는 쪽은 주는 쪽보다 더 화가 나 있었다. 긴축은 불쾌한 일이었다. 바로 그래서 긴축이라고 부르는 것이다. 《뉴욕타임스》에서는 이렇게 썼다. "정부 지출 삭감은 많은 그리스인들이 인도주의적 차원의 위기라고 부르는 상황을 초래했다. 그리스 인구의 25퍼센트가 실업자 상태고, 국내총생산은 4분의 1이 줄어들었다. 자살과 노숙자가 늘어났다. 말도 안 될 정도의 자금난에 허덕이는 병원들은 의약품을 구걸한다."[28] 2014년 말로 접어들면서 이탈리아와 스페인의 청년 실업률은 40퍼센트를 넘어섰다.[29] 포르투갈에서 《그레이의 50가지 그림자 Fifty Shades of Grey》보다 더 많이 팔린 몇 안 되는 책들 중 하나가 《우리는 왜 유로존을 떠나야 하는가Why We Should Leave the Euro》였다.[30]

이런 경제적 고통에는 아주 잔혹한 아이러니가 숨어 있었다. 그런 고통을 이겨 내도 얻는 것이 별로 없다는 사실이었다. 정부가 자국 예산과 연금과 임금을 삭감하면 경제 규모가 줄어들고, 그에 따라 정부는 부채를 갚아 나가기가 더 힘들어진다. 2011년 폴 크루그먼은 이렇게 설명했다. 〈유럽을 구하는 것은 가능한가?Can Europe Be Saved?〉라는 매우 적절한 제목의 기사에서였다. "유로 위기에 봉착한 각국이 현재 하고 있는 것처럼 성공적으로 임금을 삭감한다 하더라도 또 다른 문제와 맞닥뜨리게 될 것이다. 수입이 줄어드는데, 빚도 줄어들지 않는다는 현실 말이다."[31] 정부 지출이 극적으로 줄어든 것은 사실이지만, 정부 수입도 그만큼 빨리 줄어들고 있었다. GDP 대비 그리스 부채 비율은 사실상 증가했는데, 이는 분자(부채)가 늘어서가 아니라 분모(GDP)가 줄어들고 있었기 때문이다. 무슨 말인지 모르겠다면, 잠깐 시간을 줄 테니 계산을 해 보기 바란다.

한편, 유로존 바깥의 나라들은 '그럴 줄 알았다'는 반응을 보이고 있었다. 아이슬란드가 좋은 예다. 2008년 이 나라는 엄청난 금융 위기로 경제가 도탄에 빠졌다. 그러나 아이슬란드 화폐인 크로나를 대규모 평가절하한 것이 주효해서 회생하는 데 성공했다. 교역 상대국들에 비해 가격이 40퍼센트 인하되면서 아이슬란드의 경쟁력이 회복됐고, 경제가 활기를 되찾았다. 아이슬란드는 자국의 필요에 따라 통화 정책을 운용할 자유를 가지고 있었다.[32] 그에 비해 유로는 금본위제와 비슷한 느낌을 주었다. 이 장 맨 앞에 인용했던 문구를 다른 말로 바꿔 표현하자면, 상황이 나빠질 경우 정말로 끔찍해지기 시작했다.

대담한 전진이 될 것인가, 실패한 실험이 될 것인가

2015년 선거에서 그리스는 긴축에 대한 반동으로 시리자Syriza라고 알려진 좌파 정당들의 연합 정부를 선택했다. 유로 때문에 받은 구박과 설움에 대한 그리스인들의 태도는 새로 임명된 그리스 재무부 장관 야니스 바루파키스Yanis Varoufakis를 통해 잘 드러났다. (야니스 바루파키스는 2015년 1월부터 7월까지 재무부 장관을 지냈다 - 옮긴이) 그는 빡빡 깎은 머리에 대담한 셔츠(넥타이를 매지 않았다)와 가죽 재킷을 입은 채 오토바이를 타고 다녔다. 결코 우리가 생각하는 재무부 장관의 모습은 아니다. 유럽 다른 나라들에서는 그에 대해 '나이트클럽 기도'라거나 '중고차 중개업자'라고 묘사하기까지 했다. 그리고 우리가 생각하는 재무부 장관처럼 행동하지도 않았다. 그는 독일 재무부 장관 볼프강 쇼이블레Wolfgang Schäuble와 회담한 후 기자회견장에서 이런 대화를 나누었다.

쇼이블레: 우리는 서로의 의견에 동의하지 않는다는 데 동의했습니다.

바루파키스: 내가 이해한 바로는, 우리는 동의하지 않는다는 데도 동의한 바가 없습니다.[33]

처음부터 오래갈 관계가 아니었다. 그리스는 다가오는 부채 상환 기일을 맞출 방법이 없었지만, 다시 한 번 구제금융을 제공하면서 추가적인 타협을 강요하는 채권단의 요구에 응할 용의도 없었다. IMF 관리들은 사석에서 그리스가 'IMF 70년 역사 동안 상대해 본 나라들 중 도와줘 봐야 소용이 없는 가장 대표적인 나라'라고 묘사했다.[34] 그러다 2015년 여름 결국 또 한 번의 구제금융이 실행돼서 최악의 위기를 막고, 위기가 다른 지역으로 확산될 위험을 방지할 수 있었다. 그러나 근본적인 문제는 해결된 것이 아니었다. 그리스와 독일처럼 너무도 다른 나라들이 단일 통화 연합에서 공존할 수 있을까? 만일 공존할 수 있다면, 어떻게 그리스는 유로라는 구속복을 입은 채 자국 경제를 더 경쟁력 있게 만들 수 있을까?

향후 몇 년 사이에 유로의 운명이 결정될 수 있고, 그에 따라 전 세계 경제도 커다란 영향을 받을 수 있을 것이다. 유로존 회원국들이 이 위기를 국가 간 관계의 구조적 문제를 변화시키는 기회로 삼아 연합을 개선하고 강화할지도 모른다(다수의 개혁이 이미 진행 중이다). 혹은 그리스가 (어쩌면 어려움을 겪고 있는 다른 나라들도) 유로존을 탈퇴하는 '그렉시트'를 감행해 그에 따른 혼란을 초래할지도 모른다. 그리스에서는 새로운 통화, 아마 드라크마가 유로를 대체할 것이다. 그리스인들은 유로로 진 빚의 일부에 대해 채무불이행 선언을 하고, 유로 대비 대폭 평가절하될 자국 통화로 새 출발을 할 것이다. 선택권이 있다면, 그리스 통화와 독일 통화 중 어떤 것을 보유하는 것이 유리하겠는가?

아니면, 프랑스와 독일 등 일부 유럽 국가들이 유로를 버리고 자기들만의 새로운 통화를 만들 수도 있다. 떠나는 사람은 달라도 그 뒤로 생기는 혼란은 기본적으로 비슷할 것이다. 누가 아이를 맡을 것인지, 별장은 누구 몫으로 할 것인지 등에 대해 싸움이 벌어지는 것도 같을 것이다. 어떤 식으로 갈라지든 여러 면에서 별 차이는 없을 것이다. 결국 하나의 강력한 유럽 통화와 그보다 훨씬 약한 통화가 남을 것이기 때문이다. 이것이 바로 통화 분열의 가장 근본적인 문제다. 유로존에서 이혼의 기미가 보이기만 해도 대규모 자본 이탈이—다른 형태의 금융 패닉 사태가—벌어질 것이다. 그리스와 포르투갈에 유로로 예금을 맡겨둔 투자자들은 모두 서둘러 돈을 빼서 이혼 후 평가가 더 높아질 것이 확실한 독일로 옮길 것이기 때문이다. 정책 입안자들은 그런 사태를 방지하기 위해 자본을 컨트롤하는 방안—국내외로 유입·유출되는 자본의 액수를 제한하는 방안—을 도입해야 하고, 어쩌면 예금주들이 자신의 돈을 인출하는 것에 대해 단기적으로 제한을 두는 방법까지 동원해야 할지도 모른다. 한편 완전히 전례 없는 법적 지평이 열리면서 모두들 서로를 고소하느라 바빠질 것이다. 위기가 심화되고 있을 때 《이코노미스트》는 이렇게 논평했다. "빅토르 프랑켄슈타인처럼 그들은 자연을 훼손하고 괴물을 만들어 냈다. 이 호러 영화의 무시무시한 부분 중 하나는 각국이 자국 화폐로 돌아가는 데 드는 비용이 유로를 유지하는 데 드는 비용보다 훨씬 더 클 것이라는 데 있다."[35]

폴 크루그먼은 현 상황의 두 가지 비극적 요소를 잘 요약했다. 첫째, 유로는 지금까지 선의로 시작한 것이 나쁘게 흘러가는 경우를 보여 주고 있다. 둘째, 문제가 되는 많은 징후들—실제로 기초 경제학적인 문제들—이 처음부터 존재했다. 그는 이렇게 썼다. "엉망이 된 유로존의 비극은 유로의 출범이 위대하고 숭고한 작업의 절정으로 여겨졌다는 데 있다. 최초의 의도는 여러 세대에 걸친 기나긴 노력을 통해 전쟁의 상처를 빈번히 입어 왔던 대륙에 평화와 민주주의, 그리고 공동의 번영을 가져오자는 데 있었다. 그러나 유로를 고안한 사람들은 이 프로젝트의 낭만적 요소와 넓은 범위에 사로잡혀 단일 통화가 봉착할 수 있는 예상 가능한 일상적 어려움을 무시하는 쪽을 선택했다. 즉, 애초부터 제기되었던 경고를 무시한 것이다. 그로 인해 유럽은 단일 통화가 제대로 작동하는 데 꼭 필요한 제도적 장치를 가지고 있지 않았다."[36]

시간이 흐르고 나면 유로가 통화 정책의 미래를 향한 대담한 전진이었는지 실패한 실험이었는지를 알 수 있게 될 것이다. 현재까지는 이 두 가지 가능성이 모두 섞여 있다. 통화를 공유하는 것은 어려운 일이다. 그러나 아주 기묘한 것은 '통화를 공유하지 않는 데도 어려움이 따른다는 사실'이다. 그것은 현재 미국과 중국 사이의 마찰을 일으키는 가장 큰 요인이 되고 있다.

12장

Naked
Money

미국과 중국의 통화 전쟁

중국은 미국인들이 현재의 생활 패턴을 유지하도록 보조하고 있다. 우리가 그들을 속이고 있는 것인가, 아니면 그들이 우리를 속이고 있는 것인가?
_ 제임스 팰로스, 《디애틀랜틱》, 2008

미국과 중국의 경제―하나는 세계 최대 규모, 다른 하나는 주요 강대국 중 가장 빠른 성장을 보이는 경제―는 떼려야 뗄 수 없는 밀접한 관계로 얽혀 있다. 이 두 경제의 상호 의존성에 대해 말하자면, 양쪽 모두 건전하다 생각하지도 않지만, 굳이 그 관계를 깨는 조처를 취해야 할 필요를 느끼지도 못하고 있다.
_ 《워싱턴포스트》, 오바마의 첫 공식 중국 방문 직전, 2009[1]

중국이 오바마케어에 관심을 보인 까닭

2009년 11월, 버락 오바마 대통령은 중국에 첫 공식 방문을 했다. 그 방문이 있기 전 몇 달에 걸쳐, 중국 관리들은 미국 관리들에게 '오바마 케어Obamacare'에 대해 상세하고도 광범위한 질문을 했다. 오바마케어는 중국의 의료 시스템에 그 어떤 영향도 주지 않을 게 명백했다. 그럼에도 왜 중국 관리들은 의회를 통과 중이던 미국 법안의 시시콜콜한 부분에까지 관심을 가졌을까? 수많은 설명이 가능하다.

그중 하나는 오바마 대통령이 베이징을 방문했을 때 어색하지 않도록 소소한 대화를 나눌 화제를 만들기 위해 미국의 의료 개혁을 연구했을 가능성이다. 손님이 관심을 가지고 있는 화제를 찾아 그 방향으로 대화를 이끌어 나가는 것은 능숙한 집주인이 취해야 할 마땅한 행동이기도 하다. 예를 들어, 외교 만찬 도중 대화가 끊겼을 때 중국 관리들은 이런 식으로 다시 활기를 불어넣을 수도 있을 것이다. "헬스 케어 법안 731쪽의 각주에 기술되어 있는 것처럼, 유방 조영 장치를 경제적으로 사용할 수 있도록 지역 의료 시설에 인센티브를 제공하는 조처를 보고 깊은 인상을 받았습니다." 자기가 추진하는 법안에 대해 그 정도로 관심을 기울이는 것을 보고 깊은 인상을 받지 않을 대통령이 있겠는가. 따라서 이 가능성도 완전히 배제할 수는 없다.

또 다른 설명은 중국 관리들이 미국 의료 시스템에 대해 지적으로 깊은 호기심을 가졌으리라는 것이다. 전적으로 개인에게 권한을 위임하는 민간 의료 보험 시스템은 캐나다와 영국처럼 의료 보험을 일원화하는 '단일 지불자 시스템single payer system'과 비교할 때 의료 접근성과 비용 면에서 어떤 차이를 지니고 있을까? 이는 나의 경제학 동료들이 점심을 먹으면서—자발적이고 열성적으로—토론하는 주제이기도 하다. 의료 시스템은 미국뿐 아니라 전 세계적으로 엄청나게 어려운 공공 정책 과제다. 오바마케어를 가능하게 하는 법안은 복잡하고, 독특하며, 혁신적이다. 정책에 관심이 있는 사람이라면 그 자세한 내용에 대해 관심을 보일 수밖에 없을 것이다. 아마 중국 관리들도 내 동료들처럼 오바마케어의 의미에 대해 큰 관심을 가지고 있었는지도 모른다.

그런데 사실은 그게 아니었다. 알고 보니 앞에서 한 설명들은 완전히 빗나간 추측들이었다. 중국 관리들이 미국 의료 시스템 개혁에 대해 보내는 관심은 우리의 집, 별장, 차를 담보로 대출을 해 준 은행이 우리가 대형 요트를 새로 사려고 할 때 보이는 관심과 다르지 않았다. 은행이 이 요트에 관심을 가지는 이유는 요트 자체나 낚시, 혹은 요트를 몰 때 쓰려고 산 멋진 선장 모자와 전혀 상관이 없다. '은행은 우리가 대출을 갚을 능력이 있는지에만 관심이 있다.' 특히 지금 아주 비싼 요트를 사는 데 돈을 더 들이려 하기 때문에 더욱 그렇다. 《뉴욕타임스》는 중국 정부가 미국 의료 개혁에 대해 보인 관심을 이렇게 설명했다. "중국 관리들은 미국 의회와 백악관이 합의한 법안에 드는 돈을 마련하는 데 중국의 도움이 필요하게 될 것이라고 예상했다. 이는 주로 재무부 부채를 사들이는 형태로 이루어지게 될 것이고, 돈을 빌려주는 여느 은행과 마찬가지로 중국도 미국이 빚을 갚을 계획이 있다는 증거를 보고 싶어 했을 뿐이다."[2]

당시 중국은 미국의 재무부 채권으로 약 8000억 달러를 보유하고 있었다. 지금은 1조 3000억 달러 가까이 된다. 중국은 미국 정부의 최대 외국 채권자다.[3] 한 채권자에게 너무 많이 의존하면 많은 단점이 생긴다(이 문제에 대해서는 그리스 정부에 물어보라). 특정인에게 자주 돈을 꾸다 보면 그가 이를 빌미로 다른 영향력을 행사하려 할 수 있다. 미국이 중국 대출에 의존한다는 사실을 이용해서, 중국은 인권 문제, 타이완 문제, 남중국해 문제 등 외교적 분쟁 이슈를 해결하려 할 수도 있지 않을까? 그러나 존 메이너드 케인스가 지적했듯 "누군가 은행에서 1000달러를 빌리면 그의 운명이 은행 손에 달려 있지만, 100만 달러를 빌리면 은행의 운명이 그의 손에 달려 있게 된다." 그리고 일부 중국 관리들이 주장했듯, 만일 누군가 은행에서 1조 3000억 달러를 빌렸다면 은행은 그의 포로가 된 것이나 마찬가지다.[4] 미국이 새로운 대출에 대해 중국에 의존하게 될지는 모르지만, 분명한 건 중국의 경우 '1조 달러가 넘는 돈을 갚는 문제에 있어서' 미국에 의존하고 있다는 사실이다. ◆

2013년, 미국 의회가 예산 문제로 교착 상태에 빠지고, 공화당 의원들이 예산 적자 상한선을 올리는 데 합의하지 않겠다고 했을 때—그렇게 되면 엄밀히 말해 미국 정부 부채의 채무불이행으로 이어질 수 있었다—중국 정

◆ 엄밀히 말해 이 부채는 갚지않아도 될 수 있다. 중국 정부가 이자가 생기는 거액의 미국 채권을 보유하고 싶어 할 만한 이유는 여러 가지가 있다. 이 채권은 만기가 되면 새 채권을 발행하는 것으로 지불을 대신할 수 있다. 그러나 중요한 문제는 여전히 남아 있다. 중국 정부는 자국이 보유하고 있는 미국 채권의 가치가 채무불이행, 채무불이행 가능성, 혹은 인플레이션 등으로 인해 평가절하되기를 원하지 않는다.

부는 극도로 예민한 반응을 보였다. 당시 중국 관영 신화통신이 발표한 성명서는 히스테릭한 10대가 쓴 것처럼 들렸다. 중국은 국제 준비 통화를 달러가 아닌 다른 화폐로 바꾸고(꼭 중국 위안으로 바꾸자는 것은 아니었지만 뭔가 다른 나라 화폐로 바꾸자는 것이었다), '탈미국화된 세계'를 만들어야 한다고 주장했다. 《뉴욕타임스》는 다음과 같은 헤드라인으로 당시의 큰 그림을 포착했다. "중국, 자국 돈이 위험에 빠지자 미국을 비난하고 나서다."[5]

두 나라의 불건전한 상호 의존 관계

중국과 미국은 떼려야 뗄 수 없으면서도 참으로 묘한 관계에서 벗어나지 못하고 있다. 이 장의 맨 앞에서 언급한, 건전하지 못한 상호 의존 관계에 갇혀 있는 것이다. 중국은 엄청난 교역 흑자를 내고 있다. 수입해 들어오는 물건보다 훨씬 더 많은 양을 전 세계에 판 결과다. 미국은 중국의 최대 수출 시장이어서, 중국 기업들은 엄청난 양의 미국 달러를 보유하게 됐다.[6] 그 달러가 미국 상품과 서비스를 구입하는 데 사용됐다면, 이 장의 나머지 부분은 존재하지도 않았을 것이다. 이는 미국에 대한 중국의 수출이 중국에 대한 미국의 수출과 비슷한 양이 된다는 걸 의미한다. 이것이 보통 교역에서 벌어지는 패턴이다. 대략 비슷한 가치의 상품들을 교환하는 것 말이다. 양측 모두 자기가 가진 것보다 상대방이 가진 것을 선호하기 때문에 교역하는 당사자들이 모두 행복해진다. 학교 점심시간에 아이들이 하는 짓을 관찰해 보라. 포테이토칩과 초콜릿 쿠키를 바꾼 두 아이의 얼굴에 미소가 가득하다.

　미중 교역 관계는 이와 달리 불균형적이다. 중국이 미국에 수출하는 양은 태평양 반대편에서 오는 상품의 양에 의해 상쇄되지 않는다. 사실 교역 불균형을 개선하는 데 일반적으로 사용되는 메커니즘은 고장 난 상태다. '보통의 경우'라면 잉여 달러를 축적한 중국 기업들이 그 달러를 위안으로 바꿔 중국 내에서 썼을 것이다. 중국이 만성적 교역 흑자를 기록해 왔다면—미국이 중국에 파는 상품보다 중국이 미국에 파는 상품이 많은 경우—외환 시장에서 달러를 팔아 위안으로 바꾸고자 하는 기업들의 수가 그 반대를 원하는 기업들보다 많을 것이다. 고객들이 사고 싶어 하는 양보다 더 많은 돼지고기를 가진 정육점 주인은 어떻게 할까? 아마 냉장고 안에 들어 있는 돼지고기 가격을 고객들이 모두 사고 싶어 하는 선까지 낮출 것이다. 미국과 중국의 경우, 그 팔아야 할 여분의 돼지고기에 해당하는 것이 바로 잉여 달러다. 달러를 팔아 위안으로 바꾸고 싶은 기업들은 팔아야 할 상품(달러)이 다 팔릴 수 있는 수준까지 가격을 낮춰야 한다. 이것이 자기 수정 메커니즘이다. 위안 대비 달러의 가치가 떨어지면서 중국으로 수출하는 미국 상품의 가격이 싸지고, 미국으로 수출하는 중국 상품의 가격은 비싸진다. 이렇게 상대적인 가격이 변화함으로써 원래 존재했던 교역 불균형도 해소된다. '변동 환율제'는 교역 불균형을 자연적으로 해소할 수 있는 잠재력을 지니고 있다.

　그러나 애석하게도, 방금 우리는 '보통의 경우'와 '변동 환율제'라는 단서를 붙였다. 미중 관계는 '보통의 경우'와 거리가 멀다. 중국 위안은 변동 환율제의 적용을 받지 않는다. 지난 수십 년 동안 중국은 미국에 대해 대규모 경상수지 흑자를 기록했다. 경상수지에는 두 나라 사이의 무역수지와 이민자 송금, 해외 투자 소득 등의 자금 흐름이 포함된다. 만성적으로 기운 교역 관계에도 불구하고 달러 대비 위안의 가치는 일부 관측통들이 당연하다 생각하는 규모나 속도로 오르지 않았다(이 '관측통'들에 대해서는 잠시 후 따로 이야기하겠다. 그중에는 화가 잔뜩 난 의원들도 포함되어 있다). 대신 지난 20년 동안 중국 정부는 정책적으로 축척된 달러를 '재활용'해서 그 돈으로 미 재무부 채권을 사들였다. 사실상 벌어들인 달러를 미국 정부에 다시 빌려준 것이다. 이 정책의 명시적 목적 중 하나는—미국에서 번 달러가 위안으로 교환되지 않도록 해서—위안이 급격히 평가절상되는 것을 방지하는 것이다. 또한 미 재무부 채권은 막대하게 축적된 자본을 투자하기에 상대적으로 안전한 곳이기도 하다. 중국 정부는 미국 정책 입안자들이 무책임하다고 비난할지 모르지만, 10장과 11장을 읽은 독자라면 엔이나 유로도 달러를 대체하기에 그다지 좋은 조건을 가지고 있지 않다는 것을 알 것이다.

이런 상황을 두 나라 모두 '단기적인 측면에서' 좋아할 이유는 아주 많다. 값싼 위안은 중국의 강력한 수출 주도 성장 전략 추진에 큰 도움이 되어 왔다. 중국처럼 비교적 가난한 나라가 덜 가난해질 수 있는 확실한 방법 중 하나는 값싼 노동력을 이용해 전 세계의 부자 나라에 수출할 상품을 생산하는 것이다. 이것이 2차 대전 후 일본이 선택한 길이었다. 그리고 '아시아의 호랑이들', 즉 싱가포르, 한국, 타이완, 홍콩이 거둔 성공의 원동력이기도 했다. 수출 산업 부문을 확장하는 방법 중 하나는 화폐 가치를 상대적으로 낮게 유지하는 것—혹은 대폭 평가절상되는 것을 막는 것—이다. 기억해야 할 점은, 화폐 가치를 낮게 유지하는 것은 그 나라 물건을 사는 다른 나라 소비자들에게 할인 쿠폰을 제공하는 것이나 마찬가지라는 사실이다. 가치가 낮을수록 할인율도 높아진다.

미국 소비자들이 그 할인 쿠폰을 사용하고 있었다. '메이드 인 차이나'라고 씌어 있는 상품을 달러로 사면, 싼 위안 덕분에(그리고 상대적으로 비싼 달러 덕분에) 같은 월급으로 살 수 있는 상품이 훨씬 많아진다. 그러나 그것이 다가 아니다. 중국이 미 재무부 채권을 대량 구입하면서 미국 내의 금리가 낮아졌다. 세상만사가 그렇듯 채권도 수요와 공급 법칙의 영향을 받는다. 수요가 많으면—예를 들어, 매달 중국이 수십억 달러어치의 채권을 사들이면—재무부는 금리를 낮출 여유를 가질 수 있다. 미국 정부는 더 싼값에 대출을 받을 수 있고, 소비자들 또한 낮은 금리를 적용받는다. 값싼 물건과 그 물건을 살 수 있는 돈을 쉽게 대출할 수 있는 것만큼 '이상적인 미국'을 더 잘 표현하는 것은 없다.

그렇다면 무엇이 문제인가? 이 같은 미중 관계는 장기적으로 지속 가능하지 않다. 중국은 막대한 액수의 돈을 고객에게 빌려주는 것으로 자국의 수출 시장을 지탱하고 있다. 이로 인해 미국의 부채가 계속 늘어남에 따라 미국 상황을 지켜보는 중국 관리들은 극도로 초조해질 수밖에 없으며, 인위적으로 낮게 유지되는 위안의 가치 때문에 중국 내부 경제가 왜곡된다. 빌려주는 형태로 미국에 되돌려 보내는 달러를 중국 국내에 투자해서 사회 인프라, 학교, 공공 의료 시스템을 확충하는 것이 더 효과적일 수 있다. 수출 산업 주도로 만들어진 경제 체제는 언젠가 국내 시장을 위한 생산 체제로 변화해야 한다. 그런데 인위적으로 낮게 유지되는 통화는 수출업자들에게 지불되는 암묵적 보조금으로 작용하기 때문에 이 과정에 방해가 된다. 전 세계 정책 입안자들은 입을 모아 중국에 '균형 잡힌 성장'을 하라고 촉구한다.

미국은 미국대로 분수에 넘치는 생활을 해 왔다. 전 세계를 상대로 파는 것보다 더 많이 사들였고, 그 차액을 빌린 돈으로 메꿔 온 것이다. 오래 지속할 수 있는 상황이 아니다. 돈을 빌려주던 사람들은 미국이 돈을 갚지 못할 수도 있다는 두려움을 갖기 시작하면 더 이상 돈을 빌려주려 하지 않을 것이기 때문이다. 많은 논평가들이 지적했듯이 중국은 실제 형편보다 못살고 있고, 미국은 분수에 넘치게 잘살고 있다. 피터슨국제경제연구소Peterson Institute for International Economics의 중국 전문가 니컬러스 라디Nicholas Lardy는 미중 관계를 마약 중독자와 마약 거래상에 비유한다. "미국은 값싼 물건과 값싼 대출에 중독이 되었다. 그리고 중국은 그런 상품을 팔아 수입을 얻는 데 의존하게 됐다."[7]

자, 보라. 미국과 중국 각각의 불균형이 한데 모여 제대로 고장 난 관계가 만들어졌다. 단기적으로는 공생 관계에 있지만, 장기적으로는 지속 불가능한 관계다. 《디애틀랜틱》특파원으로 오랜 시간 중국을 지켜봐 온 제임스 팰로스James Fallows는 미중 관계에 대한 자신의 의견을 피력하면서 경제학자 허브 스타인Herb Stein의 명언을 언급한다. "뭔가 영원히 갈 수 없다면 언젠가는 멈출 것이다. 경제 체제 내의 다른 불균형과 마찬가지로 이 역시 무한히 계속되지는 못할 것이고, 따라서 멈출 것이다. 그러나 그 불균형에 어떤 식으로 종지부가 찍힐지─갑자기 벌어질지 점차적으로 진행될지, 예측 가능한 이유로 벌어질지 패닉 사태에 빠져 벌어질지─에 따라 향후 몇 년에 걸쳐 유럽과 다른 지역의 제3자들은 물론이고 미국과 중국의 경제도 완전히 다른 경험을 하게 될 것이다."[8]

가난한 나라가 부유한 나라에 돈을 빌려준다?

잠시 한걸음 뒤로 물러서서 미국과 중국의 경제적 관계가 얼마나 묘해졌는지를 더 깊이 살펴보도록 하자. 무엇보다도 가난하면서 빠른 성장을 하는 나라들은 보통 성숙한 경제 체제를 가진 부자 나라들에 거액의 돈을 빌려주지 않는다. 전 하버드대학 총장이자 경제학자인 래리 서머스Larry Summers는 이렇게 지적한다. "조금 떨어져서 볼 때, 아무리 좋게 말해도 이상한 관계다."[9] '이론적으로 보나 역사적 사례로 보나 자본의 흐름이 지금과 정반대 방향이어야 한다.' 부자 나라에 축적된 자본은 투자 대비 한계수익이 더 클 가능성이 높은 개발도상국에 대출되는 것이 상례다. 미국과 같은 선진국보다 상대적으로 길이 덜 나 있고 항구와 공장이 적은 곳에 새로 길을 닦고 공장을 건설하는 것이 더 큰 효과를 내기 때문이다. 바로 이런 이유로, 19세기에 전 세계에서 미국으로 자본이 흘러들어 갔다. '그런데 21세기에 중국에서 미국으로 자본이 들어간다?' 제임스 팰로스는 중국의 눈부신 투자에 대해 칭송이 자자하지만, 그 돈을 다른 곳, 특히 대도시 이외 지역에 투자하면 기본적인 사회기반시설을 구축함으로써 국민들의 생활의 질과 미래의 생산성을 향상시킬 수 있는 기회가 널려 있다고 지적한다. 또한 그는 이렇게 쓴다. "교육의 질을 높이고, 공원을 더 많이 건설하고, 의료 시스템을 향상시키고, 도시의 상하수도 시설을 정비하는 일 등 공장이나 수출과 관련 없는 투자가 거의 이루어지지 않거나, 혹 투자되고 있다 해도 충분치가 않다."[10]

비슷한 맥락에서, 거의 50퍼센트에 달하는 중국의 저축률은 괴상할 정도다. 저축한다는 것의 의미는 이자를 포함해 미래에 쓸 달러가 현재 쓰는 달러보다 더 가치 있으리라는―혹은 더 큰 만족감이나 행복감을 가져다 주리라는―것을 의미한다. 그러나 여전히 많은 가정들이 상대적으로 가난한 상황을 고려하면 이런 행동은 잘 이해가 되지 않는다. 중국은 급속도로 성장하고 있지만 출발점 자체가 극도로 낮았다. 구매력 평가에 기초한 환율로 측정한 1인당 GDP는 여전히 1만 3000달러 정도에 그친다. 게다가 이 수치는 평균이므로, 수억 명의 사람들이 그보다 훨씬 가난하게 살고 있다는 의미다. 잘 발달된 사회 안전망이 없는 상태(사회보장제도나 의료보험 등의 부재)에서 곤란한 상황에 대비해 상당액의 돈을 비축해 놓는 것은 이해할 만한 행동이다. 그러나 벌어들이는 달러의 50퍼센트를 저축하는 것은 기본적인 필요조차 충족되지 못하는 나라에서 상당한 자기 부정 행위라고 하지 않을 수 없다.

이와 비슷하게 흥미로운 현상은 미국의 저축률이 괴상할 정도로 낮다는 사실이다. 이 때문에 해외에서 빌려 와야 하는 순차입액도 더 커진다. 개인 저축은 1960년대부터 1980년대까지 GDP의 7퍼센트였던 것이 1990년대에는 4.5퍼센트로, 2000년대에는 1.1퍼센트로 떨어졌다. 정부 저축은 2000년대에 마이너스를 기록했다(만성적인 적자 때문이다).[11]

1인당 GDP가 5만 5000달러에 달하는 미국이지만,[12] 소비와 투자에 들어가는 모든 현금을 가지고 있는 것은 아니다.◆ 따라서 가난한 나라인 중국이 기본적으로 필요한 만큼도 안 쓰고 아껴서, 매우 부유한 나라인 미국에서 '핸드백을 살 형편이 안 되지만 꼭 그걸 가져야만 하는 사람들이' 핸드백을 살 수 있도록 돈을 빌려준다는 말은 완전히 희화화된 묘사만은 아니다.

각각의 중국 기업들과 가정들이 저축을 하겠다면서 개별적으로 이런 결정을 내렸다는 의미로 한 이야기는 아니다. 중국의 비민주적인 계획 경제 체제의 특징 중 하나는 정부가 자본을 배분하는 데 큰 힘을 발휘한다는 점이다. 더 구체적으로 말하자면, 수출을 통해 달러를 벌어들인 기업들은 결국 그 수익을 중앙은행인 중국인민은행中國人民銀行에 정부가 정한 금리로 예치해야 한다. 미국이나 다른 개방된 경제 체제에서와 달리 중국의 기업들은 벌어들인 달러를 소비하거나 투자하지 않고 중국인민은행으로 가져가야 한다. 이 과정은 내가 묘사한 것보다 우회적으로 이루어지지만, 중요한 것은 중국 기업들이 수출로 벌어들인 달러가 미 재무부 채권을 사들이는 데 '재활용'되며, 이는 여러 경제 주체들이 독립적으로 잉여 달러를 미국에 투자하겠다고 결정해서가 아니라 노골적인 정부 정책에 따라 이루어진다는 데 있다. 한 논평가가 지적했듯 "평범한 중국 시민이 그렇게 많은 돈을 미국에 보내겠다고 결정한

◆ 국가저축은 정부, 가계, 기업의 저축(혹은 인출)을 모두 합친 것이다. 순국가저축은 이 수치에서 기존 자본(예를 들어 지난해보다 올해에 가치가 하락하는 건물과 컴퓨터 등)의 감가상각분을 뺀 것이다.

적은 단 한순간도 없었다."[13]

공정하게 말하자면, 중국은 수출 주도 정책 덕분에 단 한 세대 만에 전례 없이 많은 수의 국민들이 가난에서 벗어날 수 있었다. 중국 정책 입안자들은 일본이 1985년 플라자 합의의 결과로 엔을 급격히 평가절상할 수밖에 없었고, 그것이 그 후 발생한 거품과 경제 부진에 큰 요인이 되었다고 주장한다.[14] IMF는 이 주장에 반론을 제기하는 데 엄청난 에너지를 쏟아부었지만 별 소용이 없었다.[15] 2008년 금융 위기도 현대식 경제 체제에서 자본의 자유로운 이동과 변동 환율이 문제없이 작동할 수 있는지에 대한 중국의 비관적인 견해를 더 강화했다. 2010년, 당시 중국 총리였던 원자바오는 중국의 환율 정책을 이렇게 변호했다. "위안이 안정적이 못하면 중국뿐 아니라 전 세계에 재난이 몰아닥칠 것이다. 일부에서 요구하듯 위안의 가치를 20퍼센트에서 40퍼센트 절상하면, 많은 중국 공장들이 문을 닫게 되고 사회는 큰 혼란에 빠질 것이다."[16] 물론 그런 상황이 온다면 누구에게도 좋지 않을 것이다.

환율 조작국이라고 단정할 수는 없지만

중국 위안은 변동하지 않는다. 중국 정부가 막대한 양의 미 재무부 채권을 사들여 달러 자산을 축적하는 노골적인 목적 중 하나는 달러 대비 위안의 환율을 관리하는 것, 구체적으로 말하자면 달러 대비 위안의 가치가 눈에 띄게 떨어지지도 오르지도 않게 유지하는 것이다. 이렇게 대략적으로라도 달러에 위안을 고정시키는 것이 수출 부문의 왕성한 발전에 중요하고, 그것이 번영의 지름길이라는 논리다. 브루킹스연구소Brookings Institute의 중국 전문가 아서 크뢰버Arthur Kroeber의 설명에 따르면 "중국의 지도자들은 산업화 시대에 빈곤을 탈출한 모든 나라가 예외 없이 수출 주도형 성장을 했다는 결론을 내렸다. 따라서 기초 산업을 육성하고 사회 인프라를 마련하는 등 개발 목표를 달성하기 위해 국내 경제의 다른 부문에서 시장과 물가를 관리하는 것과 마찬가지로 환율도 전반적으로 수출에 유리한 쪽으로 관리하는 것이다."[17] 아직까지는 이 전략이 맞아떨어지고 있다. 19세기 영국, 20세기 미국이 그랬던 것처럼 말이다. 크뢰버는 이 두 나라가 '자국 기업들이 세계적으로 기술적인 우위를 확고히 점하고 보호를 할 필요가 없어진 후에' 자유무역 옹호자가 되었다고 지적한다. 환율은 광범위한 개발 전략에 필요한 하나의 도구다.[18] 환율이 급격히 변하면 이 개발 전략이 위험에 빠지고, 그렇게 되면 정치적 불안정을 초래할 가능성도 높다. 중국은 진정한 의미의 선거가 별로 없는 나라라는 사실을 기억하자. 중국 정부의 합법성은 꾸준한 성장과 생활수준의 향상에 달려 있다.

한편, 태평양 건너—진정한 의미의 선거가 있는 곳인—미국의 정치인들은 중국의 '불공정한' 교역 관행에 대해 비난을 퍼부어 왔다. 민주당의 미시간 상원의원인 데비 스태비노Debbie Stabenow는 상원에서 이렇게 발언했다. "아시아 국가들이 사용하는 대표적인 무역 장벽은 바로 환율 조작입니다." 2015년, 그녀와 공화당의 오하이오 상원의원인 롭 포트먼Rob Portman은 공동으로 환태평양경제동반자협정Trans-Pacific Partnership(12개국으로 이루어진 다자 간 자유무역협정)과 관련된 법안을 수정하는 움직임을 후원

했다.◆ 수정안에는 이 협정에 환율 조작 금지 규정을 포함시키도록 무역 협상 당사자들에게 압력을 넣는 내용도 포함되어 있었다. 수정안은 박빙의 차이(48 대 51)로 부결됐다. 오바마 행정부는 수정안에 반대했다. 공화당 원내대표 미치 매코널도 환율 조작 금지 규정이 성공적인 무역 협상을 도출해 내는 것을 더 어렵게 만들 것이라는 이유로 반대했다. 그럼에도 불구하고 상원에서 48표를 얻었다는 것은 환율 조작에 대한 우려가 얼마나 많은지를 보여 주는 증거였다. 값싼 위안은(혹은 저평가된 어느 통화든) 수출업자들에게 보조금을 지급하는 것과 다름없다. 미국인들이 월마트에서 오븐 토스터를 하나 살 때마다 그 물건을 수출한 나라의 정부가 가격의 일부를 내 주는 것이나 마찬가지다. 이는 미국 기업들의 수익을 훔쳐 가고, 미국 노동자들의 일자리를 뺏어 가고, 미국의 만성적인 경상수지 적자를 악화시키는 정책이라는 인식이 팽배하다. 데비 스태비노와 롭 포트먼이 미시간과 오하이오 출신이라는 사실은 우연이 아니다. 그 두 주의 제조업 부문이 아시아와의 경쟁에서 밀려 어려움을 겪고 있기 때문이다.[19]

중국을 비판하는 사람들의 시각에서 볼 때 자유무역은 공정한 교역에 달려 있고, 공정한 교역은 실제 가치보다 인위적으로 낮게 유지되지 않는 통화가 있어야 가능하다. 저평가된 위안을 문제 삼는 것은 중국의 교역 파트너들뿐이 아니다. IMF 또한 미중 교역 관계에서 생긴 '불균형'이 전 세계 금융 시스템의 안정을 해치는 근원이 될 가능성에 대해 우

◆ 중국은 환태평양경제동반자협정에 포함되어 있지 않다.

려를 표했다. IMF 조항에서는 '불공정한 경쟁적 우위를 점하기 위한' 환율 조작을 금지하고 있다. 사실 IMF가 회원국에 이런 일로 죄를 물은 적은 없고, 죄를 묻는다 한들 의미 있는 처벌을 실행에 옮길 만한 권한도 없지만 말이다. 규정은 차치하고서라도, 시장 경제에서 가격이란 정보를 전달하는 의미를 지닌다. '잘못된' 가격은 잘못된 신호를 보내서 중국뿐 아니라 세계적으로 왜곡된 결정을 내리도록 할 수 있다.

물론 통화가 저평가되어 있다고 말하는 것과 중국은 환율 조작국이라고 선언하는 것은 다른 문제다. 하지만 지난 20년 동안 쌓인 명백한 정황 증거가 있긴 하다. 중국의 통화 정책은 훔친 지갑을 든 채 범죄 현장 근처에 서 있는 사람만큼이나 혐의가 짙다. 중국이 변명할 여지가 별로 없어 보이는 것이다. 외환 시장에 끊임없이 개입하고, 달러를 꾸준히 축적하고, 구매력 평가와 같은 기준에 비추어 볼 때 너무 싼 통화가치 등 증거들이 너무 많다. 2010년, 《이코노미스트》는 연례 빅맥 지수를 발표하면서 저평가된 통화가 공짜 점심을 주지는 않지만, 중국의 경우 '아주 값싼 점심'을 먹을 수는 있게 해 준다고 비꼬았다. 당시 달러-위안 환율로 계산한 빅맥의 가격은 베이징에서 2.18달러, 미국에서 평균 3.71달러였다.[20]

그러나 6장에서 살펴봤듯이 경제학적 관점에서는 적절한 환율이 정확히 무엇인지 규정하기 어렵다. 2005년 IMF 경제학자들은 중국의 수출 강세가 인위적으로 저평가된 위안에 기인한 것인지를 증명하기 위해 광범위한 연구 자료들을 검토했지만, 그 기본적인 질문에 대한 답을 찾지 못했다. 서로 다른 시기에 서로 다른 방법으로 실행된 서로 다른 연구들은 위안의 저평가 정도에 대해 제각기 다른 평가를 하고 있었다. 이 논문들에서 평가한 위안의 저평가 정도는 0에서 50퍼센트까지 다양했다.[21] 이 정도로는 유죄 판결을 내릴 수 없다.

재무부 장관 인사 청문회에서 티머시 가이트너는 상원의원들이 던진 질문에 대한 서면 답변을 제출했다. 그는 중국의 통화 정책을 끈질기게 비판해 온 뉴욕 상원의원 찰스 슈머Charles Schumer의 질문에 대한 답변에서 '조작'이라는 입에 올리기 힘든 단어를 사용했다. "오바마 대통령은 수많은 경제학자들이 내린 결론을 토대로 중국이 자국의 통화 가치를 조작한다고 믿고 있다." 그러나 오바마 행정부는 이 증언을 작성한 것은 중간 관리자이며, 티머시 가이트너의 의견을 반영한 것이 아니라는 선언과 함께 서둘러 해당 진술을 철회했다.[22]

최근에 부스 비즈니스 스쿨의 IGM 포럼에서는 다양한 이념적 배경을 지닌 경제학자들로 구성된 패널에게 다음과 같은 문장을 평가해 달라는 요청을 했다. "특정 국가 정부가 환율을 통해 교역 상대국의 이익을 희생시킴으로써 자국 국민에게 혜택을 주고 있는지 여부를 경제학적 분석으로 증명할 수 있다." 가장 많이 나온 답은 '확실치 않다'(37퍼센트)였고, 그다음으로 '동의한다'(30퍼센트)와 '동의하지 않는다'(34퍼센트)가 비슷하게 나왔다. '매우 동의한다'와 '매우 동의하지 않는다'로 답한 전문가는 한 명도 없었다.[23] 그다음으로 이어진 질문이 어쩌면 정책적으로는 더 중요한 것일 수도 있다. 미국인들이 정말 외환 속임수로 인해 손해를 봤는가 하는 점이다. 전문가들은 구체적으로 다음 문장에 동의하는지에 관한 질문을 받았다. "엔의 약세를 초래하는 일본은행의 통화 정책은 미국인들에게 일반적으로 손해를 끼친다." 여기서는 위안 대신 엔이 등장했지만, 바닥에 깔린 기본적인 생각은 같다. 엔 약세가 미국인들에게 손해를 끼친다는 주장에 '동의하지 않는다'는 전문가가 대부분이었고(54퍼센트), 36퍼센트는 '확실치 않다'고 대답했다. 값싼 엔 이 미국인에게 전반적으로 피해를 준다고 대답한 전문가는 9퍼센트에 지나지 않았다.[24]

2012년에는 중국과의 교역이 "대부분의 미국인들에게 혜택을 가져 다주는가?"라는 질문—값싼 위안 문제까지 암묵적으로 포함한 질문—에 경제 학자 100퍼센트가 '동의한다' 혹은 '매우 동의한다'고 답했다.[25] 물론 중국 이나 일본 같은 교역 상대국의 통화 정책으로 인해 포드는 토요타에 고 객을 좀 잃긴 하겠지만, 그래도 토요타 판매점에 들어서는 미국인들은 모두 더 나은 가격에 차를 살 수 있을 것이다.

금융 부문의 상호확증파괴 논리

앞에서 나는 값싼 위안이 월마트에서 쇼핑하는 사람들에게 중국 물 건에 대한 할인 쿠폰을 발행하는 것이나 다름없다고 언급한 바 있다. 금융 부문의 다른 비도덕적 범죄 행위들과 비교하면 그다지 끔찍한 일 처럼 들리지는 않는다. 사실 달러가 상대적으로 더 강하기 때문에 미국 인들은 중국 수입품을 더 싸게 살 수 있고, 그렇게 아낀 돈을 다른 곳에 사용할 수 있다. 그리고 다른 곳에 돈을 쓴다는 것은 일자리를 만든다 는 뜻이다. 저평가된 중국 통화가 중국 수출품과 경쟁해야 하는(혹은 중국으로 상품을 수출하려는) 미국 기업들에 불리한 것은 사실이다. 그러나 저평가된 외국 통화가 미국 경제 전반에 미치는 효과에 대해서는 확실한 결론을 내리기가 힘들다. 위안이 경제 기초 지표들에 비추어 상당히 저평가되었다고 가정해 보자. 그래서 어떻다는 말인가? 이 문제에 대해서도 학계의 의견은 통일되어 있지 않다. 2012년에 발표된 피터슨국제경제연구소의 보고서는 환율 조작으로 미국의 일자리가 100만 개에서 500만 개나 사라졌다고 추산했고, 중국을 '최대 조작국'의 하나로 지목했다. 예상대로, 보고서의 저자들은 미국이 환율을 속이는 나라들로부터 들여오는 수입품에 관세를 매기는 조처를 취하는 등 공격적인 정책을 감행해야 한다고 요구했다.[26]

이와 대조적으로 뉴욕 연방준비은행 경제학자들이 1980년대와 1990년대의 데이터를 분석한 보고서에서는 "환율 변동은 일자리 숫자나 노동 시간에 큰 영향을 미치지 않는다"고 결론 내린다. 그러나 이 보고서에서도 특정 산업 부문의 임금은 영향을 받는다고 덧붙인다. 특히 마진이 적은 산업(예를 들어 섬유와 목재)이 부가가치가 높은 산업(예를 들어 제트 엔진)보다 더 큰 영향을 받는다고 주장한다.[27] 조지 부시 대통령의 경제자문위원회 위원장을 지낸 에드워드 레이지어Edward Lazear 스탠퍼드 경제학 교수는, 미중 환율로는 지난 수십 년 사이에 벌어진 두 나라 사이의 교역 흐름을 설명할 수 없다고 지적했다. 달러-위안 환율은 1995년에서 2005년까지 1달러에 8위안이 조금 넘는 수준에서 거의 움직이지 않았다. 그 기간 동안 중국의 대미 수출은 연간 약 20퍼센트씩 증가했다. 2005년, 위안은 갑자기 평가절상을 했지만—그 결과 중국 상품이 21퍼센트 정도 더 비싸졌다—대미 중국 수출은 거의 비슷한 속도로 계속 증가했다.

이와 비슷하게, 위안이 달러에 고정되어 있는 동안에도 유로에 대해서는 상대적으로 평가절하된 시기(2000~2004년)가 있었지만, 그 기간 동안 미국과 유럽에 대한 중국의 수출 증가율은 대략 비슷했다. 에드워드 레이지어는 중국의 환율 조작이 미국의 미약한 경제 실적에 대한 희생양 혹은 핑계에 불과하다고 봤다. 그는 미국의 경제 상황을 더 잘 설명해 주는 건 중국의 교활한 중앙은행가들이 아니라 미국의 경제 정책이라고 주장했다.[28]

그럼에도 불구하고 불균형이라는 문제는 여전히 존재한다. 중국이 축적해 온 미 재무부 채권 1조 3000억 달러 말이다. 이 상황은 티머시 가이트너보다 제임스 본드가 해결해야 할 것 같은 위기감을 느끼게 해 준다. 바로 '금융 위협financial blackmail'의 가능성 말이다. 미국은 전략적 라이벌에게 이토록 많은 빚을 짐으로써 스스로를 취약하게 만들었을까? 만일 미국과 중국이 티베트의 장래라든지 남중국해의 패권 문제, 혹은 테일러 스위프트 음반의 해적판이 상하이 거리에서 팔리고 있는 문제 등 모종의 지정학적 이슈에 대해 이견을 보인다면 어떻게 될까? 중국은 채권을 팔아 치워서 미국 경제를 망쳐 버리겠다는 위협으로 자기들이 원하는 것을 얻으려 할까? 중국 정부가 미국 채권을 덤핑 가격으로 팔아 치우면(혹은 그렇게 하겠다고 신빙성 있는 위협을 가하면) 해당 채권의 가격이 급락할 것이고, 미국의 금융 시스템은 엄청난 혼란에 빠지고 말 것이다. 금리가 솟구치고, 경제는 충격을 이기지 못해 심각한 불황에 빠지거나 그보다 더한 상황에 처할 수도 있다. 전 재무부 장관이자 경제학자인 래리 서머스는 이런 상황을 두고 '금융 테러의 균형balance of financial terror'이라고 불렀다.

어쩌면 펜타곤은 그런 금융 위협 시나리오에 대비한 모의 군사 훈련을 해야 할지도 모른다. 하지만 그것은 극도로 가능성이 낮은 시나리오다. 다른 무엇보다, 미국을 그런 식으로 공격하게 되면 자국에도 엄청난 피해를 입혀야 하기 때문이다. 데이비드 레온하트David Leonhardt가 설명했듯이 "중국이 미 재무부 채권 매입을 대폭 줄이면 이 채권의 가치가 급격히 떨어질 것이다. 그러면 이미 그 채권을 수천억 달러어치 보유하고 있는 중국이 큰 타격을 입지 않을 수 없다."[29] 전문가들은 냉전 시대의 핵 억제 이론에 쓰이던 표현들을 차용해서 위험이 없다는 사실을 설명한다. 냉전 당시 게임 이론가들은 미국과 소련이 각각 '제2격 능력second-strike capability'을 유지하는 한, 다시 말해 '상대의 공격이 먼저 시작된 후에도' 대규모 핵공격으로 보복할 능력이 있는 한 양국 간의 평화는 유지될 것이라고 주장했다. 두 나라 모두 상대에게 분명 반격을 당해서 완전히 파멸할 수 있다는 것을 알면 선제공격을 감행하지 않을 것이라는 논리다. '상호확증파괴mutually assured destruction' 전략이라는 말이 여기서 나온 것이다. 이 논리에 따르면, 역설적이게도 미사일 방어망 같은 핵공격 방어 체계는 힘의 균형을 깨뜨리는 것이므로 결과적으로 핵 강대국 사이의 평화를 불안정하게 만들 수 있다. 제임스 팰로스가 썼듯이 "중국은 미국인들에게 달러를 공급하는 것을 멈출 수가 없다. 만약 멈추게 되면 현재 보유하고 있는 달러 때문에 엄청난 손해가 날 것이기 때문이다. 이 논리가 유지되는 한, 이 시스템은 계속 작동할 수 있다. 하지만 그러지 못할 경우, 엄청난 문제가 야기될 것이다."[30]

좋은 소식은 미국이나 소련 중 어느 쪽도 냉전 중에 핵미사일을 쏘지 않았다는 점이다. 나쁜 소식은 상호확증파괴 논리에 우연이나 사고나 오해 등으로 시작되는 위기는 포함되어 있지 않다는 점이다. 알래스카 상공을 감시하는 레이더에 나타난 하얀 점을 소련의 미사일로 오인할 수 있는 것처럼, 채권 시장에서도 근거 없는 소문이나 중국의 실언 등으로 패닉 사태가 벌어질 수 있다(중국 정부도 중국인민은행도 투명성으로 이름난 곳은 아니다). 중국이 미 재무부 채권을 팔 것이라는 낌새만 느껴져도 대규모 예금 인출 사태와 동일한 현상이 촉발될 수 있다. 일단 자신이 보유한 채권을 먼저 팔아 치우고, 그다음에 필요한 질문을 던지는 그런 상황 말이다. 뻔한 말같이 들릴지 모르지만, 다른 선택지는 완전한 파국이기 때문에 어떤 시스템이 안전하다는 논리에 대해서 우리는 좀 더 진지하게 생각해 볼 필요가 있다.

미국과 중국이 서로의 비판에서 귀 기울여 할 것들

상황은 나아지고 있다. 금융 위기로 득볼 일은 별로 없지만, 중국과 미국 사이의 불균형이 줄어든 것이 그중 하나다. 금융 위기가 터지고 몇 년 후, 미국 경제가 천천히 힘을 잡아 가는 동안 중국 경제는 어려움을 겪기 시작했다(이전 실적에 비해 그렇다는 얘기다). 연방준비제도가 금리 인상 논의를 시작하는 동안, 중국인민은행은 중국 경제에 자극을 줄 방안을 찾고 있었다. 위안은 더 이상 이전만큼 저평가되어 보이지 않는다. 2005년, 중국은 달러에 위안을 공식적으로 연동하는 정책을 폐기했다. 그 후, 달러 대비 위안의 가치는 약 3분의 1 정도 평가절상됐다. 달러가 최근 들어 강세를 보인 것을 감안하면, 다른 통화에 대해서는 그 절상 정도가 더 컸다고 볼 수 있다.[31] 거기까지는 좋았는데, 2015년 여름 중국은 주식 시장이 폭락한 것에 대한 반응으로 달러에 대한 위안의 가치를 갑자기 2퍼센트나 낮췄다. 아주 큰 낙폭은 아니었지만, 옛 상처에 겨우 앉은 딱지를 긁어서 떼어 내기에는 충분했다.

2015년, IMF는 중국 정부에―정책 관련 잔소리를 곁들이긴 했지만―위안의 가치가 공정하게 평가되었다고 선언했다. IMF 수석 부총재 데이비드 립턴David Lipton은 중국이 경제적 불균형을 해소하고, 미래 성장의 원동력으로 소비를 증진해야 하며, 환율이 더욱 탄력적으로 움직이도록 해야 한다고 촉구했다.[32] 이에 대한 반응으로 당시 미 재무부는 위안이 '극도로 저평가됐다severely undervalued'고 묘사했지만, 다시 한 번 '조작'이라는 단어를 쓰는 것은 자제했다.[33] 데이비드 립턴은 중국이 2~3년 내에 변동 환율제를 채택해서 규모가 크고 성장이 빠른 중국 경제를 경영하는 정책 도구로 삼아야 한다고 말했다.

미국과 중국이 독일과 그리스보다 사이가 더 좋아 보인다고 해서 통화 문제가 완전히 해소됐다는 의미는 아니다. 간단히 말하자면 미국은 저축을 더 하고 소비를 덜 해야 한다. 중국은 그 반대다. 이런 변화는 단기적으로 양국 모두에 고통을 초래하겠지만 장기적으로는 득이 될 것이다. 2015년, 전 재무부 장관으로 각각 공화당과 민주당 출신인 헨리 폴슨과 로버트 루빈은 미국과 중국 모두 '상대방의 경제적 비판'을 귀담아듣고 실행에 옮기라고 촉구하는 요지의 논문을 공동 집필했다.[34] 이는 다시 말해, 두 나라가 상대방에게 요구하는 처방에 다 타당성이 있다는 얘기였다. 미국은 재정 문제를 바로잡아야 한다. 중국이 꼭 오바마케어의 비용에 대해 걱정하기 때문만은 아니다. 점점 증가하고 있는 미국의 막대한 빚은 장래의 재정 지출(고령화되어 가는 인구를 위한 사회보장연금과 노인의료보험)을 감안하면 지속 불가능하고, 미래 세대에 불공평하며, 투자자들이 미국의 신용도에 대해 의혹을 갖기 시작하면 잠재적으로 불안정해질 수 있다는 목소리가 크다.

중국은 지금처럼 수출에 과도하게 의존하는 경제에서 국내 소비를 위한 생산에 더 집중하는 경제 체제로 균형을 맞춰 가는 변화를 할 필요가 있다. 중국 당국자들은 위안이 국제 준비 통화로서 달러를 부분적으로 혹은 완전히 대체하도록 만들겠다는 비전을 가지고 있다. 바로 '탈미국화된 세계'라는 열띤 담론의 일부다. 위안을 더 매력적으로 만들기 위해서는 중국의 통화 정책과 경제 체제 전반이 더 투명해져야 하고, 국제 자본 흐름에 더 개방되어야 하며, 정부의 조작으로부터 자유로워져야 한다. 이 모든 것은 미국과의 경제적 관계에만 긍정적으로 작용하는 것이 아니라 광범위한 국제 금융 시스템에도 도움이 될 것이다.

활발한 교역은 두 나라 모두에 혜택을 가져다준다. 경제학적인 논의는 차치하고서라도, 위안의 가치에 대한 두 나라 간의 논쟁을 빨리 해결해야 하는 이유 중 하나는 중국의 환율 조작에 대한 악감정으로 인해 미국 의회가 보호무역주의적인 법안을 통과시킬지도 모르기 때문이다. 한편 전 세계 모든 선진 경제국들은 현재의 국제 금융 구조—혹은 브레턴우즈 협정이 붕괴된 후 그런 구조의 부재—가 21세기 자본의 흐름을 잘 관리해서 위험한 불균형 상태로 흐르지 않도록 만들 능력이 있는지에 대해 숙고해 볼 필요가 있다. 적어도 가까운 장래까지는 지배적 경제 대국으로서 미국과 중국이 현 체제의 닻 역할을 수행해야 할 것이다. 티머시 가이트너는 재무부 장관 재임 당시, 한 나라를 희생시켜 또 다른 특정 나라에 득이 되도록 하지 않기 위해 환율 체제를 관리하는 것이 '국제 협력의 핵심적이고 실존적인 도전 과제'라고 선언했다.[35]

헨리 폴슨과 로버트 루빈은 이렇게 썼다. "미국이 중국의 경제적 미래에 대해 가할 수 있는 가장 큰 위협은 미국의 경제적 성공이 종말을 고할 가능성에 있다. 중국이 미국에 가할 수 있는 가장 큰 경제적 위험은 중국 경제가 성장하지 못하는 것이다. 이와 달리, 두 나라 모두가 자국의 경제를 바로잡아 경제적으로 성공할 경우, 마찰을 만들어 내는 경제적 불안감이 줄어들고, 미래에 대한 자신감이 커져서, 건설적인 관계가 강화될 것이다."[36]

양국 정부 모두 해야 할 일들이 있다. 그런데 정부 정책과 통화 문제에 대한 그 모든 논쟁이 오가는 와중에 모종의 신기한 일이 벌어지고 있었다. 기업가정신을 가진 사람들이 정부를 완전히 배제한 새로운 종류의 돈을 만들어 낸 것이다. 그것이 모든 갈등에 종지부를 찍을 해결책일까? 암호화폐가 우리의 미래인가?

13장

Naked
Money

화폐의 미래

미래에는 돈이 어떤 모습을 띠게 될지 누가 알겠는가? 컴퓨터 바이트가 될까?
_ 밀턴 프리드먼, 1994[1]

돈을 얻는 방법은 여러 가지가 있다. 벌 수도 있고, 발견할 수도 있고, 위조할 수도 있고, 훔칠 수도 있다. 혹은 나카모토 사토시처럼 컴퓨터 코딩에 불가사의한 재능을 가지고 있으면 돈을 발명할 수도 있다. 그것이 바로 그가 2009년 1월 3일, 컴퓨터 키보드의 버튼을 눌러 비트코인이라는 새로운 통화를 만들었을 때 한 일이다. 비트코인은 비트로만 이루어졌지 코인은 전혀 없었다. 종이도, 동이나 은으로 만든 동전도 없이, 그저 3만 1000줄의 코드와 인터넷에 비트코인의 탄생을 알리는 공지만 있었을 뿐이다.
_ 조슈아 데이비스, 《뉴요커》, 2011[2]

야프 섬의 바위 화폐, 라이

비트코인은 화폐인가?

이 미래 지향적인 질문에 대한 답을 찾기 위해서는 역설적이게도 과거로 거슬러 올라가야 한다. 서태평양의 야프 섬은 19세기에 그곳에 간 유럽 탐험가들이 거대한 돌로 된 화폐를 발견하면서 유명해졌다. 야프 섬 주민들이 고유의 교환 수단을 만들어 낸 것은 그다지 특별한 일이 아니다. 모든 문명에 있는 요소 아닌가. 비교적 고립된 사회에서도 자기들에게 맞는 화폐를 만들어 내리라는 것은 예상할 만한 일이다. 교도소의 고등어 파우치나 아메리카 원주민들이 사용하던 조가비 구슬처럼 말이다. 하지만 야프 섬의 화폐는 너무나 컸다. 더 구체적으로 말하자면, 야프 섬 주민들은 커다란 석회암 원반 한가운데에 구멍을 뚫은, '라이rai'라고 부르는 화폐를 중요한 거래에 사용했다. 가장 크고 가치가 높은 돌은 지름이 3미터가 넘고 무게도 수백 킬로그램이나 됐다. 필요한 경우, 장정들이 이 거대한 라이의 한가운데 있는 구멍에 장대를 꽂아 짊어진 채 옮기기도 했다. ◆

라이를 만드는 데 사용된 돌은 야프 섬에서 나지 않으며, 400킬로미터나 떨어진 팔라우 섬에서 채굴해 카누나 뗏목(나중에는 배)에 실어 가

◆ 야프 섬을 포함한 미크로네시아연방국에서는 이제 미국 달러를 법정 화폐로 사용한다. 그러나 라이는 여전히 특정 목적에 사용된다. _마이클 브라이언Michael F. Bryan, 〈섬의 화폐Island Money〉, 클리블랜드 연방준비은행 논평Federal Reserve Bank of Cleveland Commentary, 2004년 2월 1일.

져온다. 라이를 만드는 데 들어가는──돌을 캐내서 깎고 운반하는 데 드는──비용으로 인해 화폐 기능을 하는 실물이 꼭 갖춰야 할 요소인 희소성을 갖게 됐다. 우리는 이 이야기를 여러 방식으로 반복해서 들어 왔다. 사실 우리는 벤저민 프랭클린 비슷하게 생긴 사람 얼굴이 찍힌 종잇조각을 신줏단지 모시듯 하고 산다. 그러니 태평양의 한 섬에 사는 사람들이 커다랗고 둥근 돌을 화폐로 사용한다고 놀랄 필요는 없다. 만약 그런다면 아무리 좋게 본다 해도 문화적으로 오만한 태도에 불과하다. 물론 100달러짜리 지폐를 옮기는 데는 장대 하나와 장정 여섯이 필요하지 않다. 하지만 라이는 위조하기가 힘들다.

지금 이야기하려고 하는, 라이 하나를 둘러싸고 벌어진 기괴한 사건은 화폐의 미래에 대한 놀랄 만한 통찰을 제시해 준다. 100년도 더 전에 커다란 라이를 싣고 야프 섬으로 향하던 배가 폭풍우를 만났다. 풍랑 속에서 그 귀중한 돌은 바다 밑바닥으로 가라앉았다. 그러나 그 바닷속 라이는 야프 섬에서 계속 화폐로 통용됐다. 말도 안 되는 소리처럼 들릴 것이다. 자신의 지갑을 부주의로 하수구에 떨어뜨린 다음, 스타벅스에 가서 하수 처리 시스템 한가운데를 떠돌고 있는 그 지갑의 돈으로 커피를 살 수 있는 사람은 아무도 없다. 아무리 설득에 능한 사람이라도 그건 불가능한 일이다. 그러나 라이의 경우는 이야기가 다르다. 라이가 어떻게 상거래 매개체로 작동하는지를 잘 살펴보면, 바닷속 깊이 가라앉아 있는 돌덩어리가 그 기능을 하지 못할 이유가 없다는 사실을 납득할 수 있다. 사실 약간의 지적 여정을 거치고 나면, 그것이 완벽하게 이치에 맞는 일이라는 걸 이해하게 될 것이다.

우리의 지적 여정은 라이가 가치 저장 수단으로서 규모가 큰 거래에 사용됐다는 사실에서 시작한다. 100달러짜리 지폐보다는 보석에 가깝다. 라이의 크기는 다양했고, 그에 따라 가치도 서로 달랐기 때문에 계산 단위로서는 그다지 제 기능을 하지 못했다. 가격은 보통 타로토란과 같은 흔한 농산물을 담는 바구니 단위로 매겨졌다. 따라서 학자들 사이에서는 라이가 엄밀히 말해 화폐의 정의에 부합하는 통화 단위였는지를 두고 논란이 있다. 여기서는 일단 아이들 중 하나가 대학에 갈 때까지 거대한 라이가 앞마당에 놓여 있는 광경을 상상해 보자. 아이가 대학에 들어가면 그 라이는 야프대학에 지불된다(야프대학이 실제로 있다면, 그 대학에서 나온 기념 티셔츠는 통화 정책을 연구하는 공부벌레들 사이에서 큰 인기를 누릴 것이 분명하다). 어찌 됐든 그 라이의 소유권은 야프대학으로 넘어간다. 그리고 대학에서 굉장히 유명한 통화 정책 전문가를 교수로 고용하면, 연봉으로 그에게 그 라이의 소유권을 넘길 수도 있다. 그런데 여기서 기묘한 부분이 생긴다. '그 라이는 아직도 앞마당에 그대로 있다.' 라이는 소유권이 바뀌어도 이동하지 않는다. 사실 무게가 수백 킬로그램이나 되니 그럴 만도 하다. 라이를 연구한 연방준비제도 소속 경제학자 마이클 브라이언Michael Bryan은 이렇게 설명한다. "라이로 교환 행위를 한 당사자들은 그 라이의 구매력이 한 사람에게서 다른 사람으로 넘어갔다는 것만 인정하면 됐다."[3] 이 과정은 자동차의 소유권을 이전하는 것과 비슷하다. 자동차의 소유권 변동은 그 차가 어디에 주차되어 있는지와 상관이 없다.

생산 행위와 소비 행위의 기억으로서 돈

야프 섬의 바위 화폐는 보통 믿기 어려운 신기한 이야기로만 회자된다. 사실 이는 화폐의 역할을 좀 더 넓은 시각으로 보면 모두 이치에 맞는 이야기다. 어떤 문화권에서는 커다랗고 둥근 돌을 선호하고, 또 다른 문화권에서는 금과 은을 선호한다. 그 광물질들은 모두 희소성이 있고, 가치 저장 수단 역할을 잘 해낸다. 라이의 위치가 변하지 않고 소유권만 바뀌었다는 사실에 어리둥절해할 필요가 없다. 바로 이 점이 현대식 금융 시스템의 주된 요소이기 때문이다. 마이클 브라이언이 지적한 것처럼 "달러로 이루어지는 일상적인 거래의 대부분은 물리적인 돈이 이 손에서 저 손으로 옮겨 가는 일 없이 실행된다. 달러 거래의 막대한 비율을 차지하는 전자 금융은 은행들 간에 대차대조표만 맞추면 된다." 금본위제라고 해서 사람들이 금괴를 지고 다니지는 않았다. 그 귀중한 금속은 은행 금고 어디엔가 잘 보관되어 있고, 대신 그 금을 내놓으라고(실제로 그렇게 하지 않는다 하더라도) 소유권을 주장할 수 있는 종이 증서가 유통됐다. 국제적인 차원에서는 국가 간에 금을 이전함으로써 채무 관계를 정리했다. 그러나 그 과정에서도 세계 각국이 보유한 금의 상당 부분은 뉴욕 연방준비은행 지하 깊숙한 곳에 있는 거대한 금고에 보관되어 있었다. 현재까지도 이 지하 금고에는 많은 나라들의 금이 보관되어 있다. 연방준비은행에 금을 보관하는 나라의 정확한 수는 극비 사항이다. 내가 아무리 애를 써서 알아내 보려 해도 뉴욕 연방준비은행에서는 힌트조차 주지 않았다. 국가들 간에 지불이 이루어지면, 금은 연방준비은행 금고의 한 방에서 다른 방으로 옮겨진다. 이 경우, 금은 실제 계산 단위로 사용된 것이다. 그러나 앞마당에 놓여 있는 커다랗고 둥근 돌보다 실용성이 더하지도 덜하지도 않다.

7장에서 인용했던 워런 버핏의 발언을 기억하는지 모르겠다. "[금은] 아프리카 혹은 다른 어딘가의 땅 밑에서 채굴된다. 그런 다음 우리는 그것을 녹이고, 또 다른 구멍을 파서 거기 묻고는 사람들에게 돈을 주며 그것을 지키라고 한다. 아무런 효용도 없다. 화성에서 누군가 이것을 바라본다면 무슨 영문인지 몰라 머리를 긁적일 것이다."[4] 그의 통찰력 있는 발언을 이해하는 것으로 우리의 짧은 지적 여정은 막을 내리지만, 여전히 질문 하나가 남는다. 연방준비은행 금고 밖으로 금을 가지고 나오지 않고 소유권 이전만으로 상거래를 용이하게 할 수 있다면, 바닷속 깊은 곳에 가라앉아 있는 라이와 금 사이에 어떤 차이가 있는 것인가?

아무런 차이가 없다.

라이가 바닷속에 가라앉았을 때, 그 돌은 이미 크기와 가치, 그리고 소유권에 대한 합의가 이루어진 상태였다. 해당 정보가 있고 거래 당사자들이 그것에 대해 모두 합의한다면, 라이가 앞마당에 있으나, 태평양 깊은 곳에 있으나, 뉴욕 연방준비은행 금고 안에 있으나 무엇이 다르겠는가? 그 돌은 어디엔가—어느 곳이든—보관된 채 야프 섬 주민들이 가치를 지닌 것들을 교환하는 동안 그 대변과 차변을 추적할 수 있게 해주기만 하면 된다. 은행 장부나 카지노 칩과 다를 바가 없다. 중요한 것은 정보이지, 돌이나 장부나 칩이 아니다. 마이클 브라이언이 설명하듯이 "야프 섬의 돌 화폐들은 누가 섬 공동체에 어떤 기여를 했는지를 기억하기 위한 도구로서 기능한다." 우리가 화폐로 사용되는 실물의 신기한 면에만 집중하면, 누가 다른 사람에게 상품이나 서비스를 제공했는지를 추적하는 이 화폐의 더 큰 목적을 놓칠 수도 있다.

낙엽을 치우고, 아이들을 돌보고, 밀주를 담그는 등 기본적인 임무들을 함께 나눠서 하는 공동체를 상상해 보자. 모든 임무에 들인 노동시간이 같은 가치를 지닌다면—아이를 돌보는 데 들인 한 시간과 밀주를 담그는 데 들인 한 시간의 가치가 같다면—이론적으로 돈은 필요하지 않다. 사람들이 노동한 시간을 엑셀 스프레드시트에 기록하는 것만으로도 게으름뱅이들에게 공동체를 위해 일해야 한다는 점을 상기시키기에 충분하다. 그러나 공동체의 규모가 커지고, 각 임무들의 가치가 서로 다르게 평가되기 시작하면, 스프레드시트는 엉망진창이 되고 말 것이다. 내가 당신 정원의 잔디 깎기를 한 시간 했고, 당신은 이웃의 부부 관계 상담을 30분 해 주었는데, 상담을 잔디 깎기보다 1.75배 더 가치 있는 일로 쳐 준다면 어떻게 되겠는가. 화폐는 이런 식의 계산 과정을 일괄적으로 처리하지 않고 분산되도록 해 준다. 거대한 스프레드시트에 우리가 서로에게 빚진 것을 기록해서 복잡하게 계산할 필요 없이 거래가 이루어질 때마다 토큰을 주고받으면 된다. 게다가 공동체에서 받는 것보다 주는 것이 더 적은 게으름뱅이들에게 그 사실을 상기시켜 주지 않아도 되는 장점까지 있다. 어느 시점이 되면 그가 가지고 있는 토큰이 바닥날 것이기 때문이다. '공동체 안에서 화폐의 이동은 가치 이전을 나타내는 암묵적인 기록이다. 라이에 대한 소유권을 가진 사람의 이름을 바꾸는 것이나 은행 장부를 업데이트하는 것보다 더 편리한 방법이다.' 마이클 브라이언은 이렇게 쓴다. "17세기 철학자 존 로크 이래로 몇몇 사람들은 돈이란 누군가의 생산 행위와 소비 행위를 기억하고 그 정보를 주고받는 수단에 불과하다고 주장했다."

'돈은 기억이다.'

전자 황금, 비트코인의 탄생

아주 멋진 말이긴 한데, 내가 생각해 낸 것은 아니다. 1996년, 나라야나 코처라코타Narayana Kocherlakota는 〈돈은 기억이다〉라는 제목의 보고서를 미니애폴리스 연방준비은행에 제출했다. (나라야나 코처라코타는 2009년부터 2015년까지 미니애폴리스 연방준비은행 총재를 지냈다 - 옮긴이) 그는 효율적인 경제적 거래라는 측면에서 돈으로 성취할 수 있는 것은 이론적으로 볼 때 기억으로 성취할 수 있는 것이며, 좀 덜 문학적으로 말하자면 기록을 잘 보존하는 것으로 성취할 수 있다고 주장했다. 비트코인이 나오기 훨씬 전에 작성된 이 보고서에는 비트코인의 진수가 모두 담겨 있다. 그는 당시 신용카드를 사용하는 빈도가 점점 늘어나는 이유에 대해 단기 채무에 관한 법이나 관행이 바뀌어서가 아니라 정보를 저장하고 접근하는 비용이 급격히 싸지고 있기 때문이라고 지적했다. 또한 그는 이렇게 설명한다. "화폐와 마찬가지로, 신용카드는 주로 기억을 돕는 장치이다."[5] 물론 바닷속에 가라앉아 있는 라이도 마찬가지다. 나라야나 코처라코타는 밀턴 프리드먼의 유명한 격언, "화폐는 언제 어디에서

나 기억을 돕는 특이한 물건이다"를 차용해서 자신만의 버전을 만들어 낸 것이다.[6]

　바로 이 부분에서 과거와 미래가 겹치게 된다. 화폐가 일종의 결산 내지 '기억'의 수단이라면, 컴퓨터 코드로 만들어진 전자화폐인 비트코인도 돌로 만든 라이와 크게 다르지 않다. 둘 다 기록을 보존하기 위한 수단이다. 게다가 아이러니하게도 라이와 비트코인이 모두 '채굴'되어야 한다는 기막힌 우연까지 겹친다. 라이는 채석장에서, 비트코인은 복잡한 컴퓨터 알고리즘을 통해서 채굴된다는 것만 다르다. 연방준비제도의 경제학자가 야프 섬의 돌 화폐에 대해 보고서를 쓴 데는 이유가 있다. 2004년(비트코인이 나오기 몇 년 전), 마이클 브라이언은 실물화폐와 명목화폐(정부가 발행하고, 본질적인 가치가 없는 화폐), 그리고 미래의 화폐를 연결시켜 본 뒤 이렇게 추론했다. "명목화폐는 거래를 추적하고 기억한다는 관점에서 보면 실물화폐만큼이나 효율적이며, 제조와 저장 비용은 훨씬 저렴하다. 사실 이런 시각에서 보면, 모든 거래에 전혀 비용이 들지 않고, 모든 사람이 볼 수 있게 즉시 기록할 수 있어서, 화폐, 적어도 물리적인 실체로서의 화폐가 쓸모없어지는 미래도 예측해 볼 수 있다."

　바로 그 미래가 도래한 것이다. 나라야나 코처라코타는 〈돈은 기억이다〉 보고서에서 이렇게 쓴다. "화폐가 수행하는 기능이 모든 거래에 대한 완벽한 기록으로 대체될 수 있다면, 그때 화폐의 유일한 기술적 역할은 그 기록을 제공하는 것이 되어야 한다." 비트코인은 그 일을 한다. 비트코인은 참여자들이 컴퓨터를 이용해 그것을 전 세계 어디로나 보낼 수 있도록 해 주는 분산 장부다. 웨스턴 유니언 같은 금융·통신사와 비슷하지만, 더 빠르고 더 저렴한 데다 익명이 보장되며, 달러 대신 비트코인이라는 새로운 계산 단위를 쓸 뿐이다. 비트코인은 인터넷, 똑똑한 프로그래밍, 강력한 암호화로 보장되는 보안성, 그리고 정부의 합법적 보증을 받는 화폐를 그렇지 못한 전자화폐와 기꺼이 거래하겠다는 기업가, 투자자, 자유주의자들의 의지가 결합함으로써 가능해진 거래의 기록이다.

비트코인이 과학 소설이라면, 비트코인의 탄생은 미스터리 소설과 같다. 2008년, 자신을 나카모토 사토시라고 밝힌 한 프로그래머가 비트코인을 세계에 내놓았다. (이 장 맨 앞, 조슈아 데이비스의 인용문에 나온 2009년 1월 3일은 최초의 비트코인이 채굴된 날이고, 2008년 10월 31일은 사토시가 비트코인 백서를 발표한 날이다 – 옮긴이) 이 이름은 '그 혹은 그녀'의 본명이 아닐 수 있다. 나카모토 사토시는 다른 프로그래머들과 가끔 메시지 보드를 통해 의사소통을 했다. 어쩌면 '나카모토 사토시'는 몇몇 프로그래머들의 모임을 칭하는 것인지도 모른다. 현재까지 아무도 자기가 한 일이라고 인정하지 않고 있다. 어찌 됐든 이 사람(남자인지 여자인지 그룹인지 모르는 존재)은 인터넷을 이용해 로그인을 한 사람들이 복잡한 수학 문제를 풀어서 비트코인을 벌 수 있는 프로그램을 작성했다. 그렇게 비트코인을 버는 사람들을 비트코인 광부bitcoin miner(채굴자)라고 부른다. 진짜 채굴 작업과 마찬가지로 이 일에 더 많은 재원을 쏟아부으면 생산성이 좋아질 확률이 높아진다. 비트코인 광부들은 복잡한 인수분해 문제를 풀고 보상을 받는다. 지나친 단순화의 위험이 있지만, 비트코인 프로그램은

1부터 무한대 사이에서 무작위로 당첨 숫자를 고르는 것처럼 보인다. 광부들은 자신의 컴퓨터를 이용해서 그 숫자들을 검색한다. 컴퓨터가 더 빠를수록, 검색 과정이 더 정교할수록, 컴퓨터가 한 번에 더 많은 숫자를 걸러 낼수록 당첨 숫자를 찾을 확률은 높아진다.

컴퓨터가 문제를 풀면 전자 금맥을 찾은 것이나 다름없으며, 보상으로 비트코인 25개를 받는다. 원래 프로그램은 평균 10분에 비트코인이 50개씩 발견되고, 발견 확률이 4년에 절반씩 감소하도록 만들어졌다.[7] 이 책을 쓰는 순간 세계적으로 비트코인 1200만 개가 유통되고 있고, 앞으로 900만 개만 더 나올 것이라는 예상이 팽배해 있다. (2019년 10월 19일에 1800만 개 채굴을 돌파했다 - 옮긴이) 이런 식으로 공급이 제한될 것이라는 예상이—각국 정부와 중앙은행의 손길이 미칠 수 없는 상황에서—비트코인의 매력을 더한다. 비트코인은 전자 황금이다.

비트코인 네트워크에 내재된 기술적인 의미

비트코인 네트워크는 완전히 분산적이다. 비트코인 광부들은 자신의 시간과 컴퓨터 처리 용량을 비트코인 프로그램 운용에 쓰겠다고 결정한 보통 사람들이다. 캘리포니아 골드러시 때 서부로 향한 미국인들과 다름이 없다. 나는 명문 사립학교에 초대받아 만찬에 참석했을 때 몇몇 학생들이 식사 시간 내내 자신들이 하고 있는 비트코인 채굴 작업에 관해서만 이야기하는 것을 들은 적도 있다. 또한 금이나 다이아몬드처럼 큰돈을 벌 가능성이 있기 때문에 재원이 많고 더 정교한 도구를 지닌 기업들이 유혹을 느끼기 쉽다. 2013년, 《월스트리트저널》은 이렇게 설명했다. "기업들과 개인들이 시장에 뛰어들기 위해 점점 더 강력한 컴퓨터를 손에 넣으려는 경쟁을 벌이면서, 비트코인 발굴에 필요한 정교한 기술에 투자하는 데 드는 비용, 즉 업계 용어로 채굴 비용이 천정부지로 치솟고 있다."[8] 아마 사립 고등학교 학생들—서부 개척 시대에 당나귀, 곡괭이, 삽만 가지고 금을 캐겠다고 달려든 이들과 비슷한 처지에 있는 사람들—이 행운을 만나는 일은 거의 없을 것이다. 최근 한 기사에서는 아이슬란드의 비트코인 채굴 작업 장면을 이렇게 묘사했다. "각각 열쇠 달린 캐비닛 안에서 윙윙거리며 돌아가는 은빛 컴퓨터 100대가 바닥에 뚫린 환기구를 통해 힘차게 들어오는 극지방의 찬바람을 받으며 열을 식히고 있다." 점점 강력해지는 컴퓨터를 구입하는 비용(그리고 그것들을 가동시키는 전기료)과 비트코인 채굴 속도를 고의적으로 감소시키는 전략이 합쳐지면 비용 대비 수확은 점점 줄어들 것이다. 이 또한 진짜 광산과 비슷하다. 방금 언급한 기사에서 묘사한 비트코인 광산은 아이슬란드에 위치한 것으로, 지열과 수력 발전 덕분에 전기료가 상대적으로 싸다는 점을 염두에 두고 그곳에 세워진 것이다.[9] 슈퍼컴퓨터와 값싼 전기를 쓸 수 없는 사람들이 비트코인을 손에 넣을 수 있는 가장 쉬운 방법은 달러와 교환하는 것이다. 프랑스로 휴가를 가기 전에 은행에 가서 유로를 사는 것과 같다.

이 모든 과정에서 가장 중요한 점은 비트코인 프로그램을 운용하는 컴퓨터가 모두 P2P 네트워크의 일부가 되어서 누가 어떤 비트코인을 소유하고 있는지를 기록하는 장부를 끊임없이 업데이트하는 데 참여

한다는 사실이다. 그것이 비트코인을 채굴하는 광부가 되기 위해 지불해야 하는 비용이다. 비트코인 소유 관계에 대한 분산 기록은 '블록체인block chain'이라고 알려진 전자 장부다. 경제학자들이 이론으로만 상상했던 것이 현실화된 것이다. 누군가 비트코인을 다른 사람에게 보내고 싶어 하면, 네트워크의 컴퓨터들이 각자의 장부를 확인해서 그가 실제로 해당 비트코인을 소유한 사람인지 확인한다. 동시에 비트코인을 이전하기 위해서는 거래에 대한 동의를 증명하는 개인 키private key를 제공해야 한다. 조슈아 데이비스Joshua Davis는 《뉴요커》에서 이 과정을 다음과 같이 요약했다. "비트코인 소프트웨어는 각각의 거래를 모두 암호화하지만—보내는 사람과 받는 사람은 일련의 숫자로만 식별이 가능하다—모든 코인의 움직임에 대한 공적 기록은 네트워크 전체에 발표된다. 사는 사람과 파는 사람의 신분은 익명이지만, 코인의 소유권이 A에게서 B에게로 이전됐다는 것은 누구나 볼 수 있다. 그리고 나카모토의 암호는 A가 같은 코인을 두 번 사용하는 것을 방지한다."[10]

따라서 모든 거래에는 공공 키—그 사람이 실제로 해당 비트코인에 대한 소유권이 있다는 것을 네트워크가 증명해 주는 키—와 개인 키—개인이 자신이 하려고 하는 거래를 승인한다는 사실을 증명해 주는 키—가 필요하다. 이는 은행의 개인 금고를 여는 과정을 전자화한 것이나 다름없다. 은행의 개인 금고를 열 때 은행이 가지고 있는 열쇠 한 개와 금고 소유주가 가지고 있는 열쇠 한 개가 필요한 것과 같다. 비트코인의 경우 개인 키는 패스워드와 비슷한 일련의 번호다. 비트코인 거래가 이루어진 다음에는 시스템 내의 모든 컴퓨터들이 가지고 있는 장부가 자동적으로 업데이트돼서 소유권 변화가 기록된다. 무작위로 참여한 사람들의 분산 네트워크가 이 지불 방식이 작동하는 데 필요한 계산력을 제공하는 것이다. 경제학자 프랑수아 벨데François Velde는 시카고 연방준비은행에서 발행한 비트코인 안내서에 이렇게 썼다. "결국 이 새로운 화폐는 무엇인가? 광부의 채굴이라는 시작점과 현재의 소유권자라는 종착점을 잇는 공인된 거래 리스트다. 이 화폐를 교환할 수 있는 이유는 모든 잠재적 수령인이 과거의 거래를 확인하고 새로운 거래를 입증할 수단을 가지고 있기 때문이다. 결국 이 화폐에 대한 소유권은 전자 노드들의 합의에 달려 있다."[11] 비트코인을 폄하하는 사람들—사실 이 주제에 대해 나와 이야기를 나눈, 거의 모든 엄숙한 사람들이 여기에 포함된다—마저도 이 테크놀로지의 가치는 인정했다.

왜 사람들은 비트코인을 원하는가

그런데 도대체 '왜 사람들은 비트코인을 원하는 것일까?' 비트코인뿐 아니라 유사품인 알파코인, 패스트코인, 피어코인, 네임코인, 월드코인, 플라이코인, 제우스코인, 심지어 비비큐코인 등을 누가 원하는 것일까?[12] 심지어 나도 '찰리코인' 같은 것을 만들어서 우리 집 주위를 몇 바퀴 뛰면 준다고 할 수도 있다. 그러나 내가 찰리코인을 준다고 해서 사람들이 그것을 피자나 자동차 같은 실제 가치를 지닌 상품과 교환하는 건 고사하고 그 코인을 모으고 싶어 할지조차 의문이다. 비트코인은 그다지 의미 없는 수학 문제를 풀고 상으로 받는 일련의 숫자에 지나지 않는다. 적어도 종이화폐는 다른 모든 가치가 없어진다 해도 휴지로 쓰거나 태울 수는 있다.

앞서 제기한 질문의 가장 간단한 답은 이것이다. 비트코인은 가치 있어졌기 때문에 가치를 지니게 되었다는 것이다. 넷스케이프Netscape의 공동 창업자인 마크 앤드리슨Marc Andreessen, 그리고 캐머런과 타일러 윙클보스Cameron and Tyler Winklevoss 형제들 같은 혁신적인 초기 참여자들이—암호화폐 기술과 비트코인 자체에 모두—투자하면서 다른 사람들도 비트코인이 실제 전자화폐로 사용될 가능성이 있으며, 적어도 일정 기간 동안은 가치가 상승할 것이라는 확신을 가지게 됐다.◆ 비트코인의 가치가 상승할 때마다 다른 사람들도 비트코인을 소유하는 것이 이익을 가져다줄 것이라는 생각을 갖게 됐고, 그로 인해 가치는 더욱 상승했다. 2010년은 유명한 비트코인 거래 중 하나가 성사된 해다. 초기 비트코인 개척자인 라즐로 핸예츠Laszlo Hanyecz가 비트코인 메시지 보드에 자기한테 피자 두 판을 보내 주는 사람에게 비트코인 1만 개를 주겠다고 쓴 것이다. 또 다른 비트코인광이 그 제안을 받아들여 핸예츠에게 파파존스 피자 두 판을 배달시켰다. 2015년에 접어들 즈음에는 비트코인 1만 개의 가치가 230만 달러에 이르렀다. 암호화폐 열성 팬들은 이제 그 유명한 거래가 벌어진 5월 22일을 '비트코인 피자 데이'라고 칭하며 기념한다.[13]

◆ 캐머런과 타일러 윙클보스 형제는 페이스북 초기 참여자로 알려져 있는데, 사실 영화 〈소셜 네트워크The Social Network〉에서 그려진 이미지로 더 유명해졌다.

언제부터인가 오케이큐피드OkCupid(온라인 데이트 회사), 워드프레스 WordPress(블로그 회사) 등 주류 기업들이 비트코인을 받기 시작했다. NBA 의 LA클리퍼스 구단도 비트코인을 받고 표를 팔았다.[14] 여기까지는 상 거래를 용이하게 하기 위한 메커니즘이라기보다 마케팅 술책에 가까 워 보인다. 소매업자들은 보통 비트코인 수익을 즉시 제3자 결제third-party payment 서비스 기업들을 통해 달러로 전환한다.[15] 2014년, 《월스트 리트저널》은 레이크 타호 지역 부동산이 2739비트코인에 팔렸다고 보 도했다.[16] 그러나 이 역시 비트코인에 대한 회의적인 태도를 보여 주는 것으로 느껴졌다. 집이 달러나 유로로 팔렸을 때 뉴스에 오르내리는 경 우가 있는가?

누군가 피자 두 판에 230만 달러에 해당하는 비트코인을 지불했다 는 사실 자체가, 최고의 기술로 이루어진 것임에도 불구하고 비트코인 을 형편없는 화폐로 만드는 요소 중 하나다. 가치가 예측 불가능하게 등락을 거듭하는 자산은 전자화폐든 아니든 간에 이상적인 통화가 아 니다. 화폐는 비교적 안정적인 구매력을 유지할 때 가장 잘 작동한다. 스티브 포브스Steve Forbes가 말했듯 "화폐는 그 가치가 고정되어 있을 때 가장 이상적으로 작동한다. 표준 도량형을 사용하면서 상거래가 더 쉬 워진 것과 같은 원리다. 햄버거 1파운드는 고기 16온스와 무게가 같고, 한 시간은 60분이며, 1마일은 5280피트다. 이는 '변동'하지 않는 척도 다."[17] 그의 칼럼에는 〈비트코인, 그것이 무엇이든 돈은 아니다!〉라는 적절한 제목이 붙었다. 이 문제를 두고 내기를 한다면 나는 스티브 포 브스의 말이 맞는다는 데 돈을 걸겠다. 다시 1장으로 돌아가 보자. 화폐에는 세 가지 기능이 있다. 계산 단위, 가치 저장 수단, 그리고 교환 수단. 비트코인은 이 중 두 기능을 수행하지 못하고, 어쩌면 세 번째 기능마저 잘 해내지 못할 수 있다.

의미 있는 계산 단위가 되지 못한다는 한계

비트코인은 의미 있는 계산 단위가 아니다. 비트코인 2739개로 거래된 레이크 타호의 집을 예로 들어 보자. 그 집은 큰 집일까, 작은 집일까? 우리는 전혀 알 수가 없다. 그러나 그 집이 거래될 당시 160만 달러짜리였다는 말을 들으면,[18] 우리는 그 집이 굉장히 좋은 집(혹은 꽤 부유한 동네에 있는 거라면 수수한 집)이라는 사실을 즉시 알 수 있다. 지구상에 사는 대부분의 사람들이 160만 달러는 어떤 의미인지 알지만, 비트코인 2739개는 어떤 의미인지 모른다. 이 혁신적인 거래를 보도한《월스트리트저널》기사에서도 그 집의 가격을 달러로 언급한 부분이 첫 문단에, 비트코인으로 언급한 부분이 두 번째 문단에 나온다는 사실이 내 주장을 뒷받침하고 있다. 물론 사람들은 어느 특정 시점이 되면 비트코인이 어느 정도 가치를 지니고 있는지를 계산할 수도 있다. 처음 방문하는 나라에서 그 나라 화폐로 계산하는 법을 익히듯이 말이다. 그러나 비트코인의 가치는 너무도 심한 등락을 거듭했다. 비트코인 하나의 가치는 '2013년 1월부터 2014년 1월 사이에 5000퍼센트 상승'했다.[19] 그런데 상승 곡선이 꾸준하지 않았다. 2013년 초에 하나당 15달러 하던 비트코인의 가치는 4월에 230달러로 올랐고, 7월에는 70달러로 떨어졌다가, 11월에는 1000달러까지 수직 상승했다[20] 이것이 피자 두 판에 230만 달러를 지불하는 해프닝이 벌어진 이유다. 2014년 8월, 비트코인의 가치는 하루 사이에 12퍼센트나 폭락했다. 당시 비트코인 투자 펀드를 가지고 있던 한 사람은 이렇게 설명했다. "좋든 싫든 이것이 비트코인이 거래되는 패턴이다."[21] 좀 더 큰 그림에서 이 현상을 이해해 보자. 달러의 국내 구매력이 '1년에' 3~4퍼센트 이상 변동하면 연방준비제도가 일을 잘못한 것으로 간주된다. 그런데 하루에 12퍼센트라고?

금융의 오랜 친구인 도취감과 패닉에 대해 다시 한 번 생각해 보자. 대부분의 사람들에게 비트코인이 매력 있게 느껴진 가장 큰 이유는 가치가 꾸준히 오른다는 데 있었다. 어떤 자산을 살 때 가장 중요하게 작용하는 이유가 가치 상승에 대한 기대에 있다면, 그것은 투기다. 그리고 그 자산이 어떠한 본질적 가치도 지니고 있지 않을 때—수익을 창출해 주거나 임대료를 발생시키거나 그 밖에 다른 식으로 소득을 발생시키는 것이 아닐 때—는 거품에 주의해야 한다. 그레이터 풀 이론greater fool theory—오늘 구입한 것을 내일 누군가 더 비싼 가격에 사 주리라 믿는 것—은 인간 역사상 거품이 일 때마다 늘 모습을 보이는 단골이다. 사람들이 비트코인의 가치가 오르고 있어서 투자하는 것이라면, 가치가 떨어질 낌새가 보일 경우 바로 싼값에 팔아 치울 것이라는 뜻도 된다. 비트코인은 달러, 유로, 엔과 마찬가지로 본질적인 가치가 전혀 없는 화폐다. 다른 점은 어떤 정부나 중앙은행도 비트코인의 가치를 유지할 책임을 지고 있지 않고, 어떤 정부도 이 통화 단위를 법정 화폐로 받아들여야 한다고 규정하지 않았다는 사실이다. 《이코노미스트》는 "모든 통화는 어느 정도 집단적으로 합의된 환각을 필요로 한다. 그런데 가상 화폐 체제인 비트코인은 대부분의 화폐보다 훨씬 더 큰 집단적 환각을 필요로 한다"고 지적했다.[22]

거품이 꺼지지 않는다 하더라도, 어떤 화폐가 계산 단위로서 기능하려면 예측 가능한 구매력이 장기간 보장되어야 한다. 달러는 그 돈으로 지금 당장 커피를 살 수 있어서만이 아니라, 30년 상환 주택담보대출을 받아 집을 살 수도 있기 때문에 효과적인 통화로 인정을 받는다. 대출을 받는 사람이나 은행이나 향후 30년에 걸쳐서 달러가 어떤 가치를 지닐지에 대해 대강의 예측을 할 수 있다. 달러의 미래 가치를 완벽하게 예측할 수는 없지만, 그래도 달러의 구매력은 비트코인에 비해 훨씬 안정적이다. 비트코인 지지자들은 달러 대비 이 전자화폐의 가치가 오를 때마다—따라서 대부분의 상품과 서비스에 대해 가치가 오를 때마다—흥분하곤 한다. 자전거 가게에서 만난 힙스터에게 산 비트코인 30개로 작년보다 30배나 많은 마리화나를 살 수 있다고 하면 싫어할 이유가 있겠는가?(마리화나를 예로 든 것은 괜히 그런 것이 아니다. 이에 대해서는 조금 있다가 다시 설명하겠다.) 그러나 이렇게 '변화 폭이 큰 통화는 더 장기적인 거래를 하기에는 극도로 부적절'하다. 주택담보대출을 받거나 다른 금전적 계약을 맺을 때의 위험을 생각해 보라. 당신이 실제 예상하는 것보다 10배, 20배, 혹은 50배의 돈을 더 지불해야 할지도 모르는 재정적 위험을 감당할 수 있겠는가? 게다가 만일 비트코인의 가치가 갑자기 대폭 떨어진다면, 돈을 받는 쪽에서는 그 손실을 감당해야 한다.

다음 사실에 대해 생각해 보자. 비트코인 재단Bitcoin Foundation에서 일하는 사람들의 급여는 완전히 비트코인으로 책정되는 것이 아니다. 이

재단의 보수는 달러로 표시되고, 월급날 환율에 따라 비트코인을 지급받는다.[23]

가치 저장 수단으로서 전자화폐의 단점

비트코인은 화폐의 두 번째 기능인 훌륭한 가치 저장 수단이 되지도 못한다. 중앙은행이 언제든 새로 찍어 낼 수 있는 명목화폐와 달리 채굴될 수 있는 비트코인의 양은 표면적으로 제한되어 있다. 행정 관료들이 이 돈을 찍어 내는 데(전자화폐의 경우 찍어 내는 것은 아니지만 어쨌든 이에 상응하는 과정을 말한다) 간섭할 수 없는 것이다. 거기까지는 좋다. 그러나 비트코인 프로그램을 만든 사람이 누군지를 모르는 상황에서 비트코인 채굴량이 제한되어 있다는 것을 어떻게 믿을 수 있는지 의문을 갖는 것이 당연한 일이지 않을까? 어쩌면 전자화폐가 종이화폐보다 희소가치가 더 없어지게 될 가능성도 있다. 비트코인의 장점에 '정부의 간섭이 없다'는 점을 포함시킬 거라면, 똑같은 내용을 단점에도 집어넣을 수 있을 것이다.

가치 저장 수단으로서 전자화폐—비트코인과 그 경쟁자들 모두—의 가장 중요한 단점은 극도로 단순한 것이기도 하다. 바로 전자화폐를 분실하거나 도난당할 확률이 높다는 사실이다. 각각의 비트코인은 개인 키—일련의 번호—를 가지고 있어서 전자 지갑에 전자적으로 저장된다. 아니면 그 번호를 종이에 적어서 다른 암호들과 함께 서랍에 보관할 수도 있다. 두 방법 모두 완전히 안전한 것은 아니다. 개인 컴퓨터에서 비트코인 지갑 파일을 훔치기 위해 만들어진 악성 코드 120종이 소프트웨어 보안 연구원들에게 발견된 적도 있다. 이들은 비트코인 정보를 오프라인의 '콜드 스토리지cold storage'에 보관할 것을 추천했다. (콜드 스토리지는 암호화폐의 오프라인 저장소를 의미한다. 암호화폐 지갑에는 온라인에 있어 바로 출금할 수 있는 '핫 월릿'과 오프라인에 있어 바로 출금이 불가능한 '콜드 스토리지'가 있다 – 옮긴이) '현금을 실제 금고에 보관하는 것'처럼 말이다.[24] 어떻게 보관하든 간에, 개인 키를 잃어버리면 해당 비트코인도 영원히 잃게 된다. 암호를 잊어버린 적이 있는가? 노란 포스트잇 종이를 허둥지둥 찾는 장면을 상상해 보라. 그 종이를 못 찾으면 노후 자금을 몽땅 잃어버리는 것이나 마찬가지라면 어떨까?

여기서 잠깐 아주 흥미로운 곁길로 새 보자. 모든 전자화폐의 잠재적 혜택 중 하나는 범죄 방지에 도움을 줄 가능성이 있다는 점이다. 길거리 범죄는 대개 기회가 포착될 때 우발적으로 일어나는 약탈 행위다. 현금으로 불룩해진 지갑이 적을수록 범죄 기회도 줄어든다. 전미경제연구소National Bureau of Economic Research와 연관된 연구자 그룹이 다음과 같은 설문 조사를 진행한 적이 있다. "현금이 범죄의 동기가 된다면, 현금이 없을 경우 범죄를 줄일 수 있을까?" 미주리에서 실시된 흥미로운 연구에 따르면, 그에 대한 대답은 '그렇다'인 듯하다. 미주리에서는 주정부가 지급하는 생활 보조비와 식비 지원금을 (현금화해야 하는) 수표 대신 소매점에서 사용할 수 있는 전자 카드로 제공했다. 이 조치는 미주리 내의 각 지역에 따라 단계적으로 진행되었는데, 먼저 전자화된 지역에서는 강도와 폭행 같은 범죄가 현저히 줄어들었다(불행하게도 강간, 매춘,

마약 관련 범죄는 줄어들지 않았다).[25]

  하지만 흥분하기에는 아직 이르다. 19세기 미국 서부 시대의 무법자 제시 제임스Jesse James는 자신이 은행을 턴 것은 그곳에 돈이 있었기 때문이라고 말했다. 만약 그가 21세기에 산다면 은행이 아닌 다른 곳을 털 것이다. 컴퓨터 해커들이 연방 공무원 1800만 명의 개인 정보를 훔칠 수 있는 시대에 디지털 화폐가 그와 같은 컴퓨터 범죄에서 안전하다고 믿는 것은 너무도 순진한 일이다. 특히 그런 화폐를 안전하게 지켜야 할 책임을 지는 기관이 없는 상황에서는 더욱 그렇다. 자기 집 거실에 앉아 축구 경기를 보면서 거액의 돈을 훔칠 수 있다면 그보다 더 좋은 절도가 어디 있겠는가? 그런데 그런 일이 실제로 벌어졌다. 2014년 2월, 세계 최대 비트코인 거래소인 도쿄의 마운트곡스Mt. Gox는 비트코인 74만 4400개를 분실했으며, 사이버 절도를 당한 것으로 추정된다고 신고했다.[26] 당시 시세로 약 5억 달러에 달하는 비트코인이었다. 약 일주일 후, 캐나다의 '비트코인 은행'이 문을 닫았다. 해커들이 그 은행의 핫 월릿hot wallet(비트코인 온라인 저장소)을 깨끗이 털어 갔기 때문이다. 이런 예는 더 있다.[27] 이와 같은 사이버 절도는 컴퓨터로 돈을 훔쳐 갔다는 것 이상의 의미를 지닌다. 사건이 벌어지고 나면 보통 비트코인의 가치가 하락해서 이 통화를 보유하고 있는 사람들 모두가 손해를 입는다. 제시 제임스가 은행에서 달러를 훔쳐 갔을 때는 이런 일이 벌어지지 않았다.

불법 행위를 위한 교환 수단이 될 위험성

이제 화폐의 마지막 핵심 기능, 즉 교환 수단 역할에 대해 알아보자. 이 측면에서 비트코인은—일부 사람들에게—엄청난 가치를 지녔다. 비트코인은 아르헨티나, 베네수엘라 등 하이퍼인플레이션의 역사가 있고, 은행들이 제 기능을 못하며, 통화 규제로 인해 국내외로 돈을 이동시키는 것이 어려운 나라들에서 중요한 역할을 해낼 잠재력을 가지고 있다. 2015년 《뉴욕타임스》는 이렇게 보도했다. "아르헨티나는 보통 사람들이 실제 상거래에 비트코인을 수시로 이용하는 최초의, 그리고 거의 유일한 나라로 조용히 명성을 드높이고 있다."[28] 인류 역사상 전통적인 금융 시스템이 무너지면 개인들은 항상 금과 보석으로 눈을 돌렸다. 'E-금'도 같은 기능을 할 가능성이 있다.

디지털 화폐는 현금의 장점과 전자 결제 시스템의 범위 및 편의성을 모두 갖추고 있다. 외국에서 신용카드로 물건을 사려면 수수료를 많이 물고, 개인 정보의 흔적을 남기는 불편을 겪어야 한다. 수수료를 좋아할 사람은 아무도 없다. 그런데 비트코인의 고유 기술은 전 세계로 자금을 이동시키는 데 드는 비용을 상당히 낮출 수 있는 잠재력을 지니고 있다. 특히 외국에서 일하는 노동자들이라면 본국에 송금하는 비용을 낮출 수 있다는 사실을 반길 것이다. 또 어떤 사람들은 자금 이동 기록을 남기고 싶어 하지 않을 수 있다. 카자흐스탄에서 무기를 구매하면서 사법 당국에 추적당할 전산상의 증거를 남기지 않으려면 현금을 가방한가득 들고 국경을 넘을 방법을 찾아야 한다. 암호화폐는 상대적으로 익명성이 보장되는 현금의 장점과 온라인 송금의 편리함을 다 가지고 있다. 비트코인은 가방 안에 든 현금을 전자적으로 전 세계에 보내는 것을 가능케 한다. 따라서 거액의 거래를 익명으로 하고자 하는 사람들에게 아주 매력적이다.

물론 국세청, 마약단속국, FBI가 자신의 사업에 관여하지 않기를 바라는 사람들 중에는 준법정신이 투철하고 정직한 사람들도 많이 있으리라고 믿는다. 그러나 동시에 국세청, 마약단속국, FBI에게 거래 영수증을 보여 주고 싶지 않은 마약상, 탈세자, 무기 밀매업자도 많다. 비트코인은 처음 생겼을 때부터 아주 매력적이지 않은 인물들에게 아주 매력적인 교환 수단을 제공해 왔다. 예를 들어 '실크로드'는 불법적인 상품(대부분 마약)을 사고팔 수 있는 최초의 웹사이트로, 비트코인과 또 다른 신기술인 '토르'를 사용해서 쉽고 편하게 거래할 수 있는 곳이다. 토르는 물리적인 위치를 노출하지 않고 웹사이트를 개설할 수 있도록 하는 기술이다.[29] 한 뉴스 매체는 실크로드를 '불법 약물의 아마존'이라고 묘사했다.[30] FBI가 2013년에 실크로드를 폐쇄했지만, 그 전에 이 사이트에서 사용된 비트코인만 160만 개에 달했다. 앞서 언급했던 것과 같이 이 숫자만으로는 별로 감이 별로 오지 않을 것이다. 비트코인 160만 개는 당시 환율로 3억 6500만 달러에 해당한다.

더욱 놀라운 것은 비트코인 재단 이사회 일원이자 비트코인을 달러로 구매할 수 있는 유명 웹사이트의 CEO인 찰스 슈렘Charles Shrem이 2014년 1월 실크로드에 관여했다는 혐의로 체포된 사실이다. 이 비트코인 관련 수사는 여러 면에서 역설적이었다. 찰스 슈렘은 북미 비트코인 콘퍼런스에서 연설하러 가는 길에 케네디 공항에서 체포됐다.[31] FBI는 실크로드를 폐쇄한 뒤 그 회사가 보유하고 있던 14만 4000개의 비트코인을 압수했고, 이로써 당시 미국 정부는 비트코인 최대 소유자로 등극했다.[32] 이보다 더 중요한 것은 법 집행 당국과 규제 당국이 기술에 뒤처지지 않도록 최선을 다할 것이라는 사실이다. 벤 버냉키가 말했듯 "규제 당국의 단속을 계속 받으면서 국제적으로 유용한 통화가 되기는 어려운 일이다. 그런데 당국이 그것들을 주로 불법적인 활동을 위한 수단으로 본다면, 단속은 계속될 것이다."[33] 그러는 사이, 이 디지털 화폐의 혜택을 가장 크게 보는 사람들이 마약 밀매상과 테러리스트들이라는 사실은 이 화폐의 매력을 상당히 떨어뜨릴 것이라 예상할 수도 있다.

그러나 우리 대부분에게 이 새로운 형태의 전자화폐들이 갖는 가장 큰 문제는 돈으로서 썩 제대로 기능하지 못한다는 점이다. 교수로서(그렇게 점수가 짠 교수는 아니다) 내가 매긴 점수는 이렇다.

- 암호화폐의 계산 단위 기능: F
- 암호화폐의 가치 저장 수단 기능: D
- 암호화폐의 교환 수단 기능: 대부분의 사람들에게는 C, 정부가 와해되어 가는 나라에 있는 사람에게는 B+, 테러리스트, 무기 밀매업자, 마약상, 납치범에게는 A+

자본의 흐름을 더 빠르고, 쉽고, 저렴하게 변화시킬 가능성

그러나 암호화폐를 폐기한다고 해서 거기에 쓰인 대단한 기술까지 폐기해 버리지는 말자. 비트코인과 거기 관련된 기술은 우리가 달러로 돈을 지불하고, 이전하는 방법에 변혁을 가져올 잠재력을 가지고 있다. 전통적으로 가치 증표를 한 주체에서 다른 주체로 이동시키는 거래 방법에는 기본적으로 두 가지가 있다. 가장 확실한 방법은 물리적 화폐를 사용하는 것이다. 현금이 깔끔한 이유는 내가 상대에게 1달러를 주면 나는 더 이상 그것을 가지고 있지 않게 되고, 상대는 1달러를 가지게 되기 때문이다. 그런 거래에서는 혼동이나 논쟁의 여지가 생기기 힘들다. 그 외 다른 모든 지급 방식은 전통적으로 그 거래를 확인해 줄 중개인에 의지해 왔다. 내가 당좌수표나 직불카드를 사용하면, 거래 은행에서 내 계좌에 충분한 자금이 있는지를 확인하고 상대 계좌에 사용 금액을 이체해 준다. 비자, 마스터카드, 웨스턴 유니언, 페이팔 등이 모두 기본적으로 같은 역할을 한다. 그들은 내가 지불을 약속한 자금을 가지고 있으며, 그 돈을 동시에 다른 여러 곳에서 쓰고 있지 않다는 것을 확인해 준다(신용카드의 경우 내가 쓰고 있는 돈을 카드 회사에서 빌려주기도 한다). 이들은 중개인 역할을 하는 대가로 상당한 수수료를 받는다. 사실 현대 경제에서 온라인 결제가 차지하는 비중을 생각하면 납득이 가는 일이기도 하다.

역사적으로 중개인이 없는 전자 지불 방식은 계속해서 복사가 가능한 디지털 정보의 성격상 성공할 수가 없었다. 가령 내가 50달러의 가치를 대신하는 디지털 파일을 가지고 있다고 해 보자. 그것은 현금과 전혀 다르다. 이 파일을 상대방에게 이메일로 전송해도, 나는 여전히 그 파일을 가지고 있다. 게다가 그 파일을 내 이메일 주소록에 포함된 모든 사람에게 전송할 수도 있다. 그러면 모두가 50달러 가치를 대신하는 파일을 가지게 된다. 이렇게는 지불 방식으로 작동할 수가 없다. 비트코인의 놀라운 점은 비자카드 회사와 같은 중개인이 아니라 분산된 P2P 네트워크가 거래가 이루어진 것을 확인해 주는 부분이다. 시카고 연방준비은행의 프랑수아 벨데는 이렇게 설명한다. "비트코인의 프로토콜은 디지털 화폐를 만드는 데 따르는 문제를 깔끔하게 해결해 준다. 다시 말해 디지털 화폐를 발행하고, 위조 화폐를 방지하고, 중복 지불을 적발해 내고, 안전한 자금 이체를 보장해 주는 모든 일을 어떤 기관에도 의지하지 않고 해결하는 방법을 만들어 낸 것이다."[34] 이 혁신은 상거래와 자본의 흐름을 더 빠르고, 쉽고, 저렴하게 변화시킬 가능성을 가지고 있다. 사실 그것이 바로 '돈이 해야 할 일'이다. 심지어 암호화폐와 관련해 '비트콘드bitconned'라는 표현을 쓰곤 하는 《이코노미스트》마저도 이 기술은 냅스터Napster와 견줄 만하다고 선언했다. ('bitcoin'에 '속이다' '사기 치다'라는 뜻을 지닌 'con'을 결합해 'bitconned'라는 표현을 만들어 냈다 – 옮긴이) 냅스터의 P2P 음원 파일 공유 서비스는 저작권 침해 문제로 폐쇄되기 전까지 음원 산업에 혁신을 가져왔다.[35]

이쯤에서 이 장 전체를 가로지르는 주제 중 하나를 확실히 짚고 넘어가자. '전자 결제 시스템—전통적인 통화를 사용해서 전자 거래를 하는 메커니즘—과 완전히 새로운 형태의 디지털 화폐는 근본적인 차이가 있다.'

지금까지 설명한 모든 이유 때문에 후자는 극복해야 할 엄청난 장애를 가지고 있다. 그러나 전자—상거래를 온라인으로 하는 더 싸고 쉬운 방법—가 더욱 발전할 것은 확실하다. 예를 들어, M-페사M-Pesa는 케냐에서 인기를 누리고 있는 모바일 지급 시스템으로 휴대전화를 사용해서 돈을 이체할 수 있도록 한 것이다. 이용자들은 전화를 이용해서 상품을 구매하거나, 가게나 거리에서 현금을 인출할 수도 있다. M-페사는 현금을 가지고 다녀야 할 필요를 줄여서 절도 확률을 최소화한다. 《월스트리트 저널》에서 기술했듯이 "[거래를 하는 사람들의] 리프트 밸리의 시골에서 일하는 목동들에서부터, 몸바사의 분주한 항구에서 삼륜 택시 영업을 하는 운전사들, 그리고 교통 체증으로 미어터지는 나이로비에서 사업을 하는 기술 혁신 기업가들에 이르기까지 다양하다."[36] 케냐은행가협회 Kenya Bankers Association에서 발표한 한 보고서에 따르면, 케냐 인구의 60퍼센트가 전화를 사용해서 금융 거래를 하는 반면, 은행에 직접 가는 사람은 30퍼센트, ATM을 이용하는 사람은 8퍼센트에 불과하다.[37] 그렇다고 해서 중요한 점을 간과해서는 안 된다. '이 모든 거래는 케냐 실링으로 이루어진다는 사실'이다.

미래의 화폐를 논의할 때 기억해야 할 쟁점들

사람들이 현금이 사라질 것이라고 이야기하는 것은 일리가 있는 말이다. 카드를 긁고, 휴대전화를 갖다 대고, 지갑으로 찍는 등 베이글 하나를 사더라도 더 빠르고 쉽게 결제할 수 있는 여러 기술을 사용하는 빈도가 높아지면서 종이화폐는 점점 줄어들 것이다. 우리는 이미 항공사를 비롯한 여러 기관들이 전자 결제 방식만을 받아들이는 쪽으로 변화하고 있는 것을 목격하고 있다. 물론 현금 수요는 항상 있을 것이라고 생각한다. 익명성이 보장되는 장점이 있고, 작은 거래를 할 때는 현금을 내는 것이 더 편할 때가 많기 때문이다(이는 시간이 지나면 알게 될 일이다). 그리고 우리가 아직 페니 같은 작은 단위의 동전들을 갖고 있다는 것을 생각하면 좀 놀랍긴 한데, 이 책에서는 그 문제를 다루지 말도록 하자. 여기서는 일단 잠깐 숨을 가다듬고, 화폐의 목적은 경제가 잘 돌아가도록 하는 것이며, 이는 종이화폐를 쓰든, 비트코인을 쓰든, 돌로된 라이를 쓰든, 고등어 파우치를 쓰든 동일하다는 사실을 상기하자. 이런 맥락에서 우리는 몇 가지 강력한 예측을 해 볼 수 있다.

설령 텔레파시를 보내 스타벅스에서 커피를 살 수 있는 날이 온다해도 안정적인 계산 단위는 여전히 필요할 것이다. 책임감 있는 중앙은행이 존재하는 나라의 정부가 보장하는 통화, 특히 미국 달러와 같은 통화는 지난 30여 년 동안 놀라울 정도로 꾸준하고 예측 가능한 구매력을 유지해 왔다. 완전히 빗나간 장담을 한 대표 주자인 어빙 피셔를 능가하는 예측이 될지는 모르지만, 나는 정부가 보장하는 화폐가 가까운 장래에 사라지지 않을 것이라고 장담한다. 화폐와 거래의 성격은 변화하겠지만, 계산 단위로 사용할 수 있는 수단에 대한 근본적인 필요는 변화하지 않을 것이다.

돈을 빌리는 사람과 빌려주는 사람은 영원히 존재할 것이다. 빌려주고 빌리는 것의 형태는 진화할 것이다. 전통적인 은행 업무는 그림자 금융에 의해 부분적으로 대체됐다. 미래학자들은 인터넷으로 인해 P2P 대출이 확산됨에 따라 돈을 빌리는 사람과 빌려주는 사람이 온라인으로 직접 거래를 하면서 중개인을 없앨 것이라고 선언했다. 어쩌면 그럴지도 모른다. 그럼에도 불구하고 우리는 역사를 통해 어떤 식의 대출 시스템도 쉽게 패닉 사태에 빠지는 경향이 있다는 교훈을 얻었다. 언젠가는 돈을 빌려주는 사람과 빌리는 사람이 값싼 민간 우주선을 타고 우주에서 만나 거래를 할 날이 올지도 모르겠다. 누가 알겠는가. 그럼에도 인간의 본성이 변화하지 않는 한, 돈을 빌려준 사람이 자신의 돈을 즉시 되돌려 달라고 요구하는데 빌린 사람이 갚을 돈이 없는 상황은 벌어지기 마련이다. 우주여행도 별 도움이 안 되는 상황이다. 그럴 때는 조지 베일리 같은 사람이 나타나 신혼여행 자금을 풀어 패닉을 잠재우지 않으면 안 된다. 그런 상황에는 최종 대출자가 필요하다.

세계 경제는 본질적으로 혼란에 빠지기 쉽다. 천재지변, 기술 변화, 전쟁, 금융 패닉 혹은 인간과 자연이 일으키는 모종의 현상으로 인해 혼란에 빠질 수 있다. 그런 혼란에 대해 효과가 입증된 대처 방법 중 하나는 대출 자금의 가격, 즉 금리를 올리거나 낮추는 것이다. 비트코인의 아이러니 중 하나는, 나카모토 사토시가 비트코인을 만든 부분적인 동기가 금융 위기에 대한 분노에 있었다는 사실이다. 비트코인은 은행가, 정치인, 중앙은행을 배제한 통화가 되고자 했다. 조슈아 데이비스는 《뉴요커》에 기고한 글에서 다음과 같이 추측한다. "만일 나카모토가 세상을 다스린다면, 벤 버냉키를 해고하고, 유럽중앙은행의 문을 닫고, 웨스턴 유니언을 폐쇄했을 것이다."[38] 그러나 위기가 더 악화되는 것을 막을 수 있었던 것은 연방준비제도가 새로운 돈을 경제에 주입할 능력을 가지고 있었기 때문이었다. 그리고 위기 이후, 달러의 구매력은 비트코인의 구매력보다 훨씬 더 안정적이었다. 비트코인이 경제에 주입되는 것은 컴퓨터 알고리즘에 따라서지, 경제 침체를 완화하기 위해 비트코인이 더 필요해서도, 상품과 서비스에 대한 구매 가치를 안정적으로 유지하기 위해서도 아니다.

다시 한 번 요약해 보자.

우리가 거래를 하는 방법은 계속 진화할 것이다. 그러나 안정적인 계산 단위가 필요하다는 사실에는 변화가 없을 것이다.

돈을 빌리거나 빌려주는 형태는 변할 것이다. 그러나 금융 패닉의 본질과 패닉을 방지할 필요가 있다는 사실에는 변화가 없을 것이다.

경제는 진화할 것이다. 그러나 경제는 여전히 부침을 거듭하는 경향을 보일 것이고, 세계 경제가 더 밀접히 연결되면서 그 부침은 더욱 거대해지고 더욱 불안정해질 것이다.

이 모든 것을 관리하는 책임을 맡은 기관은 어디인가? 바로 중앙은행이다. 사람들은 구글 글래스와 자율주행차에 흥분하지만, 21세기에 성장과 안정을 증진하기 위해 우리가 할 수 있는 가장 중요한 혁신 중 하나는 중앙은행이 하는 일을 계속 개선해 나가는 것이다.

14장

Naked
Money

중앙은행과 통화 정책의 미래

2000년대 중반 즈음에는 더 나은 거시경제 정책이 경제적 안정을 도모할 수 있고, 실제로 도모했다고 생각하는 것도 무리가 아니라고 받아들여졌다. 바로 그때 위기가 밀어닥쳤다.

_ 올리비에 블랑샤르, 조반니 델라리치아, 파올로 마우로, IMF 보고서, 2010[1]

연방준비제도가 매년 모든 상황과 모든 위기에 대처함에 있어서 최적의 정책을 운용했다고 말할 수 있는 사람은 아무도 없을 것이다. 그러나 이 기관이 미국 경제에 큰 기여를 했다는 것에는 이론의 여지가 없다.

_ 폴 볼커, 연방준비법 100주년 기념식에서[2]

금융 위기와 맞선 전쟁이 끝난 후

2013년, 연방준비제도는 창립 100주년을 맞았다. 무슨 기념일이든 떠들썩하게 치르는 경향이 있는 미국치고 이 기념식은 조용히 지나간 편이었다. 내가 초등학교에 다닐 때 벌어졌던 미국 독립 200주년 기념식과 비교하면 아무것도 아니었다. 불꽃놀이도, 텔레비전 다큐멘터리도, 퍼레이드도 없었다. 2013년이면 금융 위기 이후 최악의 상황은 지나간 시점이었지만, 연방준비제도는 여전히 좌우로부터 정치 공세에 포위되어 있었다. 보수 진영에서는 연방준비제도가 채권 시장에 너무 공격적으로 개입한 결과 인플레이션이 걷잡을 수 없이 번질 것이라고 경고하고 있었고, 진보 진영에서는 연방준비제도가 더 많은 미국인들이 더 빨리 일자리로 돌아가도록 만드는 데 너무 소극적으로 대응하고 있다고 비판했다. 연방준비제도 이사회 의장 벤 버냉키는 엘리자베스 워런과 릭 페리의 분노를 동시에 산 몇 안 되는 인물 중 하나일 것이다. 한편, 론 폴은 연방준비제도와 종이화폐에 종지부를 찍겠다는 미션을 수행하는 데 여전히 열과 성을 다하고 있었다. 연방준비제도의 100번째 생일 파티를 기념하는 케이크는 어디에도 없었다. ◆

참으로 애석한 일이 아닐 수 없다. 객관적으로 어떤 기준을 적용한다 해도 100주년 기념식에는 캐비아와 얼음 조각상, 그리고 규모가 큰

◆ 실제로 확인된 사실이다. 연방준비제도 관계자가 내게 보낸 쪽지에는 이렇게 쓰어 있었다. "2013년의 100주년 기념식과 관련해 어떤 케이크도 준비된 적이 없습니다."

밴드 정도는 갖추는 게 마땅했기 때문이다. 지난 10년 사이에 일어난 모든 경제적 트라우마에도 불구하고, 연방준비제도는 전 세계 다른 중앙은행과 마찬가지로 자축할 만한 충분한 이유가 있었다. 혹독한 비판에도 불구하고, 연방준비제도의 공격적인 개입이 없었다면 2008년 금융 위기는 대공황보다 훨씬 더 심각해질 가능성이 있었다. 연방준비제도는 이 위기를 헤쳐 나감에 있어서 미국과 전 세계 경제의 조타수 역할을 잘 해냈다. 더 장기적인 시각에서 볼 때, 연방준비제도와 전 세계의 책임감 있는 중앙은행들은 명목화폐를 사용해도 낮은 인플레이션을 유지할 수 있다는 것을 증명했고, 이로써 실물화폐의 단점은 빼고 장점만 껴안는 것이 가능하다는 것을 보여 주었다. 물론 연방준비제도가 대공황이라는 첫 큰 시험에서 낙제점을 기록한 것은 사실이다. 2008년 금융 위기는 재시험 기회였다. 그리고 그 시험에서 그들은 영웅적인 활약을 해냈다. '영웅적'이라는 단어는 사람들이 실제로 사용한 표현이다. 프린스턴대학 경제학 교수이자 정치적 좌파 성향을 띤 전 연방준비제도 이사회 부의장 앨런 블라인더는 벤 버냉키에게 A-를 주었다(리먼브라더스를 파산하도록 둔 것 때문에 점수가 깎였다). 조지 부시 대통령의 임명으로 재무부 장관을 지낸 헨리 폴슨은 벤 버냉키가 용기 있을 뿐 아니라 '역대 최고의 연방준비제도 이사회 의장 중 하나'라고 치켜세웠다.[3] 이 정도면 A학점은 될 것이다.

통계 수치도 연방준비제도가 그렇게 높은 학점을 받을 만하다는 것을 뒷받침하고 있다. 대공황 때는 실업률이 최고 25퍼센트까지 치솟았지만, 금융 위기 중 최고 실업률은 10퍼센트에 지나지 않았다.[4] 대공황은 일시적 반등이 있긴 했지만 거의 10년 가까이 계속된 반면, 금융 위기에 따른 미국의 경기침체는 3년밖에 지속되지 않았다(비록 그 후에 낮은 성장률을 보이기는 했지만 말이다). 그런데 연방준비제도 100주년 기념식에 얼음 조각상 하나 없었다니 말이 되는가? 이는 부분적으로 벤 버냉키와 연방준비제도가 받은 성적표가 잠정적인 것이기 때문이기도 하다. 최악의 상황은 지나갔는지 모르지만 아직 완전히 마무리됐다고는 할 수 없는 상태다. 연방준비제도의 대차대조표상 자산 규모는 전례 없이 확대된 상태다. 미국의 중앙은행으로서 경제에 유동성을 불어넣기 위해 막대한 양의 재무부 채권과 기타 자산을 사들였기 때문이다. 연방준비제도는 그 자산들을 잘 관리하면서 서서히 매도하거나 만기에 이르도록 해야 할 것이다. 한편 시중 은행들은 (연방준비제도로부터 획득한) 전례 없는 양의 준비금을 보유하고 있다. 의회 내에서 연방준비제도를 비판하는 사람들은 이 기관을 감사하도록 하는 법안을 제안했다. 이는 의원들이 통화 정책 결정에 더 직접적으로 관여하겠다는 의사 표현이다. 그리고 미국 국민들은 아직도 구제금융에 대한 분노가 가라앉지 않은 상태다.

나는 2015년 여름, 벤 버냉키를 인터뷰할 기회를 가졌다. 그는 지난 7년간, 혹은 그 전 93년 동안 연방준비제도가 해낸 일을 축하한다며 하이파이브를 나눌 만한 사람으로 보이지 않았다. 그보다는 몇 년 동안 계속된 전쟁을 치른 결과, 승리는 거뒀지만 지칠 대로 지친 장군과 같은 인상을 주었다. 2008년 금융 위기는 중앙은행 입장에서 전쟁이나 마찬가지였다. 거대하고, 예상치 못한 충격이 금융 시스템을 엄습했기 때문이다. 연방준비제도는 과거의 전쟁—대공황, 1970년대의 미국, 1990년대의 일본—에서 배운 교훈을 떠올리는 동시에 상황이 요구하는 데 따라 그때그때 맞는 대책을 세우는 것으로 위기에 대응했다. 의학이나 제조업과 마찬가지로, 중앙은행 업무도 과거의 경험이 현재의 행동과 결합하면서 점점 더 나아지게 되어 있다. 미국이 금융 위기에서 벗어나고, 연방준비제도가 하나의 기관으로 설립된 후 두 번째 세기를 맞는 지금이야말로, 과거를 되돌아보고, 주변을 살피는 동시에, 미래에 시선을 맞추기에 가장 적절한 때일 것이다. 위기를 거치면서 우리는 중앙은행의 역할에 대해 무엇을 배웠는가? 그리고 그보다 더 중요한 질문은 이것이다. 우리는 그 교훈을 밑거름 삼아 '언젠가 닥칠 것이 분명한' 위기와 패닉에 대해 어떤 준비를 해야 할까? 어떻게 하면 중앙은행의 역할을 더 잘하게 만들 수 있을까?

중앙은행과 관련해 꼭 기억해야 할 정책적 원칙들

중앙은행을 뒷받침하는 기본 원칙 중 많은 부분—내가 대학원 시절에 배웠던 것들—은 금융 위기를 거치면서 더 강화되었다. 전투 상황과 마찬가지로 기본적 교훈들 중 어떤 것들(예를 들어 고지를 점령하라 같은 것들)은 세월이 흘러도 변치 않는다. 아래 제시된 것들은 다시 한 번 시험을 거치면서 증명된, 중앙은행에 대한 전통적 교훈이다. 만약 미래 정책 입안자들이 이를 무시한다면 커다란 실책을 저지를 가능성이 크다.

우리에게는 최종 대출자가 필요하다

대규모 인출 사태는 베일리 브라더스 빌딩 앤드 론에서든 환매조건부채권시장에서든 큰 문제로 이어질 수 있다. 금융 위기는 근본적으로 금융 패닉이었다. 벤 버냉키는 자주 그것을 '2008년 공황'이라고 부르곤 한다. 그는 2014년 전미경제학회American Economic Association에서 이렇게 말했다. "2008년 위기는 고전적인 금융 패닉과 상당히 비슷했습니다. 유일하게 다른 점은 그것이 21세기 국제 금융 체제라는 복잡한 환경에서 벌어졌다는 것뿐이었습니다." 패닉이 확산되면, 건강하지 못한 기관이 건강한 기관에 패닉을 전염시킨다. 개인과 기업, 그리고 정부는 모두 자산 유동성을 확보하기 위해 애쓰고, 그 과정에서 근저에 흐르던 위기를 더 악화시킨다. 시간이 흐른 뒤, 역사학자들과 경제학자들은 연방준비제도가 취한 조치의 구체적인 부분들을 비판하게 될 것이고, 그들로서는 그럴 수밖에 없을 것이다. 그러나 위기와 관련된 본능적 공포가 잦아들어 가는 지금, 우리는 상황이 얼마나 나빠질 수 있었는지를 다시 한 번 상기해 봐야 한다. 인간인 우리는 다른 선택을 했을 경우에 벌어질 수 있는 상황을 상상하는 데 능숙하지 않다. 세계 주요 경제국의 중앙은행들이 개입하지 않았다면 우리는 완전한 금융 붕괴 사태에 빠져들 수도 있었다는 것을 망각하지 말아야 한다.

2008년 10월, 세계 최대 은행의 하나인 스코틀랜드왕립은행Royal Bank of Scotland은 파산 선언을 하기 직전에 영국 정부에 도움을 요청했다. 당시 영국 재무부 장관이었던 알리스테어 달링Alistair Darling은 이렇게 말했다. "내 생각에는 금융 시스템이 완전히 붕괴되기 몇 시간 전까지 간 상황이었습니다."[5]

상황이 얼마나 나빠질 수 있었을까? 영란은행에서 금리를 결정하는 위원회의 일원이었던 데이비드 블랜치플라워David Blanchflower는 알리스테어 달링이 대화 도중 그 중대한 몇 시간을 묘사하던 장면을 회상했다. "달링은 자신이 직원들에게 '내가 그 은행을 구제하지 않으면 어떤 일이 일어나죠?'라고 물었다고 했어요. 그러자 직원들이 이렇게 대답했다는 거예요. '장관님, 저희들도 정확히 말씀드릴 수는 없지만, 그냥 두시면 전 세계 모든 신용카드와 현금 인출기가 내일 작동을 멈출 가능성이 상당히 높습니다.' 그래서 달링은 '내게 선택의 여지를 그다지 주지 않는군요'라고 했고, 직원들은 '그렇습니다'라고 답했다고 했지요."[6]

상환 능력은 있으나 유동자산이 없는 기관들에게 무제한 대출을 해 줄 수 있는 권한을 가진 중앙은행은 금융 위기를 막을 수 있는 최적의 입장에 있다. 인간의 본성이나 금융의 본질이 근본적으로 변화하기 전에는 패닉 사태가 언제든 일어날 것이다. 그리고 패닉이 존재하는 한, 우리는 그런 일이 벌어질 때 대출을 해 줄 수 있는 중앙은행을 필요로 한다.

언제나 통화 정책이 중요하다

돈은 경제학 개론에서 각주 정도의 취급을 받곤 한다. 중요한 것은 상품의 교환이고, 화폐는 그 과정을 용이하게 하는 도구에 불과하다는 것이다. 맞는 말이다. 지금까지 이 책에서 계속 강조해 왔듯, 그 기능은 고등어 파우치도 커다랗고 둥근 돌도 종잇조각도 모두 수행해 낼 수 있다. 그리고 장기적으로 볼 때 돈은 중립적이다. 화폐 단위에 0을 계속 붙이는 것으로는 사회를 꾸준히 더 부유하게 만들 수 없다는 의미다. 그러나 단기적으로 대출 가격—돈을 빌려주는 가격—을 변화시키는 것은 전혀 중립적이지 않다. 중앙은행의 정책은 그 해에 자동차나 세탁기를 사는 사람들에게 영향을 주고, 따라서 자동차와 세탁기를 만드는 사람들의 실업률에 영향을 주고, 이에 따라 경제 전반에 걸친 소비에 영향을 주는 식으로 파급 효과가 크다. 연방준비제도는 2008년에 경제가 붕괴하려 하자 대담하게 단기 금리를 5.25퍼센트에서 거의 제로에 가까운 수준으로 내렸고, 양적 완화를 비롯한 여러 개입 정책으로 장기 금리도 하락시켰다. 우리는 일어나지 않은 사실을 직접 관찰할 수 없다. 분명한 건, 우리가 관찰한 증거로 볼 때 연방준비제도가 취한 정책이 경기 하락에 완충제를 제공했고, 경기가 빠르게 회복되는 데 도움을 주었다는 점이다.

중앙은행의 효율성은 정치적 중립성에 달려 있다

높은 정치적 독립성을 보장해야 중앙은행이 인플레이션을 방지하고 안정적인 성장을 유도하는 정책을 더 효과적으로 운용할 수 있다. 사실 우리가 이것을 알게 된 건 상당히 오래전부터다. 정치인들은 단기적 동기를 가지고 행동한다. 중앙은행가들은 장기적 안목을 가지고 일할 필요가 있다. 정치인들이 중앙은행의 일에 너무 많이 관여하지 못하도록 하는 것이 효과적인 통화 정책을 수립하고 운용하는 데 중요하다. 지금까지 통념적으로 정치인들의 관여가 위험하다고 여겨 온 것은, 그들이 나중에 벌어질 높은 인플레이션을 감수하더라도 지금 당장 경제에 돈을 주입하기를 원했기 때문이다. 그러나 금융 위기와 일본의 잃어버린 수십 년에서 배운 교훈들 중 하나는 중앙은행이 인플레이션에 반대하는 세력으로부터도 보호를 받아야 한다는 사실이었다. 2008년 위기 후, 학자들에서부터 정치인에 이르기까지 상당한 영향력을 지닌 정치적 우파가 쏟아 내는 연방준비제도에 대한 맹렬한 비판 하나는 이 기관의 조치가 걷잡을 수 없는 인플레이션, 나아가 하이퍼인플레이션을 초래하리라는 것이었다(여담인데, 내가 다닌 대학원에서는 정치인들이 아주 적은 인플레이션만을 원한다는 사실을 가르쳐 준 적이 없었다). 지금까지 그들의 예측은 터무니없는 것으로 입증되었다. 정치인들이 간섭하며 연방준비제도의 조치에 발을 걸었더라면, 훨씬 효과가 떨어지는 정책이 나왔을 것이 분명하다. 물론 정치적 좌파들도 중앙은행을 비판했고, 그중에는 2008년 위기 직후 6퍼센트 정도의 높은 인플레이션을 일으켜야 한다고 요구하는 사람들도 있었다.

2008년 위기에 대한 연방준비제도의 대처가 완벽했다고 말하지는 않겠다. 그러나 분명히 말할 수 있는 것은, 연방준비제도의 정책이 의회가 내놓을 수 있는 그 어떤 것보다 더 나았다는 사실이다. 그럼에도 불구하고 의회는 통화 정책에 더 큰 영향력을 행사할 수 있기를 원한다. 이와 관련해 연방준비제도 이사회의 일원이었던 프레더릭 미시킨Frederic Mishkin은 이렇게 논평한 바 있다. "누가 워싱턴 정가에서는 이제 초당파주의 정신이 사라졌다고 말했는가? 공화당과 민주당은 재정 적자 문제를 어떻게 해결할지에 대해서는 전혀 합의점을 찾지 못하고 있지만, 연방준비제도의 독립성을 약화시키는 데는 완전히 동의하고 있으며, 이는 경제에 아주 불길한 징조다."[7] 현재 의회에서 연방준비제도를 감사하기 위한 법안이 인준을 향해 천천히 전진하고 있다. 참고로, 연방준비제도의 재정은 이미 정부회계감사원Government Accountability Office과 감찰관실Office of the Inspector General에서 고용한 외부 감사원들에 의해 감사를 받고 있다. 재닛 옐런이 연방준비은행에 차를 대고 돈을 실어다가 마트에서 자기가 먹을 장을 보는 것은 어차피 불가능한 일이다. 의회가 관심을 두고 있는 것은 통화 정책 결정들에 대한 감사다. 의회에 상정된 법안이 통과되면 연방준비제도는 통화 정책을 만드는 데 있어서 명시적인 규칙을 따라야 하고, 그 규칙에서 벗어날 때는 의회에 보고해야 할 의무를 지게 된다.

연방준비제도 이사회 부의장을 지낸 바 있고 수십 년간 정책 전문가로 존경을 받아 온 앨리스 리블린Alice Rivlin은 연방준비제도에 대한 감독 강화를 논의하는 의회 증언에서 에둘러 말하지 않고 직설적으로 지적했다. "정치적으로 인기가 없는 통화 정책 결정이 내려질 수 있습니다. 연방준비제도를 창설한 사람들이 그런 결정을 정치적 압력으로부터 보호하는 장치를 마련한 것은 현명한 일이었죠. 통화 정책 결정 과정에 또 하나의 세력을 개입시키는 것은 의회가 부여한 임무를 완수하기 위해 열심히 일하는 독립 기구의 기능을 저하시킬 겁니다."[8]

폴 볼커는 1970년대에 인플레이션과 싸우는 과정에서 정치적 압력으로부터 보호를 받을 필요가 있었다.◆ 이는 벤 버냉키가 디플레이션을 방지하는 싸움을 하는 데 필요한 바로 그 독립성이기도 했다. 어느 쪽이 됐든 중앙은행의 독립은 좋은 것이다. 《이코노미스트》는 전 세계 중앙은행가들에 관한 기사에서 이렇게 지적했다. "정치인들은 중앙은행의 목표를 더 명확히 할 필요가 있다. 그런 후에는 중앙은행에 손대지 말고 그대로 둬야만 한다."[9] 그 목표가 무엇이어야 하는지에 대해서는 잠시 후 이야기하자.

적정 인플레이션을 목표로 삼는 것이 제로 인플레이션보다 낫다

금융 위기가 오기 전, 중앙은행가들 사이에서는 이상적인 인플레이션 목표는 제로가 아니라 1퍼센트에서 3퍼센트 사이라는 합의가 있었다. 그 후 연방준비제도는 공식 목표를 2퍼센트로 잡아 왔다. 인플레이션이 좋은 것이라는 말은 아니다. 꾸준히 가치를 잃어 가는 통화가 매력적일 이유는 하나도 없다. 그러나 낮은 수준으로 유지되며 예측 가능한 인플레이션은 경기침체 시 제로 바운드에 들어가기 전에 중앙은행이 실질금리를 낮출 수 있는 운신의 폭을 더 넓혀 준다. 이에 관한 계산은 앞에서 이미 한 바 있다. 인플레이션이 제로인 상황에서 연방준비제도가 명목금리를 0퍼센트로 낮추면, 실질금리—실질적인 대출 가격—또한 0퍼센트가 된다. 이는 경제에 중요한 자극제가 된다. '그런데 인플레이션이 2퍼센트고, 연방준비제도가 명목금리를 0퍼센트로 낮추면, 실질금리는 마이너스 2퍼센트가 된다.' 가격 변화를 고려하면, 돈을 빌린

◆ 폴 볼커의 대학 졸업 논문은 연방준비제도가 2차 대전 때 잃은 독립성을 어떻게 회복해야 하는지에 관한 것이었다. _ 연방준비법 100주년 기념식 기록 중에서, 2013년 12월 16일, 워싱턴 DC.

사람들은 빌린 돈보다 (구매력 면에서) 더 적은 액수를 갚을 수 있게 된다. 그렇게 되면 경제는 훨씬 더 큰 자극을 받는다.

적정 인플레이션을 목표로 삼는 것이 좋은 또 다른 이유는 경제가 디플레이션 및 그와 관련된 문제들을 겪을 가능성에서 더 멀어지기 때문이다. 절벽에서 떨어지는 게 두려우면 너무 가장자리 가까이까지 걸어가지 않는 것이 좋다. 그와 비슷하게, 디플레이션이 두려우면 인플레이션 목표를 0으로 잡지 않는 것이 좋다. 조금만 발을 잘못 디뎌도 가격이 떨어지는 사태가 벌어질 수 있기 때문이다. 2퍼센트 인플레이션을 목표로 삼으면, 경제가 예상보다 좋은 실적을 올리지 못하더라도 1퍼센트 디플레이션이 아닌 1퍼센트 인플레이션에 그칠 수 있을 것이다.

중앙은행은 자신을 최종 대출자로 삼는 기관들을 규제해야 한다

화재가 나면 모든 일을 멈추고 불을 끄러 가겠다고 약속한 소방대에서 일하는 사람이라면, 누군가에게 기름에 젖은 헝겊을 벽난로 근처에 두지 말라고 말한다 해서 욕을 먹지는 않을 것이다. 최종 대출자의 필요성은 널리 받아들여진 상태다. 모럴 해저드의 위험성도 마찬가지다. 이 두 가지 사실—어떤 위해로부터 타자를 보호하려는 개인이나 기관이 있고, 이로 인해 더 무책임하게 행동하려는 개인이나 기관이 있다는 사실—사이에서 타협점을 찾을 수 있는 유일한 길은 잠재적으로 무책임한 행동에 대해 제한을 두는 것이다. 미국을 비롯한 몇몇 나라에서는 중앙은행과 정부 기관들이 규제 역할을 분담한다. 기업들을 더욱 효과적으로 규제하는 방법에 대해 더 광범위하고 복합적인 토론이 진행되고 있다. 그런데 여기서 중요한 부분은 규제를 '한다면' 어떻게 할 것인가 아니라, 규제를 해야 하는데 '어떻게' 할 것인가에 있다. 상황이 나쁠 때 구조 활동을 해야 하는 기관이라면, 상황이 좋을 때 감독도 할 수 있어야 한다. 그것이 바로 패닉이 발생했을 때 기업들이 유동자산에 쉽게 접근하기 위해 지불해야 하는 대가다.

2008년 위기를 통해 배운 새로운 교훈들

솔직히 말해서, 중앙은행가들은 2000년대 초까지만 해도 굉장히 의기양양해 했다. 미국은 대안정기를 즐기고 있었다. 인플레이션은 고삐를 단단히 잡힌 상태였고, 우리는 통화 정책을 완전히 이해했다고 자신했다.《이코노미스트》가 지적했듯 "금융 위기 전에 중앙은행가들은 존재를 드러내지 않는 테크노크라트들이었다. 선거를 통해 선출되지 않았고, 널리 합의된 규칙에 따라 물가를 안정적으로 유지하기 위해 금리를 조절하는 역할을 맡은, 회색 양복을 입은 따분한 사람들이었다."[10] 그러다가 상황이 더 흥미진진하게 진행됐다. 물론 연방준비제도가 지켜야 할 정책적 원칙들은 이전과 같았다(바로 앞 절 참조). 그런데 이번에 연방준비제도는 그에 더해 재즈 연주자처럼 즉흥적으로 행동하기 시작했다. 내가 대학원에서 읽었던 책들은 구식이 됐다. 금융 위기가 (대부분) 과거의 일이 된 지금, 새 교과서에 들어가게 될 새로운 교훈은 다음과 같다.

제로 바운드에 도달하더라도 효과적으로 사용할 수 있는 도구는 많다

금융 위기 전까지만 해도, 연방기금금리가 장기간 거의 제로에 가까운 수준일 경우 연방준비제도가 어떤 정책적 대응을 해야 하는지는 순전히 학문적 문제로 남아 있었다. 그 상태가 되면 명목금리를 마이너스로 만드는 것이 어려우니(엄밀히 말해 불가능한 것은 아니라 하더라도) 연방준비제도의 탄약이 바닥날 것이라는 데서 오는 문제였다. 존 메이너드 케인스는 금리가 거의 제로에 가깝고, 경제가 여전히 부진을 면치 못하고 있을 때 통화 정책을 운용하는 것이 얼마나 헛된 일인지를 은유적으로 '젖은 국수를 미는 것pushing on a wet noodle'과 같은 일이라고 표현했다. (생면, 즉 젖은 국수를 뽑아내는 게 아니라 밀어 누르면 아무런 쓸모가 없어진다. 따라서 이 표현은 비생산적인 행위에 대한 은유로 쓰이는 말이다 - 옮긴이) 케인스를 비롯한 여러 경제학자들은 이런 경우 유일한 해결책은 재정 정책뿐이라고 믿었다. 즉 세금을 줄이거나 정부 지출을 늘리는 방법, 혹은 두 가지를 동시에 사용해서 수요를 촉진하는 것이다. 그러나 2008년 연방준비제도의 대응은 단기 금리 외에도 사용할 수 있는 통화 정책 도구가 많다는 사실을 입증했다.

일본은행은 2000년대에 양적 완화를 가지고 실험을 했다(단기 금리가 제로에 도달한 다음 새로 찍어 낸 돈으로 장기 채권을 사들였다). 그러나 그들의 노력은 비교적 미온적으로 이루어졌고, 그 결과도 그다지 인상적이지 않았다. 금융 위기 때 연방준비제도는 여러 차례에 걸쳐 양적 완화 정책을 썼고, 이 정책은 교과서에 나와 있지 않은(그러나 교과서에 나와 있는 정책들과 전혀 모순되지 않은) 다른 정책들과 함께 극적인 효과를 거뒀다. 벤 버냉키가 가지고 있던 대공황에 대한 학구적 관심은 결국 놀라울 정도로 적절했다는 것이 밝혀졌다. 바로 그 점이 중요하다. 통화 정책 도구는 10년 내지 15년 전에 우리가 상상했던 것보다 훨씬 더 다양해졌다. 그렇다면 회색 정장을 입은 중앙은행가들은? 2012년의 한 기사는 열띤 어조로 이렇게 선언했다. "그들은 2008년 경제 붕괴에서 세상을 구했다. 또한 그 이후에도 특히 정부 채권을 대량으로 사들임으로써 회복을 주도해 왔다. 그들은 그 과정에서 국제 금융의 규칙을 다시 썼다."[11]

구조적 위험에 대해 더 큰 주의를 기울여야 한다

위기가 터지기 전, 우리는 개별 기관을 엄습할 수 있는 위험들에 대해서는 상당히 잘 이해하고 있었다. 화재의 비유로 다시 돌아가 보자면, 우리는 가장 흔히 일어날 수 있는 위험—침실 흡연, 불량 전기 콘센트, 벽난로 근처에 기름에 젖은 헝겊 두기 등—에 대해서는 알고 있었다. 하지만 불행하게도 우리는 일단 불길이 시작되면 얼마나 빨리 옮겨 붙을지에 대해서는 아무런 예측도 하지 못했다. 2000년대 초반 주택 시장이 과열되고 있다는 것은 많은 전문가들도 알고 있었다. 또 다른 전문가들은 불량 주택담보대출 상품들을 인수해서 이 상품 묶음들을 자르고 분리해 기묘한 파생상품을 만들어 내는 것에 대해 경고했다. 그러나 주택 가격 하락이 도미노처럼 꼬리에 꼬리를 물고 영향을 끼쳐 세계 경제를 붕괴 직전까지 몰고 갈 것이라는 예상은 아무도 하지 못했다.

사람들의 입에 가장 많이 오르내리는 표현은 '구조적 위험systemic risk'과 '거시 건전성 규제macroprudential regulation'다. 두 표현은 모두 서로 별개인 사건들이 결합하면 각각의 합보다 훨씬 더 큰 해악을 끼칠 수 있다는 사실을 반영한다. 물론 독자들은 항상 기름에 젖은 헝겊을 벽난로와 멀리 떨어진 차고 밖에 보관하는 습관을 가지고 있을 것이다. 또한 나는 절대 침대에서 담배를 피우지 않고, 집 밖으로 산책하러 나가서만 담배를 피운다. 2008년 위기 전, 우리는 이런 위험 요소들이 제어되고 있다고 믿었다. 금융 위기를 통해 우리가 배우게 된 것은, 내가 산책을 하다가 불이 덜 꺼진 꽁초를 누군가의 앞마당에 던질 수 있고, 하필 그 사람의 집 차고 밖에 기름에 젖은 헝겊이 쌓여 있다면, 바로 그것이 구조적 문제가 될 수 있다는 사실이었다. 작은 문제들이 서로 상호작용을 일으키며 확산되고, 정책 입안자들이 이전에는 예측하지 못한 방식으로 커질 수 있다.

투명성과 원활한 커뮤니케이션이 중요하다

다른 모든 기관과 마찬가지로, 연방준비제도도 투명성과 원활한 커뮤니케이션이 중요하다. 통화 정책이 종종 미스터리에 휩싸여 있다는 것은 이상하고, 심지어 기괴하기까지 하다. 윌리엄 그레이더William Greider가 1987년에 출간한 연방준비제도에 관한 베스트셀러의 제목은 《사원의 비밀Secrets of the Temple》이다. 이 책의 뒤표지에서는 정부 기관인 연방준비제도가 '어떤 면에서는 CIA보다 더 비밀스럽고, 대통령이나 의회보다 더 강한 권력을 지닌 곳'이라고 묘사하고 있다. 이 책에 대한 한 서평에서는 '연방정부가 고의적으로 경기침체를 유도해서 인플레이션과 금리를 낮추려 한다는 불편한 비밀'에 대해 혀를 내두른다. 연방정부는 연방준비제도와 동의어가 아니라는 사실과 인플레이션이 내려가면 보통 금리가 올라간다는 사실 등은 차치하고서라도, 소위 그 '불편한 비밀'이라는 것은 그냥 통화 정책에 불과하다. ◆

비밀과 의혹은 중앙은행 업무 수행에 도움이 되지 않는다. 중앙은행이 할 수 있는 가장 중요한 일 중 하나가 기대치를 세우는 것이다. 일반 대중들이 내년 인플레이션은 2퍼센트일 거라고 믿으면, 내년 인플레이션은 2퍼센트가 될 확률이 높다. 그것이 바로 기대 심리의 힘이다. 또한 우리는 중앙은행이 정치적 좌파와 우파에게 모두 불신을 받는 기관이라는 것을 알고 있다. 그러나 중앙은행이 수행하는 기능—통화 정책의 메커니즘—에 대한 이해는 턱없이 부족하다. 연방준비제도는 수없이 많은 음모론의 대상이 되어 왔으며, 그중 일부는 놀랄 정도로 증오에 차 있고 반유대주의적이다. 연방준비제도는 지금 무엇을 하고 있고, 왜 그것을 하고 있는지를 널리 알려야 한다. 시장에 대한 기대치를 제시하고, 미국의 일반 대중들에게 상황을 알리고, 정신 나간 사람들이 인터넷에 헛소리를 지껄일 핑계를 덜 주기 위해서다.

벤 버냉키가 재임 기간 중 추진한 주요 목표 중 하나가 연방준비제도를 더 투명한 기관으로 만드는 것이었다. 그는 연방공개시장위원회 회의 후 정기적으로 기자 회견을 갖기 시작했다. 또한 그는 TV 쇼 〈60

◆ 연방준비제도가 인플레이션과 싸우기 위해 단기 금리를 높일 때 간혹 장기 금리는 떨어지는 경우가 있다. 채권 매입자들이 더 이상 높은 인플레이션이 생길 거라고 기대하지 않으면서 더 낮은 명목금리를 받아들이기 때문이다.

분〉에도 출연했고, 대학생들과 대화도 나누었으며, 시민들과의 만남도 마다하지 않았다. 이제 연방준비제도는 트위터 계정까지 운용하고 있다.[12] 또 연방준비제도는 처음으로 공식 인플레이션 목표(2퍼센트)를 세웠고, 시장 정책 방향을 미리 알림으로써 향후에 대한 기대 심리를 유도해 효과를 거두는 '미래 지침'과 같은 도구를 사용하기 시작했다.

이런 변화들은 금융 위기 때문에 시작된 것이 아니다. 벤 버냉키는 2006년 취임 당시 '투명성과 책임'을 증진하겠다고 약속했다.[13] 그런데 연방준비제도의 정책들이 보다 비전통적인 방향으로 나아가기 시작하면서 커뮤니케이션이 더 큰 중요성을 띠게 됐다. 갑자기 전 세계가 중앙은행가들에게 시선을 집중하기 시작했다. 중앙은행 수장들은 선거를 거치지 않았으면서도 대중들이 잘 이해하지 못하는 도구들을 사용해 엄청난 권력을 휘두르기 때문이다. 앞으로 연방준비제도가 효율적인 운영에 꼭 필요한 독립성을 유지하려면 'CIA보다 더 비밀스러운' 이미지를 떨쳐 내야 한다. 2011년 일단의 통화 정책 전문가들이 《중앙은행을 다시 생각한다Rethinking Central Banking》라는 보고서를 펴냈다. 이 보고서는 금융 위기 때의 경험에 기초한 개혁 제안과 함께, 중앙은행은 정치적 독립성과 합법성을 유지해야 할 필요가 있다는 사실을 인정해야 한다는 내용을 담고 있다. 의도적으로 정치인들의 손이 닿지 못하도록 만들어진 기구에 민주 국가의 시민들도 자신들의 권력 일부를 양도하라고 조언하고 있는 것이다. 그것은 아주 아슬아슬한 줄타기다. 보고서는 이렇게 결론짓는다. "독립성은 책임이 따를 때에만 정치적으로 실현 가능하다. 그리고 책임지는 문화를 강화하는 최선의 길은 중앙은행이 더 투명해지고, 이 기관이 추구하는 목적과 전략에 대해 숨김없이 드러내는 것이다."[14]

중앙은행과 통화 정책이 나아가야 할 길

금융 위기는 기존 경제학에 큰 충격을 주었다. 수많은 모델들이 폐기됐고, 이를 대체할 모델들은 아직 나오지 않고 있다. 지난 10년의 경험으로 우리는 몇 가지 교훈을 얻었고, 이전에 믿었던 것들 중 일부를 강화할 수 있었지만, 아직 속 시원한 답을 찾지 못한 질문들도 많이 갖게 됐다. 중앙은행의 역할을 더 잘하게 만드는 것—거시경제와 금융 부문의 안정을 유지하는 것—이 우리의 목표라는 전제하에, 다음은 전문가들이 여전히 고민하고 있으며, 논쟁을 거듭하고 있는 문제들이다.

현재의 대차대조표를 어떻게 청산할 것인가

연방준비제도는 또 한 번의 위기를 초래하지 않는 방식으로 현재의 대차대조표를 청산할 수 있을까? 잘 알다시피, 연방준비제도는 채권과 기타 증권들을 공격적으로 사들이는 것으로 금융 위기에 대처했다. 경제에 유동성을 불어넣고 금리를 낮추기 위해서였다. 여기까지는 좋았다. 문제는 그다음에 있다. 연방준비제도가 새로 찍어 낸 돈으로 자산을 매입하고 나면, 그 자산을 어디엔가—실제로 이사회 의장 사무실 한쪽에 있는 큰 금고 안에—보관해야 한다. 그리고 회계 측면에서 보자면, 이 자산들은 연방준비제도의 대차대조표로 가야 한다. 통화 정책은 늘 이런 식으로 작동한다. 연방준비제도가 금리를 낮추려면 새로 찍어 낸 돈으로 재무부 채권을 사들여서 이를 대차대조표에 자산으로 올리고, 새로 찍어 낸 돈은 부채로 올린다. 이는 별것이 아니고 통화 정책에 적용되는 복식 부기일 뿐이다. 연방준비제도가 금리를 높이려면 정반대로 대차대조표에 있는 자산과 은행의 지급준비금을 교환한다(그렇게 해서 자산과 부채를 동시에 없앤다).

회계를 아는 사람이라면 이해가 빠를 것이다. 잘 모르는 사람이더라도, 연방준비제도가 이제 전례 없이 막대한 양의 증권을 보유하고 있다는 요점만 이해하면 된다. 회계에 능통한 사람이라면, 대차대조표상의 자산이 2005년 8억 달러에서 2015년에 4조 달러로 불어났다는 것을 알면 깜짝 놀랄 것이다.[15] 잘 모르는 독자들은 연방준비제도 이사회 의장 사무실에 채권 증서들을 담은 상자가 빼곡히 쌓이다 못해 복도까지 미어터져 나온 장면을 상상하면 된다. 잊지 말아야 할 것은, 연방준비제도가 이 증권들을 시중 은행들로부터 매입했다는 사실이다. 이에 따라 은행 시스템에는 거의 3조 달러에 달하는 지급준비금이 쌓여 있다. 이는 연방준비은행에 전자화폐 형태로 예치되어 있어서 이론상으로는 언제든 대출할 수 있는 돈이다. 이렇게 전례 없는 상황을 어떤 식으로 해결해야 할까?

낙관론자들은 경제가 회복됨에 따라 연방준비제도가 이 자산을 팔고, 은행 지급준비금 수준을 낮추는 긴축 정책을 사용할 것이라고 예견한다. 그렇게만 된다면 정말 좋을 것이다. 그보다 덜 낙관적인 사람들은 경제가 회복되면서 자신감을 얻은 은행들이 이 준비금을 대출해 주기 시작하고, 그에 따라 새로운 돈이 금융 부문에 주입되면, 비평가들이 몇 년 내내 경고해 온 인플레이션이 생길 것이라는 각본을 제시한다. 이와 관련해, 금리가 올라가기 시작하면 연방준비제도가 자산 포트폴리오에 보유하고 있는 채권들에 대해 손해를 볼 것이라는 우려도 있다(채권 가격은 금리와 반대로 간다. 따라서 금리가 오르면 연방준비제도가 보유한 막대한 양의 채권 가치는 떨어질 것이다). 연방준비제도는 이 두 전망 모두에 대해 그다지 걱정하지 않고 있다. 자신이 보관하고 있는 잉여 지급준비금에 대한 금리를 높이는 것과 같이, 은행들의 지급준비금 대출 금리를 관리할 수 있는 여러 방법들을 손에 쥐고 있기 때문이다. 다시 한 번 기억하라. 연방준비제도는 은행들을 위한 은행이다. 따라서 시중 은행들이 맡긴 예치금에 대한 금리를 높일 수도 있고 낮출 수도 있다. 시중 은행들이 일반 고객들에게 하는 것과 같다. 연방준비제도가 잉여 지급준비금에 대한 금리를 올리면, 은행들이 그 자금을 고객들에게 새로 대출해 줄 이유가 줄어든다. 이와 동시에 우리가 잊지 말아야 할 점은, 연방준비제도가 시내에 있는 샌드위치 가게나 보험 회사와는 다르다는 사실이다. 연방준비제도가 보유하고 있는 자산의 가치가 떨어져서 '돈을 잃는다'는 것은 거의 의미가 없는 개념이다(키보드를 몇 번 누르는 것으로 돈을 만들어 낼 수 있다면, 보통 적용되는 재정적 규칙에서 자유로워질 수 있다).

그럼에도 불구하고 우리는 2008년 금융 위기가 완전히 끝날 때까지는 끝났다고 선언할 수 없다. 연방준비제도의 조기 개입 이후 상당한 인플레이션을 예견한 통화 전문가 중 하나인 앨런 멜처는 여전히 거액의 은행 지급준비금이 위협이 될 수 있다고 본다. 그는 2014년 말에 이렇게 썼다. "연방준비제도가 제공한 새로운 지급준비금 2조 5000억 달러를 은행들이 그냥 보유만 하고 있을 것이라고 예견하지 못한 것은 나의 실수였다. 나는 이를 공개적으로 인정했다. 이런 규모의 지급준비금 예치는 전례를 찾아보기 어렵다. 2조 5000억 달러는 그저 은행들의 대차대조표에 올라 있을 뿐이다. 연방준비제도가 이렇게 놀고 있는 지급준비금을 인플레이션이나 경기침체를 일으키지 않고 서서히 없앨 방법을 찾을 확률이 낮긴 해도 분명 있기는 하다. 그러나 연방준비제도의 과거 이력으로 볼 때, 그 일을 성공적으로 해낼 것이라 확신할 근거는 없다."[16]

앨런 멜처는 이 시점에 연방준비제도의 대처가 성공적이었다고 선언하는 것은 운동 경기의 전반전이 끝난 후 휴식 시간에 승리를 선언하는 것이나 마찬가지라고 비유했다. 그의 말에는 일리가 있다. 금융 위기가 시작된 지 10년이나 지났지만, 피날레를 장식할 가수는 아직 대기실에서 나오지 않은 상태다. 거의 제로에 가까운 금리가 이렇게 오랫동안 유지되면서 다음 위기의 씨앗이 이미 뿌려진 것일지도 모른다. 적어도 의도치 않은 결과를 낳을 확률은 있다. 터널 끝에 빛이 보이기 시작했지만, 우리는 아직 터널에서 빠져나가지 못한 상태다. 비평가들은 2008년 이후 내내 그랬던 것처럼 여전히 금융 위기의 여파가 이어질 것이라고 내다보고 있다. 그리고 아직 그들이 틀렸다고 입증할 수는 없다.

연방준비제도는 어떤 노력을 기울여야 하는가

함정이 있는 질문이 아니다. 미국의 중앙은행이 온전히 물가안정—

인플레이션 목표를 내걸고 이를 성취하는 것—에만 초점을 맞춰야 할지, 아니면 법적으로 부여받은 임무인 완전고용을 유지하는 데도 최선을 다해야 되는지에 대한 논쟁이 계속되고 있다. 물가안정과 완전고용을 동시에 추구하는 것은 1977년 연방준비법 제정으로 주어진 이중 책무다. ◆ 인생의 모든 일과 마찬가지로 두 개의 목표를 지향하다 보면 일이 꼬이기 십상이다. 대학에 가는 딸에게 "안전하게 지내고, 마음껏 즐겨"라고 말한다면 어떻게 하라는 걸까? 안전하게 지내려면 마음껏 즐길 수가 없고, 마음껏 즐기려면 안전하지 못한 경우도 있다. 물론 늘 균형을 유지해야 하는 것은 아니지만, 때로는 그래야 할 때도 있다. 그리고 하나에만 초점을 맞추는 것보다 둘 사이에 균형을 유지하는 것이 본질적으로 더 어렵다. 유럽중앙은행과 같은 세계의 다른 중앙은행들은 물가안정을 꾀하는 임무만을 수행하면 된다.

비평가들은 이 이중 책무가 중앙은행에 주의력 결핍 장애를 일으키는 요인일 뿐이라고 생각한다. 연방준비제도가 가장 중요한 임무, 즉 인플레이션에 맞서 싸워야 하는 임무에 집중하지 못하도록 하는 원인이라는 것이다. 이러한 비판을 가하는 것은 주로 정치적 우파들인데, 그들은 연방준비제도가 고용에 신경을 쓰게 되면 비효율적이고 무모해질 가능성이 있다고 생각한다. 양적 완화를 위해 대거 채권을 사들인

◆ 5장에서 살펴봤듯이, 1977년 연방준비법은 연방준비제도에 대해 세 가지 책임을 부여했다. 물가안정, 완전고용, 그리고 적정 수준의 장기 금리 유지가 바로 그것이다. 낮은 인플레이션은 자연스럽게 적정 수준의 장기 금리로 이어지기 때문에 이 둘은 중복되는 것으로 친다. 따라서 요즘에는 정책 입안자들이 그냥 '이중 책무'라고만 이야기한다.

조치는 이런 우려를 증폭시켰다. CNN은 2010년에 이렇게 보도했다. "일부 비평가들은 연방준비제도가 물가 상승 위협을 감수하고라도 일자리 창출에 우선순위를 두는 것에 대해 완전히 신물이 났다. 그들은 성장을 촉진함과 동시에 인플레이션을 막으려는 곡예는 효과가 없다는 것이 입증됐고, 그로 인해 값싼 돈이 너무 많이 유통돼서 경제에 위험한 결과를 초래했다고 주장한다."[17] 비슷한 시기에, 공화당 소속 인디애나 하원의원인 마이크 펜스Mike Pence는 물가를 안정적으로 유지하는 연방준비제도의 임무를 제한하는 법안을 발의했다.[18] (마이크 펜스는 이후 인디애나 주지사를 거쳐 미국 부통령이 됐다 - 옮긴이) 그와 동시에 좌파들은 인플레이션도 없는 상황에서 연방준비제도가 고용 문제에 더 공격적으로 대처하지 않는다고 포화를 퍼부어 댔다.

폴 볼커는 자신이 연방준비제도 이사회 의장으로 재임하는 동안 '이중 책무'라는 표현은 입에 올려 본 적이 없다고 주장한다. 인플레이션을 제어하는 것이 보다 건전한 경제를 구축하기 위한 전제 조건이기 때문이라는 것이었다. 그는 이렇게 회상한다. "활발하고 안정적인 성장을 위해 우리가 할 수 있는 가장 중요한 일은 물가의 안정성을 유지하는 일이다. 따라서 우리는 이중 책무라는 굴레에서 스스로 벗어났다."[19] 그러나 1970년대와 조건이 완전히 다른 상황에서 금융 위기 이후의 저조한 회복 속도를 생각하면, 지금은 연방준비제도가 물가를 지키는 일 외에 고용을 증진하는 데도 중요한 역할을 수행해야 한다고 말할 수 있을 것이다. 지금까지는 인플레이션 없이 실업률이 꾸준히(그리고 중앙은행이 덜 공격적으로 대처한 나라들에 비해 빠른 속도로) 떨어지고 있다.

게다가 벤 버냉키는 오로지 인플레이션에만 초점을 맞춘 폴 볼커와 달리 이중 책무를 옹호하는 듯한 뉘앙스를 풍기기도 했다. "실제로는 모든 중앙은행들이 어느 정도 이중 책무를 수행한다. 라스 스벤손은 '신축적 인플레이션 목표제flexible inflation targeting'라는 표현을 만들어 냈다.(라스 스벤손은 스웨덴 중앙은행의 부총재를 지낸 인물이다 – 옮긴이) 기본적으로 2~3년에 걸쳐 인플레이션 목표를 성취해야 하지만, 단기적으로는 노동 시장 상황을 포함한 경제적 조건에 대응할 여지를 둔다는 의미다. 영란은행은 공식적으로 인플레이션을 잡는 목표만 수행하도록 되어 있고, 연방준비제도는 이중 책무를 부여받은 기관이지만, 이 두 은행이 실제로 어떻게 행동하는지를 들여다보면 서로 크게 다르지 않다는 것을 알 수 있을 것이다. 신축적 인플레이션 목표제라는 접근법이 그런 여지를 주는 것이다. 다만 연방준비제도는 고용에 신경을 쓰라는 임무를 명시적으로 부여받았다는 것만 다를 뿐이다."[20]

통화 정책 규정이 중요한가, 재량권이 중요한가

중앙은행은 명시적인 통화 정책 규정이 있을 때 더 효과적으로 운영될까, 아니면 필요한 만큼 행동할 수 있는 재량권이 주어졌을 때 더 효과적으로 운영될까? 다른 말로 표현하자면, 재즈 뮤지션처럼 즉흥적으로 연주하는 것이 해가 될까 득이 될까? 연방준비제도가 그냥 악보대로 행동하는 것이 더 나았을까? 연방준비제도가 어떻게 운영되어야 하는지에 대한 일반적인 범위는 대체로 합의되어 있다. 경제가 잠재력을 다 발휘하지 못하고 있을 때는 금리를 낮춰야 하고, 과열될 위험이 있을 때는 금리를 높여야 한다. 문제는 '잠재력을 다 발휘하지 못한다'거나 '금리를 낮춘다'는 개념을 더 엄격하게 성문화함으로써 비평가들이 연방준비제도가 너무 임의대로 개입한다고 지적하는 부분을 제거할 수 있는가 하는 점이다. 다시 말하자면, 연방준비제도의 정책 결정을 이사회 의장과 그가 이끄는 연방공개시장위원회 구성원들의 재량에 맡겨 두는 것보다 명시적인 통화 정책 규칙에 따르도록 하는 것이 더 효과적일까? 밀턴 프리드먼은 컴퓨터가 통화 공급을 통제하도록 하자고 제안한 적이 있었다.[21] 그러나 통화 공급과 경제의 관계가 자신이 생각했던 것보다 훨씬 불안정하다는 것을 깨달은 후 그 제안을 철회했다. 여러 변수들 간의 관계가 시간이 흐름에 따라 혹은 경제 상황이 바뀜에 따라 변할 수 있다는 점은 엄격한 정책 규칙을 반대하는 사람들이 내세우는 논거이기도 하다.

최근에는, 규칙에 입각한 접근법에 찬성하는 경제학자 존 테일러John Taylor가 《월스트리트저널》에 기고한 글에서 자신의 비전을 이렇게 설명했다. "장기적인 물가안정이라는 단일 목표에 대해 말하자면, 연방준비제도가 그 목표를 성취하기 위해 금리 혹은 통화 공급 전략을 수립하고 보고해야 한다는 요건을 만들어 보완해야 한다. 또한 연방준비제도가 이 전략에서 벗어날 경우, 서면으로 해명하고 의회에서 증언하도록 의무화해야 한다."[22]

가장 널리 쓰이는 통화 정책 규칙을 '테일러 준칙Taylor rule'이라고 부르는 것은 우연이 아니다. 맞다. 앞에서 말한 존 테일러의 이름을 딴 규칙이다. 테일러 준칙은 경제가 생산 잠재력에 비해 어떤 실적을 올리고 있는지, 물가가 인플레이션 목표에 비해 어떤 패턴으로 움직이고 있는지를 바탕으로 연방기금금리의 최적정선을 제안하도록 되어 있다.♦ 직관적으로 보기에도 명백하고, 지금까지 이 책의 앞에서 논의해 왔던 내용들과도 어긋나지 않는다. 이 규칙은 '단순하고 정확하다는 점'이 큰 매력이다. 숫자만 대입하면 '옳은' 답을 얻을 수 있기 때문이다. 이 접근법에 따르면, 내 열두 살짜리 아들도 테일러 공식과 신뢰할 만한 데이터, 그리고 계산기만 있으면 통화 정책을 입안할 수 있을 것이다. 그리고 이 공식에 충실해지면 과도하게 활동적인 데다 임의대로 행동하는 연방준비제도보다 실수를 훨씬 덜하게 될지도 모른다. 존 테일러는 연방준비제도가 부동산 거품이 꺼지기 전에 금리를 너무 낮게 유지했다가 다시 올릴 때는 지나치게 올렸는데, 이제는 너무 오랜 기간 동안 너무 낮게 유지하고 있다고 주장했다. 더 중요한 사실은, 그는 만약 우리가 규칙에 기초한 접근법을 택했더라면 이런 실수를 피할 수 있었을 것이라고 믿는다는 점이다.[23]

당연히 중앙은행가들은 수학 공식과 계산기를 손에 든 열두 살짜리 소년이 자신들을 대체할 수 있다고 믿고 싶어 하지 않는다. 경제학자들은 '테일러 준칙'이 지난 수십 년 동안 통화 정책이 어떻게 운용되었는지를 대략적으로 설명하는 데 아주 편리하다는 사실에는 모두 동의한

♦　$i=r^*+pi+0.5(pi-pi^*)+0.5(y-y^*)$.

　　i=명목연방기금금리, r^*=실질연방기금금리(보통 2퍼센트), pi=인플레이션율, pi^*=목표인플레이션율, y=실질생산로그값, y^*=잠재생산로그값.

다. 그런데 정책적 입장에서는 이 규칙이 장래를 위한 처방전 역할을 할 수 있는가 하는 의문을 갖게 된다. 이 질문에 답하기는 쉽지 않다. 열두 살짜리 아이 이야기는 논외로 하고 일단 데이터만 가지고 이야기 해 보자. 다트머스대학 경제학자이자 영란은행의 금리 결정 위원회에 참여했던 데이비드 블랜치플라워는 이 규칙을 적용하면 정확할 것이 라는 생각은 착각이라고 지적한다. "테일러 준칙의 쟁점은 다른 무엇 보다 어떤 숫자를 거기에 적용하느냐는 데 있다. 아웃풋 갭[경제의 자연스 러운 제한 속도와 현재 속도와의 차이]의 규모부터 추측에 의존해야 한다. 2008년, 나와 금리 결정 위원회의 다른 구성원들 간에 나타난 가장 큰 의견 차이는 기본적으로 아웃풋 갭의 크기, 그리고 그것과 관련해 어떤 일이 벌어지고 있는가에 대한 것이었다."[24]

경제의 제한 속도에 대한 합의, 심지어 현재 우리가 어떤 속도로 달 리고 있는지에 대한 합의가 이루어지지 않는다면, 어떤 공식을 쓴다 해 도 우리가 너무 빨리 가고 있는지 아니면 너무 천천히 가고 있는지를 알 수 없을 것이다. 게다가 한 경제 체제의 잠재 생산량은 모델에 사용 된 다른 요소들 간의 관계와 더불어 시간이 흐름에 따라 변화하기 마련 이다. 전 연방준비제도 이사 케빈 워시가 말했듯이 "결국 경제학, 그리 고 통화 정책의 운영은 물리학이 아니다."[25] 그리고 벤 버냉키가 지적했 듯이 연방준비제도가 금리를 멋대로 만들어 내는 것도 아니다. 명시적 목표가 있고, 규칙에 입각한 절차가 있다. 다만 그 무엇도 비판 세력이 원하는 것만큼 연방준비제도의 손을 단단히 묶지 못하고 있을 뿐이다.

인플레이션 목표치는 2퍼센트면 충분한가

20년 전만 해도 이것이 진지한 질문이 될 거라고 상상한 사람은 아무도 없었다. 인플레이션이 너무 낮다고? 정말? 그러나 금융 위기로부터 얻은 한 가지 교훈은 평상시 인플레이션이 높으면 상황이 나빠졌을 경우 중앙은행이 금리를 낮출 여유가 더 생긴다는 점이다. 이는 2010년 IMF 경제학자들이 작성한 《거시경제 정책을 다시 생각한다Rethinking Macroeconomic Policy》라는 보고서에서 나온 아이디어들 중 하나다. 이 보고서에서 IMF 수석 이코노미스트 올리비에 블랑샤르Olivier Blanchard와 동료 연구원들은 이렇게 썼다. "더 높은 평균 인플레이션과 이에 따른 더 높은 명목금리가 존재했다면 [금융 위기 동안] 금리를 더 낮추는 것이 가능했을 것이고, 그 결과 생산량 감소와 재정 악화의 폭을 줄일 수 있었을 것이다."[26] 앞에서 나는 적정 인플레이션 목표를 세우는 것이 좋다고 주장했다. 그런데 인플레이션 2퍼센트가 좋다면 4퍼센트는 더 좋지 않을까? 우리는 인플레이션의 해악에 대해 잘 알고 있다. 그러나 인플레이션 목표가 명확하고 예견된 것이라면, 그 해악을 최소화할 수 있다. 2퍼센트 인플레이션에 익숙해진 경제 체제라면 4퍼센트에도 익숙해질 수 있다. 예측 수준이 재설정될 것이고, 중앙은행이 하는 일은 약간 더 쉬워질지도 모른다.

정말 그렇게 될까? 우리는 열심히 인플레이션과 투쟁해 왔다. 시민들에게 인플레이션 목표치를 두 배로 높여야 한다는 사실을 설득하는 데 성공했다면, 그것을 다시 두 배 높이는 일을 하지 못할 이유가 없다. 하지만 폴 볼커(인플레이션 파이터 맨)는 이에 반대한다. 인플레이션 파이터 맨은 천신만고 끝에 자신이 정비해 놓은 인플레이션 예상치를 정책 입안자들이 함부로 허물어뜨려 버리는 것을 원치 않을 것이다. 그는 《뉴욕타임스》에 기고한 글에서 '매혹적이고 예측 가능한', 더 높은 인플레이션이라는 유혹이 매우 위험한 것이라고 경고했다. 물론 폴 볼커는 인플레이션 목표치를 영구적으로 변화시키는 것이 아니라 일시적으로 상승시키는 것에 대해 비판하고 있었지만, 그럼에도 그의 비판은 일반화할 수 있다. "본능적으로 조금 더 가고 싶어질 수 있다. 겉보기에는 일시적이고 '과하지 않은' 4퍼센트가 금방 5퍼센트가 되고, 다시 6퍼센트가 되는 식의 상황이 계속 이어질 수 있다." 인플레이션 파이터 맨은 다시 상승하는 인플레이션 기대를 물리치기 위해 은퇴 생활을 중단할 의향이 전혀 없다.[27]

이론적으로는 또 다른 선택지도 있다. 인플레이션 목표를 설정하는 것의 이점과 적정 인플레이션 부근에서 융통성을 발휘하는 방식의 이점을 결합하는 것이다. 바로 '명목 GDP 목표제nominal GDP targeting'다(명목 GDP 성장은 실질 성장에 인플레이션을 더한 값—상품과 서비스의 생산량 변화에 그 상품과 서비스의 가격 변화를 더한 값—이다). 이 접근법을 따르면, 연방준비제도가 일정한 명목 GDP 성장률, 가령 5퍼센트를 목표로 잡을 수 있다. 그렇게 하면 경제 실적에 따라 인플레이션이 변동할 여지가 생긴다. 예를 들어 실질 성장률이 1퍼센트에 불과하다고 가정해 보자. 대부분의 경제학자들이 한 경제 체제의 자연스러운 장기 성장률이라고 믿는 수치(대략 3퍼센트)보다 낮은 수준이다. 명목 GDP 성장률을 목표로 잡을 경우 인플레이션을 4퍼센트까지 끌어올릴 수 있어서 성장 패턴이 잡힐 때까지 통화 정책을 더 쉽게 운용할 여지가 생긴다. 반대로 경제가 호황을 누려서 4.5퍼센트 실질 성장률을 기록했다면 긴축 정책과 낮은 인플레이션 (0.5퍼센트)이 필요하다. 이때 특정 인플레이션 값을 목표로 잡는 대신 명목 성장률을 목표로 잡으면, 정책 입안자들이 경제의 부침에 따라 더 융통성 있게 대처할 수 있는 여유를 누릴 수 있다. 한 경제 블로거는 이렇게 지적했다. "이것은 은근슬쩍 인플레이션 목표치를 올리면서도 그런 일을 명시적으로 실행하는 데 따르는 정치적 해악을 피할 수 있는 방법이다."[28] (기본적으로 이와 같은 주장을 한 사람들이 많다. 거기에는 《뉴욕타임스》에 칼럼을 기고하는 폴 크루그먼도 포함되어 있다.) 따라서 명목 GDP를 목표로 잡는 것에 대해 어떻게 생각하는지는 연방준비제도가 인플레이션 목표치를 바꾸는 것에 대해 어떤 생각을 가졌는지에 따라 달라질 것이다.

벤 버냉키는 더 실질적인 우려를 표명한다. 명목 GDP를 목표로 잡기 위해서는 대중이 인플레이션 목표치를 바꾸는 것을 비롯해 연방준비제도가 무엇을 하려 하는지를 잘 이해해야만 한다는 것이다. 단일한 수치가 아닌 변화하는 목표 값에 기대를 거는 것은 훨씬 어려운 일이다. 대중의 인플레이션 기대가 연방준비제도가 하려는 것과 일치하지 않으면 이 정책은 효과를 발휘할 수 없다.

여기서 더 중요한 것은 연방준비제도가 항상 더 나은 정책 도구들을 모색하고 있다는 사실이다. 폴 볼커가 이사회 의장으로 취임하던 당시 연방준비제도는 주로 금리를 관리하는 데 신경을 쓰고 있었다. 그의 지휘 아래 연방준비제도는 통화 공급을 관리하는 정책으로 변화를 시도했고, 이에 따라 인플레이션과 더 잘 싸울 수 있는 힘을 갖게 됐다.

1990년대에 앨런 그린스펀이 이끈 연방준비제도는 공식적인 목표를 발표하지 않았지만, 사실상 인플레이션 목표치를 설정하는 전략을 채용했다. 벤 버냉키는 2퍼센트 인플레이션 목표치를 명시적으로 내걸었다. 연방준비제도의 다음 공식적인 방안은 무엇일까?

중앙은행은 거품을 꺼트리려 해야 하는가

자산 가격 거품—우리의 오랜 친구인 도취감과 패닉—은 금융 시스템의 골칫거리다. 금융에 있어서 거품은 교통에 있어서 자동차 사고와 같은 것이다. 시스템 안에 내재한 피할 수 없는 힘들을 고려할 때, 피해를 최소화할 수 있는 최선의 방법은 무엇일까? 중앙은행은 불가피한 사고가 터진 후 충격을 완화하는 조처를 취하는 대신, 거품이 걷잡을 수 없이 커지기 전에 예방적인 통화 정책을 펼치는 것이 옳지 않을까? 그렇다면 어느 정도 선까지? 일부 경제학자들은 자산 가격에 거품이 조금이라도 끼는 조짐이 보이면, 중앙은행은 금리를 높이는 방법으로 '대세를 거스르는' 자세를 취해야 한다고 주장한다. 금리가 높아지면 도취감에 찬물을 끼얹는 효과를 내게 돼서 패닉이 올 확률이 줄어들고, 혹 패닉이 온다 하더라도 피해를 줄일 수 있다는 것이다. 연방준비제도는 2000년대에 금리를 너무 낮은 상태로 너무 오래 유지해서 주택 시장에 거품이 생기는 데 일조했다는 비난을 받고 있다. 하지만 금융위기조사위원회는 훨씬 긴축적인 통화 정책을 채용한 다른 나라들에서도 주택 가격에 거품이 일었다는 것을 지적하면서 위기에 대해 이같이 설명하는 것은 근거가 없다고 일축했다.

이와 대척점에 선 시각을 가진 사람들은 통화 정책이 자산 가격 거품에 대처하는 데 그다지 효과적인 정책 도구가 아니라고 생각한다. 따라서 그들은 연방준비제도가 일이 터진 후에 유동성을 제공하고 금리를 낮춰서 '혼란을 정리하는' 역할을 할 준비를 갖추는 것이 더 낫다고 주장한다. 이 방식은 듣기보다 그렇게 태만한 접근법이 아니다. 자산 거품이 꺼지기 전에는 거품이 끼었다는 것을 깨닫기 힘들다. 어찌 됐든 경제의 다른 부분이 취약한 상태라면 금리를 높일 경우 다른 부문의 피해가 커진다. 커다란 해머로 모기 잡는 격이라는 이야기다.

최근에는 '대세 거스르기 vs 혼란 정리하기' 논쟁에서 더 발전된 시각들이 나왔다. 경제학자이자 전 연방준비제도 이사인 프레더릭 미시킨은 대출 시장에 심각한 병을 옮기는 거품과 그렇지 않은 거품이 있다고 주장했다. 신용대출로 촉발된 거품의 경우 과도한 대출로 인해 이상 과열 현상이 생기고, 이는 엄청난 소용돌이와 붕괴로 이어져서 광범위한 금융 시스템에 피해를 준다. 우리가 알고 있는 기본적인 각본이다. 대출로 인해 자산 가치가 상승하고, 가치가 상승한 자산을 담보로 더 많은 대출을 받도록 장려하는 분위기가 생기고, 이로 인해 가격이 더 올라가는 현상이다. 가격이 계속 올라갈 것이라는 도취감에 빠져 있는 동안 금융 기관들은 대출 기준에 대한 염려를 하지 않게 된다. 담보로 잡은 자산의 가치가 계속 상승하고 있기 때문에 손해를 보지 않을 것이라는 계산 때문이다. 어디서 많이 들어 본 소리 아닌가?

거품이 터지면 이 모든 것이 역방향으로 진행된다. 자산 가격이 떨어지고, 부실 대출이 나오고, 대출 기관들은 대출을 줄이고, 이에 따라

자산 가격은 더 떨어진다. 이제 금융 기관들은 문제에 봉착하고, 이로 인해 경제 전반에 걸친 대출이 더욱 제한된다. 이 역시 많이 들어 보지 않았는가? 1989년 일본, 2008년 미국, 그리고 4장에서 예로 들었던 상상 속의 목가적 마을에서 목격한 이야기다. 그러나 이보다 덜 무서운 이야기도 있다. 이상 과열 현상이 금융 시스템과 그렇게 깊이 상호작용하지 않는 형태의 거품 말이다. 예를 들어 1990년대 말 인터넷 거품 때는 주식 가격이 올라갔지만 거기에 따른 대출은 거의 없었다. 당시 하이테크 기업들에 대한 평가는 터무니없이 부풀려져 있었다. 수익을 단 1달러도 올리지 못한 기업들의 서류상 가치가 IBM과 맞먹었다. 열일곱 살짜리 힙스터 CEO들이 말도 안 되게 바보 같은 소리—"기술의 발전이 거듭되면 정부가 필요 없어질 것이다"—를 해 댔다. ◆ 하지만 그 모든 바보 같고 광기 어린 발언들과 행동들에도 불구하고, 거품이 꺼지면서 경제 전반에 그다지 큰 영향을 미치지는 않았다. 금융 부문으로 그다지 큰 불똥이 튀지 않았기 때문이다.

여기서 제3의 방법을 생각해 볼 수 있다. 규제 당국은 너무 늦기 전에 거품이 끼었다는 것을 식별해 내지 못할 수 있다. 그러나 자산 가격이 과도하게 매겨져 있는지 아닌지 여부와 상관없이 부실 대출 관행을 적발해 낼 수는 있다. 앞에서도 언급했지만, 2005년경 내 반려견에게 비자카드가 발급된 적이 있다(당시 나는 녀석의 이름인 버스터 윌런으로 《뉴요커》를 구독했는데, 분명 어떤 신용카드 회사가 《뉴요커》 구독자 명부를 샀을 것이다).

신용대출 시장이 제어할 수 없는 지경에 이르렀다는 사실을 짐작할 수 있게 해 준 사건이었다. 금융 기관들이 개한테 신용대출을 하고 있지 않았더라면, 주택 시장이 붕괴됐다 하더라도 2008년과 같은 큰 재난으로 이어지지는 않았을 것이다. 2010년, 벤 버냉키는 전미경제학협회에서 이렇게 말했다. "대출 상품 인수 관행 및 대출 업체의 위험 관리와 관련된 문제를 강력하게 규제하고 감독하는 것이 전반적인 금리 인상보다 주택 시장 거품을 훨씬 더 효과적이고 정확하게 제어할 수 있는 접근법이었을 것이다."[29]

우리는 여기서 아주 중요한 결론을 하나 내릴 수 있다. '반려견들이 신용카드를 발급받아서는 안 된다.' 이 결론은 다음의 질문으로 이어진다.

지금 우리는 제대로 된 규제책을 가지고 있는가

2005년, 미국 아이다호의 보이시에서는 '진지한 예술적 행위'가 아닌 경우 공공장소에서 알몸 노출을 전면 금지하는 법령을 공표했다. 그 후 얼마 지나지 않아, 보이시의 '에로틱 시티 젠틀멘스 클럽'에서는 '예술의 밤'을 개최하기 시작했다. 참가자들은 주최 측이 지급한 연필과 스케치북을 든 채 발가벗은 여성들을 마음껏 쳐다보았다. 경찰은 이 클럽이 불법 행위를 저질렀다고 판단했다. 참가자들이 예술에 초점을 맞추고 있지 않다고 결론 내렸기 때문이다.[30] 하지만 그들의 아이디어가 참신했다는 것은 인정해 줘야 한다. 규제 당국이라면 이런 사람들을 두려워해야 한다. 금융 규제의 본질은 특정 기관이 특정 행동들을 제한하려는 데 있다. 그러기 위해서는 법률 용어로 채워진 수백 쪽을 할애해 어떤 기관의 어떤 행위가 규제 대상인지를 최대한 구체화해야 한다.

금융 부문에 대한 규제는 두더지 잡기 게임과 비슷하다. 금융인들은 아주 영리한 사람들이다. 우리와 마찬가지로 금융인들도 정부가 무엇을 하라거나 하지 말라면서 간섭하는 것을 좋아하지 않는다. 규제 당국이 금융 부문에서 취약한 지점 한 군데를 정비하면 곧 다른 문제(예를 들어 그림자 금융의 확산 등)가 발생하곤 한다. 벤 버냉키는 이렇게 설명한다. "늘 내재해 있는 문제 하나는 모든 규제에 담장이 있다는 사실이다. 담장 안에 있는 사람들은 모두 '이것'을 해야 하고, 밖에 있는 사람들은 '이것'으로부터 면제된다. 따라서 담장 바로 밖에 자리를 잡으려는 시도가 항상 있을 수밖에 없다. 그것이 금융 시장이 작동하고, 인간이 작동하는 방식이다."[31] 의회는 금융 위기를 초래했다고 여겨지는 행동 방식을 변화시키기 위해 약 3000쪽에 달하는 법령을 작성했다. 아주 영리한 사람들이 큰돈을 받고 이 법에서 구멍을 찾기 위해 애를 쓸 것이다("이봐요, 여기는 스트립클럽이 아니라 아트스쿨이라고요!"). 그러고 나면 또다시 1000쪽이 더 필요해질지도 모른다.

유권자들은 규제라고 하면 뭐든 싫어하는 경향이 있다. 그러나 규제 당국이 하려는 일의 성격에 대해 잘 생각해 보자. 규제로 인해 위기를 피할 수 있다면—그것이 규제의 진정한 목적이다—대중들은 위기가 벌어질 뻔했다는 것조차 모르고 지나갈 것이다. 우리는 그저 규제 때문에 지불해야 하는 비용과 불편함 때문에 화가 날 뿐이고, 그런 예방 조처가 부채 위기나 부동산 시장 붕괴를 예방할 수 있다는 사실은 알지 못한다. 문제가 일어나기 전에 예방한 사람은 대개 영웅 대접을 받지 못한다.

그리고 뭔가 나쁜 일이 일어나면, 왜 예방하지 못했느냐며 규제 당국을 비난한다.

규제가 생각보다 실효성이 없는 이유에 대해 이보다 덜 점잖은 시각도 있다. 월스트리트의 기업들은 의회에서 자신들이 원하는 것을 얻어 낼 수 있는 영향력을 가지고 있다는 것이다. IMF의 전 수석 연구원이자 《위험한 은행13 Bankers: The Wall Street Takeover and the Next Financial Meltdown》의 저자인 사이먼 존슨Simon Johnson은 워싱턴 정재계의 '회전문' 중 하나가 규제 당국 고위직과 금융계 고소득 직종 혹은 금융 기업 컨설턴트 사이의 인력 회전이라고 지적한다. 이들의 관계는 너무나 친밀할 확률이 높고, 납세자들에게 큰 피해를 끼칠 확률도 높다. 사이먼 존슨은 이렇게 말한다. "중앙은행에 관해서 논할 때 우리는 굉장히 건조하고 기술적인 용어들을 사용하면서, 그 뒤에 놓인 권력 구조에 대해서는 망각하곤 한다. 다른 나라들의 사례를 관찰할 때는 권력 구조를 직시하고 이에 대해 논의하지만, 미국에서 그런 일이 벌어지고 있다고 믿고 싶어 하지는 않는다."[32]

2008년 위기를 겪은 후, 중앙은행이 금융 부문의 안정을 유지하는 데 집중해야 한다는 사실은 확실해졌다. 그 후 통과된 수많은 규제 법안들은 충분히 납득이 가는 것들이다. 예를 들어 구조적으로 중요한 금융 기관들에 대해 '정리의향서living wills'를 만들어 두게 함으로써 이론적으로는 모럴 해저드 없이 금융 부문에 위험이 확산되는 것을 방지하는 역할을 할 수 있도록 했다. 금융 기관의 유언장이라 할 '정리의향서'는 지급불능에 처한 기관을 질서 있게 해체하는 계획을 담은 것으로, 금융 시스템 전체에 패닉이 확산돼서 안정을 해치는 것을 방지하는 장치다. 실효성이 있을까? 금융 기관들은 조직을 개편하고 금융 상품을 새로 디자인해서 규제 담장 바깥으로 빠져나갈 방안을 찾지 않을까? 나는 이에 대한 답을 가지고 있지 않다. 그러나 하나 확실한 것은 이 질문에 대한 답에 따라 2008년 위기가 21세기의 유일한 금융 위기로 기록될지, 지난 세기의 세계 대전들처럼 1차에서 2차로 이어지는 위기가 될지 결정될 것이라는 점이다.

지금은 제2의 브레턴우즈 체제가 필요한 때인가

브레턴우즈 협정이 와해된 후 모든 이가 불만을 가지고 있다. 미국은 중국이 위안 환율을 조작한다고 비난한다. 중국은 달러가 국제 준비 통화라는 사실에 화를 낸다. 자국 통화를 가진 작은 나라들은 환율이 크게 변동할 경우 엄청난 타격을 입는다. 자국 통화를 가지지 않은 작은 나라들은 제2의 그리스가 될지 모른다는 염려를 하고 있다. 그리고 온 세상이 불균형에 대해 염려하고 있다. 중국이 축적하고 있는 엄청난 자금과 미국이 기록하고 있는 엄청난 적자 사이의 불균형 말이다. 국제 자본의 흐름은 그 어느 때보다 빨라서, 구조적으로 내재하는 불안정성을 증폭시키고 있다. 보통 흥미로운 상황이 아니다.

좀 더 건설적인 질문을 해 보자. 상황을 개선시킬 수 있을까? 이에 대해서는 얼른 생각나는 대답이 없다. 유로에서 얻은 교훈 하나는, 초국적 통화 시스템은 그에 걸맞은 정부 간 기구가 부재할 경우 제대로 작동하기 어렵다는 사실이다. 현재로서는 새로운 국제 통화 체제를 작동시키는 데 필요한 권한과 권위를 가진 국제기구가 존재하지 않는다. 그런 기구를 세운다면 어떤 모습일까? 우리가 지난 수십 년 동안 배운 교훈은 통화 정책이란 한 나라에 국한되는 것이 아니고, 브루킹스연구소 '중앙은행 재고 위원회Rethinking Central Banking committee'의 말을 빌리자면 "국경을 넘어 상당한 영향을 끼치게 된다"는 사실이다. 미국이 양적 완화를 실시하면, 인도에서 브라질에 이르기까지 여러 나라가 통화 평가 절상을 염려하거나 더 큰 수익을 찾아 들어오는 갑작스러운 대규모 자본 유입에 대해 걱정하지 않을 수 없게 된다.[33] 그러니 시스템이 더 질서정연해지고, 예측 가능해지면 좋을 것이다.

금본위제처럼? 하지만 미국 재무부의 전 고위 관리가 지적한 대로, 국제 통화 체제가 더 질서정연하고 예측 가능해질수록 위기가 닥쳤을 때 융통성 있게 대처하기가 힘들어진다. 그리고 위기가 닥쳤을 때 융통성이 떨어질수록, 필요한 조정을 하기가 더 어려워진다. 우리가 원하는 것은 불가능한 조합이다. 자유로운 자본의 흐름이라는 혜택은 누리고 싶지만, 그로 인해 발생하는 혼란은 피하고 싶다. 변동 환율의 유연성은 필요하지만, 예측 불가능하다는 점은 싫다. 국내의 필요에 따라 통화 정책을 운용할 수 있기를 바라지만, 다른 나라들이 똑같은 조처를 취하는 바람에 겪어야 할 고통은 피하고 싶다. 사이먼 존슨은 '제2의 브레턴우즈 체제'를 위한 세계적 협상은 '본질적으로 불가능하다'고 말한다.[34] 그러니 이 문제는 좀 더 생각해 봐야 할 것이다.

이 모든 문제에도 불구하고 주요 경제학적 이론들의 도움을 받아 전 세계 중앙은행들이 이루어 낸 업적을 잊어서는 안 된다. 물론 금융 위기의 경험에서 배워야 할 것은 겸손이기도 하다. 하지만 2008년 위기 후의 상황은 대공황이나 그 이전에 있었던 수많은 금융 패닉 때보다 훨씬 양호했다. 우리가 금융 패닉에 대처하는 기술은 꾸준히 진보하고 있다.

명목화폐를 운용하는 것—무에서 돈을 만들어 내거나 그런 돈을 없앨 수 있는 엄청난 힘—과 관련된 도전은 늘 존재할 것이다. 신경외과의가 살아 있는 사람의 뇌를 회복시키기 위해 수술할 때는 항상 악화시킬 위험이 따르듯, 중앙은행도 경제 전체에 그와 비슷한 영향을 끼칠 수 있다. 우리의 일자리, 저축, 집 등이 모두 그 영향권 안에 있다. 연방준비제도의 결정에 따라 사람들이 말 그대로 죽거나 사는 건 아니라 할지라도, 엄청난 영향을 받는 것만은 분명하다. 이 책을 통해서 나는 적어도 돈 문제가 중요하다는 사실을 독자들에게 설득하는 데 성공했기를 바란다. 하지만 이는 돈을 적게 가지는 것보다는 많이 가지는 것이 더 낫다는 이야기가 아니었다. 우리 주머니에 20달러짜리 지폐가 들어올 수 있게 해 주는 시스템이 우리가 중요하게 여기는 다른 모든 경제 활동을 가능하게 만든다는 이야기였다.

감사의 말

이 책은 쓰기 힘들었다. 그냥 컴퓨터 앞에 앉아서 통화 정책에 관한 흥미로운 생각들을 타이핑하기 시작한다고 되는 일이 아니었다. 돈의 본질은 설명하기 까다롭다. 흥미진진하고 이해하기 쉽게 만들기가 만만찮다. 그래서 나는 배경 연구 조사부터 시작해 모든 단계에서 도움을 받았다. 멋진 연구 조사원 잭 핀토는 온갖 자료들을 파헤쳐 이 책에 실린 재미난 일화들을 찾아냈다. 잭이 개인 사정으로 그만두자 재커리 하드위크가 후임으로 그 엄청난 일을 떠맡았다. 제프리 랭은 이 프로젝트 말미에, 흔히 터무니없이 촉박하게 대단히 중요한 세부 사항이 필요할 때 내 곁에 있어 주었다.

다트머스대학교 동료들도 크고 작은 도움을 아끼지 않았다. 제임스 페이러 교수는 온갖 거시경제학 문제에서 자문역을 맡아 주었다. 불시에 그의 사무실로 찾아가 질문을 던지는 일은 늘 즐겁고 대개 유익하다. 그의 다양한 지적 관심에 찬사와 존경을 보낸다. 데이비드 '대니' 블랜치플라워 교수는 이 책의 훌륭한 원천이자 즐거운 골프 친구였다. 여러 번 함께 골프를 칠 때마다 나는 녹음기를 들고 가 그가 들려주는 이야기를 녹음했다. 더글러스 어윈 교수에게는 그의 대단히 흥미로운 금본위제 연구와 내 원고에 대한 유익한 피드백 둘 다에서 빚을 졌다. 앤드루 샘위크 교수는 다트머스대학교 록펠러센터 소장으로서 내가 그 곳에서 일할 수 있도록 멋진 학문적 보금자리를 마련해 주었다. 덕분에 나는 이토록 재능 넘치고 이타적인 교수들, 직원들, 학생들과 매일 함 께 일하는 특권을 누리고 있다. 대부분의 사람들은 매일 아침 일어나 어떻게 하면 학부 교육의 질을 높일 수 있을까 생각하지 않지만, 이곳 에서는 다들 정말로 그렇게 한다.

폴 볼커와 벤 버냉키 두 전임 연방준비제도 이사회 의장은 바쁜 시 간을 쪼개어 나와 통화 정책에 대한 이야기를 나누어 주었다. 공공 서 비스에 대한 그들의 헌신에 찬사와 존경을 전한다.

W. W. 노턴 출판사의 다이내믹 듀오인 제프 슈리브와 드레이크 맥 필리는 모든 필수 도구들을 활용해 좋은 생각을 훌륭한 책으로 탈바꿈 시키는 놀라운 일을 한다. 티나 베넷은 그런 프로젝트들을 맨 처음 시 장에 선보이는 역할을 한다. 그녀가 오래도록 변함없이 보내 준 지지에 감사한다.

마지막으로, 그렇지만 마찬가지로 소중한 아내 리어와 우리 아이들 캐트리나, 소피어, CJ는 혼돈과 모험과 지원의 올바른 균형을 제공해 준다. 이들이 우리 가정에 베푸는 기쁨에 고마움을 전한다. 대학 교수 라는 직업을 늘 미심쩍어하는 캐트리나는 이렇게 즐겨 묻는다. "근데 정말로 무슨 일을 하긴 하는 거예요?" 이제 난 적어도 이렇게 대답할 수 있다. "이 책을 썼잖니."

들어가며

1   John Whitesides, "Senior U.S. Lawmakers Condemn 'Provocative' Currency Devaluation," Reuters, August 11, 2015.

1장 돈의 탄생

1   Carl Menger, "On the Origins of Money," *Economic Journal* 2 (1892).

2   Choe Sang-Hun, "North Korea Revalues Its Currency," *New York Times*, December 2, 2009.

3   Ibid.

4   Barbara Demick, "Nothing Left," *New Yorker*, July 12 and 19, 2010.

5   See www.federalreserve.gov/monetarypolicy/bst_recenttrends.htm.

6   Justin Scheck, "Mackerel Economics in Prison Leads to Appreciation for Oily Fillets," *Wall Street Journal*, October 2, 2008.

7   "Hard to Kill," *Economist*, March 31, 2012.

8   Ibid.

9   Ibid.

10   Michael Phillips, "U.S. Money Isn't As Sound as a Dollar," *Wall Street Journal*, November 2, 2006.

11   Ibid.

12   "Airtime Is Money," *Economist*, January 19, 2013.

13   "The Nature of Wealth," *Economist*, October 10, 2009.

14   Damien Cave and Ginger Thompson, "Coupons Ease Chaos in Efforts to Feed

Haitians," *New York Times*, February 3, 2010.

15   Susan Njanji, "Small Change Sparks Fights in Coin-Starved Zimbabwe," *Mail & Guardian*, August 5, 2012.

16   Steve H. Hanke and Alex K. F. Kwok, "On the Measurement of Zimbabwe's Hyperinflation," *Cato Journal* 29, no. 2 (Spring/Summer 2009).

17   "Gold Standard," IGM Forum, University of Chicago Booth School of Business, January 12, 2012, http://www.igmchicago.org/igm-economic-experts-panel/poll-results?SurveyID=SV_cw1nNUYOXSAKwrq.

2장 인플레이션과 디플레이션

1   Merle Hazard, "Inflation or Deflation?" https://www.youtube.com/watch?v=2fq2ga4HkGY&feature=PlayList&p=5BF8673A2848C5B0&index=0&playnext=1.

2   "A Crisis It Can't Paper Over," *Los Angeles Times*, July 14, 2008.

3   "Fly Me to the Moon," *Economist*, May 2, 2002.

4   "Frequent-Flyer Economics," *Economist*, May 2, 2002.

5   William Neuman, "Price Controls Keep Venezuela Cupboards Bare," *New York Times*, April 21, 2012.

6   Milton Friedman, *Money Mischief: Episodes in Monetary History* (New York: Harcourt Brace & Company, 1994), xi.

7   Ibid., 193.

8   C.R., "When Did Globalisation Start?" Free Exchange, *Economist*, September 23, 2013, http://www.economist.com/blogs/freeexchange/2013/09/economic-history-1.

9   See http://www.boxofficemojo.com/alltime/domestic.htm.

10   See http://www.boxofficemojo.com/alltime/adjusted.htm.

11   See http://www.dol.gov/whd/minwage/chart.htm.

12   "The Perils of Panflation," *Economist*, April 7, 2012.

13   Matthew Q. Clarida and Nicholas P. Fandos, "Substantiating Fears of Grade Inflation, Dean Says Median Grade at Harvard College Is A-, Most Common

Grade is A," *Harvard Crimson*, December 3, 2013.

14   "The Perils of Panflation," *Economist*.

15   https://www.bundesbank.de/Redaktion/EN/Downloads/quotes_by_karl_otto_
poehl.pdf?__blob=publicationFile.

16   Stephen G. Cecchetti, "Prices During the Great Depression: Was the Deflation of
1930-32 Really Unanticipated?" NBER Working Paper 3174, National Bureau of
Economic Research, November 1989.

17   "Irving Fisher: Out of Keynes's Shadow," *Economist*, February 12, 2009.

18   Joan Sweeney and Richard James Sweeney, "Monetary Theory and the
Great Capitol Hill Baby Sitting Co-op Crisis," *Journal of Money, Credit, and
Banking*, February 1977.

19   Paul Krugman, "Baby-Sitting the Economy," *Slate*, August 13, 1998.

20   "The Babysitting Co-op: Crises of Confidence," *Economist*, October 11,
2011.

3장 물가의 과학, 정치학 그리고 심리학

1   Megan Woolhouse, "A Government Agent, on the Prowl," *Boston Globe*, October
9, 2012.

2   Emily Wax-Thibodeaux, "The Government's Human Price Scanners,"
Washington Post, November 11, 2013.

3   See Consumer Price Index, Bureau of Labor Statistics, Frequently Asked
Questions (FAQs), http://www.bls.gov/cpi/cpifaq.htm.

4   Wax-Thibodeaux, "The Government's Human Price Scanners."

5   Ibid.

6   Christmas Price Index, PNC Bank, https://www.pncchristmaspriceindex.com/
pnc/about.

7   Consumer Price Index, FAQs, http://stats.bls.gov/cpi/cpifaq.htm#Question_3.

8   "Current Price Topics: The Experimental Consumer Price Index for Older
Americans (CPI-E)," Focus on Prices and Spending, U.S. Bureau of Labor

Statistics 2, no. 15 (February 2012).

9   Ibid.

10   Interview with Steve Reed, BLS economist, Consumer Price Index Program, January 9, 2015.

11   "The Experimental Consumer Price Index for Older Americans (CPI-E)," BLS.

12   Robert J. Gordon, "The Boskin Commission Report and Its Aftermath," National Bureau of Economic Research, Working Paper 7759, June 2000.

13   "And Now Prices Can be 'Virtual' Too," *Economist*, June 12, 1997.

14   Timothy Aeppel, "An Inflation Debate Brews Over Intangibles at the Mall," *Wall Street Journal*, May 9, 2005.

15   "Report on Quality Changes for 2015 Model Vehicles," Producer Price Indexes, Bureau of Labor Statistics, November 18, 2014, http://www.bls.gov/web/ppi/ ppimotveh.pdf.

16   Doug Short, "Chained CPI Versus the Standard CPI: Breaking Down the Numbers," October 22, 2014, Advisory Perspectives, http://www.advisor perspectives.com/dshort/commentaries/Chained-CPI-Overview.php.

17   "Current Price Topics: A Comparison of the CPI-U and the C-CPI-U," Focus on Prices and Spending, Consumer Price Index 2, no. 11 (November 2011).

18   "In 2014, Various Tax Benefits Increase Due to Inflation Adjustments," IRS, IR-2013-87, October 31, 2013, http://www.irs.gov/uac/Newsroom/In-2014-Various-Tax-Benefits-Increase-Due-to-Inflation-Adjustments.

19   See http://www.ssa.gov/history/reports/boskinrpt.html.

20   Gordon, "The Boskin Commission Report and Its Aftermath."

21   Kathy Ruffing, Paul N. Van de Water, and Robert Greenstein, "Chained CPI Can Be Part of a Balanced Deficit-Reduction Package, Under Certain Conditions," Center on Budget and Policy Priorities, February 12, 2012.

22   Gordon, "The Boskin Commission Report and Its Aftermath."

23 Dr. Econ, "What is 'core inflation,' and why do economists use it instead of overall or general inflation to track changes in the overall price level?" Federal Reserve Bank of San Francisco, October 2004, http://www.frbsf.org/education/publications/doctor-econ/2004/october/core-inflation-headline.

24 "Lies, Flame-Grilled Lies and Statistics," *Economist*, January 29, 2011.

25 "Motion of Censure," *Economist*, February 9, 2013.

26 "United States Government Bonds," Bloomberg Business, http://www.bloomberg.com/markets/rates-bonds/government-bonds/us/.

27 "Bryan's 'Cross of Gold' Speech: Mesmerizing the Masses," History Matters, American Social History Project, http://historymatters.gmu.edu/d/5354/.

28 Eldar Shafir, Peter Diamond, and Amos Tversky, "Money Illusion," *Quarterly Journal of Economics* CXII, no. 2 (May 1997).

29 Professor E. W. Kemmerer, as quoted in Shafir, Diamond, and Tversky, "Money Illusion."

30 Shafir, Diamond, and Tversky, "Money Illusion."

31 Binyamin Appelbaum, "In Fed and Out, Many Now Think Inflation Helps," *New York Times*, October 26, 2013.

4장 신용대출과 금융 위기

1 Gary Gorton, "Questions and Answers about the Financial Crisis," testimony prepared for the U.S. Financial Crisis Inquiry Commission, February 20, 2010.

2 Irving Fisher, *Booms & Depressions: Some First Principles* (New York: Adelphi Company, 1932).

3 Andrew W. Lo, "Reading about the Financial Crisis: A Twenty-One-Book Review," *Journal of Economic Literature* 50, no. 1 (March 2012).

4 "The Financial Crisis Inquiry Report," FCIC at Stanford Law School, http://fcic.law.stanford.edu/.

5 Kenneth R. French et al., *The Squam Lake Report: Fixing the Financial System* (Princeton, NJ: Princeton University Press, 2010).

6   See http://www.imsdb.com/scripts/It's-a-Wonderful-Life.html.

7   The Internet Movie Script Database (IMSDb), http://www.imsdb.com/scripts/It%27s-a-Wonderful-Life.html.

8   "The Dangers of Demonology," *Economist*, January 7, 2012.

9   Ibid.

10   Tami Luhby, "Cash-Poor California Turns to IOUs," CNN Money, July 2, 2009.

11   Stephanie Simon, "Cash-Strapped California's IOUs: Just the Latest Sub for Dollars," *Wall Street Journal*, July 25, 2009.

12   Charles P. Kindleberger and Robert Aliber, *Manias, Panics, and Crashes* (Hoboken, NJ: John Wiley & Sons, 2005), 82.

13   Michiyo Nakamoto and David Wighton, "Citigroup Chief Stays Bullish on Buy-Outs," *Financial Times*, July 9, 2007.

14   As quoted in Kindleberger and Aliber, *Manias, Panics, and Crashes*, 47.

15   Robert Solow, Foreword to Kindleberger and Aliber's *Manias, Panics, and Crashes*, 2011 edition.

16   Ibid., 10.

17   Ibid., 11.

18   Securities Industry and Financial Markets Association (SIFMA), January 12, 2015, http://www.sifma.org/research/statistics.aspx..

19   Walter Bagehot, *Lombard Street: A Description of the Money Market*, 1873; reprinted by CreateSpace Independent Publishing Platform (2013), 21.

20   As quoted in Kindleberger and Aliber, *Manias, Panics, and Crashes*, 205.

21   "Rick Santelli and the 'Rant of the Year,'" https://www.youtube.com/watch?v=bEZB4taSEoA.

22   "The Chicago Fire," Chicago Historical Society, http://www.chicagohs.org/history/fire.html.

23   "The Slumps that Shaped Modern Finance," *Economist*, April 12, 2014.

5장 중앙은행의 업무와 역할

1   "The Role of Monetary Policy," *American Economic Review* 58, no. 1 (March 1968), 13.

2   William Poole, "President's Message: Volcker's Handling of the Great Inflation Taught Us Much," Federal Reserve Bank of St. Louis, January 2005, http://www.stlouisfed.org/publications/regional-economist/january-2005/volckers-handling-of-the-great-inflation-taught-us-much.

3   Poole, "President's Message."

4   "Feeling Down," *Economist*, February 21, 2015.

5   Kenneth Silber, "The Fed and Its Enemies," *Research Magazine*, February 1, 2010.

6   "Bin Laden's Bookshelf," Office of the Director of National Intelligence, http://www.dni.gov/index.php/resources/bin-laden-bookshelf?start=3.

7   Jon Hilsenrath, Damian Paletta, and Aaron Lucchetti, "Goldman, Morgan Scrap Wall Street Model, Become Banks in Bid to Ride Out Crisis," *Wall Street Journal*, September 22, 2008.

8   "Monetary Policy," European National Bank, https://www.ecb.europa.eu/mopo/html/index.en.html.

9   "Inflation," Reserve Bank of New Zealand, http://www.rbnz.govt.nz/monetary_policy/inflation/.

10   Federal Open Market Committee (see "Greenbooks," "Bluebooks"), http://www.federalreserve.gov/monetarypolicy/fomc_historical.htm..

11   Paul Volcker, interview with author, May 2, 2011.

12   Robert M. Solow, "We'd Better Watch Out," *New York Times*, July 12, 1987.

13   Tyler Cowen, "The Age of the Shadow Bank Run," *New York Times*, March 24, 2012.

14   "Weekly National Rates and Rate Caps," FDIC, https://www.fdic.gov/regulations/resources/rates/.

15   James R. Barth, Gerard Caprio, and Ross Levine, "Bank Regulation and Supervision in 180 Countries from 1999 to 2011," Social Science Research

Network, January 19, 2013, http://dx.doi.org/10.2139/ssrn.2203516.

16 Julia Maues, Federal Reserve Bank of St. Louis, "Banking Act of 1933, Commonly Called Glass-Steagall," Federal Reserve History, http://www.federalreservehistory.org/Events/DetailView/25.

17 Ryan Tracy and Victoria McGrane, "Big Banks Pass First Fed Test," *Wall Street Journal*, March 6, 2015.

18 "Financial Stability Oversight Council," U.S. Department of the Treasury, http://www.treasury.gov/initiatives/fsoc/about/Pages/default.aspx.

19 "2014 Update of List of Global Systemically Important Banks (G-SIBs)," Financial Stability Board, November 6, 2014, http://www.financialstabilityboard.org/wp-content/uploads/r_141106b.pdf.

20 Paul Volcker, interview with author, May 2, 2011.

21 Gerald P. O'Driscoll, Jr. "Debunking the Myths about Central Banks," *Wall Street Journal*, February 27, 2013.

22 Paul Volcker, interview with author, May 2, 2011.

23 "The Grey Man's Burden," *Economist*, December 1, 2012.

24 Ibid..

6장 환율과 세계 금융 시스템

1 Francesco Guerrera, "Currency War Has Started," *Wall Street Journal*, February 5, 2013.

2 Thomas Erdbrink, "Money Traders Fret Over Possible U.S.-Iran Pact," *New York Times*, November 20, 2013.

3 Thomas Erdbrink and Rick Gladstone, "Violence and Protest in Iran as Currency Drops in Value," *New York Times*, October 3, 2012.

4 See http://databank.worldbank.org/data/download/GNIPC.pdf.

5 David Keohane, "All Currency War, All the Time," Alphaville, *Financial Times*, February 5, 2015, http://ftalphaville.ft.com/2015/02/05/2111521/all-currency-war-all-the-time/.

6   Hiroko Tabuchi, "Japan Counted on Cheap Yen. Oops: Exchange Rate Hurts Toyota, Giving Rivals a Chance to Leapfrog It," *New York Times*, September 3, 2010.

7   Sam Ro, "Boeing's 787 Dreamliner Is Made of Parts from All Over the World," *Business Insider*, October 10, 2013, http://www.businessinsider.com/boeing-787-dreamliner-structure-suppliers-2013-10.

8   "Misleading Misalignments," *Economist*, June 23, 2007.

9   T. Ashby McCown, Patricia Pollard, and John Weeks, "Equilibrium Exchange Rate Models and Misalignments," Occasional Paper No. 7, Office of International Affairs, Department of the Treasury, March 2007.

10   Christina Romer, "Needed: Plain Talk About the Dollar," *New York Times*, May 22, 2011.

11   "Race to the Bottom," *Economist*, March 4, 2010.

12   Tom Lauricella and John Lyons, "Currency Wars: A Fight to Be Weaker," *Wall Street Journal*, September 29, 2010.

13   "War Games," *Economist*, January 19, 2013.

14   Barry Eichengreen, "Competitive Devaluation to the Rescue," *Guardian*, March 18, 2009.

15   "Resources Boomerang," *Economist*, April 20, 2013.

16   "Too Strong for Comfort," *Economist*, September 3, 2011.

17   Paul Krugman, "Misguided Monetary Mentalities," *New York Times*, October 12, 2009.

18   Norman Tebbit, "Black Wednesday? I think of the glorious day we left the ERM as Bright Wednesday," *Telegraph*, September 13, 2012.

19   Stanley Fischer, "Ecuador and the IMF," address at the Hoover Institution Conference on Currency Unions," Palo Alto, California, May 19, 2000, https://www.imf.org/external/np/speeches/2000/051900.htm.

20   "El Salvador Learns to Love the Greenback," *Economist*, September 26, 2002.

21   "What Is the Euro Area?" Economic and Financial Affairs, European

Commission, http://ec.europa.eu/economy_finance/euro/adoption/euro_area/
index_en.htm.

22   N. Gregory Mankiw, "The Trilemma of International Finance," *New York Times*,
      July 9, 2010.

23   James Pearson, "Insight: Won for the Money: North Korea Experiments with
      Exchange Rates," Reuters, November 3, 2013.

24   Mankiw, "The Trilemma of International Finance."

25   "The Reformation," *Economist*, April 7, 2011.

26   Kartik Goyal, "Rajan Warns of Policy Breakdowns as Emerging Markets Fall,"
      Bloomberg News, January 31, 2014.

27   "Forty Years On," *Economist*, August 13, 2011.

28   "Trial of Strength," *Economist*, September 25, 2010.

7장 금의 시대

1   Robert A. Mundell, "A Reconsideration of the Twentieth Century," Nobel Prize
     lecture, Stockholm University, December 8, 1999.

2   Christopher Klein, "Winston Churchill's World War Disaster," History.com, May 21,
     2014, http://www.history.com/news/winston-churchills-world-war-disaster.

3   Peter L. Bernstein, *The Power of Gold: History of an Obsession* (Hoboken, NJ:
     John Wiley & Sons, 2012).

4   James Ashley Morrison, "The 1925 Return to Gold: Keynes and Mr Churchill's
     Economic Crisis," paper presented at the 2009 meeting of the American Political
     Science Association. Also see James Ashley Morrison, "Shocking Intellectual
     Austerity: The Role of Ideas in the Demise of the Gold Standard," *International
     Organization* 70, Winter 2016.

5   John Maynard Keynes, *Essays in Persuasion* (London: Macmillan, 1932), 201.

6   Bernstein, *The Power of Gold*.

7   Ibid.

8   Ibid

9   Mundell, "A Reconsideration of the Twentieth Century."

10   New River Media Interview with Milton Friedman, PBS.org, http://www.pbs.org/fmc/interviews/friedman.htm.

11   "Gold Standard," IGM Forum, University of Chicago Booth School of Business, January 12, 2012, http://www.igmchicago.org/igm-economic-experts-panel/poll-results?SurveyID=SV_cw1nNUYOXSAKwrq.

12   Donald T. Regan et al., "Report to the Congress of the Commission on the Role of Gold in the Domestic and International Monetary Systems," report of the Gold Commission, vol. 1, March 1982.

13   Ron Paul, *End the Fed* (New York: Grand Central Publishing, 2009), 4.

14   "We Believe in America," 2012 Republican Platform, https://cdn.gop.com/docs/2012GOPPlatform.pdf.

15   "Full of Holes," *Economist*, November 29, 2014.

16   http://www.bradford-delong.com/why-not-the-gold-standard-talking-points-on-the-likely-consequences-of-re-establishment-of-a-gold-st.html

17   "Gold," U.S. Geological Survey, Mineral Commodity Summaries, February 2014, http://minerals.usgs.gov/minerals/pubs/commodity/gold/mcs-2014-gold.pdf.

18   Paul, *End the Fed*, 117.

19   Bernstein, *The Power of Gold*.

20   "FAQs: Gold and Silver," Federal Reserve Bank of Richmond, https://www.richmondfed.org/faqs/gold_silver/.

21   James Hookway, "Malaysian Muslims Go for Gold, But It's Hard to Make Change," *Wall Street Journal*, September 2, 2010.

22   Matthew O'Brien, "Why the Gold Standard Is the World's Worst Economic Idea, in 2 Charts," *Atlantic*, August 26, 2012.

23   Edgar L. Feige, "New Estimates of U.S. Currency Abroad, the Domestic Money Supply and the Unreported Economy," Munich Personal RePEc Archive, September 2011, https://mpra.ub.uni-muenchen.de/34778/1/MPRA_

paper_34778.pdf.

24   Edgar Feige, e-mail to author, April 21, 2015.

25   Jason Zweig, "Is Gold Cheap? Who Knows? But Gold-Mining Stocks Are," *Wall Street Journal*, September 17, 2011.

26   Matt DiLlallo, "Why Warren Buffett Hates Gold," *The Motley Fool*, September 13, 2014, http://www.fool.com/investing/general/2014/09/13/why-warren-buffett-hates-gold.aspx.

27   Barry Eichengreen, *Golden Fetters: The Gold Standard and the Great Depression 1919-1939* (New York: Oxford University Press, 1992).

28   Martin Wolf, "Only the Ignorant Live in Fear of Hyperinflation," *Financial Times*, April 10, 2014.

8장 미국 화폐의 역사

1   "Bryan's 'Cross of Gold' Speech: Mesmerizing the Masses," History Matters, American Social History Project, http://historymatters.gmu.edu/d/5354/.

2   "Dutch New York," Thirteen: WNET New York Public Media, September 1, 2009, http://www.thirteen.org/dutchny/interactives/manhattan-island/.

3   https://historymyths.wordpress.com/2015/04/12/revisited-myth-45-the-dutch-bought-manhattan-for-24-worth-of-beads/.

4   Matt Soniak, "Was Manhattan Really Bought for $24," Mental Floss, October 2, 2012, http://mentalfloss.com/article/12657/was-manhattan-really-bought-24.

5   Gilbert W. Hagerty, *Wampum, War, and Trade Goods, West of the Hudson* (Interlaken, NY: Heart of the Lakes Publishing, 1985), 110.

6   Jason Goodwin, *Greenback: The Almighty Dollar and the Invention of America* (New York: Henry Holt, 2003), 25.

7   Glyn Davies, *A History of Money: From Ancient Times to the Present Day* (Cardiff: University of Wales Press, 1994), 39.

8   Ibid., 456-57.

9   Alvin Rabushka, "The Colonial Roots of American Taxation, 1607-1700," *Policy*

Review, August 1, 2002, Hoover Institution, http://www.hoover.org/research/colonial-roots-american-taxation-1607-1700.

10   Ibid.

11   Davies, *A History of Money*, 461.

12   David A. Copeland, *A History of Money: From Ancient Times to the Present Day* (Cardiff: University of Wales Press, 1994), 146

13   Copeland, *A History of Money*, 149

14   Davies, *A History of Money*, 462.

15   Ibid.

16   Jack P. Greene and Richard M. Jellison, "The Currency Act of 1764 in Imperial-Colonial Relations, 1764-1776," *William and Mary Quarterly* 18, no. 4 (October 1961), 518.

17   Eric P. Newman, *The Early Paper Money of America* (Racine, WI: Whitman Publishing Company, 1967), 12.

18   H. W. Brands, *Greenback Planet: How the Dollar Conquered the World and Threatened Civilization as We Know It* (Austin: University of Texas Press, 2011), 4.

19   Ben Baack, "Forging a Nation State: The Continental Congress and the Financing of the War of American Independence," *Economic History Review* 54, no. 4: 641.

20   Ibid., 643.

21   Kenneth Scott, *Counterfeiting in Colonial America* (New York: Oxford University Press, 1957), 253.

22   Ibid., 254.

23   Ibid., 262.

24   Baack, "Forging a Nation State," 654.

25   "Coinage Clause Law and Legal Definition," USLegal, http://definitions.uslegal.com/c/coinage-clause/.

26   Brands, *Greenback Planet*, 4.

27   "About the United States Mint," United States Mint, http://usmint.com/about_the_mint/.

28   Angela Redish, *Bimetallism: An Economic and Historical Analysis* (Cambridge, UK: Cambridge University Press, 2000), 214.

29   Brands, *Greenback Planet*, 5.

30   Ibid.

31   Ron Paul, *End the Fed* (New York: Grand Central Publishing, 2009), 11.

32   Jerry Markham, *A Financial History of the United States* (Armonk, NY: M.E. Sharpe, 2002), 90.

33   "The First Bank of the United States," American History: From Revolution to Reconstruction, University of Groningen, http://www.let.rug.nl/usa/essays/general/a-brief-history-of-central-banking/the-first-bank-of-the-united-states-%281791-1811%29.php.

34   Brands, *Greenback Planet*, 6-7.

35   "The Second Bank of the United States," Federal Reserve Bank of Philadelphia, December 2010, https://www.philadelphiafed.org/publications/economic-education/second-bank.pdf.

36   Gary May, *John Tyler* (New York: Times Books, 2008), 42-43.

37   "The Second Bank of the United States," Federal Reserve Bank of Philadelphia.

38   James Roger Sharp, *The Jacksonians Versus the Banks: Politics in the States After the Panic of 1837* (New York: Columbia University Press, 1970), 27.

39   Major L. Wilson, *The Presidency of Martin Van Buren* (Lawrence: University of Kansas Press, 1984), 47.

40   Ibid., 123.

41   Jessica M. Lepler, *The Many Panics of 1837: People, Politics, and the Creation of a Transatlantic Financial Crisis* (New York: Cambridge University Press, 2013), 232.

42   Davies, *A History of Money*, 484.

43   "The Second Bank of the United States," Federal Reserve Bank of

Philadelphia.

44   Davies, *A History of Money*, 484.

45   Ibid., 487.

46   Brands, *Greenback Planet*, 12.

47   Ibid., 1.

48   Richard S. Grossman, "U.S. Banking History, Civil War to World War II," EH.net Encyclopedia, ed. Robert Whaples, March 16, 2008, http://eh.net/encyclopedia/us-banking-history-civil-war-to-world-war-ii/.

49   Ibid.

50   Ibid.

51   "The State and National Banking Eras," Federal Reserve Bank of Philadelphia, December 2011, 9, https://www.philadelphiafed.org/-/media/publications/economic-education/state-and-national-banking-eras.pdf.

52   Davies, *A History of Money*, 489.

53   "The State and National Banking Eras," Federal Reserve Bank of Philadelphia, 12.

54   Davies, *A History of Money*, 492.

55   Ibid., 494–95.

56   Hal R. Williams, *Realigning America: McKinley, Bryan, and the Remarkable Election of 1896* (Lawrence: University of Kansas Press, 2010), 36.

57   Ibid., 36–37.

58   Ibid., ix.

59   Ibid., 85.

60   Redish, *Bimetallism*, 237.

61   Andrew Glass, "President McKinley Signs Gold Standard Act, March 14, 1900," *Politico*, March 14, 2013, http://www.politico.com/story/2013/03/this-day-in-politics-88821.html; and Davies, *A History of Money*, 497.

62   Jon Moen, "Panic of 1907," EH.net Encyclopedia, ed. Robert Whaples, August 14, 2001, http://eh.net/encyclopedia/the-panic-of-1907/.

63   Robert F. Bruner and Sean D. Carr, *The Panic of 1907: Lessons Learned from the*

Market's Perfect Storm (Hoboken, NJ: John Wiley & Sons, 2007), 79.

64   Ibid., 100–103.

65   "Ron Chernow, *Titan: The Life of John D. Rockefeller, Sr.* (New York: Random House, 1998), 543.

66   hLawrence J. Broz, *The International Origins of the Federal Reserve System* (Ithaca,NY: Cornell University Press, 1997), xi; and Ben S. Bernanke, *The Federal Reserve and the Financial Crisis* (Princeton, NJ: Princeton University Press, 2013), 5.

67   Davies, *A History of Money*, 502.

68   Brands, *Greenback Planet*, 32–33.

69   Bernanke, *The Federal Reserve and the Financial Crisis*, 14

70   Roger W. Ferguson, Jr., "The Evolution of Central Banking in the United States," speech, European Central Bank, Frankfurt, Germany, April 27, 2005.

71   Davies, *A History of Money*, 509.

72   Bernanke, *The Federal Reserve and the Financial Crisis*, 22

73   Davies, *A History of Money*, 509.

74   Sandra Kollen Ghizoni, Federal Reserve Bank of Atlanta, "Establishment of the Bretton Woods System," Federal Reserve History, http://www.federalreservehistory.org/Events/DetailView/28.

75   Brands, *Greenback Planet*, 63–64.

76   Ibid., 64.

77   Ibid.

78   Ghizoni, "Establishment of the Bretton Woods System."

79   Barry Eichengreen, *Exorbitant Privilege: The Rise and Fall of the Dollar and the Future of the International Monetary System* (New York: Oxford University Press, 2011), 3.

80   Brands, *Greenback Planet*, 68–69.

81   William L. Silber, *Volcker: The Triumph of Persistence* (New York: Bloomsbury Press, 2012), 43.

82   Brands, *Greenback Planet*, 75.

83   Silber, *Volcker*, 43.

84   Brands, *Greenback Planet*, 77.

85   Ibid.

86   Sandra Kollen Ghizoni, Federal Reserve Bank of Atlanta, "Nixon Ends Convertibility of U.S. Dollars to Gold and Announces Wage/Price Controls," Federal Reserve History, November 22, 2013, http://www.federalreservehistory.org/Events/DetailView/33.

87   Silber, *Volcker*, 91.

88   Brands, *Greenback Planet*, 83.

89   Allan H. Meltzer, "Inflation Nation," *New York Times*, May 3, 2009.

90   Bernanke, *The Federal Reserve and the Financial Crisis*, 33.

91   Ibid., 32-33.

92   "Index by President," United States Misery Index, http://www.miseryindex.us/indexbyPresident.aspx.

93   Alex Nikolsko-Rzhevskyy and David H. Papell, "Taylor Rules and the Great Inflation," Journal of Macroeconomics 34, no. 4 (2012).

94   Meltzer, "Inflation Nation."

95   Bernanke, *The Federal Reserve and the Financial Crisis*, 32-34.

96   Ibid., 35.

97   Ibid., 38.

98   Judd Gregg, interview with author, April 29, 2015.

9장 1929년과 2008년

1   Peter Temin, *Lessons from the Great Depression* (Cambridge, MA: MIT Press, 1991), 12.

2   Ben S. Bernanke, "Asset Price 'Bubbles' and Monetary Policy: Remarks Before the New York Chapter of the National Association for Business Economics," New York, October 15, 2002.

3   Financial Crisis Inquiry Commission, *The Financial Crisis Inquiry Report* (New York: Public Affairs, 2011).

4   Ben S. Bernanke, *Essays on the Great Depression* (Princeton, NJ: Princeton University Press, 2000), xi.

5   Ben S. Bernanke, "Remarks at the Conference to Honor Milton Friedman," University of Chicago, November 8, 2002.

6   "Credit and Liquidity Programs and the Balance Sheet," Federal Reserve, http://www.federalreserve.gov/monetarypolicy/bst_recenttrends.htm.

7   Ben S. Bernanke, *The Federal Reserve and the Financial Crisis* (Princeton, NJ: Princeton University Press, 2013), 17.

8   "Dow Jones Industrial Averages: All Time Largest One Day Gains and Losses," Market Data Center, *Wall Street Journal*, http://online.wsj.com/mdc/public/page/2_3047-djia_alltime.html.

9   "The Great Depression: 48b. Sinking Deeper and Deeper: 1929-33," U.S. History, Independence Hall Association in Philadelphia, http://www.ushistory.org/us/48b.asp.

10   Gary Richardson, Alejandro Komai, Michael Gou, and Daniel Park, "Stock Market Crash of 1929," Federal Reserve History, http://www.federalreservehistory.org/Events/DetailView/74.

11   Douglas A. Irwin, "Did France Cause the Great Depression?" National Bureau of Economic Research, Working Paper 16350, September 2010.

12   "Bin Laden's Bookshelf," Office of the Director of National Intelligence, http://www.dni.gov/index.php/resources/bin-laden-bookshelf?start=3.

13   Milton Friedman and Anna Jacobson Schwartz, *The Great Contraction 1929-1933* (Princeton, NJ: Princeton University Press, 2007), 34.

14   Ibid., 40.

15   Robert Jabaily, Federal Reserve Bank of Boston, "Bank Holiday of 1933," Federal Reserve History, http://www.federalreservehistory.org/Events/DetailView/22.

16   William L. Silber, "Why Did FDR's Bank Holiday Succeed?" FRBNY Economic

Policy Review, July 2009, http://www.newyorkfed.org/research/epr/09v15n1/0907silb.pdf.

17   Stephanie Simon, "Cash-Strapped California's IOUs: Just the Latest Sub for Dollars," *Wall Street Journal*, July 25, 2009.

18   Bill Ganzel, "Bank Failures," Farming in the 1930s, Wessels Living History Farm, 2003, http://www.livinghistoryfarm.org/farminginthe30s/money_08.html.

19   I am indebted to Doug Irwin, whom I heard make this point on the EconTalk podcast (EconTalk.org), October 11, 2010.

20   Friedman and Schwartz, *The Great Contraction*, ix.

21   Bernanke, *The Federal Reserve and the Financial Crisis*, 23.

22   John Kenneth Galbraith, as quoted in Thomas E. Hall and J. David Ferguson, *The Great Depression: An International Disaster of Perverse Economic Policies* (Ann Arbor: University of Michigan Press, 1998), 110.

23   Bernanke, *The Federal Reserve and the Financial Crisis*, 20.

24   Temin, *Lessons from the Great Depression*, 34.

25   Financial Crisis Inquiry Commission, *The Financial Crisis Inquiry Report*, 156.

26   Ibid., 5.

27   Kevin Warsh, "Remarks at the Council of Institutional Investors 2009 Spring Meeting," Washington, DC, April 6, 2009.

28   Financial Crisis Inquiry Commission, *The Financial Crisis Inquiry Report*, 10.

29   Kate Pickert, "A Brief History of Fannie Mae and Freddie Mac," *Time*, July 14, 2008.

30   Matthew Karnitschnig, Deborah Solomon, Liam Pleven, and Jon E. Hilsenrath, "U.S. to Take Over AIG in $85 Billion Bailout; Central Banks Inject Cash as Credit Dries Up," *Wall Street Journal*, September 16, 2008.

31   Financial Crisis Inquiry Commission, *The Financial Crisis Inquiry Report*, 8.

32   Bernanke, *The Federal Reserve and the Financial Crisis*, 71-72.

33   Gary Gorton, "Questions and Answers about the Financial Crisis," testimony

prepared for the U.S. Financial Crisis Inquiry Commission, February 20, 2010.

34   Gorton, "Questions and Answers about the Financial Crisis," 12–13.

35   Financial Crisis Inquiry Commission, *The Financial Crisis Inquiry Report*, 136.

36   Ibid., xvii–xxv.

37   Bernanke, *The Federal Reserve and the Financial Crisis*, 97.

38   Ibid., 99.

39   Ibid., 86.

40   Roger Lowenstein, "The Villain," *Atlantic*, April 2012.

41   Bernanke, *The Federal Reserve and the Financial Crisis*, 104–5.

42   "Early Retirement," *Economist*, November 1, 2014.

43   Financial Crisis Inquiry Commission, *The Financial Crisis Inquiry Report*, xvii.

44   Ibid., xviii.

45   Paul Krugman, "Falling Wage Syndrome," *New York Times*, May 4, 2009.

46   Allan H. Meltzer, "Inflation Nation," *New York Times*, May 4, 2009.

47   Lowenstein, "The Villain."

48   Adam S. Posen, "Central Bankers: Stop Dithering. Do Something," *New York Times*, November 20, 2011.

49   "Open Letter to Ben Bernanke," Real Time Economics, *Wall Street Journal*, November 15, 2010, http://blogs.wsj.com/economics/2010/11/15/open-letter-to-ben-bernanke/.

50   "Reserve Balances with Federal Reserve Banks," Economic Research, Federal Reserve Bank of St. Louis, https://research.stlouisfed.org/fred2/series/WRESBAL/.

10장 일본의 장기 침체

1   Kenneth Rogoff, "Japan's Slow-Motion Crisis," Project Syndicate, March 2, 2010.

2   Jacob M. Schlesinger, "Bank of Japan Offers Lessons in Easing Deflation," *Wall Street Journal*, November 9, 2014.

3   Taimur Baig, "Understanding the Costs of Deflation in the Japanese Context," IMF Working Paper, WP/03/215, Asia and Pacific Department, November 2003.

4   Ben S. Bernanke, "Deflation: Making Sure 'It' Doesn't Happen Here," Remarks Before the National Economists Club, Washington, DC, November 21, 2002.

5   Jon Hilsenrath and Megumi Fujikawa, "Japan's Bernanke Hits Out at His Critics in the West," *Wall Street Journal*, March 1, 2011.

6   Phred Dvorak and Eleanor Warnock, "Stagnant Japan Rolls Dice on New Era of Easy Money," *Wall Street Journal*, March 21, 2013.

7   Maurice Obstfeld, "Time of Troubles: The Yen and Japan's Economy, 1985–2008," NBER Working Paper 14816, March 2009, 5–6.

8   Ezra F. Vogel, *Japan as Number One: Lessons for America* (Cambridge, MA: Harvard University Press, 1979).

9   Robert J. Cole, "Japanese Buy New York Cachet with Deal for Rockefeller Center," *New York Times*, October 31, 1989.

10   Obstfeld, "Time of Troubles," 7.

11   Ibid.

12   Stephanie Strom, "Japanese Scrap $2 Billion Stake in Rockefeller," *New York Times*, September 12, 1995.

13   Obstfeld, "Time of Troubles," 7.

14   Charles Kindleberger and Robert Aliber, *Manias, Panics, and Crashes: A History of Financial Crises* (Hoboken, NJ: John Wiley & Sons, 2005), 5.

15   Anil K. Kashyap, "Zombie Lending in Japan: How Bankrupt Firms Stifle Economic Reform," Capital Ideas, University of Chicago Booth School of Business, September 2006.

16   Rogoff, "Japan's Slow-Motion Crisis."

17   Kashyap, "Zombie Lending in Japan."

18   Obstfeld, "Time of Troubles," 11.

19   Bernanke, "Deflation: Making Sure 'It' Doesn't Happen Here."

20   Baig, "Understanding the Costs of Deflation in the Japanese Context," 16.

21   Kenneth N. Kuttner and Adam S. Posen, "The Great Recession: Lessons for Macroeconomic Policy from Japan," Brookings Papers on Economic Activity, 2:2001, 99-100.

22   George A. Akerlof, William T. Dickens, and George L. Perry, "The Macroeconomics of Low Inflation," Brookings Papers on Economic Activity, 1:1996.

23   Baig, "Understanding the Costs of Deflation in the Japanese Context."

24   Farai Mutsaka and Peter Wonacott, "Zimbabwe to Overhaul Its Central Bank," Wall Street Journal, September 18-19, 2010.

25   "Transcript: Shirakawa on Japan's Economy," Wall Street Journal, March 1, 2011, http://www.wsj.com/articles/SB1000142405274870461550457617230 0556921580.

26   Paul Volcker, interview with author, May 2, 2011.

27   Kenneth Kuttner, "Monetary Policy During Japan's Great Recession: From Self-Induced Paralysis to Rooseveltian Resolve," PIIE Briefing 14-4, Peterson Institute for International Economics, December 2014, 71.

28   Hilsenrath and Fujikawa, "Japan's Bernanke Hits Out at His Critics in the West."

29   "The Battle for Japan," Economist, June 28, 2014.

30   Kuttner, "Monetary Policy During Japan's Great Recession."

31   James McBride and Beina Xu, "Abenomics and the Japanese Economy," CFR Backgrounders, Council on Foreign Relations, March 10, 2015, http://www.cfr.org/japan/abenomics-japanese-economy/p30383.

32   Dvorak and Warnock, "Stagnant Japan Rolls Dice on New Era of Easy Money."

33   Phred Dvorak and Eleanor Warnock, "Japan Central Bank Plan Meets Skepticism," Wall Street Journal, April 3, 2013.

34   McBride and Xu, "Abenomics and the Japanese Economy."

35   Adam S. Posen, "An American's Assessment of Abenomics at Mid-Term," PIIE Briefing 14-4, Peterson Institute for International Economics, December 2014.

36   Tatsuo Ito and Jacob M. Schlesinger, "Japan's Zero Inflation a Setback for

Abenomics," *Wall Street Journal*, March 27, 2015, http://www.wsj.com/articles/japan-inflation-hits-zero-1427416851.

37 Ibid.

38 McBride and Xu, "Abenomics and the Japanese Economy."

39 "To Lose One Decade May Be Misfortune..." *Economist*, December 30, 2009.

40 "About That Debt," Free Exchange, *Economist*, November 18, 2014.

41 Paul Volcker, interview with author, May 2, 2011.

42 Bernanke, "Deflation: Making Sure 'It' Doesn't Happen Here."

43 Kenneth Kuttner, interview with author, June 1, 2015.

44 Hiroko Tabuchi, "Yen-Pinching Undercuts Japan's Push Against Years of Deflation," *New York Times*, March 10, 2014.

45 "Waging a New War," *Economist*, March 9, 2013.

46 Tabuchi, "Yen-Pinching Undercuts Japan's Push Against Years of Deflation."

47 "About That Debt," *Economist*.

48 Rogoff, "Japan's Slow-Motion Crisis."

11장 유로의 위기

1 Barry Eichengreen and Peter Temin, "Fetters of Gold and Paper," National Bureau of Economic Research, Working Paper 16202, July 2010.

2 Robert A. Mundell, "A Theory of Optimum Currency Areas," *American Economic Review* 51, no. 4 (September 1961), 657.

3 "Monetary Policy," European Central Bank, https://www.ecb.europa.eu/mopo/html/index.en.html.

4 "Use of the Euro," European Central Bank, https://www.ecb.europa.eu/euro/intro/html/index.en.html.

5 "On a Wing and a Prayer," *Economist*, December 2, 2010.

6 Paul Krugman, "Can Europe Be Saved?" *New York Times Magazine*, January 12, 2011.

7 Milton Friedman, "The Euro: Monetary Unity to Political Disunity," Project

Syndicate, August 18, 1997.

8   Suzy Hansen, "A Finance Minister Fit for a Greek Tragedy?" *New York Times Magazine*, May 20, 2015.

9   Mundell, "A Theory of Optimum Currency Areas," 660.

10   Milton Friedman, *Essays in Positive Economics* (1953), as quoted in "Forty Years On," *Economist*, August 13, 2011.

11   Krugman, "Can Europe Be Saved?"

12   "The Nico and Angela Show," *Economist*, November 12, 2011.

13   Robert J. Barro and Xavier Sala-I-Martin, "Convergence across States and Regions," Brookings Papers on Economic Activity, 1:1991.

14   "Who Can Join and When?" Economic and Financial Affairs, European Commission, http://ec.europa.eu/economy_finance/euro/adoption/who_can_join/index_en.htm.

15   Krugman, "Can Europe Be Saved?"

16   Ibid.

17   Eichengreen and Temin, "Fetters of Gold and Paper."

18   "A Very Short History of the Crisis," *Economist*, November 12, 2011.

19   "Saving the Euro," *Economist*, November 18, 2010.

20   "The Cracks Spread and Widen," *Economist*, April 29, 2010.

21   "Acropolis Now," *Economist*, April 29, 2010.

22   "That's All, Folks," *Economist*, November 12, 2011.

23   "Greece Takes Bailout, but Doubts for Region Persist," DealBook, *New York Times*, May 3, 2010, http://dealbook.nytimes.com/2010/05/03/greece-takes-bailout-but-doubts-for-region-persist/?_r=0.

24   "Destructive Creation," *Economist*, November 12, 2011.

25   "Casting a Spell," *Economist*, September 15, 2012.

26   "On a Wing and a Prayer," *Economist*.

27   "The Nico and Angela Show," *Economist*.

28   Hansen, "A Finance Minister Fit for a Greek Tragedy?"

29   "The World's Biggest Economic Problem," *Economist*, October 25, 2014.

30   Patricia Kowsmann and Marcus Walker, "Idea of Euro Exit Finds Currency in Portugal," *Wall Street Journal*, May 28, 2013.

31   Krugman, "Can Europe Be Saved?"

32   Charles Forelle, "In European Crisis, Iceland Emerges as an Island of Recovery," *Wall Street Journal*, May 21, 2012.

33   Hansen, "A Finance Minister Fit for a Greek Tragedy?"

34   Karl Stagno Navarra, Ben Sills, and Marcus Bensasson, "IMF Considers Greece Its Most Unhelpful Client Ever," *Bloomberg Business*, March 18, 2015.

35   "Europe on the Rack," *Economist*, June 30, 2012..

36   Krugman, "Can Europe Be Saved?"

12장 미국과 중국의 통화 전쟁

1   Keith Richburg, "For U.S., China, Uneasiness about Economic Codependency," *Washington Post*, November 16, 2009.

2   Helen Cooper, Michael Wines, and David Sanger, "China's Role as Lender Alters Obama's Visit," *New York Times*, November 15, 2009.

3   "Major Foreign Holders of Treasury Securities," Department of the Treasury/ Federal Reserve Board, October 16, 2015, http://www.treasury.gov/ticdata/ Publish/mfh.txt.

4   Richburg, "For U.S., China, Uneasiness about Economic Codependency."

5   Mark Landler, "Seeing Its Own Money at Risk, China Rails at U.S.," *New York Times*, October 15, 2013.

6   "Distribution of Chinese Exports in 2014, by Trade Partner," Statista, http://www. statista.com/statistics/270326/main-export-partners-for-china/.

7   David Leonhardt, "The China Puzzle," *New York Times Magazine*, May 13, 2009

8   James Fallows, "The $1.4 Trillion Question," *Atlantic*, January/February 2008.

9   Ibid.

10   Ibid.

11   Craig K. Elwell, "Saving Rates in the United States: Calculation and Comparison," Congressional Research Service, September 14, 2010.

12   "Country Comparison: GDP Per Capita (PPP)," CIA World Factbook, https://www.cia.gov/library/publications/the-world-factbook/rankorder/2004rank.html.

13   Fallows, "The $1.4 Trillion Question."

14   Arthur R. Kroeber, "The Renminbi: The Political Economy of a Currency," *Foreign Policy*, September 7, 2011.

15   "IMF to China: Plaza Accord Didn't Sink Japan," *Wall Street Journal*, April 11, 2011.

16   Damian Paletta and John W. Miller, "China, U.S. Square Off over Yuan," *Wall Street Journal*, October 7, 2010.

17   Arthur Kroeber, "China's Currency Policy Explained," Up Front, Brookings Institution, September 7, 2011.

18   Kroeber, "The Renminbi: The Political Economy of a Currency."

19   Siobhan Hughes and William Mauldin, "Senate Rejects Manipulation Rules in Trade Bill," *Wall Street Journal*, May 23-24, 2015.

20   "An Indigestible Problem," *Economist*, October 16, 2010.

21   Steven Dunaway and Xiangming Li, "Estimating China's 'Equilibrium' Real Exchange Rate," IMF Working Paper, October 2005.

22   David Leonhardt, "The China Puzzle."

23   "Currency Manipulation," IGM Forum, University of Chicago Booth School of Business, June 16, 2015, http://www.igmchicago.org/igm-economic-experts-panel/poll-results?SurveyID=SV_bCrHQToXMqPfLzD.

24   Ibid.

25   "China-S Trade," IGM Forum, University of Chicago Booth School of Business, June 19, 2012, http://www.igmchicago.org/igm-economic-experts-panel/poll-results?SurveyID=SV_003w6LBGnkOfDuI.

26   C. Fred Bergsten and Joseph E. Gagnon, "Currency Manipulation, the US

Economy, and the Global Economic Order," Peterson Institute for International Economics, Policy Brief, December 2012.

27   José Manuel Campa and Linda S. Goldberg, "Employment Versus Wage Adjustment and the U.S. Dollar," *Review of Economics and Statistics* 83, no. 3 (August 2001).

28   Edward P. Lazear, "Chinese 'Currency Manipulation' Is Not the Problem," *Wall Street Journal*, January 8, 2013.

29   David Leonhardt, "The China Puzzle."

30   Fallows, "The $1.4 Trillion Question."

31   "Feeling Valued," *Economist*, May 30, 2015.

32   Mark Magnier and William Kazer, "IMF Says Yuan Is Now Fairly Valued," *Wall Street Journal*, May 27, 2015.

33   "China's Yuan Currency 'No Longer Undervalued': IMF," *Daily Mail*, May 26, 2015.

34   Henry M. Paulson, Jr., and Robert E. Rubin, "The Blame Trap," *Atlantic*, June 2015.

35   Damian Paletta and John W. Miller, "China, U.S. Square Off over Yuan," *Wall Street Journal*, October 7, 2010.

36   Paulson and Rubin, "The Blame Trap."

13장 화폐의 미래

1   Milton Friedman, *Money Mischief: Episodes in Monetary History* (New York: Harcourt Brace & Company, 1994), xii.

2   Joshua Davis, "The Crypto-Currency," *New Yorker*, October 10, 2011.

3   Michael Bryan, "Island Money," Federal Reserve Bank of Cleveland Commentary, February 1, 2004.

4   "Gold Gets Dug Out of the Ground," Quote Investigator, May 25, 2013, http://quoteinvestigator.com/2013/05/25/bury-gold/.

5   Narayana R. Kocherlakota, "Money Is Memory," Federal Reserve Bank of Minneapolis, Research Department Staff Report 218, October 1996.

6   Narayana R. Kocherlakota, "The Technological Role of Fiat Money," *Quarterly Review*, Federal Reserve Bank of Minneapolis, Summer 1998.

7   Noam Cohen, "Bubble or No, This Virtual Currency Is a Lot of Coin in Any Realm," *New York Times*, April 8, 2013.

8   Robin Sidel, "Race to Mine Bitcoin Gathers Steam," *Wall Street Journal*, November 6, 2013.

9   Nathaniel Popper, "Into the Bitcoin Mines," *New York Times*, December 22, 2013.

10   Joshua Davis, "The Crypto-Currency."

11   François R. Velde, "Bitcoin: A Primer," *Chicago Fed Letter*, Number 317, December 2013.

12   Joe Light, "Bbqcoin? Virtual Money Is Smoking," *Wall Street Journal*, November 21, 2013.

13   John Biggs, "Happy Bitcoin Pizza Day," Tech Crunch, May 22, 2015, http://techcrunch.com/2015/05/22/happy-bitcoin-pizza-day/.

14   Robin Sidel, Michael J. Casey, and Christopher M. Matthews, "Bitcoin's Boosters Struggle to Shore Up Confidence," *Wall Street Journal*, April 4, 2014.

15   Sydney Ember, "Bitcoin's Price Falls 12%, to Lowest Value Since May," *New York Times*, August 18, 2014.

16   Candace Jackson, "Sold! To the Bidder with Bitcoin," *Wall Street Journal*, August 9-10, 2014.

17   Steve Forbes, "Bitcoin: Whatever It Is, It's Not Money!" *Forbes*, April 16, 2013.

18   Candace Jackson, "Sold! To the Bidder with Bitcoin."

19   Nathaniel Popper, "Bitcoin Figure Is Accused of Conspiring to Launder Money," *New York Times*, January 27, 2014.

20   "Bitcoin Under Pressure," *Economist*, November 30, 2013; and "The Bitcoin Bubble," *Economist*, November 30, 2013.

21   Sydney Ember, "Bitcoin's Price Falls 12%, to Lowest Value Since May," *New York Times*, August 18, 2014.

22   "Bitcoin Under Pressure," *Economist*.

23   Timothy B. Lee, "12 Questions about Bitcoin You Were Too Embarrassed to Ask," *Washington Post*, November 19, 2013.

24   Nicole Perlroth, "To Instill Love of Bitcoin, Backers Work to Make It Safe," *New York Times*, April 2, 2015.

25   "Less Coin to Purloin," *Economist*, April 5, 2014.

26   "Mt Gone," *Economist*, February 25, 2014.

27   "Bitconned," *Economist*, March 5, 2014.

28   Nathaniel Popper, "Can Bitcoin Conquer Argentina?" *New York Times Magazine*, April 29, 2015.

29   "Bitcoin Buccaneers," *Economist*, January 17, 2015.

30   "Tales from the Crypt," *Economist*, February 4, 2015.

31   Nathaniel Popper, "Bitcoin Figure Is Accused of Conspiring to Launder Money."

32   Sidel, Casey, and Matthews, "Bitcoin's Boosters Struggle to Shore Up Confidence"; and Nicole Perlroth, "To Instill Love of Bitcoin, Backers Work to Make It Safe."

33   Ben Bernanke, interview with author, July 6, 2015.

34   François R. Velde, "Bitcoin: A Primer."

35   "Mining Digital Gold," *Economist*, April 13, 2013.

36   Matina Stevis and Patrick McGroarty, "Africa's Top Bankers: Mobile Phones," *Wall Street Journal*, August 16-17, 2014.

37   Chad Bray and Reuben Kyama, "Tap to Pay (Not So Much in the U.S.)," *New York Times*, April 2, 2014.

38   Joshua Davis, "The Crypto-Currency."

14장 중앙은행과 통화 정책의 미래

1   Olivier Blanchard, Giovanni Dell'Ariccia, and Paolo Mauro, "Rethinking Macroeconomic Policy," IMF Staff Position Note, International Monetary Fund, February 12, 2010.

2   "Ceremony Commemorating the Centennial of the Federal Reserve Act,"

Washington, DC, December 16, 2013, http://www.federalreserve.gov/newsevents/press/other/20131216-centennial-commemoration-transcript.pdf.

3   John Ydstie, "Bernanke's Fed Legacy: A Tenure Full of Tough Decisions," NPR, January 27, 2014.

4   "The Recession of 2007-2009," BLS Spotlight on Statistics, U.S. Bureau of Labor Statistics, February 2012, http://www.bls.gov/spotlight/2012/recession/pdf/recession_bls_spotlight.pdf.

5   Alistair Darling, interview with David Blanchflower, CNBC Squawk Box, June 4, 2009.

6   David Blanchflower, interview with author, September 10, 2015.

7   Frederic S. Mishkin, "Politicians Are Threatening the Fed's Independence," *New York Times*, September 29, 2011.

8   Alice M. Rivlin, "Preserving the Independence of the Federal Reserve," testimony before the Subcommittee on Oversight and Investigations, House Committee on Financial Services, July 14, 2015.

9   "The Grey Man's Burden," *Economist*, December 1, 2012.

10   Ibid.

11   Ibid.

12   Binyamin Appelbaum, "Bernanke, As Professor, Tries to Buff Fed's Image," *New York Times*, March 21, 2012.

13   Ben S. Bernanke, "The Federal Reserve: Looking Back, Looking Forward," Remarks at the Annual Meeting of the American Economic Association, January 3, 2014.

14   Barry Eichengreen et al., "Rethinking Central Banking," Committee on International Economic Policy and Reform, Brookings Institution, September 2011.

15   "All Federal Reserve Banks - Total Assets, Eliminations from Consolidation," Economic Research, Federal Reserve Bank of St. Louis, https://research.stlouisfed.org/fred2/series/WALCL.

16   Allan H. Meltzer, "My Response to NYT Columnist Krugman," e21, Economic Policies for the 21st Century at the Manhattan Institute, September 16, 2014.

17   Annalyn Censky, "Republicans to Fed: Forget about Jobs," CNN Money, December 3, 2010.

18   Daniel Foster, "Pence: 'End the Fed's Dual Mandate,'" *National Review*, November 16, 2010.

19   Paul Volcker, interview with author, May 2, 2011.

20   Ben Bernanke, interview with author, July 6, 2015.

21   Roger Lowenstein, "Imagine: The Fed Dead," *New York Times*, May 1, 2011.

22   John B. Taylor, "The Dangers of an Interventionist Fed," *Wall Street Journal*, March 29, 2012.

23   Ibid.

24   David Blanchflower, interview with author, August 18, 2015.

25   Kevin Warsh, "The Federal Funds Rate in Extraordinary Times," Remarks at the Exchequer Club Luncheon, Washington, DC, May 21, 2008.

26   Blanchard, Dell'Ariccia, and Mauro, "Rethinking Macroeconomic Policy."

27   Paul Volcker, "A Little Inflation Can Be a Dangerous Thing," *New York Times*, September 18, 2011.

28   "NGDP Targeting Will Not Provide a Volcker Moment," Free Exchange, *Economist*, November 1, 2011.

29   Ben S. Bernanke, "Monetary Policy and the Housing Bubble," Remarks at the Annual Meeting of the American Economic Association, Atlanta, Georgia, January 3, 2010.

30   "Strip Club's 'Art Nights' Fail to Skirt Nudity Ban," *Times* wire report, April 6, 2005, http://articles.latimes.com/2005/apr/06/nation/na-briefs6.5.

31   Ben S. Bernanke, interview with author, July 6, 2015.

32   Simon Johnson, interview with author, July 27, 2015.

33   Barry Eichengreen et al., "Rethinking Central Banking."

34   Simon Johnson, interview with author, July 27, 2015.